Ein Cappuccino ist die Welt

LINDE ROTTA

Ein Cappuccino ist die Welt

ARBEITEN FÜR
RADIO UND ZEITSCHRIFTEN

BAND 2

Morio Verlag

Um der besseren Lesbarkeit willen wurden die Texte und zitierte Quellen vorsichtig an die neue Rechtschreibung angeglichen und orthografische und grammatikalische Fehler korrigiert, ohne dies in einzelnen Fällen eigens zu kennzeichnen. Direktaufnahmen der sprechenden Personen in den Radio-Features sind im Originalton wiedergegeben.

1. Auflage

Morio Verlag, ein Imprint der mdv Mitteldeutscher Verlag GmbH
www.morio-verlag.de

Gesamtherstellung: Mitteldeutscher Verlag, Halle (Saale)
Umschlagabbildung: shutterstock.com: Martin Charles Hatch

ISBN 978-3-949749-03-2

Printed in the EU

Kennen Sie Pasolini?

erschienen in: „dacapo", 2. Jahrgang, Nummer 2, Februar 1988; gesendet im WDR

Alles begann mit einem Missverständnis: Die ich sein sollte, war ich nicht, das von einer Sekretärin arrangierte Treffen mit dem Redakteur des WDR-Landesstudios in Dortmund hatte einer anderen Autorin gegolten. Da saßen wir nun bei einer Tasse Kaffee, ein wenig verlegen beide, doch mit dem festen Vorsatz, jeder für sich das Beste aus dieser Situation herauszuholen. Wir sondierten, fragten nach Themen, Möglichkeiten. Von Termindruck wegen der bevorstehenden Urlaubszeit war die Rede und von Italien, wohin ich in Kürze reisen wollte. Zum Studium der Sprache, sagte ich, und wegen der italienischen Literatur. Da fuhr er hoch: „Italien", rief er, „Sprache, Literatur?", und: „Kennen Sie Pasolini?"

In meinem Kopf begann es zu surren, Filmtitel fielen mir ein, zwei, drei Romane, vor allem aber Skandale, Schlagzeilen, seine Ermordung. „Was man so kennen nennt", erwiderte ich vorsichtig.

„Wir brauchen einen umfassenden Beitrag – Hörspiel, Feature oder Ähnliches. Der zehnte Todestag im November, Sie wissen. Die Stadt plant eine Reihe von Veranstaltungen, Ausstellungen, Podiumsgesprächen; Dacia Maraini ist eingeladen und Enzo Siciliano; Guido Huonder inszeniert ‚Affabulazione' an unserem Stadttheater, eine Sensation im deutschsprachigen Raum. Da sollte, da muss doch auch der Rundfunk ... Könnten Sie, ich meine, würden Sie es sich zutrauen?"

„Wie viel Sendezeit geben Sie mir?" Das klang, fand ich, sachlich professionell, als wäre Rundfunkarbeit mein täglich Brot. Dabei hatte ich bisher weder ein Feature noch ein Hörspiel geschrieben, lediglich einige Märchen und Funkerzählungen. Aber durfte ich mir die gebotene Chance entgehen lassen?

... wie ein Wilder das Feuer befragt oder ein Bauer den Himmel – diesen Satz Pasolinis erkor ich mir zum Leitmotiv. Kaum an der Universität in Perugia, ist unser Dozent für zeitgenössische italienische Literatur mein erstes Opfer.

„Pasolini?" Allein den Namen aussprechen zu müssen, scheint ihn zu demütigen. „Dieser, hm ..., sagten Sie Dichter? Falls ich recht informiert bin, steht der nicht auf unserem Vorlesungsprogramm." Nicht, dass er persönlich etwas gegen Homosexuelle ..., um Gottes willen nein, nein, nein ...! Jedoch ganz allgemein und insbesondere im Kollegium gebe es sehr wohl gewisse ..., nun ja, Ressentiments, Vorbehalte eben, nicht wahr. Möglicherweise aber könne der Rettore ...? Ja, aber gewiss doch, Seine Magnifizenz wisse bestimmt ..., habe da jedenfalls Verbindungen ...!

„Sepilli!", ruft der Rettore, „nicht ich!", und ein vielsagendes Lächeln stiehlt sich über sein Gesicht. „Giusto, giusto: Sepilli! Er hat Pasolini noch persönlich, und das viele Male ..., aber ja, aber ja!", und greift nach dem Hörer. Doch Dottore Sepilli vom Ethnologischen Institut, in dem der Schriftsteller zwanzig Jahre zuvor nach umbrischen Sagen und Märchen geforscht hat, ist seit zwei Tagen in Rom. „Nun ja, wenn ich's mir überlege, auch Tagliabue könnte ..." Seine Magnifizenz zeigt sich aufrichtig bemüht, mir auf jede erdenkliche Weise behilflich zu sein.

Carlo Tagliabue, Regisseur bei RAI-TV und für dieses Semester an der Uni Gastdozent für das Fach „Italienischer Film", zieht kräftig an seiner Pfeife, ehe er zu meiner Überraschung deutsch antwortet. Nein, Pasolini habe er persönlich nicht gekannt. Er sei damals noch viel zu jung gewesen, auch gar nicht in Rom, er komme aus Siena – und stockt, weil die Pfeife noch einmal angezündet werden muss. Behilflich sein könnte er mir möglicherweise trotzdem. In wenigen Tagen beginne das Festival in Spoleto, Moravia werde dort sein, sicherlich auch dessen Exfrau Dacia Maraini; beide hätten gemeinsam mit Pasolini etliche Reisen in die Dritte Welt unternommen und darüber berichtet, bestimmt aber Enzo Siciliano, Pasolinis Biograph. Mit ihm, wenn ich es wünschte, könne er mich auf alle Fälle zusammenbringen.

Endlich lässt es sich an, denke ich beglückt, und fast gar nichts macht es mir aus, dass er mir versehentlich einen dicken Schwall Rauch ins Gesicht bläst.

Ein Mosaik setzt sich aus vielen Steinchen zusammen. Also heißt es suchen, zusammentragen, fein eins ans andere fügen zu einem brauchbaren Bild, dabei so effizient wie möglich vorgehen, schließlich bezahlt mich vorläufig keiner und wer weiß ob jemals. Geschwänzt wird *Pirandello*, die Syntax kurzerhand gestrichen, nachts Sicilianos fünfhundertseitige Pasolini-Biographie gelesen, und früh, nach kalter Dusche und mehreren Tassen *caffé*, in der Biblioteca Augusta in Stapeln von Zeitungen nachgespürt, was alles nach dem 2. November 1975 über den Mord an dem Schriftsteller gedruckt worden ist.

Die Unzahl der Kopien, die ich anfertigen lasse, kosten mich ein kleines Vermögen, drei Mittagessen und ein Dankgebet, dass ich mit dem Auto und nicht mit Bahn oder Flugzeug gekommen bin.

Flüchtig ist Glück, wusste schon P. P. P. In Spoleto droht es mich zu verlassen. Tagliabue, der mir Beistand zugesagt hat, ist nirgendwo erreichbar, scheint im Gewusel der Aufnahmeteams, im Chaos der Berichterstattungen spurlos verschollen.

Später Nachmittag. In der Hoffnung, mein ungetreuer Professore habe wenigstens Enzo Siciliano über meine Absichten informiert, platze ich in die Generalprobe zu dessen neuestem Stück „La parola tagliata in bocca“, eine satirische Dreiecksgeschichte, die am folgenden Tag Premiere haben wird. Das *FESTIVAL DEI DUE MONDI*, einst von dem Komponisten Gian Carlo Menotti als kulturelle Brücke zwischen den Italienern diesseits und jenseits des Ozeans ins Leben gerufen, erinnert an ein alljährliches Familientreffen. Wer hier Erfolg hat, dem ist er auch dort sicher und vice versa. Was Wunder, dass ich mich einem völlig entnervten Theaterautor und -regisseur gegenübersehe. „Lassen Sie mich um Himmels willen, meine Frau macht die Termine. *Porca miseria*, Gianni, warum funktioniert die Scheißbeleuchtung noch immer nicht?“

Natürlich hat auch Signora Siciliano keine Zeit. Erst als die Probe beendet und gründlich danebengegangen ist, verspricht die geborene Berlinerin strahlend: „Nach der Premiere, Signora. Am besten am Samstag in Todi. Rufen Sie an“, und gibt mir ihre Privatnummer.

Vier Tage sind eine lange Zeit. Als ich mich zum vereinbarten Zeitpunkt melde, sind die Sicilianos im Aufbruch nach Rom. Enzos Mutter ist unerwartet verstorben.

Und Tagliabue bleibt wie vom Erdboden verschluckt. Nachrichten auf Zettelchen nützen nichts, in seinem Hotel empfiehlt man mir, mich an die Pressezentrale zu wenden. Natürlich weiß dort auch keiner weiter, die RAI drehe an vielen Orten, am besten ich suchte selber nach ihm.

Den Teufel werd' ich! Was nützt mir jemand wie Tagliabue? Ich brauche Leute, die Pasolini nicht nur vom Hörensagen gekannt haben. Quillt das sonst so verschlafene Städtchen nicht über von Sängern, Autoren, Schauspielern, Journalisten, Möchtegernkünstlern? Da wird doch einer zu finden sein, mir Rede und Antwort zu stehen. Und was ist mit dem rührigen Ex-Team Moravia und Maraini?

Als ich diese Namen erwähne, werden die Damen in der Pressezentrale auffallend beflissen, bescheiden mir aber, der Dottore sei leider heute morgen abgereist und komme in dieser Saison wohl nicht wieder.

„Und die Signora Maraini?“

Höfliches Kopfschütteln. „Rufen Sie am besten noch einmal an.“ Genau das werde ich bestimmt nicht, nehme ich mir vor und mache keinerlei Anstalten zu gehen. Hartnäckig am Ball bleiben – das habe ich in diesen Tagen gelernt. Tatsächlich drückt mir nach einer Weile eine mitfühlende Seele eine Telefonnummer in die Hand. „Versuchen Sie's mal damit.“

Ich lese den Namen. Wer in aller Welt ist dieser Albertazzi?

„Sagtest du Albertazzi? Wahrhaftig Giorgio Albertazzi?“ Meine Hauswirtin ringt um Fassung, ihren Töchtern verschleiert sich der Blick, „ach, du Gesegnete, Beneidenswerte! Weißt du nicht ...?“ Das sehnsüchtige Seufzen nimmt kein Ende. Da hüte ich mich zuzugeben, dass ich den Namen des derart Umschwärmten noch nie zuvor gehört habe; sie werden mich schon aufklären.

Und wie sie mich aufklären: Giorgios Aussehen, seine Theatererfolge, seine Filme, seine Ehen, seine Affären, seine Schallplatten – kein anderes Gesprächsthema gibt es an den nächsten Abenden. Ein Glorienschein beginnt mich zu umstrahlen: Ihn, von dem Italiens Weiblichkeit zwischen sechzehn und achtzig träumt – darf ausgerechnet *ich* treffen, mit ihm werde *ich* sprechen. Dermaßen in den Vorsaal des Prominentenhimmels gehoben, ärgere ich mich kaum noch über den Berg an Gettoni, den ich vertelefoniere, um mich endlich mit dem Vielumschwärmten zu verabreden. Vorerst muss ich freilich bei sämtlichen italienischen Heiligen schwören, keiner Seele Adresse und Decknamen zu verraten. „Und bitte pünktlich 18 Uhr!" Nur fünf Minuten werde die Haustüre für mich offen stehen.

Wie ein autogrammgeiler Teeny lungere ich gut eine halbe Stunde vor der verabredeten Zeit im Schatten von Gotik und Romanik vor Haus Nummer 27, auf die Minute keuche ich im mittelalterlichen Gemäuer drei Stockwerke hoch. Das Hausmädchen öffnet die Tür, nur um sich gleich darauf diskret zu verabschieden. Danach ist alles wie im schönsten Hollywood-Oldie: Leise Musik umplätschert mich, das Penthouse-Appertement ist ein Traum, unbezahlbar der Blick vom Dachgarten mit Pool auf Stadt und umbrisches Hügelland. Der Hausherr mixt einen Willkommensdrink, reicht ihn mit Verführerlächeln und abgrundtiefem Blick ... Ach ja, Giorgio, du Schöner! Leider vertragen sich Arbeit und Flirt gar so schlecht, und die Zeit ist knapp – also: Brust rein, Kopf hoch: „Giorgio, conosceva Pasolini? Kannten Sie Pasolini?"

Mit einem Schlag wird's gemütlich sachlich. Über Pasolini zu sprechen sei nicht einfach, zu viel, ja alles, sei längst gesagt. Gerade er, Albertazzi, sei zudem ein distanzierter Beurteiler dieses Mannes geblieben – aus vielerlei Gründen. Gearbeitet habe er nie mit ihm, weder beim Film noch auf der Bühne. Ihrer beider Ansicht über das Theater sei zu kontrovers gewesen, damals jedenfalls. Pasolini habe seit jeher ein gespanntes Verhältnis zum traditionellen italienischen Theater gehabt, habe das Künstliche an Stelle der Kunst, jede spektakuläre Effekthascherei verabscheut und verurteilt und alles, wie es damals auf Italiens Bühnen lief, despektierlich angegriffen: Der Tempel müsse gereinigt, dem Wort wieder volle Bedeutung eingeräumt werden, antikes Theater sei ihm Vorbild. Damit habe er in mancher Hinsicht wohl recht behalten, in anderer wiederum nicht.

„Heute behaupte ich ebenso, ein Bühnentext muss mehr Telegramm als Brief sein. Das ist auch das Vermächtnis großer Autoren wie Beckett, Genet oder Pinter. Sehen Sie, auf der Bühne muss etwas entstehen, das nicht nur Wort ist, etwas, das quasi hinter dem Wort sich aufbaut, um dann eigenständig hervorzutreten. Die Bühne ist der Spiegel, der Text die Spur zu dem Bild, das sich dort zeigt. Und damit nähere ich mich Pasolini, der nicht durch Handlung, sondern im Wort geschehen lässt. Sein Theater ist Sinnbild, nicht Naturalismus. Wenn jedoch Naturalismus, dann ist er Metapher."

G. A. verliert sich in Betrachtungen, kommt auf das Stück zu sprechen, das er erst in diesem Jahr mit Damiani und La Capria mit großem Erfolg in seinem Mailänder Theater herausgebracht hat, fährt plötzlich hoch: „Madonna mia, wie die Zeit vergeht!", und eilt trotz seiner sechzig jugendlich-behende die Treppe zur Empore hoch. Ich höre Schranktüren, Reißverschlüsse, das Summen des Rasierapparats. Um 19 Uhr muss er im *Teatro Caio Melisso* sein, ein Preis soll ihm verliehen werden, Fernsehen und Presse warten.

„Nur zu, fragen Sie weiter!", ruft er aufmunternd von oben.

„Pasolini", wage ich auf mein Thema zurückzuführen.

Richtig, Pasolini! Persönlich habe er ihn auch kennengelernt. Bei der Callas. Eine tragische Verbindung übrigens, eine Liebe, an der die Sängerin fast zerbrochen sei. Ja, *Liebe*, bekräftigt er. Eine so behutsame Zärtlichkeit und Übereinstimmung sei zwischen den beiden spürbar geworden, wie er sie weder davor noch danach bei anderen Menschen habe beobachten können. Und falls Pasolini außer seiner Mutter überhaupt je eine Frau geliebt habe, dann sie, die Callas.

Seite an Seite hasten wir zum Theater. Plötzlich schlägt er sich an den Kopf: „Mit Moravia müssen Sie sprechen. Unbedingt! Dass mir das nicht eher eingefallen ist. Rufen Sie an, sagen Sie, ich hätte Sie ..., notieren Sie sich die Nummer!" Vor einem Plakat, das Viscontis „Tod in Venedig" ankündigt, bleiben wir stehen. Ich kritzle eine lange Telefonnummer in meinen Kalender.

„Auch Visconti ...", setze ich an.

„Ah, aber Visconti!", ruft er auf so unnachahmliche Weise, dass ich meine, er spräche über eine vor unseren Augen aus dem Olymp herabgestiegene Gottheit, „Visconti ist doch etwas ganz anderes! Lucchino war ein Ästhet. Denken Sie nur an die opulente, wenn auch dekadente Schönheit seiner Bilder. Wunderbar, einfach wunderbar! Pasolinis Homosexualität hingegen war brutal, hässlich, Obsession!"

Aus der Stille der Gassen tauchen wir ins Festgebrodel der Piazza. Giorgios Metamorphose vom Gesprächspartner zum Star dauert genau eine Domtreppenlänge. Als das Blitzgewitter der Filmreporter losbricht, ist sie vollendet.

Vor dem Eingang, teenagerumlagert, erwartet ihn Filmstar Umberto Orsini. G. A. macht uns miteinander bekannt.

„Umberto", frage ich sofort, „conosceva ..., kannten Sie Pasolini!"

Abwehrend, geradezu entsetzt, hebt er die Arme: „Gott bewahre! Nie, nie ..., niemals habe ich mit *diesem* Menschen zu tun gehabt!"

Alberto Moravia! All meinen Mut nehme ich zusammen, ehe ich die Nummer des großen Alten wähle. Niemand hebt ab. In Abständen von zwei Stunden erneute Versuche. Irgendwann meldet sich die Haushälterin. Nein, der Dottore sei nicht zu sprechen, übers Wochenende verreist. Ans Meer. Ob ich nicht Montag vielleicht noch einmal ...? Aber nicht zu früh. Auch zu spät nicht. Und vor allem keinesfalls in der Mittagszeit!

An diesem Abend bin ich bei Freunden eingeladen. Carlo

A. Ponti, Namensvetter des berühmten Filmproduzenten und Ehemanns von Sophia Loren, besitzt einen kleinen, aber respektablen Verlag in Perugia. Zwischen *Spaghetti ai tartuffi neri* und *Lepre alla Perugina* schildere ich der versammelten Familie mein Unternehmen „Pasolini", vor allem die Pleiten mit Tagliabue und Siciliano.

„Recht so. Warum sind Sie nicht zu mir gekommen?" Ponti mimt den Gekränkten.

„Hätten Sie mir denn helfen können?"

„Ob ich Ihnen hätte helfen können?", sagt er und greift nach dem Telefon. „Pronto? Elsa, carissima, stai bene? Oh, danke. Ja, ja, den Kindern geht es bestens. Sie sind aufmüpfig. Die Pubertät. Má, é normale, vero? – Meine Liebe, hier sitzt eine Freundin, Journalistin, die möchte etwas über Pier Paolo in Erfahrung bringen, sì, sì. Wann? Übermorgen?" Er wirft mir einen fragenden Blick zu, ich nicke. „D'accordo, am Nachmittag. Grazie, grazie tanto. Ja, ja – ich werde ihr alles erklären, sie wird es finden. Ciao, bella!" Er lächelt breit: „Sie erwartet Sie in Rom."

„Wer?"

„Na, die De Giorgi", hilft er mir auf die Sprünge, „eine der vier Hauptdarstellerinnen in Pasolinis Film Salò, die hübscheste natürlich." Noch breiter sein Grinsen: „Sie besteht darauf, *die* intellektuelle Freundin Pasolinis gewesen zu sein."

Hundertfünfzig Kilometer Strada del Sole bis Rom – auf halber Strecke gerate ich bei glühender Hitze in einen Stau ... *War das die Zukunft, so war sie nicht vorauszusehen.* Neuerdings denke ich nur noch in Pasolini-Zitaten. Warum bin ich nicht mit der Bahn gefahren? Obwohl ich vorsorglich eine gute Stunde Spielraum eingeplant habe, biege ich schließlich mit gut siebzigminütiger Verspätung in die elegante Villenstraße ein. Fernab von brüllendem Verkehr liegt das Haus des verstorbenen Visconti, jetzt von der Diva bewohnt – eine beeindruckend schöne Frau immer noch. Sechzig, schätze ich ihr Alter, achtzig, verrät Ponti mir später. Mit huldvoll verzeihendem Lächeln und weit ausholender Geste übergeht sie meine Entschuldigung: „Was ist schon Zeit? Doch nur das, was wir aus ihr machen." Unter ihrem langfließenden weißen Leinenkleid griechischen Stils blitzen dickwollene rote Strümpfe. Gicht.

Maria-Graziella, Betreuerin, Hausdame, Sekretärin – kurz Mädchen für alles – bringt eisgekühlten Campari-Orange. Mit der Geste einer Königin fordert Elsa mich auf, neben ihr Platz zu nehmen. Maria-Graziella setzt sich uns gegenüber, ein riesiger Zottelhund undefinierbarer Rasse auf meine Füße, Katze Cleopatra neben mein Glas auf den Couchtisch.

Elsa liebte es, stets Glamour um sich herum zu verbreiten, schrieb Siciliano über die De Giorgi. Jetzt verlangt sie gereizt nach einer Wolldecke. Schmerzen in den Gelenken, entschuldigt sie sich und seufzt, der alternde Körper sei Seele und Geist ein gar zu grausames Gefängnis.

Ich schalte mein Tonbandgerät ein.

„Pier Paolo", beginnt sie mit dem Pathos einer antiken Tragödin, „ein wahrer Freund, ein liebenswürdiger, ein liebenswerter Mann! So verletzlich, so introvertiert, so schweigsam. Auch den besten Freunden gegenüber. Ein wahrer Dichter, ein genialer Geist wie ihn Italien in diesem Jahrhundert nicht mehr hervorbringen wird." Niemals sei sie müde geworden, in Artikeln, Essays, Gedichten auf seine Einmaligkeit hinzuweisen. Während sie mit bebender Stimme ein fünfzig Seiten langes Poem zu rezitieren beginnt – sie habe es wenige Tage nach seinem Tod noch ganz unter dem Eindruck seiner Ermordung stehend verfasst –, muss mir Maria-Graziella alle entsprechenden Kopien heraussuchen, denn Elsa hegt den Ehrgeiz, nicht allein als Schauspielerin, vor allem will sie als Dichterin beeindrucken.

Nach ihrem Zwei-Stunden-Vortrag bleibt mir für die Besichtigung des Tatorts am Strand von Ostia keine Zeit. Zu den Caracalle, Schauplatz Pasolin'scher Filme und Romane, fahre ich. Friedlich liegen sie im jetzt abendlichen Sonnenschein, menschenleer. Keine Stricher, keine Dirnen, keine Freier. Römische August-Spätnachmittage sind dem Geschäft mit der Liebe nicht förderlich.

Noch nachts höre ich alle Aufnahmen ab und stelle fest, Elsa hat viel über Elsa De Giorgi geredet, nur wenig über Pasolini. Als ich's Ponti erzähle, grinst er süffisant: „Sich in Szene zu setzen ist schließlich ihr Job, oder?"

Montag Vormittag – nicht zu früh, nicht zu spät, vor allem nicht in der Mittagszeit – rufe ich Alberto Moravia an. Die Haushälterin verbindet. Seine Stimme klingt gereizt, sehr gereizt: Er verstehe mich schlecht. Seine Taubheit, mein miserables Italienisch. „Was wollen Sie? Pasolini? Nicht schon wieder! Fragen Sie lieber die Betti. Die Betti weiß alles", knurrt er unwirsch. Immerhin diktiert er mir deren Nummer.

(Zu einem viel späteren Zeitpunkt – doch da geht es um Moravia, nicht um P. P. P. – wird er die Liebenswürdigkeit in Person sein, ganz Grandseigneur alter Schule, und nichts, nichts wird an den Griesgram mit der Altmännerstimme am Telefon erinnern.)

Laura Betti. Gleich der erste Anruf verblüfft: Erst knackt und kracht es in der Leitung wie Hagelsturm, danach flüstert, haucht eine tiefe erotische Stimme: „Bitte, legen Sie nicht auf! Nehmen Sie sich

Zeit und lauschen Sie. Lauschen Sie dieser erotischen Stimme. Erst wenn Sie alles gehört haben, verraten Sie mir den Grund Ihres Anrufs!" Die Stimme beginnt zu singen. Ich lege nicht auf, ich nehme mir Zeit, ich lausche, lausche. Als das Chanson zu Ende ist, habe ich alle zurechtgelegten Sätze vergessen.

Also die ganze Prozedur noch einmal von vorn. Am Ende des Liedes stottere ich meine Wünsche aufs Band mit dem Hinweis, ich würde mich noch einmal morgen zu dem und dem Zeitpunkt melden. Für einen etwaigen Rückruf nenne ich die Nummer, unter der ich abends erreichbar bin. Dieses Spiel wiederholt sich über Tage und kostet mich wieder einmal die übliche Stange Gettoni, ehe ich Frau Betti endlich an der Strippe habe. Keiner und kein Rundfunk, überlege ich, ersetzt mir jemals, was ich in Sachen Pasolini hier in Italien vertelefoniere. „Übermorgen um elf im Institut Pasolini", verspricht mir eine Stimme, die kein bisschen erotisch klingt, sondern kratzig und verraucht.

Abermals Strada del Sole, abermals Hitze, abermals Roma eterna. Straße und Hausnummer finde ich, wo aber ist das Institut? Ratlos stehe ich vor halb hochgezogenen Rollläden einer verlotterten Garage, gehe ein Stück weiter, kehre um, suche vergeblich nach einem Schild, einem Hinweis. Auf gut Glück schlüpfe ich in das wenig einladende Garagengewölbe. Vielleicht kann mir irgendjemand weiterhelfen. Es ist vollgepfercht mit ausgemusterten Panzerschränken, Arbeitsplatten auf Holzböcken, Kopierern darauf, alte Schreibmaschinen, Stapeln von Mappen mit Fotos und Negativen, Ordnergebirgen auf dem Fußboden, Postern an allen Wänden: Pasolini beim Filmen, Pasolini mit Orson Welles, Pasolini deklamierend, denkend, schreibend – Pasolini, Pasolini, Pasolini ... Aber wo, wo ist die Betti, die italienische Greco, die *Jaguarin von Rom*, Hauptdarstellerin des Films *Teorema*?

„Bitte, die Signora Betti, ist sie hier?“, wende ich mich an eine aus allen Fugen geratene Matrone mit strähnigem, viel zu langem Zottelhaar, viel zu heftigen Lidschatten, „ich bin mit ihr verabredet.“

„Was wollen Sie von mir?“, fragt sie mich mit heiserem Bass und mustert mich ironisch, während sie sich eine Hand voll Tabletten in den Mund kippt, ein Glas Wasser hinterher. „Pier Paolo – wie er war? Gott, was eine Frage, komplex war er, ein durch und durch komplexer Mensch, was sonst?“

„Möglicherweise seine Veranlagung ...“, taste ich ungeschickt vor.

„Veranlagung?“ Sie lacht schallend. „Unsinniges Gequatsche! Il sesso c’é e buona notte (der Geschlechtstrieb existiert und damit hat sich’s). Der eine ist auf diese, der andere auf eine andere Weise geil.“ Pure Spottlust sprüht mir entgegen. „Langweilig war er jedenfalls nie. Keine Rede von *hehrem Dichtertum*, wie es die De Giorgi, diese Perle der Fadheit so gerne aller Welt verhökern will. Sie waren sicher schon bei ihr, haben ihre Poeme über sich ergehen lassen müssen, stimmt’s?“ Sie kichert. „Mist, Riesenmist. Wenn Sie was von Lyrik verstehen, muss ich Ihnen das nicht klarmachen, wenn nicht ...“ Sie hebt resignierend die Schultern.

Nicht in Bett-, in Küchengeheimnisse sehe ich mich in der nächsten Stunde eingeweiht, in die Kunst genussvollen Würzens, Pfefferns und kräftigen In-die-Pfanne-Hauens, kurz: in die Rivalität zweier Frauen um einen homosexuellen Mann weit über dessen Tod hinaus, einer Rivalität, die sich vorwiegend auf zwei Ebenen bewegt: der künstlerisch-intellektuellen und jener der Gaumenfreuden. Dass die Betti eine unübertreffliche Köchin sei, hat nicht nur Siciliano verbürgt. Doch wehe, wenn anderes in ihren Töpfen schmort! „Ein Aas kann sie sein, ein Biest der Sonderklasse! Doch für die, die sie liebt“, schrieb er, „geht sie durchs Feuer.“

Für P. P. P. geht sie noch immer durchs Feuer, ist sie zur eifersüchtigen Gralshüterin seines Andenkens geworden.

„Wer sonst, wenn nicht ich, sagen Sie schon. Niemand hat mit ihm intensiver zusammengearbeitet." Sie wird ernst. „Nicht *ein* Schriftsteller in Italien wie er. Sein Leben, sein Werk sind geprägt vom Kampf gegen jegliche Form der Macht, sind stete Auseinandersetzung mit Vermarktung und Vermassung, mit der ganzen Unkultur unserer Gegenwart, den Kommunismus mit eingeschlossen." Über gemeinsame Jahre spricht sie, über gemeinsame Arbeit beim Film.

„Und seine Theaterstücke?"

„Er ist Dichter. Das vor allem und an erster Stelle. Sein Theater ist Poesie im strengsten und reinsten Sinn. Viele – auch die meisten Regisseure – haben das bis heute nicht begriffen. Wer in Pasolinis Stücken Obszönität sieht, hat nichts, aber auch gar nichts kapiert." Sie spricht im Präsens von ihm, „Pasolini – das ist Intellekt *und* Intuition. Ich habe vor wenigen Monaten in Paris unter Mario Missirolis Regie in ‚Orgia' noch einmal die Hauptrolle gespielt. Nach siebzehn Jahren fand ich den Mut, mich abermals dieser Herausforderung zu stellen. Und wieder war ich zutiefst betroffen, aufgewühlt. In ‚Orgia' offenbarte sich mir zum ersten Mal das Genie Pasolini. Seine Identität als Künstler und Mensch lag plötzlich offen vor mir, seine Verzweiflung, ausgedrückt in der Poesie seines Theaters. Ich litt an dieser Rolle, weil ich seine Leiden mitzuempfinden begann, sie wurden die meinen und sind es geblieben. Nur ist heute etwas Versöhnliches hinzugekommen."

Lauras tiefe Stimme wird mit jedem Wort leiser. Bis sie verstummt.

10. Todestag des italienischen Dichters und Filmregisseurs Pier Paolo Pasolini

gesendet im WDR am 02.11.1985

Personen:
G. A. – Giorgio Albertazzi
B. B. – Bernardo Bertolucci
L. B. – Laura Betti
E. D. G. – Elsa De Giorgio
P. P. P. – Pier Paolo Pasolini

Es war fast zwei Uhr nachts – der Wind
wischte über die Piazza dei Cinquecento
wie in einer Kirche – da war nicht einmal Abfall,
einziges Leben zu dieser Stunde – in den Anlagen
streiften die letzten Römer, noch vom Land herein, auf der Suche nach den tausend Lire, doch wie ohne Schwänze – ich sprach im Auto mit einem von ihnen …

„Also – wir sind so gegen 1/2 7 Uhr früh hergekommen. In unserem Citroën. Wissen Sie, wir kommen ja jeden Sonntag hierher. Nach dem Mittagessen arbeiten wir dann alle. Wir bau'n uns hier ein kleines Sommerhäuschen. – Das Meer ist gleich dort vorn. Na ja – als wir ankommen, sehe ich irgendetwas Dunkles auf der Straße liegen, da, grade vor unserem Haus. Ich sag zu Giancarlo, das ist mein Sohn: ‚Jetzt schau dir doch das verdammte Hurenvolk an, was die uns wieder vor die Tür geschmissen haben. So was von Sauerei!', und geh hin, um zu sehen, was es ist und wie wir das wieder wegmachen können. Und jetzt seh' ich's genauer: Da liegt einer. Liegt da mit dem Gesicht im Dreck, Schädel zertrümmert, die Haare total blutverkrustet. ‚Leg man schleunigst 'n Rückwärtsgang ein', ruf ich meinem Mann zu, ‚und nichts wie ab zur Polente!' Na und so 'n Viertel vor sieben sind wir dann alle am Kommissariat."

Ein Fundbericht, abgegeben von Maria Teresa, 46, Ehefrau des Bauhilfsarbeiters Alfredo Principessa, 48.

Tag: Der 2. November 1975, Sonntag – ein milder Herbsttag.
Schauplatz: Der Idroscalo von Ostia – ein verkommenes Gelände. Zertretene Grasbüschel, stinkende Pfützen, Glasscherben, leere Konservenbüchsen, Papierfetzen, menschliche Exkremente.
Tatortskizzen in den Zeitungen am nächsten Morgen deuten die Trostlosigkeit des Platzes bestenfalls an: Baubuden, Baracken einen Zaun. Dahinter ein Fußballfeld, drei Fabrikhallen. Flüchtig hingezeichnet: ein Hemd vor dem Fußballtor, daneben ein paar dicke Striche – es sollen die vom Zaun gebrochenen Holzlatten sein; das Sommerhäuschen und direkt davor, an einer Weggabelung, die Konturen eines menschlichen Körpers. Dicke schwarze Pfeile weisen auf ihn, weisen auf die Gegenstände. BLUTVERSCHMIERT steht unter einem der Pfeile, GEHIRNMASSE unter einem anderen.
Das Opfer: PIER PAOLO PASOLINI – Regisseur, Schriftsteller.

Das Morden gehört zum Alltag der Massen.
Tut nicht so, als ob euch das wunderte.
In Rom, zum Beispiel, morden sie aus Wut.
Rom ist heute gewalttätig – noch unbewusst –
bald wird es sich an seine grausame Fratze gewöhnt haben.

Der Tod Pasolinis! Kein anderes Thema beherrscht die Schlagzeilen der Zeitungen in den nächsten Tagen:
„Hass und Gewalt"
„In einer gewissen Stadt namens Rom"
„Mit Holzlatte niedergeschlagen, vom Auto überrollt"
„An diesem Platz könnte einer seiner Filme gedreht worden sein"
„Der Täter: Un raggazzo di vita – ein Strichjunge"
„Ein gewisser Pelosi war's, genannt ‚Pino – der Frosch'"

Ein Siebzehnjähriger, ohne Interessen, ohne jeglichen Willen zu arbeiten.
Die allgemeine Erregung über diesen Mord ist ungeheuer. Häme und Genugtuung mischen sich bei:

„Geschieht ihm doch recht! Einer, der im Dreck wühlt, kommt darin um."
„Ein warmer Bruder weniger."
„Er ist selber schuld daran."

Pino, der Frosch, gesteht – auffallend schnell: „Ich wusste ja nicht, wen ich da niedergeschlagen habe."

Wusste er es wirklich nicht? – Bald nachdem der erste Schock, die erste Betroffenheit überwunden sind, melden sich kritische Stimmen zu Wort. Allen voran die Freunde Pasolinis, aber auch Intellektuelle, die man eher im Lager seiner Gegner vermutet hätte. Sie alle bezweifeln Pelosis Aussagen. *Zu* glatt sind sie, *zu* offensichtlich – wie auswendig gelernt.
So viel ist klar: Ein Kampf muss stattgefunden haben! Doch: Während Pasolini grausam zugerichtet zurückbleibt, trägt Pelosi ledig-

lich eine kaum nennenswerte Wunde am Kopf davon; seine Kleider sind nicht einmal unordentlich, als er aufgegriffen wird, Blutspritzer kaum darauf zu finden. Fremde Fußabdrücke, Reifenspuren am Tatort, Indizien also, die das Geständnis des Jungen infrage stellen könnten, werden nicht beachtet oder als nicht beweisbar abgetan.
Der „Frosch" der Mörder? Er allein? Handelt es sich wirklich *nur* um einen Mord in der Homosexuellenszene? Um eine schmutzige Affäre?
Der Gedanke, Pasolini sei einer geschickt inszenierten politischen Lynchjustiz zum Opfer gefallen, macht schon bald die Runde. Wenige Tage nach dem Geschehen schreibt der LE MONDE: „... ich habe die dunkle Vermutung, dass Pasolini nicht nur ermordet werden konnte, sondern ermordet werden *musste*! ... Es handelt sich um ein politisches Verbrechen. Pasolini ist von einer Welt umgebracht worden, die sich entschieden gegen ihn sträubte, die seine Übertretung sexueller, politischer und künstlerischer Tabus einfach nicht ertrug, diese nahtlos öffentlich zur Schau getragene Einheit von Engagement und Leben ... Der Hass, der Pasolini von einer ganzen Gesellschaft entgegenschlug, hat sich in der Inszenierung eines Verbrechens verdichtet: Einer öffentlichen Hinrichtung ... vor aller Augen ..."

Einheit von Engagement und Leben! In diesem merkwürdig dichten Leben, das Pasolini unter dem Zeichen einer bitteren Aufrichtigkeit führte, kam es immer wieder zu Konflikten mit der Justiz.

„Kein Wunder! Einer, der wie er alles auf den Kopf stellt."
„Ein Kommunist und Homosexueller."
„Ein Psychopath – ein Kinderverführer, ein gemeingefährliches Individuum."

„Ein Ketzer, ein Häretiker – einer, dem nichts, wirklich gar nichts heilig ist, der vor nichts zurückschreckt.“
„Ein neurotischer Phantast – ein Andersartiger ist der.“

Ja – ein *Andersartiger*, ein *Außenseiter*, das war er seit jeher. Und was immer er tat, sagte oder schrieb, stets führte es dazu, dass eine gespannte Atmosphäre um ihn herum entstand, ein Klima von Hetze und Hysterie. Von Anfang an haftete seinem Denken und Handeln der Beigeschmack des Skandals an.

L. B.: Das Vorurteil gegen Kommunisten und Homosexuelle ist in Italien immer noch vorhanden – unterschwellig.

Wer war dieser Mann, der es verstand, alle, aber auch wirklich alle gegen sich aufzubringen?

G. A.: Nun – Pasolini war eine Persönlichkeit die entscheidenden Einfluss auf das kulturelle Leben Italiens genommen hat, nicht nur in literarischer Hinsicht. Er war der sensationellste politische Kommentator seiner Zeit. Es gab keinen gleichwertigen in Italien. Ein wahrhafter Interpret seiner Epoche; ich wage sogar zu behaupten, mit Ausnahme Sartres gab es in ganz Europa nicht einen vom Format Pasolinis, *keinen*, der diesen Mut zur Unpopularität aufgebracht hätte.

*

Pier Paolo Pasolini, Essayist, Romancier, Kritiker, Drehbuchautor, Filmregisseur und nicht zuletzt Dichter, wird am 5. März 1922 in Bologna als Kind einer zwar gutbürgerlichen, aber in bescheide-

nen Verhältnissen lebenden Familie geboren. Der Vater ist Berufsoffizier. So kommt es, dass die Familie innerhalb Friauls nur allzu häufig den Wohnort wechseln muss. Festere Freundschaften werden dem Kind dadurch erschwert. Umso enger wird seine Bindung an die Mutter, deren Heimatort Casarsa zu seinem eigentlichen Zuhause.
Pasolini studiert in Bologna Literaturwissenschaften und Kunstgeschichte, promoviert über Pascoli. Kaum zwanzigjährig, gibt er sein erstes Buch heraus, POESIE A CASARSA, Gedichte im friulischen Dialekt. Unter dem Eindruck des Faschismus und seiner Folgen, wendet er sich schon bald der kommunistischen Partei zu.

P. P. P.: Ich muss sagen, meine Zugehörigkeit zur Partei damals war wirklich eine rein emotional-poetische. Natürlich hat das auch ein gewisses kulturelles Interesse mit sich gebracht. Ich fing an, Marx zu lesen. Doch würde ich behaupten, das Wichtigste in jenen Jahren, das heißt '46/47, war für mich die Beschäftigung mit Gramsci.

Pasolini arbeitet als Lehrer. Er ist ein hervorragender Pädagoge, aber auch ein aktiver Kommunist, schreibt Wandzeitungen, Flugblätter, verfasst Polemiken. – Er wird gewarnt: Das Agitieren für die Linken solle er bleiben lassen! Merkmale einer zunehmenden Aggression zeichnen sich ab. Da kommt es im Herbst 1949 zum Vorfall von Ramuscello:

„... ist diese Dienststelle davon in Kenntnis gesetzt worden, dass der Pier Paolo Pasolini genannte aus Casarsa vor etwa zehn Tagen sich nach Ramuscello begeben hat, wo er bei der Verführung Minderjähriger ...“

Zwar stellt sich heraus, die ganze Angelegenheit ist von einem ihm übelwollenden Landpfarrer inszeniert worden und Pasolini wird vom Vorwurf der „Verführung Minderjähriger“ in einem Prozess – dem ersten von 33 in seinem Leben – freigesprochen, doch verliert er seine Stellung. Von der Partei wird er ausgeschlossen. Der Skandal ist perfekt.

Diese Schmach, dieser Schmerz in mir: Genauso muss ein Neger aus Harlem empfinden, wenn er auf der Fifth-Avenue spazieren geht.

Pasolini verlässt Casarsa wenig später und zieht nach Rom. Es ist eine Flucht.

Wer gesündigt und in der Kehle
die Glut der Lynchjustiz gefühlt hat, ist für immer rein,
wenn er noch immer nicht zu hassen versteht
und in seine ausgebrannten Augen steigt wieder
ein zärtlicher Schimmer von Sanftheit und Mut.

*

E. D. G.: Scheu und verschlossen – vor allem aber fühlte man in seinen kurzen Worten ein immenses Bedürfnis nach Liebe ...

G. A.: Auf mich machte Pasolini den Eindruck eines sehr scheuen, unruhigen, ganz und gar introvertierten Mannes ...

Scheu und verschlossen, mit einem ungeheuren Bedürfnis nach Liebe, Geliebtwerden – ein Mann, der noch immer nicht zu hassen versteht ... der aber beginnt, sich zu verteidigen.

L. B.: Dann, nach und nach, fing er an, sich zu verändern. Er begann sich zu verhärten. Ja, so würde ich es sagen: verhärten – denn es entsprach nicht seiner Natur, aggressiv zu sein. Doch wegen der zahllosen Anschuldigungen, Beleidigungen fühlte er sich gedemütigt. Also begann er, seine Homosexualität bewusst zur Schau zu stellen. Das war Taktik, keine Zufälligkeit – die Taktik eines Guerillakämpfers. Krieg.

Er beginnt, den Skandal als Waffe zu benutzen.

*

Armut zwingt ihn, in der ersten Zeit in den Außenbezirken Roms zu leben. Dem direkten Kontakt mit dem Sottoproletariato kann er sich nicht entziehen. Und er stellt sich dieser Realität – vorbehaltslos, beschreibt sie. – Er deckt auf und – trifft das schlechte Gewissen einer ganzen Nation.

P. P. P.: Ich habe die Borgata nicht erfunden. Ich habe sie entdeckt, weil ich dort lebte.

Borgata, Randzone, Slums – Pasolinis Revier. Die Jahre in Rom werden zu Jahren intensivster Arbeit. In der folgenden Zeit erscheinen, um nur die wichtigsten seiner Werke zu nennen, RAGGAZZI DI VITA, VITA VIOLENTA, LA RELIGIONE DEL MIO TEMPO, GRAMSCI's ASCHE, unter dem Titel LEIDENSCHAFT UND IDEOLOGIE, eine Sammlung kritischer Essays, sowie mehrere Theaterstücke. Schließlich wendet er sich dem Genre zu, welches ihm schon lange am Herzen liegt: dem Film. Er dreht ACCATTONE.

B. B.: Es war wichtig, Pier Paolo arbeiten zu sehen. Es war ein wenig, als wohnte man der Erfindung des Films bei. Tatsächlich *erfand* er das Kino, erfand er eine neue Sprache …

… und wurde zum Vorbild einer neuen Generation von Filmemachern.
Seine Helden sind zumeist junge Männer, Halbkriminelle aus der Borgata (das nehmen ihm seine kommunistischen Kritiker besonders übel), tragische, verlorene, durchaus nicht positive Gestalten mit einem irritierenden Schuss Zynismus und Bösartigkeit.
Fast jährlich dreht er einen Film. Sein provozierender Realismus löst hitzigste Diskussionen aus. Wiederholt wird er ausgezeichnet und – angeklagt wegen:
„Verunglimpfung des Staates",
„Gotteslästerung",
„Pornographischer Inhalte".

Pasolini lernt Prozesse, engstirnigste Anschuldigungen, verschiedenste Formen der Verfolgung kennen. Doch er veröffentlicht weiterhin kritische Schriften, Polemiken in Form von Essays, Briefen, Gedichten. Die richten sich gegen eine wachsende Konsumgesellschaft, Vermassung, gegen die Kirche, den Terrorismus – *gegen jede sich etablierende Macht*. Immer deutlicher zeigt sich: Pasolini, der Nonkonformist, passt in keine Schublade, lässt sich nirgendwo einordnen. Widersprüchlichkeit wird ihm vorgeworfen: Er – der überzeugte Marxist, prägt den Begriff des LINKSFASCHISMUS. Ein Skandal! Die Studentenrevolten von 1968 begreift er als eine „verschlüsselte Revolte der Bourgeoisie gegen sich selbst":

Als ihr euch gestern ... mit den Polizisten geprügelt habt,
hielt ich's mit den Polizisten, weil sie die Söhne armer Leute sind ...

Diesem „Skandal" des Für und Wider verdankt er letztlich eine nie gesuchte, bösartige Popularität: Er verteidigt jede Form körperlicher Liebe – doch verurteilt er die Abtreibung aufs Schärfste. Er behauptet, nicht gläubig zu sein – doch kennzeichnet ihn eine fast mythische Religiosität. Seine Beziehung zur Gesellschaft sieht er als stete Herausforderung und Verpflichtung – doch für die Gesellschaft ist er ein Störfaktor.

Sind's nicht die scheinbar ganz richtigen und einfachen Dinge, die sich am Ende als die dunkelsten und schwierigsten erweisen?

Pier Paolo Pasolini – wie einen Schmerz lebt er das Leben und liebt es doch, liebt es mit „einer so grausamen Verzweiflung, dass es nicht gutgehen kann ..."
Ich liege auf dem Boden, nackt und hilflos.
Durchnässt bis auf die Knochen – und verkommen
und um mich herum, was ist da?
Vier kahle Wände, ein Tisch, ein Bett von Stroh.
Hör mich an, wenn es dich gibt, Jesus Christus!
Sieh mich an, wie ich im Dreck vor dir liege.
Hab doch Erbarmen mit mir!
So wenig weiß ich von dir, ach, so wenig.
Ich arbeite und frage nach nichts.
Ich sterbe und meine Seele weiß es nicht.
Hör mich an, wenn's dich wirklich gibt, Jesus Christus!

Sieh mich an, wie durchnässt ich bin vom Weinen,
hab doch Erbarmen mit mir!
Ich weiß doch gar nichts von dir – nein, gar nichts.

Due Mondi – Zwei Welten

gesendet bei WDR Kultur 1985; erschienen in: „der literat – Zeitschrift für Literatur und Kunst", Nr. 9/1984, September 1984, abgedruckt unter dem Titel „Spoleto"

Wer ihn heutzutage an den Temperaturen nicht gleich erkennen kann, zwei untrügliche Zeichen für den Sommer gibt es: Heuschnupfen und Festspiele. Beides nimmt gelegentlich überhand und plagt zuweilen außerordentlich.

Nun will ich mich durchaus nicht über Sinn oder Widersinn von Festspielen auslassen, sie haben ja ihre Nützlichkeit, vielmehr möchte ich über ein ganz bestimmtes Festival sprechen, nicht gerade das Berühmteste, nicht gerade das Größte, meiner Meinung nach aber eines, über das zu reden doch lohnt, weil die Atmosphäre, in der es stattfindet, eine ganz besondere, eine so ganz unübliche ist – das FESTIVAL DEI DUE MONDI (FESTIVAL OF TWO WORLDS) in Spoleto.

Zum 27. Mal wird es in diesem Jahr durchgeführt (28.6.–15.7.). 1958 von Gian Carlo Menotti, dem großen italienischen Komponisten ins Leben gerufen, war es von vornherein als kulturelle Brücke zwischen den Vereinigten Staaten und Italien, zwischen der alten und der neuen Welt gedacht. Die Nostalgie des Italo-Amerikaners nach seiner alten Heimat ist nicht bloße Sentimentalität. Sie begleitet ihn sein Leben lang. Viele Künstler – nicht nur Menotti –, die sich in Amerika einen Namen gemacht haben, kehren immer wieder nach Italien zurück, sei es für immer, sei es für Monate oder nur für einige Wochen. So trägt gerade dieses Festival beinahe familiäre Züge, die dem flüchtigen Festspielbesucher freilich nicht offenkundig werden. Es ist eine Art „Heimkehr", an der auch die Bevölkerung teilnimmt – es sind „ihrer aller Festspiele". Selbst wenn man von den Vorbereitungen zunächst wenig merkt. Alles läuft wie immer und noch am Tage vor der Eröffnung käme man kaum auf die Idee, dass sich die kleine umbrische Stadt schon innerhalb der nächsten 24 Stunden grundlegend verändern könnte. Keinerlei Hektik, keinerlei Unruhe ließen darauf schließen, dass die Festspielzeit angebrochen ist.

Schließlich versteht man sich bestens aufs Improvisieren. Es wird schon klappen – es hat ja noch immer geklappt. Kleine Pannen gehören dazu. Erst am Eröffnungstag scheint Leben in die Straßen zu kommen. Jetzt wird allenthalben gezimmert, gehämmert, Bühnen werden aufgebaut, Blumentröge aufgestellt, Straßen abgesperrt. Bis zum frühen Abend hat die Stadt ihr Gesicht verändert. Nichts mehr von besinnlicher Abgeschiedenheit und Ruhe. Mit einbrechender Dämmerung werden die römischen und mittelalterlichen Sehenswürdigkeiten im wahrsten Sinne des Wortes ins rechte Licht gerückt. Allmählich füllen sich die Straßencafés und amerikanisches Englisch hört man so häufig wie Italienisch.

Gegen 18 Uhr eröffnen unzählige Künstler unzählige kleinere oder größere Ausstellungen – in jedem Hauseingang, in jedem überdachten Torbogen, in jedem Hinterhof, und sei er noch so eng, kann man sie finden. Klein-Paris oder Montmatre, so man will, in den engen, mittelalterlichen Gassen des Centro-Storico, welches gewiss nicht weniger malerisch ist als jener. Jetzt ist auch die Stunde der Journalisten, Reporter, Lokalberichterstatter gekommen. Jeder Künstler will möglichst schon an seinem Eröffnungstag besucht und besprochen werden. In den nächsten Tagen quellen die Tageszeitungen über von Artikeln, die alle ähnlich klingen, lediglich die Künstlernamen sind unterschiedlich. Nichtsdestotrotz – manche große Karriere hat hier ihren Anfang genommen.

Abends dann die große Galavorstellung, deren Ertrag wie immer UNICEF zufließt – die Preise sind entsprechend, ebenso das Publikum. Illustre Gäste aus Rom und Mailand und – wie könnte es anders sein – auch aus den Vereinigten Staaten werden erwartet. Ein Riesenaufgebot an Carabinieri und Militär ist abgeordnet, um prominente Politiker oder noch prominentere Stars vor etwaigen Übergriffen zu schützen. Einfacheres Volk muss, ebenso gut „beschützt", den Seiteneingang nehmen, wird auf die Galerie verbannt, wo die Preise niedriger, die Temperaturen umso höher liegen. Hier erlebt man Theater aus einem völlig neuen Blickwinkel, die Akustik jedoch ist ausgezeichnet. Die Aufführung schließlich entschädigt voll und ganz für entgangene Bequemlichkeit. Auf dem Programm ARIADNE AUF NAXOS von Richard Strauss in deutscher Sprache. Weltstars singen – sie kommen von der Metropolitan Opera, der Wiener Staatsoper, der Mailänder Scala – und wer die farbige Esther Hinds als Ariadne gehört hat, vergisst diesen Abend so schnell nicht wieder. Doch nicht nur Ohren-, auch Augenschmaus bietet sich dem Operngast. Das Bühnenbild von Ulisse Santicchi entworfen, lässt an Schönheit kaum zu wünschen übrig: Kühle Moderne gepaart mit stilsicherer Eleganz – bestes „italienisches Design" – ach, wie wünschte man sich solche Bühnenbilder ab und zu auch auf Deutschlands Bühnen.

Jedes Festival hat seine Glanzlichter, wartet mit großen Namen auf. Davon lebt es, damit überlebt es – Spoleto versprüht ein ganzes Feuerwerk: Das Stuttgarter Ballett tanzt nach der Choreographie von John Cranko den EUGEN ONEGIN. Antonio Gades präsentiert sein inzwischen weltberühmtes Flamenco-Ensemble in CARMEN und Christine Hoyos in der Titelrolle ist auf der Bühne nicht weniger faszinierend als im Film. Berühmte Namen auch am Theater: Von Ionesco wird nicht nur dessen Stück DER KÖNIG STIRBT aufgeführt, man kann ihn selbst gemeinsam mit anderen bekannten französischen Künstlern wie A. Robbe Grillet und Nathalie Sarraute als Interpreten in FRESHWATER von Virginia Woolf hören und sehen. Kammerkonzerte sind zu erwarten, ebenso Lesungen verschiedener bekannter und anderer, im Ausland noch unbekannter italienischer Autoren. Dabei wird der Lyrik ein ebenso großer Stellenwert zugemessen wie der Prosa. Natürlich gibt es auch Jazzkonzerte, die BREAK AND BOOGIE DANCERS; Wladimir Vassiljew und Jekaterina Maximowa und die Mitglieder des Bolschoiballetts.

Einer der Höhepunkte dieser Tage bleibt die Aufführung von Marsha Normans „Night Mother", die für dieses Stück 1983 mit dem Pulitzerpreis ausgezeichnet wurde. Man hat das seltene Glück, dieses Zwei-Personen-Stück (Mutter-Tochter-Beziehung, die mit dem Freitod der Tochter endet) zum einen in der amerikanischen Originalfassung unter der Regie Tom Moores sehen zu können, oder, so man der englischen Sprache nicht mächtig ist, die italienische Version mit italienischen Schauspielern. Wer beides sieht, hat spannende Vergleichsmöglichkeiten, kann sich jedoch dem Eindruck nicht entziehen, dass die letztere möglicherweise durch die Übersetzung an Eindringlichkeit erheblich verliert. – Nach zweistündiger Aufführung ohne Pause und ohne Szenenwechsel, die den beiden Schauspielerinnen sowohl in physischer als auch in psychischer Hinsicht Höchstleistungen abverlangt, bleibt das Publikum unter dem Eindruck dieses Mutter-Tochter-Dramas zunächst minutenlang still. Dann aber bricht frenetischer Beifall aus. Kathy Bates und Anne Pitoniak müssen immer wieder auf die Bühne, ihre von Erschöpfung gezeichneten Gesichter strahlen zwar, doch eine Stunde später kann man die überstandene Anstrengung Kathy, die jetzt durch die alten Gassen schlendert, noch am Gesicht ablesen.

Den eigentlichen Reiz dieses Festivals macht nicht allein die Vielzahl guter Namen aus, auch nicht das überaus breitgefächerte Angebot, sondern die Art und Weise, wie die Bevölkerung daran Anteil nimmt: Herzlich und spontan – sie und die Künstler sind eine große Familie.

Sitzt man morgens an einem der Tische der kleinen Bar auf dem alten schönen Marktplatz, hinlänglich durch die Schirme der Marktstände vor den Blicken der Touristen und Festspielbesucher geschützt, bleibt man nicht allzu lange allein. Die Bar hat an diesen Tagen Hochbetrieb. Die vier jungen Kammermusiker, jetzt noch in Jeans und T-Shirt, arbeiten beim Cappuccino noch einmal die Stücke durch, die um 12 Uhr im Teatro Caio Melisso aufgeführt werden sollen und auch der Barmann lässt sie seine Meinung hören. Billy Banco, der „verrückte" Fernsehreporter findet sich ein. Vielleicht gelingt es ihm, hier mit jemandem ein kurzes Interview zu kreieren, keiner nähme ihm das übel. Die Autorin Lea Canducci kommt hinzu, will ihn unbedingt von ihrem neuen Buch überzeugen, heute Nachmittag wird sie es vorstellen und daraus lesen, aber da fällt S. C. vom MESSAGGERO ihr ins Wort – er glaube nicht an diese Art von Liebe, die sie da beschreibt – und hat gleich alle gegen sich. In die Diskussion, die nun sehr hitzig wird, mischt sich der Galerist von gegenüber, ebenso der Gemüsemann, letztlich sogar die taubstumme Mara von der Trattoria neben der Bar. S.C. vergisst, dass er zwischen zwei fälligen Interviews nur schnell einen *caffè coppio* hat trinken wollen. Lediglich das Quartett sitzt und lässt sich durch nichts ablenken, arbeitet konzentriert die Adagi und Crescendi durch.

Abends, wenn alle Aufführungen vorüber sind, wird man sich wieder treffen, in einer der kleinen versteckten Trattorien essen, nicht etwa in den teuren Restaurants, die den Touristen vorbehalten bleiben. Vielleicht wird es jenes hinter dem Caio Melisso sein unter den blühenden Linden, oder ganz einfach dieses hier am Markt bei der taubstummen Mara. Die Musiker werden da sein, die Maler und die Poeten, vielleicht der Gemüsemann, der Barmann, der Galerist. Irgendwann wird Billy auftauchen, wenn auch viel später als all die anderen, er hat ja viel zu tun in diesen Tagen, dann wird er von den gehabten Interviews erzählen. Und wer immer sonst noch kommt, wird sich dazusetzen, man isst, man trinkt zusammen und freut sich, denn alles läuft wieder bestens in diesen Tagen. Irgendwann holt Ennio, der Maler aus Rom, seine Gitarre und spielt. Der Barmann singt – ein bisschen zu weich vielleicht, ein bisschen zu schmelzend – aber er darf, er ist ja kein Künstler, nur ein Naturtalent, aber eines, dem selbst die Interpreten der ernsteren Muse ihren Beifall zollen. Später liest jemand aus eigenen neuesten Gedichten vor. Das inspiriert auch den Gemüsemann zu Reimen. Zwischen Pasta und Braten meditiert Lea über eine unmögliche Liebe weiter, während Vicentino Michetti, der Bildhauer, still dasitzt und beobachtet – Gesichter im wechselnden Licht, Bewegungen –, er ist ein alter Mann mit wachen Augen und einem guten Gesicht, ein großer Künstler. Ein italienischer Rodin, sagen seine Landsleute stolz. Er hat in Rom ausgestellt und im Louvre. Er nannte Picasso seinen Freund, und als Konstrukteur, der er auch ist, hat er am Projekt zur Rettung des Tempels von Abu Simbel mitgearbeitet. Druben, neben dem Eingang der Galerie steht seine MARINARA, eine überlebensgroße Bronzeplastik. Resignation und Ergebenheit, zugleich jene ruhige Weisheit, die zu ertragen hilft, liegen auf ihrem Antlitz – vor dieser Figur wird man still.

Antonio aber hat seine neueste Errungenschaft mitgebracht: eine große Videokamera. Er filmt. Den ganzen Abend lang – zur Erinnerung, sagt er. Man hat sich Scheinwerfer vom nahen Theater ausgeliehen. Das amerikanische Ehepaar, welches sich nur zufällig hierher verirrt hat, wird mit auf den Streifen gebannt. Billy, der die Situation rasch erfasst und immer für einen Spaß zu haben ist, spielt ein gekonntes Interview mit ihnen durch und die ganze Gesellschaft hält mit. Wenn die beiden in die Staaten zurückkehren, werden sie sicherlich von dem wundervollen italienischen Abend erzählen und dass man sie sogar fürs Fernsehen aufgenommen hat – und natürlich hat ein runder, dicker Mond geleuchtet und natürlich hat der Brunnen auf der Piazza besonders romantisch geplätschert ...

Und Ennio spielt. Mara, die nichts hört, tanzt dazu und lacht und freut sich. Aber wie sie es fertigbringt, sich richtig im Takt zu bewegen, begreift keiner. Und keiner wird sie danach fragen.

Luciano de Crescenzo

Die ganze Welt – ein Cappuccino!

erschienen in: „Brigitte" 25/88, 30.11.1988

[Redaktionelle Einleitung:] Er ist ein Multitalent und ein Sonnyboy, und ganz Italien liebt ihn: Luciano de Crescenzo. Der frühere IBM-Manager hatte mit seinen philosophischen Büchern einen Bestsellererfolg nach dem anderen, und sein neuer Roman „Zio Cardellino" ist wieder ein Volltreffer. Linde Rotta sprach mit dem temperamentvollen Autor und hat – was Wunder – viel Philosophisches von ihm erfahren. [Ende redaktionelle Einleitung]

Deine Bücher – „Also sprach Bellavista", „Oi dialogoi" und „Geschichte der griechischen Philosophie" – sind intelligent und spritzig geschrieben, mit einer gesunden Prise Humor gewürzt. Es gibt nicht allzu viele Autoren, die diese Gabe besitzen.

Um ehrlich zu sein, ich versuche ja immer wieder, etwas völlig Ernsthaftes zu schreiben, aber weiß der Kuckuck, es will mir einfach nie gelingen.

Wann ist dir diese herrliche Idee gekommen, griechische Philosophie auf derart populäre Weise zu beschreiben, dass jeder sie verstehen kann und auch noch Spaß an den Büchern hat?

Ich und alle meine Freunde hatten in der Schule Philosophie-Unterricht. Und fragt man sie heute nach dem einen oder anderen Philosophen, wissen sie gar nichts mehr. Meiner Meinung nach kommt das daher, dass alle Autoren, die über Philosophen schrieben, sich immer nur um deren Gedanken kümmerten, nie verloren sie ein Wort über den Menschen selbst. Wie war dieser Philosoph? Welche Hobbys hatte er, welche Tricks? Kein Mensch, der das Buch „Vom Winde verweht" gelesen hat, vergisst Scarlett O'Hara. Da kam ich also auf die Idee, wenn ich die griechischen Philosophen in ihrem ganz alltäglichen Leben zeichnete und so, als wären sie meine Verwandten, müsste doch so viel Interesse an ihnen zu wecken sein, dass sie dem Leser im Gedächtnis bleiben.

Glaubst du denn, die Gesellschaft heute ließe sich aufgrund philosophischer Überlegungen ändern?

Also ich habe mich durch das Studium der Philosophie sehr geändert. Aber das eigentliche Problem ist, wie lässt sich unsere Werteskala verändern? Ich spreche zwar immer von Italien, aber ich könnte mir vorstellen, dass es in Deutschland nicht viel anders ist als hier. Siehst du, wenn man diese Straße da in dieser Richtung 30, 40 Kilometer weiterverfolgt, kommt man bis Milano Marittima. Vor zwei Tagen wollte ich mir ein Buch kaufen und suchte eine Buchhandlung. Ich setzte mich also ins Auto und fuhr schön langsam die Straße entlang. Ich sehe ein Geschäft, halte. Was ist es? Ein Modegeschäft. Das nächste wieder ein Modegeschäft. Ein drittes Modegeschäft, danach eine Boutique, eine Eisdiele, Computerspiele, Jeansshop, Eis ..., nach gut zehn Kilometern hatte ich noch immer keine Buchhandlung gefunden. Wenn man sich nun vorstellt, dass während des ganzen Sommers Tausende von Menschen diese Straße auf- und ablaufen, bedeutet das doch, dass viel mehr an Bekleidung gekauft wird als je benötigt. Da frage ich mich: Kann es denn wirklich so sein, dass wir gar nicht mehr daran denken, auch unsere Seele zu „bekleiden", auch unserem Geist Nahrung zu geben? Ein Sokrates, der sommers wie winters dieselbe Kleidung trug, müsste doch den einen oder anderen Menschen noch heute zum Nachdenken bringen.

Deinen Sokrates lässt du sagen, der Fortschritt sei nur eine Reihe künstlicher Körperfortsätze, im Grunde habe er den Menschen nicht verändern können. Ist es nicht eher so, dass der Mensch gerade aufgrund des Fortschritts oberflächlicher wird?

Es scheint so. Trotzdem bin ich fest überzeugt, dass die Welt sich in den letzten, seit Sokrates etwa 2.400 Jahren, moralisch zum Besseren hin entwickelt hat. Cato Censorios hat ein Buch geschrieben, ein Lehrbuch, in dem er die Ansicht vertrat, es lohne sich nicht, Sklaven zu halten, die älter als 50 seien, weil sie mehr konsumieren als produzieren. Es sei daher wirtschaftlicher, sie zu töten. Möglich, dass es Leute gibt, die auch heute noch so denken. Cato jedenfalls schämte sich nicht, es auch noch niederzuschreiben – also, ich glaube doch, dass sich die allgemeine Moral erheblich verbessert hat.

In „Zio Cardellino", dem Buch, das jetzt auf Deutsch erscheint, vertrittst du die Philosophie des Aussteigens, erzählst von einem Manager, der plötzlich anfängt zu zwitschern und aussteigt. Nun, der Satte spricht gerne vom Fasten. Dir ist es aufgrund deiner Begabung hervorragend gelungen, aus der Welt des Managements, aus dem täglichen Trott auszubrechen. Was macht aber ein Angestellter, der weder die Gabe des Schreibens noch eine blühende Phantasie besitzt, stattdessen „nur" Frau und Kinder? Der kann doch gar nicht „aussteigen".

Richtig. Aber gerade im „Zio Cardellino" ist diese Situation geschildert. Früher übte der Padrone die Politik des Stockes aus: Wenn du nicht so viel arbeitest, wie ich es dir vorschreibe, entlasse ich dich. Heute, wo es nicht mehr so geht, wendet er die „Karottenpolitik", das heißt die Prämienpolitik an. Um den Arbeiter zu größerer Leistung anzuspornen, verspricht er ihm eine Prämie und bringt ihn dazu, das Doppelte von vordem zu leisten. Natürlich macht das mit den Erfolg des Kapitalismus aus. Das Problem für dich als Arbeitnehmer ist nur, wie bringst du es fertig, dass dich dieses System nicht total aufreibt? Nun, das Geheimnis ist: Du darfst dich nicht hundertprozentig für die Firma einsetzen, sondern musst ein Eckchen, zehn oder 20 Prozent, für dich bewahren, dich nicht mit Haut und Haaren auffressen lassen.

Stattdessen zwitschern, nicht?

Jawohl.

Hast du jemals bei der IBM gezwitschert?

Ich? Na klar ... andauernd. Ich war niemals ein hundertprozentiger IBM-ler.

Was im Buch ganz hübsch und poetisch ist, sähe in der Wirklichkeit doch anders aus. Wie könnte Luca Cardellinos Frau, die ja viele Verpflichtungen hat, zwitschern oder gar „fliegen"?

Abgesehen davon, dass Lucas Frau hätte mitfliegen können, wenn sie's gewollt hätte, bin ich überzeugt davon, dass alle Menschen zwitschern und „fliegen" können. Sicherlich nicht 24 Stunden am

Tag. Wenn du Ehefrau, Hausfrau, Mutter bist, kannst du natürlich nicht alles stehen- und liegenlassen, deine Kinder im Stich lassen, aber es würde genügen, wenn du dir fünf Minuten täglich gönntest, um zu „fliegen".

Fünf Minuten scheinen mir nun doch wieder ein bisschen arg wenig.

Siehst du, aber die meisten gönnen sich ja nicht einmal die.

In deinen Büchern kommen Frauen kaum vor und wenn, haben sie keine rechte Kontur. Wie kommt das?

Ja, mir fällt auch auf, dass ich sie irgendwie vergessen habe. Ich habe später versucht, es wiedergutzumachen. In meinem Film „Der 32. Dezember" spielt eine Frau die Hauptrolle. Eine Fünfundsechzigjährige, die sich verliebt und deshalb von zu Hause wegläuft.

Du sprachst von einem neuen Buch. Wie heißt es?

Mein vorläufig letzter Titel lautet: „Il mondo diventerà un cappuccino" (etwa: „Die Welt wird in einen Cappuccino verwandelt"). Hübsch, nicht?

Sehr hübsch. Um welches Thema geht es?

Zum Inhalt des Buches müsste ich vielleicht Folgendes vorausschicken: Nach dem Prinzip der Thermodynamik gerät die Welt immer mehr in Unordnung. Dieses Phänomen beruht darauf, dass alle Dinge das Bestreben haben, sich zu vermischen. Wenn ich zum Beispiel diese Tasse kochendheißen Kaffees nehme und hier auf dem Tisch stehenlasse, wird sie nach einer Stunde ausgekühlt sein, das heißt, die Temperatur des Kaffees verliert sich in der Luft, weil die Natur bestrebt ist, alle Unterschiede auszugleichen. Auch die Sonne gleicht einer Tasse Kaffee, die steht halt nur in einem größeren Zimmer. Nach etlichen Milliarden Jahren wird auch sie abgekühlt sein, die Sonnenwärme wird sich überall verteilt haben. Auch die Materie hat das Bestreben, sich zu vermischen. Wenn ich etwas Milch nehme und in den Kaffee schütte, wird daraus Milchkaffee oder ein Cappuccino, das heißt, die Moleküle des Kaffees vermischen sich mit den Molekülen der Milch. Wenn sich auch im Universum alle Materie miteinander vermischt haben wird, kein Punkt kälter oder wärmer sein wird als der andere, muss jede Bewegung aufhören, weil es ja keinen Grund mehr gibt, Energie zu erzeugen, um vom kälteren zum wärmeren Punkt zu gelangen. Alles Leben wird also aufhören, weil die Welt zu einem einzigen riesigen Cappuccino geworden ist, capisci?

Und davon handelt das Buch?

Ja, denn diese Theorie lässt sich im übertragenen Sinn auf alle Bereiche des Lebens anwenden. Wollen wir diesen Zustand hinauszögern, müssen wir uns allem entgegenstellen, was uns „gleichmachen“ will. Wenn also alle auf mich einreden: „Du musst dir Michael Jackson anschauen!“, dann „muss“ ich das überhaupt nicht, sondern ich werde nach meinem eigenen Kopf entscheiden. Die Werbung hingegen trachtet danach, uns zu beeinflussen. Sie will, dass sich alle gleich kleiden, alle das Gleiche essen, denselben Geschmack haben, und hilft uns somit, den „Weltuntergang“ zu beschleunigen. Wir hingegen sollten danach streben, die

Unabhängigkeit unseres Denkens zu bewahren. Nur so verhindern wir es, dass sich die Welt in jenen riesigen Cappuccino verwandelt.

Lässt sich die Gesellschaft durch Literatur, durch Kunst überhaupt noch grundlegend beeinflussen?

Ich glaube, die Welt wird sich schon in kürzester Zeit notgedrungen ändern müssen. Aus ökologischen Gründen.

Ist es nicht schon zu spät?

Spät schon, aber zu spät ... nein, das glaube ich eigentlich nicht. Vor einigen Jahren haben die Grünen angefangen, auf die Bedeutung der ökologischen Probleme hinzuweisen. Leider sind unter diesen Leuten auch viele Extremisten, die sich wesentlich besser informieren müssten und viel zu emotionell und unsachlich reagieren. Man hat in Italien die Kernkraftenergie abgelehnt, ohne sich darüber Rechenschaft abzulegen, dass sie wesentlich umweltfreundlicher ist als die thermoelektrischen Kraftwerke. Jetzt wird die Diskussion etwas schwierig und – ja, ich muss wieder einmal auf das zweite Prinzip der Thermodynamik zurückgreifen. Na, versuchen wir's mal. Die Frage lautet: Ist der Fortschritt gut oder schlecht? Nun, da gibt es zwei Schlussfolgerungen, die sich scheinbar widersprechen. Schlussfolgerung Nr. 1 besagt: Der Fortschritt ist gut, weil zum Beispiel unsere heutige durchschnittliche Lebenserwartung auf 76 Jahre angestiegen ist; weil in unserer westlichen Welt niemand mehr Hungers sterben muss ... Die heute also von einem ökologischen Paradies träumen, vom schönen Grün, vom biologischen Boom, sollten bedenken, dass man vor 100 Jahren in Italien fast Hungers starb, obwohl das Land nur 20 Millionen Einwohner zählte – heute haben wir 57, und dass die durchschnittliche Lebenserwartung 48 Jahre betrug. Dass es heute nicht mehr so ist, verdanken wir dem Fortschritt. Nun zu Folgerung Nr. 2 – der Fortschritt ist schlecht –, eine Überlegung, die ich immer vom 2. Prinzip der Thermodynamik her ableite. Ich sagte schon, dass das Ganze schwierig wird. Ich weiß nicht, ob die Leserinnen der *Brigitte* das alles hier schlucken wollen? Na, probieren wir's, und schließen wir ab: Die Thermodynamik beruht auf zwei Prinzipien. Das erste Prinzip besagt: In der Natur gibt es keine Schöpfung und keine Zerstörung, nichts wird erschaffen, nichts verliert sich. Das zweite Prinzip besagt, jedes Mal, wenn du dich bewegst, jedes Mal, wenn du eine Energie in eine andere Energie umwandelst, geht ein Teil dieser Energie verloren. Dieser Teil, der sich verliert, bringt Unordnung ins Universum, belastet es. Bewegst du dich viel, erzeugst du viel Durcheinander, richtig? Allora, ein Beispiel: Ich kaufe mir eine Hose, stelle fest, sie gefällt mir gar nicht so sehr, also gehe ich und kaufe mir eine zweite. Irgendwo wird eine Fabrik diese zweite (überflüssige) Hose für mich auch herstellen. Dabei produziert sie Kohlensäurehydrid, das sie an die Luft abgibt. Mit der Zeit bildet sich ein Rauchmantel, ein Treibhauseffekt entsteht, der zum Sterben unseres Planeten führt, weil die Temperatur auf der ganzen Welt so ansteigen wird, dass Arktis und Antarktis abtauen. Die Weltmeere steigen an, und Länder wie Holland versinken unterm Wasserspiegel – und das alles nur deshalb, weil ich mir in den Kopf gesetzt habe, eine Hose zu kaufen, die ich gar nicht brauche. Also für welche Schlussfolgerung willst du dich entscheiden, für die erste oder die zweite, he?

Halbe Hose.

Bermudas würde ich vorschlagen ... Richtig. Die Wahrheit liegt wie immer in der Mitte. Fazit: Der Fortschritt lebt vom rechten Maß. Leider hat der Mensch das rechte Maß im Fortschritt noch nicht gefunden. Dieses Konzept nennt man Entropie, und es sollte von allen verstanden und beachtet werden. Jeder sollte wissen, was Entropie ist (seufzt) ... doch leider weiß es keiner.

Wie hältst du's dann mit der Politik? Welcher Richtung gehörst du an? Stehst du links? Bist du Kommunist?

Also weißt du ... na gut. Ich erklär's mal. Meiner Meinung nach läuft in jedem Land mal das eine gut, das andere weniger gut, und manchmal läuft auch gar nichts. Allora ... als tüchtiger Ingenieur, der ich nun mal bin, verspüre ich in meinem Herzen keinerlei ideologische Impulse, vertrete hingegen folgende Politik: Immer schön einen Schritt nach dem anderen tun. Was ist denn wichtig? Doch nicht so sehr die Richtung, sondern die Geschwindigkeit, mit der wir uns in diese Richtung bewegen. Dazu muss ich mich fragen: Wie sehe ich Italien? Ich sehe es so: Italien ist heute die fünfte Industrienation. Was den Konsum anbelangt, steht es, glaube ich, am dritten oder sogar am zweiten Platz. Das heißt, wir Italiener geben einen ganz schönen Haufen Geld für Autos, Champagner, Kleidung aus – ja, für Kleidung sogar wahnsinnig viel. Zum Ausgleich dafür stehen wir, was unseren Bücherbedarf angeht, in Europa an vorletzter Stelle. Ich glaube, nur die Türken lesen noch weniger oder die Spanier. Na, und was die medizinische Versorgung betrifft, sind wir sogar die Letzten. Was sich bei uns auf diesem Gebiet tut, ist schlichtweg eine Katastrophe.

Wenn mich nun einer fragt, wie ich mir den Italiener des Jahres 2000 vorstelle, würde ich antworten: „Der Italiener des Jahres

2000 wird ein Ignorant sein, ein völlig ungebildeter, unwissender Mensch, der aufgrund eines Verkehrsunfalles auf dem Weg ins Krankenhaus in einer Ambulanz sterben wird, allerdings in den allerschicksten Klamotten.

An dem großen Gelächter und Beifall um uns herum merkst du, dass du den Nagel auf den Kopf getroffen hast.

Allora ... als braver Ingenieur überlege ich daher, was in Italien alles geändert werden müsste. Ich sage: Italien wird sein Gesundheitswesen verbessern und das Justizwesen neu überdenken müssen, denn auch da liegt einiges im Argen. Wenn ich mit meinen Überlegungen so weit gekommen bin, stelle ich fest, dass das Maß an Freiheit keinesfalls erhöht zu werden bräuchte. Da haben wir's eigentlich ziemlich weit gebracht, ebenso mit der Demokratie – ich sagte es ja schon, auch bei uns gibt es Gutes. Damit aber das weniger Gute, das es eben auch noch gibt, zum Besseren hin geändert werden kann, wähle ich die Straße, die in die linke Richtung geht. Zwar führt sie auch nicht direkt ans Ziel, sie schlängelt sich. Die Kurven sind die Schwierigkeiten, den Problemen, die sich uns stellen, objektiv zu begegnen und Realität realistisch zu sehen, va bene? Wenn ich zum Beispiel behaupte, es sei zu befürworten, dass Medikamente kostenlos den Kranken zur Verfügung gestellt werden sollen, muss ich mir gleichzeitig auch klar darüber sein, dass in jedem Italiener ein Schwindler steckt.

Sicher nicht nur in den Italienern ...

Klar, das Schwindeln entspricht eben der menschlichen Natur ... Wenn ich also ein für den Augenblick zu fortschrittliches Gesetz befürworte, was wird geschehen? Während in meiner Vorstellung ein solches Gesetz die Bedürftigsten bevorzugen sollte, wird es in der Praxis wem zugutekommen? Der Pharmazie, Ärzten, die nicht genug in den Hals kriegen können, jeder Sorte von Spekulanten eben. Daher ist es vielleicht vernünftiger, ich lasse für jedes Medikament einen Pauschalbetrag bezahlen, um das Ganze ein wenig kontrolliert zu steuern.

Was bedeutet das im Hinblick auf das Beispiel unserer sich in die linke Richtung hinschlängelnden Straße? Es bedeutet, dass auf dieser Strecke mein Auto nicht mit Höchstgeschwindigkeit auf sein Ziel zusteuern darf, soll es nicht unweigerlich in der nächsten Biegung aus seiner Bahn herausgeschleudert werden. Will ich gut ankommen, muss ich versuchen, langsam und vorsichtig zu fahren, das heißt, immer einen Schritt nach dem anderen zu tun.

Um also deine Frage von vorhin kurz und bündig zu beantworten: Ich bin nicht Kommunist, sondern Reformist.

Würdest du dich einen Moralisten nennen, etwa im Sinne Calvinos oder Sciascias? Versuchst du, aufklärerisch zu wirken?

Aufklärerisch? Gott, es wäre schön, wenn der eine oder andere zum Nachdenken angeregt würde. Ein denkender Kopf löst manche Frage. Moralist ist mir ein zu ... nein, das wäre zu ehrenvoll für mich, mit Calvino, wirklich ... ein solcher Vergleich wäre ein zu großes Wagnis. Aber Marotta schrieb ähnlich wie ich. Mein literarisches Ideal könnte Bertrand Russell sein. Vielleicht könnte man mich als kleines Hundertstel von Bertrand Russell betrachten?

Dein Sokrates besitzt kein Auto – du fährst eins, besteht da kein Widerspruch?

Wer sagt, dass ich ein Auto fahre?

Du. Vorhin sagtest du doch, weil du ein Buch kaufen wolltest, bist du im Auto ...?

Ach, das war doch Corbuccis Wagen.

Also fährst du nicht selbst?

Nein.

Hast auch keinen?

Nun, um ehrlich zu sein ... einen 500er habe ich. Mit Chauffeuse (grinst).

Dacia Maraini – eine Begegnung in Rom

gesendet bei WDR Kultur 1988

Tagelang Dauerregen. Hundewetter – ungewöhnlich für diese Jahreszeit, für diese Gegend, Rom unter Wasser. Ich habe die Bilder in den Nachrichten gesehen, bin darauf vorbereitet ...

Und nun dies: Unter einem fast schmerzhaft leuchtenden Blau wie ich es nie zuvor hier sah, die Stadt von strenger klarer Schönheit – eine antike Göttin.

Es ist früh. Der zu erwartende Ansturm der Touristen und Pilger wird erst später einsetzen. Noch gehört Rom den Römern und ... mir.

Mit der Metro fahre ich zur Piazza di Spagna, von da ab will ich meinem Ziel, einer Seitenstraße des Lungotevere Arnaldo da Brescia, zu Fuß entgegenschlendern. Auf der Spanischen Treppe werden die Blumenkübel gewässert. In der Via Condotti rotieren Kehrmaschinen. Noch sind alle Läden geschlossen, vor dem Café GRECO steht nur ein kleiner Milchlieferwagen. Den Vier-Ströme-Brunnen auf der Piazza Navona bewundere ich um diese frühe Stunde als Einzige, während in einer kleinen Bar gegenüber die Rolläden hochgezogen werden.

Zu anderer Zeit unter schlierigen Algenschichten verkümmernd, wälzt sich der Tiber jetzt breit und gelb sein Bett entlang. Kein Gedanke, direkt am Ufer entlangzulaufen, die lehmigen Fluten erlauben es nicht. Alle Spuren der vorangegangenen langanhaltenden Trockenperiode haben sie weggespült, Abfall, Tierkadaver ebenso, wie fortgeworfene Einwegspritzen der Drogati, fortgetragen den unerträglichen Gestank heißer Augusttage.

Ich werde um 12 Uhr erwartet. Eine ungewöhnliche Zeit für die Schriftstellerin, normalerweise unterbricht sie ihren Arbeitsrhythmus nicht. Selbst das Telefon wird auf den Anrufbeantworter umgeschaltet. Sie arbeitet diszipliniert, konzentriert. „Ich könnte sonst mein Pensum nicht schaffen."

Der Lift hält in einem der oberen Stockwerke des in einer ruhigen Seitenstraße gelegenen Hauses. An der Wohnungstür ein kleines unauffälliges Messingschild: D. MARAINI. Nichts sonst. Ich läute, stehe kurz darauf mitten im Wohnzimmer, von Hund und Herrin gleichermaßen freundlich begrüßt. Stapel von Büchern, Manuskripten überall – auf dem Fußboden, den Tischen, Kommoden, sogar auf der Couch.

Ob ich eine Tasse Tee trinke? – Sie verschwindet in der winzigen Küche, wo sich schmutziges Geschirr hochtürmt. „Ich koche wahnsinnig gern, am liebsten sizilianisch, klar, als Sizilianerin, aber wie Sie sehen, bin ich beileibe keine gute Hausfrau", sagt sie mit entwaffnender Offenheit. „Meine Zugehfrau kommt nur einmal in der Woche." Sie drückt mir eine überdimensionale Tasse in die Hand, Kräutertee, fordert mich kopfnickend auf, Platz zu nehmen. Der Hund, groß, gelb und sichtlich in die Jahre gekommen, belagert mich. Zweifellos ist er jener Vierbeiner undefinierbarer Herkunft, der immer wieder in ihren Romanen und Erzählungen auftaucht, ich vergesse aber, sie danach zu fragen. „Erstaunlich", sagt sie, „er geht sonst äußerst sparsam mit seiner Zuneigung um. Offensichtlich sind Sie ihm sympathisch."

Das macht mich zuversichtlich und der Tee, ausgesprochen schmackhaft, beruhigt mich.

„Allora!", gibt sie das Stichwort, die Augen aufmerksam auf mich gerichtet. Rotblond und blauäugig, vertritt sie einen Typus, den man erstaunlicherweise gerade auf Sizilien so häufig findet.

Ihre Großmutter, Polin von Geburt, später naturalisierte Engländerin, war Schriftstellerin gewesen wie sie. Der Vater Wissenschaftler und Verfasser anthropologischer Bücher. Die Passion zum Schreiben liegt der 1936 in Florenz geborenen Dacia also im Blut. Mit vierzehn entstanden ihre ersten Gedichte, mit sechzehn schrieb sie für ihre Schulzeitung. Nicht viel später war der Name Maraini bereits in literarischen Zeitschriften wie dem PARAGONE und IL MONDO zu finden. Noch keine Zwanzig, gründete sie zusammen mit anderen jungen Autoren eine eigenes Blatt TEMPO DI LETTERATURA, dessen Erscheinen allerdings nach einem Jahr wegen Geldmangels wieder eingestellt werden musste. „Ich erinnere mich, dass wir unter anderen einen deutschen Dichter publizierten, der in Italien kaum bekannt war – Georg Trakl. Von mir selbst wurden damals zwei oder drei Erzählungen herausgebracht."

Wenig später begann sie an ihrem ersten Roman zu arbeiten, „La Vacanza". Mit seiner Veröffentlichung gab es zunächst Schwierigkeiten. Erst als Alberto Moravia die Einführung zu dem Buch schrieb, klappte es. Kurz darauf folgte „L'éta del malessere", ihr zweites Buch, für das sie 1963 mit dem internationalen Prix Formentor ausgezeichnet wurde. Noch im selben Jahr wurde es ins Deutsche übertragen.

„Seltsam war das mit Deutschland. Nur zwei meiner Bücher wurden dort übersetzt, eines 1963, eben jenes ‚L'éta del malessere' (‚Zeit des Unbehagens'), dann 1965 noch eines, ich glaube, es war ‚Memorie di una ladra', danach war Schluss. Bis 1980 wurde von mir nichts mehr veröffentlicht. Warum es diese Unterbrechung von 15 Jahren gab, kann ich mir wirklich nicht erklären. Jetzt bin ich bei ROTBUCH. Dort erschienen bisher die Erzählungen ‚Winterschlaf' und ‚Zug nach Helsinki'."

Mit diesem Buch hat die Maraini ein stilistisches Experiment gewagt.

„Ich habe es ganz ohne Kommata geschrieben. Ich habe mit dem Rhythmus experimentiert, um eine Kontinuität zu finden, die, einer endlosen Zugfahrt ähnlich, nicht angehalten werden sollte. Leider wollte oder konnte man dies in der deutschen Übersetzung nicht nachvollziehen. Man sagte mir, es sei nicht möglich. Schade! Aber letztlich ist vor allem wichtig, dass die Übersetzung gut ist."

Seltsamerweise wurde ihre Lyrik bisher nicht in andere Sprachen übersetzt, nur vereinzelt finden sich Gedichte in englischen Anthologien.

Gab es Dichter, Schriftsteller, die sie sich zum Vorbild nahm?

„Selbstverständlich gab es sie. Conrad, zum Beispiel, oder William Faulkner, Elliot. Doch seltsamerweise war Elsa Morante mein größtes Vorbild, lange bevor ich Moravia kennenlernte. Sie blieb es auch späterhin. Elsa war eine große Schriftstellerin. Sie, vor allen anderen, habe ich wirklich bewundert. Später fasste sie eine herzliche Zuneigung zu mir. Und das blieb so bis zu ihrem Tod. Während ihrer langen, schweren Krankheit, besuchte ich sie, so oft es mir nur möglich war. Ja, wir blieben Freundinnen bis zum Schluss."

Moravia, der große Alte der zeitgenössischen italienischen Literatur, ist aus dem Leben der Maraini nicht wegzudenken. Nachdem sie sich nach vierjähriger kinderloser Ehe von ihrem ersten Mann getrennt hatte, blieb sie 18 Jahre mit ihm zusammen.

„Das war keine herkömmliche Partnerschaft, sondern eine sehr freie Beziehung. Wenn ich ‚frei' sage, heißt das nicht, dass er sich schlecht benahm und ich es stillschweigend akzeptierte. Es handelte sich nicht um eine typisch italienische Partnerschaft, schließlich ist er ja auch keineswegs jener typische, an die Mutter gebundene Italiener."

„Von der Familie her ist er das auch nicht."

„Doch, doch – er ist Italiener. Nur die Mutter stammt aus Dalmatien, aber der Vater ist Venezianer. Nein, nein – er ist schon ein sehr italienischer Italiener, aber er ist nicht der ‚typische' Italiener, von dem wir vorhin sprachen. Man sieht es eigentlich auch an der Wahl seiner Partnerinnen. Seine erste Frau war Schriftstellerin ..."

„Elsa Morante ..."

„Richtig. Elsa Morante. Dann ich. Auch ich bin Schriftstellerin. Sie dürfen mir glauben, weder ich noch sie sind der Typ des Hausmütterchens, der ‚Mamma' ..."

„Er hat Ihnen immer Ihre Identität gelassen? Sie konnten arbeiten, wie Sie wollten?"

„Selbstverständlich."

„Hat er Ihnen geholfen? Sie beraten?"

„Aber nein! Er gibt keine Ratschläge, ist nicht im Geringsten väterlich. Dazu ist er zu ungeduldig. Ach, er ist unglaublich ungeduldig. Es gelingt ihm nicht einmal, ein Manuskript zu lesen. Ständig fallen ihm alle Blätter aus der Hand. Das Korrekturlesen habe immer ich ihm besorgt, weil er dazu einfach nicht in der Lage ist. Ich erwähne das nur, um Ihnen zu erklären, *wie* ungeduldig er ist."

Außer der gemeinsamen Liebe zur Literatur verband die beiden noch eine andere Leidenschaft, das Reisen. War sie schon als kleines Mädchen mit den Eltern viel herumgekommen, bereiste sie später mit Moravia fast die ganze Welt: China, Japan, Südamerika, Mexiko, Indien. Und immer wieder Afrika, sehr oft in Begleitung Pier Paolo Pasolinis. Während Moravia dort seine Reiseartikel für den CORRIERE DELLA SERA verfasste, Pasolini Filmstudien betrieb und seine Dokumentation über den Schwarzen Erdteil herstellte, widmete die Maraini sich vor allem der Frauenfrage. Sie drehte eine Dokumentarserie über die afrikanische Frau mit dem Titel „Ritratti delle donne africane“.

„Dort, im Norden Afrikas, einem sehr einsamen, sehr archaischen Gebiet, machen die Frauen noch alles: Sie hacken das Holz, kümmern sich um die Nahrung, um die Viehhaltung, sie bauen das Getreide an, mahlen es, brauen das Bier für die Männer, verkaufen auf dem Markt ihre Waren, sie ziehen die Kinder groß – alles, alles machen die Frauen.“

„Und die Männer?“

„Sie arbeiten ein wenig am Feld. Meistens aber trinken sie und ruhen sich aus.“

„Machos? Galli (Hähne)?“

„Ja, ja. Absolut. Ungeniert faulenzen sie, trinken ihr Bier und lassen die Frauen schuften. Zwölf Stunden am Tag und mehr. Mamma mia! Es gibt keine Arbeit, die die afrikanische Frau nicht macht. Sie schleppt Lasten. Bis zu 40 kg Gewicht schleppt sie auf ihrem Kopf. Kein Mann würde sich dazu hergeben. In vielen afrikanischen Ländern ist das so. Es ist unglaublich. Die Frauen holen das Wasser in Eimern oft bis zu 20 km weit her. Sie suchen Holz – es gibt wirklich nichts, was sie nicht tun.“

„Warum sind die Männer so faul? Entspricht es wirklich ihrer Natur?“

„Es ist eine Frage der Erziehung und der Macht. Die Frauen sind ihre Sklavinnen.“

Hart und konzentriert arbeitet auch die Maraini. „Die Schriftstellerei verlangt nun einmal viel Disziplin.“ Fünf Stunden täglich, von 9 bis 14 Uhr, sind nur dem Schreiben gewidmet.

„Es macht mir Freude, zu schreiben. Es strengt mich nicht an. Anders ist es mit dem Theater. Das beansprucht mich sehr, nimmt mir viel Zeit. Gerade jetzt inszeniert ein Ensemble eines meiner Stücke. Natürlich verpflichtet mich das zu häufiger Anwesenheit bei den Proben. Da brauche ich dann schon einen gewissen Selbstzwang, um mir noch den nötigen Freiraum zum Schreiben zu ermöglichen. Doch das ist Arbeit, die mich befriedigt. Was mich wirklich langweilt, sind Artikel oder Buchbesprechungen, die ich natürlich schon mache, weil ich ja darum gebeten werde, denn zumeist handelt es sich um Bücher von Freunden oder jungen Autoren. Ich tue es, um ihnen zu helfen, aber es ermüdet mich außerordentlich."

Theater, Film, Roman, Gedicht, Essay – welches Gebiet bevorzugt die vielseitige Künstlerin? Auf welchem liegt ihre besondere Stärke?

„Auf keinem. Es gibt Perioden, in denen fasziniert es mich, an einem Roman zu arbeiten. Zu einem anderen Zeitpunkt wiederum ist es ein Theaterstück. Ich ziehe das eine dem anderen nicht vor – alles interessiert mich gleichermaßen. Es gibt wohl Momente, in denen ich mich nur mit einem Thema, mit einer einzigen Sache befasse, mich geradezu in sie verliebe, das ja."

Zurzeit gibt es ein solches Thema. Dacia Maraini arbeitet an einem Buch über eine Prostituierte.

„Warum gerade eine Prostituierte?"

„Es interessiert mich zu erfahren, wie eine Frau damit fertig wird, ihren eigenen Körper als Besitz anderen zu überlassen, von anderen wie ein Nutzgegenstand behandelt zu werden."

„Geht es dabei um eine bestimmte, eine reale Person?"

„Keineswegs. Es ist eine Anzahl von Frauen, die ich in dieser einen vereine."

„Haben Sie mit diesen Frauen gesprochen?"

„Selbstverständlich. Immer wieder. Ich muss dazusagen, es sind nicht Frauen, die auf die Straße gehen, keine Strichmädchen. Es sind solche, die, sagen wir es so, mitten im gesellschaftlichen Leben stehen, intelligente, gebildete Frauen. Es interessiert mich, warum eine solche Frau das tut, wie sie sich selbst gegenüber verhält, et cetera, et cetera ..."

„Bis wann wird das Buch fertig sein?"

„Beh! – Ich habe erst angefangen. Vierzig Seiten sind geschrieben. Ein Buch braucht seine Zeit. Es ist ja auch noch das Theater da, die Seminare, die ich halte, und alles andere ..."

Wenn Dacia Maraini zwar von einer Gleichwertigkeit ihrer künstlerischen Neigungen spricht, so scheint ihr doch das Theater besonders am Herzen zu liegen. Ihr Engagement ist groß. Immer wieder führt sie das Gespräch auf dieses Thema zurück. Und – ist Italien nicht immer noch ein Land, in welchem die Theatertradition besonders gepflegt wird?

„Nun ja – schon ... trotzdem läuft es hier bei uns ziemlich schlecht mit dem Theater. Die Struktur ist nicht gut. Es funktioniert nicht, weil alles vom Staat finanziert wird. Das hat zur Folge, dass es nicht das geringste Interesse an einer echten Beziehung zum Publikum gibt. Verstehen Sie? Ob nun ein Publikum vorhanden ist oder nicht, interessiert überhaupt nicht. Der Staat bezahlt und damit basta! Fazit: Jeglicher Anreiz zum Experiment, Neues zu versuchen, fehlt. Es fehlt der Mut. Da ist nichts, keine Kommunikation, einfach nichts. Das gesamte Theater bei uns ist sehr offiziell, traditionell, konservativ – mit einem Wort langweilig. Und das ist ungesund."

„Aber was wäre, wenn das Theater von keiner Seite unterstützt würde?"

„Sehen Sie, ich bin ja einverstanden, dass das Theater finanziert wird, aber man muss bereit sein, Risiken einzugehen. Man muss ebenso die Auseinandersetzung mit der Gesellschaft suchen. Hier bei uns jedoch geschieht nichts und alles, was die Sprache auf die italienische Gesellschaft bringt, wird mit Angst und Argwohn angesehen. Und zwar von allen, ob's nun die Theaterdirektoren, die Schauspieler oder die Regisseure sind. Dagegen kann man einfach nichts tun. Will ich aufgeführt werden, muss ich Themen der Vergangenheit wählen, spreche ich hingegen von den Realitäten des heutigen Italien, habe ich nicht die geringste Aussicht, eine Bühne zu finden. Oder man muss, wie ich es jetzt mache, ein eigenes kleines Ensemble gründen, eine CANTINA, ein Kellertheater mit geringstem Kostenaufwand, kleinsten Gagen, denn der Staat gewährt mir dafür weder Zuschüsse, noch bezahlt er mir die Schauspieler."

„Aber was tun andere, Enzo Siciliano, zum Beispiel, oder Nathalie Ghinsburg?"

„Sie machen es ebenso."

„Und Moravia?"

„Das gilt auch für ihn. Ich glaube, in diesem Jahr (1988) soll endlich einmal ein Stück von Moravia aufgeführt werden, ob das aber schon ganz sicher ist, weiß ich nicht. Sehen Sie, 75 oder 76, so genau erinnere ich mich nicht, brachte er ein ausgezeichnetes Stück heraus, ‚Yoghurt' und hatte einen Riesenerfolg damit. Was glauben Sie, was geschah? Nichts. Überhaupt nichts. Es ist geradezu, als wäre dieses Stück nie geschrieben worden. Das Normalste ist doch, wenn man Erfolg hat, auf welchem Gebiet immer, dann wiederholt man die Sache, schon aus wirtschaftlichen Erwägungen, oder? Bei uns hingegen? Niente. Nulla. – Auch Pasolini hat Theater geschrieben."

„Ist es mit Pasolini nicht anders? Seine Texte sind schwierig. Man braucht Zeit, sie zu verstehen, man muss sich mit ihnen auseinandersetzen ..."

„Das ist wahr. Aber ich wollte sagen: *Jetzt* hat Vittorio Gassmann ein Stück von Pasolini herausgebracht, zum ersten Mal mit staatlicher Finanzierung. Und es ist gut gegangen. Es wurde ein Erfolg. Sicherlich nicht zuletzt, weil er ein hervorragender Schauspieler ist."

„‚Affabulazione', nicht wahr?"

„Richtig. Aber er hat so viele andere Stücke geschrieben. Nicht eines davon wurde aufgeführt. Oder nehmen wir Dario Fo: Überall, in der ganzen Welt hat er Erfolg, aber hier in Italien muss er seine Stücke mit seinem eigenen kleinen Ensemble auf die Bühne bringen. Kein öffentliches Theater setzt ihn auf den Spielplan. Das ist doch absurd, absolut absurd!"

„Und das Fernsehen? Verfilmt es, oder überträgt es Theaterstücke?"

„Ah – das nicht. Beim Fernsehen wollen sie kein Theater machen. Eine uralte Streitfrage zwischen mir und den Fernsehanstalten, weil ich doch Theater lieber als alles andere mache. Gerade jetzt habe ich eine Arbeit über Pirandello beendet. Gut. Nur Pirandello ist ..."

„... nicht so interessant?"

„Beh! Das nicht. Im Gegenteil. Er ist sogar höchst interessant. Nur: Auch Pirandello gehört längst in unsere Vergangenheit, *ist* ja schon Klassik. Natürlich ist es richtig und wichtig, dass man so etwas macht, man muss aber auch Neues bringen, Zeitgenössisches, gerade das aber tun sie nicht."

Mit klarer Konsequenz durchzieht das Thema „Frau" alle Arbeiten der Autorin, seien es nun ihre Gedichtbände („Dimenticato di dimenticare"), die Theaterstücke, Romane, Erzählungen – „Donna in guerra", „La donna perfetta", „Il cuore di una vergine", „Don Juan", „Mangiami pure", „Isolina" – um nur einige zu nennen. Dies, wie auch ihre enge Freundschaft zu Pasolini, zwingt einem förmlich die Frage nach Feminismus und politischer Betätigung auf.

„Man ist zwar oft an mich herangetreten, hat mir verschiedene parteipolitische Tätigkeiten angeboten, aber ich habe immer abgelehnt. Ich gehöre keiner Partei an. Ich möchte frei und unabhängig bleiben. Was ich wirklich will, ist für die Rechte der Frau eintreten. Auf friedliche Art. Mit friedlichen Mitteln. Verändern will ich auf meine Weise: Mit Worten. Ich will den Frauen vor Augen führen, *wo* sie stehen könnten und wo sie *wirklich* stehen. Wissen Sie, ich glaube, viele kleine Schritte führen auch ans Ziel. Ich stehe auf der Seite der Frau, allein schon, um ihre Situation in jeder Hinsicht verbessern zu helfen, aber ich bin gegen jegliche Gewalt. Man muss danach streben, Wissen zu vergrößern, Arbeitsbedingungen zu lockern, die Leistungen der Frauen zu achten. Dabei kommt man mit Gewalt und Aggression nicht weiter. Die ganze Welt ist heute so aggressiv, dass mich nichts dazu drängt, es ebenfalls zu sein ...“

„Wichtig sind die Fragen, nicht die Antworten“

Dacia Maraini

erschienen in: „Brigitte“, Sonderheft 51/88, 1988

[Redaktionelle Einleitung:] Dacia Maraini gehört zu den wichtigsten Schriftstellern Italiens. Ihre Bücher sind in viele Sprachen übersetzt worden. Linde Rotta sprach mit ihr in Rom. [Ende redaktionelle Einleitung.]

Ihr Vater war Anthropologe, eine Großmutter Schriftstellerin. Sie entstammen einer sehr kultivierten Familie.

Kultiviert und arm. Meine Mutter war Malerin, ein Großvater war Bildhauer, der andere Philosoph, die zweite Großmutter war Sängerin. Kunst war also von klein auf ganz selbstverständlich für mich.

Wie kommt es, dass Sie, in einer intellektuellen und künstlerischen Atmosphäre aufgewachsen, sich so auffallend für die Unterprivilegierten einsetzen?

Gerechtigkeitssinn. Beide Elternteile hatten ein ausgeprägtes Gerechtigkeitsgefühl, das unwillkürlich auch auf uns Kinder übertragen wurde. Gerade als Frau gehöre ich doch einer Gruppe an, die seit Jahrhunderten, um nicht zu sagen, seit Jahrtausenden größten Ungerechtigkeiten ausgesetzt ist. Ganz emotional stelle ich mich daher schon auf die Seite der Frau.

Sie sind eine unglaublich vielseitige, erfolgreiche Frau. Sie schreiben Romane, Gedichte, Theaterstücke, Artikel. Sie halten Seminare, machen Filme. Man kann ruhig sagen, dass Sie zurzeit eine der aktivsten und bekanntesten italienischen Schriftstellerinnen sind.

Filme mache ich im Augenblick nicht, ich schreibe Drehbücher. Zuletzt arbeitete ich zusammen mit Margarethe von Trotta an dem Drehbuch für „Paura e Amore" (der in Deutschland „Fürchten und Lieben" heißt). Aber ich brauche beim Schreiben meine eigene Freiheit, beim Film muss man diese Freiheit mit vielen teilen. Das Abenteuer, vor einem leeren Blatt Papier zu sitzen, ist für mich die einzige wahre und wirkliche, die totale Freiheit.

Haben Sie literarische Vorbilder?

Meine ersten großen Lieben waren Faulkner und Joseph Conrad. Übrigens las ich Conrad in Englisch, denn wir lebten damals in Japan, und ich lernte die englische Sprache vor der italienischen.

Sie haben eine Anthologie japanischer Lyrik herausgegeben.

Richtig. Zusammen mit einer Japanerin, die ausgezeichnet Italienisch sprach. Es war eine schöne Gemeinschaftsarbeit.

Achtzehn Jahre lebten Sie mit Alberto Moravia zusammen. Welchen Einfluss hatte das auf Sie – als Frau und als Schriftstellerin?

Als ich Moravia kennenlernte, war er ja sehr viel älter als ich und schon sehr berühmt. Was ich an ihm jedoch immer schätzte: Er hat niemals versucht, einem etwas beizubringen, niemals schlüpfte er in die Rolle des Vaters, des Erziehers. Ja, er hasste es geradezu, auf Menschen Einfluss zu nehmen. So lehnte er es immer ab, fremde Manuskripte zu lesen, las auch meine nicht, erst das fertige Buch interessierte ihn. Ebenso wenig hätte er versucht, mir Vorschriften über meine Lebensführung zu machen. Die Unabhängigkeit, Autonomie, die er sich selbst zugesteht, respektiert er auch bei anderen. Er ist, auch wenn man es ihm immer wieder nachgesagt hat, nicht im Geringsten besitzergreifend. Das erkennt man ja auch recht deutlich an seinem Verhalten gegenüber seiner jetzigen Frau. Denken Sie nur an deren angebliche Eskapaden, die immer neue Skandälchen hervorrufen.

Tut mir leid, von diesen aufregenden Geschichten weiß ich so gut wie nichts.

Nein? Nun, dann erzähle ich sie Ihnen. Also diese Frau, die ja nun wirklich sehr jung ist, so um die dreißig, und Moravia ist achtzig, ließ sich des Öfteren in Gesellschaft anderer Männer fotografieren. Solche Fotos erschienen prompt in allen Zeitungen und Illustrierten. Und alle Welt wartete nun mit Spannung, natürlich auch mit einer gewissen Sensationslust und Schadenfreude darauf, wie Moravia reagieren würde. Und er? Wieder einmal mehr bewies er seine Toleranz. Er sagte, seine Frau sei ein eigenständiger Mensch, frei zu tun und zu lassen, was ihr beliebte.

Er reagierte also völlig unitalienisch?

Na, absolut unitalienisch. Er ist ein erstaunlicher Mann. Im Übrigen ist er ein Mensch, der absolut auf die Kraft und Wirkung des Beispiels vertraut. Wenn ich also jemals etwas von ihm gelernt habe, dann durch sein Beispiel. Das war ungeheuer wichtig, weil es mich zur Selbständigkeit und Unabhängigkeit erzog.

Ihre Art zu schreiben ist sehr eigenständig, ganz anders als Moravias Stil.

Selbstverständlich, denn ihm ist die Ideologie äußerst wichtig.

Ihnen nicht?

Auch. Aber in einem anderen Sinn.

In seinen Erzählungen beschreibt er mit Vorliebe Frauen, dennoch bleiben sie für mich, im Gegensatz zu Ihren Frauengestalten, fleischlos, fast künstlich.

Nun, seine Identifikation mit seinen Frauengestalten kann immer nur hypothetisch sein, ich hingegen bin eine Frau und habe dadurch einen direkteren Zugang zu meinen Figuren. Außerdem ist er ein Schriftsteller, der entlarven will. Meine Arbeiten sind wahrscheinlich lyrischer geprägt, ich bin schließlich ebenso Lyrikerin wie Romanautorin.

Sie schreiben sehr präzise, distanziert.

Ein Kritiker hat einmal meine Art zu schreiben als „Realismo Onirico" bezeichnet (etwa: traumhafter Realismus).

Sie skizzieren oft mit wenigen Worten, Ihre Gedichte erinnern an japanische Tuschzeichnungen.

(Sehr lebhaft) Ja! Es freut mich, dass Sie das so empfinden. Denn ich liebe die japanische Literatur über alles. Obwohl ich noch ein Kind war, als wir dort lebten, hat schon damals dieses Japanische, dieses Sich-ganz-in-die-Natur-der-Dinge-Vertiefen starken Eindruck auf mich gemacht. Ich fühlte es zutiefst innerlich, und etwas davon ist mir wohl auch geblieben.

In welcher literarischen Tradition sehen Sie sich?

Um mit Italien zu beginnen, da ist zunächst die Generation der Siebzigjährigen, die ich als meine literarischen Mütter bezeichnen würde, die kürzlich verstorbene Elsa Morante zum Beispiel, die ich über alles bewunderte, Natalia Ginsburg, Anna Maria Ortese, um nur einige zu nennen. Dann kam meine Generation, die ja mit dem strengen Realismus der vorhergehenden völlig brach, die Avantgarde, für die das Spiel mit der Sprache absolutes Kriterium wurde.

Ein Minimum an Aussage, aber ein Maximum an künstlerischer, im schlimmen Fall künstlicher Form, oder, um es simpel zu formulieren, so wenig wie möglich sagen, das aber kunstvoll?

Ecco! Boshaft ausgedrückt, ja! Sie kümmerten sich wenig um Ideen. Betrachteten sich als Formalisten, die einen neuen Ästhetizismus prägten. Ich hingegen bin eine Erzählerin, weil mich die Idee fasziniert. Ein Roman lebt von der Idee und muss auch gut aufgebaut, gut erzählt sein. Bei der neuen Schriftstellergeneration, der Generation der 80er Jahre, kann man übrigens eine Rückkehr zum Erzählen deutlich feststellen.

Sie sprachen von Idee, nicht von Ideologie?

Ausdrücklich. Ideologie in der Schriftstellerei behagt mir wenig. Sie endet zwangsläufig immer in einer Sackgasse. Für mich aber muss Literatur nach allen Seiten hin offen bleiben.

Sehen Sie sich als Moralistin?

Schwierig, darauf zu antworten. Ganz bestimmt bin ich es nicht, wenn Sie darauf anspielen, ob ich mich an eine bestimmte gesellschaftliche Moral oder an eine Religion gebunden fühle. Allem, was soziale Belange, was die Gesellschaft betrifft, sehe ich mich verpflichtet. Wie Böll vielleicht. Nein, vor allem wie Böll. Ihn bewundere ich, fühle mich ihm sehr nahe.

Sind Sie Feministin?

Vermutlich bin ich immer schon Feministin gewesen. Niemals war ich jedoch fanatisch. Fanatismus ist mir zuwider. Er ist gefährlich und führt zu Gewalt. Es gefällt mir auch nicht, blindlings einer Ideologie zu folgen. Immer werde ich versuchen, mir einen kritischen Blick zu bewahren. Die Freiheit der Kritik ist für mich lebensnotwendig. Um vorwärtszukommen, sind für mich die Fragen wichtig, nicht so sehr die Antworten. Die richtigen Antworten kennt schließlich keiner. Ich bin sehr neugierig. Ich möchte immerzu untersuchen, forschen, verstehen, beobachten. Die Welt verändert sich andauernd, und ich versuche, diesen Veränderungen zu folgen. Dogmen hasse ich.

Sie arbeiten gerade an einem Buch über eine Frauengestalt aus dem achtzehnten Jahrhundert. „Isolina", die Dokumentation eines Mordes an einer jungen Veroneserin um die Jahrhundertwende ist gera-

de auf deutsch erschienen. Auch „Sor Juana", ein Hörspiel, das der WDR im vergangenen Herbst ausstrahlte, geht weit in die Vergangenheit zurück – warum diese „Rückbesinnung"? Ist die Gegenwart nicht mehr ergiebig genug?

Oh, selbstverständlich schreibe ich nach wie vor über die Gegenwart. Alle meine Erzählungen, meine Gedichte, die Theaterstücke behandeln immer die Gegenwart. Einzige Ausnahme war da nur die „Sor Juana". Übrigens mache ich gerade wieder ein Stück für den WDR – Thema: Emigration heute.

Wie kamen Sie auf das Thema von „Isolina"?

Der Verlag Mondadori gibt eine Reihe heraus, „Cronaca Nera", die sich mit besonders spektakulären oder interessanten Kriminalfällen befasst. Wie anderen Schriftstellern auch, hat man mir einige Fälle angeboten, von denen mir keiner besonders zusagte. Daraufhin ging ich in die Bibliotheken und suchte selbst nach einem geeigneten Thema. So entdeckte ich diesen aufrüttelnden Fall. Der Tod des Mädchens, herbeigeführt durch einen bestialischen Abtreibungsversuch, das Verhalten der damaligen Gesellschaft in dieser Affäre, das immense Aufsehen, das dieser Fall zu seiner Zeit in ganz Italien erregte, alles zusammen hat mich enorm gereizt.

Obwohl Sie sehr sachlich, sehr distanziert an den Stoff herangehen, sich einer subjektiven Stellungnahme möglichst entziehen, liest sich das Buch wie ein spannender Krimi. Man nimmt es in die Hand und legt es nicht mehr beiseite.

Das freut mich.

Sie engagieren sich sehr sozialkritisch. In welchem Ihrer Bücher ist Ihnen das am besten gelungen?

Sicher ist „Donna in Guerra" ein sehr starkes Buch. Viele mir wichtige Fragen werden da aufgeworfen. Klassenkampf, Feminismus, Terrorismus, aber diese Themen gibt es ja in allen meinen Büchern, daher kann ich Ihre Frage wirklich nicht konkret beantworten.

Wie steht die neue Generation italienischer Frauen zur Frage der Gleichberechtigung? Hat es die heutige weibliche Jugend leichter als früher?

Einerseits hat sich viel geändert, Themen, Fragen, die für uns noch tabu waren, sind es heute längst nicht mehr. Das ist bei uns wie anderswo auch. Vielleicht mussten wir uns lediglich mehr anstrengen, um das zu erreichen. Allerdings sollte man einiges auseinanderhalten: Während der gesamten Schul- und Studienzeit ist die Gleichberechtigung keine Frage mehr für die Mädchen. Es gibt für sie keinerlei Benachteiligung. Dass sich jedoch in der Gesellschaft selbst kaum etwas geändert hat, merken sie erst, wenn sie das Studium abgeschlossen haben. Im Beruf werden ihnen untergeordnete Stellen zugewiesen. Es gibt zu wenige davon, es gibt nicht genug Arbeit und es wird zu wenig gezahlt. Heiraten sie, haben sie Kinder, besteht kaum noch Aussicht für sie, je wieder in den Beruf zurückzukehren. In Italien haben wir 12 Millionen Hausfrauen! Das bedeutet unbezahlte Arbeit, Abhängigkeit vom Ehemann. Die Illusion der Gleichberechtigung, wie die Mädchen sie während ihrer Schul- und Studienzeit kennengelernt haben, zerplatzt wie eine Seifenblase. Das frustriert! Und nur fünf Prozent der Ehemänner helfen gelegentlich im Haushalt!

Wir sind heute dabei, unsere Umwelt zugrundezurichten, die Existenz des Menschen aufs Spiel zu setzen. Müssen da nicht Themen wie der Feminismus in den Hintergrund treten?

Nein. Eine Gefahr hebt eine andere nicht auf. Man darf nicht das kleinere Unrecht durch das größere überdecken.

Was erwarten Sie im Allgemeinen und im Besonderen für die Frauen?

Für uns alle erhoffe ich natürlich die Erhaltung des Friedens. Das ist das Wichtigste. Dann vor allem Anerkennung jener Werte und Rechte der Frau, die sie in ihrer Entwicklung weiterbringen.

Spitze Edelfeder in süffiger Pflicht

Erich Loest in Deidesheim

erschienen in: „der literat – Zeitschrift für Literatur und Kunst“, Nr. 8/1989, August 1989

Wer den Namen des Städtchens hört, dem mögen allerlei Assoziationen kommen, Maggy und Helmut vermutlich, Raketenabbau und Tiefflüge – im besten Fall guter Pfälzer Wein. Ganz bestimmt bringen ihn nur die wenigsten mit Literatur in Verbindung. Just aber um diese geht es. Da stand Ende April in einem Pfälzer Regionalblatt zu lesen: Der diesjährige Deidesheimer Turmschreiber, der fünfte seines Zeichens nach Heckmann, Altendorf, Harig und Hagelstange, übe schon Pfälzisch. „Saumagen“ könne der DDR-Schriftsteller Loest bereits sagen. Im „Dichterschdibsche“ des Deidesheimer Türmchens habe er Stellung bezogen, um bei einem guten Tropfen, quasi von höherer Warte aus, Land und Leute der Region zu entdecken und seine Eindrücke darüber zu Papier zu bringen.

Ebenso wie bei seinen Vorgängern, sollten sie dann am Ende der Turmschreiberzeit bei der Pfälzischen Verlagsanstalt veröffentlicht werden. Ein Preisgeld sei ihm vertraglich ebenso zugesichert wie Lesungen, die selbstverständlich extra honoriert würden. Last not least stünden Loest täglich zwei Liter Wein als Deputat zu. Zwecks besseren Gedankenflusses. Zwei Wochen im Frühling und nochmals zwei im September werde der Schriftsteller im Türmchen täglich ab acht seinen Gedanken freien Lauf lassen, und das bitte sehr nicht nur an Wochentagen. Man dürfe ihn jederzeit aufsuchen, auch ansprechen, anfassen sollte man ihn tunlichst nicht, auch Turmschreiber besäßen eine Intimsphäre.

Provinz, wir wissen es, kann überall sein, auch in einer Großstadt, nur da genau ist sie nicht, wo schöpferische Impulse etwas voranzutreiben vermögen, und ein guter Tropfen, das ist nicht neu, hat schon so manches ausgelöst. Wein und Literatur unter einer Haube zu einen, solche Ideen waren bereits den alten Römern geläufig, es in Form eines Preises zu tun, hat gewiss seinen Reiz. Hinter solchen Überlegungen, mutmaßte ich, könne keinesfalls dilettantische G'schaftlhuberei stecken, schon gar nicht schnödes Werbedenken, nein, hier müsse doch wohl mit einer gesunden Prise Humor ans Werke gegangen worden sein. Das wäre das Verkehrteste nicht in unserer im Großen und Ganzen recht finsterernsten bundesdeutschen Literaturlandschaft. Dass sich das clevere Weinbauernvölkchen in diesem Jahr für die spitze Edelfeder Loest entschieden hatte, schien meine Gedankengänge nur zu bestätigen, ja geradezu zeugte es, so meinte ich, von feinem literarischem Gespür. Und wie wohlig wärmt es jedes Autorenherz, auf verständige Bürger, gar kultursinnige Stadtväter zu treffen, die bereit sind, der allenthalben so stiefmütterlich behandelten Literatur den ihr gebührenden Stellenwert einzuräumen und zu erhalten.

Neugierig geworden, ging ich auf die Suche nach dem von den Deidesheimern und ihrem Bürgermeister in süffige Pflicht genommenen Schriftsteller.

Es schien mir nur logisch, den Turmschreiber just unter den Honoratioren und Ehrengästen zu suchen, doch weder dort noch in der Menge am niedlichen Geißbocks-Brunnen konnte ich seinen markanten Schädel entdecken. So zwängte ich mich an biertrinkenden Vätern und eisschleckenden Kindern vorbei ins dämmrige Innere der „Turmschreiber-Schänke". Alldieweil sie ausgerechnet diesen Namen trägt, war ich überzeugt, hier allenthalben Witziges und Spritziges einstiger Turmschreiber zu finden, zumindest aber würden mir ihre Konterfeis entgegenlächeln, bestimmt fände ich in Vitrinen, was sie über ihren Aufenthalt im Turm zu Papier gebracht hätten, handsigniert versteht sich, und vielleicht stünde daneben sogar eine Flasche des ihnen zur Inspiration verordneten Weins.

Doch nichts dergleichen. Eine verstaubte Erntekrone baumelte an der Decke, die Wände schmückten Pferdekummet und Heugabeln, und nichts, aber auch gar nichts, erinnerte an Literatur.

Im malerischen Türmchen, so war es auch rechtens, traf ich endlich den Autor mit einem Gläschen Wein in der Hand. Keineswegs „pflichtgemäß“, nur zufällig war er anwesend. Das „Schdibsche“ hat bestenfalls symbolischen Wert, arbeiten kann man hier nicht. Viel zu winzig. Weder Licht noch Heizung sind vorhanden. Den größten Teil des Raumes nimmt der für die (nicht einmal fachgerechte) Lagerung des Weines vorgesehene Kühlschrank ein, und das ist glatter Stilbruch. Schlichtweg verärgert kam mir der streitbare Sachse. Hier zu sein sei vertane Zeit, die aber sei ihm kostbar. Lesungen? Ja, die waren geplant: Eine in einem Altersheim, eine in einer Grundschule, eine in einer Hauptschule. Dort hatte der Lehrer in schöner Offenheit unumwunden zugegeben, den Autor und seine Arbeiten überhaupt nicht zu kennen, worauf dieser ihn zur Lektüre verdonnerte. Eine Nacht ließ er ihm dazu, und einen Tag zur Vorbereitung der Schüler. Und siehe, zur allseitigen Zufriedenheit schaffte er die Fleißaufgabe, da sage einer noch einmal etwas gegen Lehrer!

Von der Verlagsanstalt habe sich bisher keiner blicken lassen. Und der Wein? Nun, „abgepuffert“ sei er jedenfalls noch nicht, meinte der sich in Deidesheim zwangsläufig zum Weinkenner hochstilisierende Biertrinker Loest mit unbewegtem Gesicht und bot dem einheimischen Ehepaar, das heraufgestiegen war, Turm und Schreiber zu besichtigen, gastfreundlich ein Glas.

„Abgepuffäd?!“, rief empört der Mann, „de Wein da is nisch drogge, nisch staabdrogge, sondern saaer, kudz ...“ – „Äh Zumudung“, fiel ihm die bessere Hälfte ins Wort, „gälle, morsche bringsd dem Herrn äh Flasch von uns, damid äh merke dud, was'n ordnlische Deidesheimer iss!“, und schüttete den „Turmschreiber-Riesling“ kurzerhand übers Turmmäuerchen ins Efeu, das ohnehin in saurer Erde fußt.

Von Madrid nach Lünen

Aus einer strahlenden Metropole in eine graue Provinzstadt

gesendet im WDR am 19.09.1989

Kennen Sie das: Einsteigen, aussteigen, und plötzlich ganz woanders sein? Nein, man hat nicht den falschen Zug genommen, man hat ihn auch nicht am falschen Bahnhof verlassen, man hat sich nur den Ort, in den man fahren wollte, eben anders vorgestellt. Oder hat wie ich, gar nicht erst versucht, ihn sich vorzustellen, weil man sich nur schwer vorstellen kann, was im Lexikon mit einem einzigen lapidaren Satz umschrieben ist: „Nordrhein-westfälische Stadt an der Lippe; Steinkohlenbergbau, Elektroindustrie, 70.000 Ew." Siebzigtausend, dachte ich, ist gar so wenig nicht. Im Atlas fand ich Lünen in Kleinstbuchstaben über Dortmunds „O". Na – wenigstens dieser Name war mir ein Begriff. Sogar Banausen wie ich bringen ihn auf Anhieb mit Bier in Verbindung, DAB ist auch in Madrid ein gern und häufig genossenes „kühles Blondes".

Ruhrgebiet? Ausgerechnet! Der helle Wahnsinn, unkten die Freunde, da lebt man nicht, da wohnt man bestenfalls, um Geld zu verdienen. Warum nicht Düsseldorf? Warum nicht Göttingen, München?

Ist ja nur vorübergehend, davon waren wir überzeugt, ein Intermezzo, nicht mehr. Und weshalb nicht mal Kleinstadt, pardon, kleine Stadt? Provinz kann überall sein, sogar in einer Millionenmetropole. In einer kleinen Stadt ist alles familiärer, überschaubar.

Also auf nach Lünen VIA AEREA! Sechs Mann hoch als Direktimport aus Madrid ...

So ohne ist das nicht.

Das Intermezzo, um es gleich vorwegzunehmen, dauerte ein klein wenig länger als vorgesehen, einundzwanzig Jahre und elf Monate, will ich präzise sein. Erst jetzt packe ich wieder die Koffer. Mein Gepäck damals: Unsicherheiten, ein bisschen Angst, unbestimmte Erwartungen, sogar Hoffnungen ... Ja, die auch. Die Kinder kamen ins schulfähige Alter. Es war etwas anderes, ob sie die Deutsche Schule in Madrid besuchten oder eine deutsche Schule in Deutschland – für jemanden, der jahrelang im Ausland lebt, ist Sprache ein Stück Heimat.

Zwei Stunden Flug nur, doch zwei mal zwei Stunden dauerte es, bis wir aus dem Vorortzügelchen steigen konnten. Das Bahnhofsgebäude schäbig und klein – zwei Bahnsteige, vier Gleise, allenthalben beschmierte Wände – stank ernüchternd nach Pisse. Ein Plakat grüßte: Lünen, die aufstrebende Stadt am Rande des Ruhrgebiets. Na bitte. Es regnete. Sachte und stetig. Das gefiel den Kindern. Sie fanden das lauwarme Geriesel herrlich und reckten ihm begierig die Gesichtchen entgegen. Etliche Monate arger Hitze und unentwegten Sonnenscheins lagen hinter uns, ein gelbes, ausgedörrtes Land.

Leider erwies sich das schlechte Wetter hier als so dauerhaft wie Spaniens Sonne. Als es nach drei Wochen immer noch nieselig grau blieb, zwischendurch immer und immer wieder regnete, schwand die Begeisterung der Kinder. Auch das üppige Grün bestaunten sie nicht länger, welches sich satt und fett überall breit machte in Gärten, auf Koppeln und Wiesen sich hinzog bis an den Horizont, guckte man nur in die richtige Richtung. Sie wollten endlich nach draußen und spielen.

Wir begannen, unser neues Territorium auszukundschaften. Die ersten regenfreien Stunden nutzten wir zu einer „Sightseeing-Tour“. ZENTRUM stand auf der Straßentafel. Das war glatte Übertreibung. Nach einer Viertelstunde in Kinderschritten berechnet, hatten wir das Wichtigste gesehen: die Brücke, darunter das schwindsüchtige Flüsschen, ölig schillernd und schwarz. Einen Buchladen ohne Kunden. Häuser, zweigeschossig, Grundfarbe schmutziges Backsteinrot, hin und wieder düsteres Grau. Eine lange Straße, die auch diesen Namen trug. Durch sie zwängte sich der Verkehr wie durchs berühmte Nadelöhr, nur dass sich dahinter kein Paradies auftat. Gehsteige dicht beparkt. Geschiebe und Gedränge zwischen und um die Autos herum. Kleinläden ohne Pep, farblos und langweilig. Nirgendwo ein Straßencafé, nirgendwo überhaupt ein Café. Wo, Diós, konnte man sich mit Kindern hinsetzen und ein Eis essen? Hingeduckt zwischen einem Schuhgeschäft und einer Baustelle die alte Stadtkirche, knubbelig, anheimelnd sogar, Zuflucht im tristen Bild. Ein ausgedientes Straßenbahngleis endete ein paar Meter entfernt vor einem Blumenladen, blieb einfach mitten im Asphalt stecken. Das wenigstens fesselte die Kinder. Zu gerne wären sie mal mit *dieser* Tram gefahren. Die gab es längst nicht mehr.

Nebenstraßen weiter Versuche, der Stadt ein „modernes Gesicht“ zu verpassen: Parkhaus, Kaufhaus, Stadthaus, das angeblich „höchste“ des Landes, wie ich erfuhr. Ein Gebäude fiel wirklich aus dem Rahmen, war Knallbonbon inmitten der Phantasielosigkeit: eine Schule, Gymnasium, prächtigster Scharoun-Entwurf.

Dass man hierzulande den Superlativ leichtfertiger auf den Lippen trägt als anderswo, mediterrane Ausschmückungslust in Wort und Rede gelegentlich sogar übertrifft, ahnte ich damals noch nicht. Ebenso wenig, dass sich zum „höchsten Rathaus“ in

Kürze der „höchste Schornstein Europas“ gesellen, und schon bald – nicht ohne Selbstgefälligkeit – nur noch von den „Giganten“ Lünens die Rede sein würde, sichtbaren Zeichen für Wachstum und Fortschritt. Wie gesagt, Lünen, die aufstrebende ... et cetera, et cetera. Noch drängten sich mir keine ironischen Vergleiche mit Francos Prachtavenidas auf, ironisch im doppelten Sinne. Stattdessen fuhr ich mit den Kindern im Paternoster des Stadthauses gleich zwei Runden extra, weil's Spaß machte und an die eigene Kinderzeit erinnerte.

„Mutti, und wo ist die Stadt?“, fragten die Kinder. Eine vage Handbewegung nach unten auf ein Durcheinander willkürlich ins Grüne gestreuter Wohnsiedlungen, lose verbunden mit weit auseinander gezogenen Ortsteilen, dazwischen vereinzelt Schornsteine, Fördertürme. Es enttäuschte sie böse. Ein Häusermeer hatten sie erwartet, Straßenzug um Straßenzug, Alleen, Parks, ein Königsschloss. Stattdessen reihten sich Schlote und Kühltürme am südwestlichen Horizont, ein Haifischgebiss, das am ewig gelblichgrauen Himmel nagte. Unerwartete Ruhe ins Bild, aber auch eine gewisse Spannung, brachte die sanft ausgebreitete Parklandschaft zum Norden hin. Ich tröstete: „Dort gibt es Burgen und Schlösser. Wir könnten sogar mit den Rädern hinfahren.“

Belehrt über Zuständigkeiten und Zugehörigkeiten der Stadt wurde ich im Meldeamt im Parterre, als ich dort naiv behauptete, unsere Wohnung läge in Nordlünen.

„Wat Sie meinen tun, junge Frau“, berichtigte der überaus aufklärungswillige Beamte und konfrontierte mich gleich mit jenem Lüner Charme, an den ich mich in Zukunft zu gewöhnen hatte – ach ja, die Liebenswürdigkeit und Höflichkeit der Spanier war hier gewiss nicht zu erwarten, Galanterie, ein Handkuss gar, noch weniger, bedauerlich, „also wat Sie meinen tun, iss nicht Nord-, sondern Altlünen. Dat tun Sie sich am besten gleich merken. Dat muss nämlich ganz klar unterschieden werden, wegen die Zuständigkeiten, woll!" Altlünen sei mitnichten Lünen, ebenso wenig wie Nordlünen Lünen-Nord sei und Lünen-Süd Südlünen. Letzteres, ohnehin nur noch ein historischer Begriff, möge ich, bitte sehr, am besten gleich wieder vergessen. Altlünen, um es nochmals zu präzisieren, liege zwar nördlich Lünens, sei jedoch keineswegs Nordlünen und schon gar nicht dürfe es mit der Altstadt verwechselt werden, die ihrerseits, obschon mitten in der Stadt, nicht das Geringste mit dem Zentrum zu tun habe, wie man der Bezeichnung wegen vermuten könnte. Ob ich Autofahrerin sei? Wenn nicht, müsste ich ja auch über Lünens Bahnhöfe Bescheid wissen. Wer nämlich mit dem Zug nach Dortmund fahre, welches südlich von Lünen liegt, muss vom Lüner Hauptbahnhof wegfahren, welcher sich nur zwei, drei Minuten vom Zentrum entfernt in Lünen-Nord befindet. Bitte, nicht etwa verwechseln mit dem Bahnhof Lünen-Süd, der zwar direkt in Lünen-Mitte ist, keineswegs jedoch im Zentrum! Selbstverständlich gibt es in Lünen-Süd ebenfalls einen Bahnhof, doch der heißt Preußen.

Was Wunder, wenn ich es nach solchem Verwirrspiel vorzog, nicht mehr mit dem Bus, sondern im Taxi nach Hause zu fahren.

Wie gesagt, gut zwanzig Jahre ist es her. Vieles hat sich seit damals in Lünen verändert, einiges sogar zum Vorteil, alles gewiss nicht. Zu den Zechen, Glashütte, Kupferwerk und Aluminiumfabrik waren andere wichtige Industriezweige gekommen. Die Stadt expandierte, ihre Einwohnerzahl näherte sich der 90-tausender Grenze. Aus der Hauptstraße war eine etwas missglückte Fußgängerzone geworden, rot bepflastert auch sie, die Vorliebe für diese Farbe ist den

Lünern nicht auszutreiben. Mit großem Geschick bewahrte sich die Stadt, was sie auch vorher schon hatte: Gesichtslosigkeit. Beim besten Willen, nicht einmal hässlich könnte man sie nennen. Was in früheren Jahrhunderten Feuersbrünste und Überschwemmungen nicht geschafft hatten, gelang jetzt Stadtplanern und Architekten. Nichts hat sie vorzuweisen, worüber man ins Schwärmen geriete. An keiner Stelle ist sie wirklich fotogen, man müsste schon mit verliebter Blindheit geschlagen sein, um sie reizvoll zu finden.

Der Abreißwut der ausgehenden 60er, beginnenden 70er Jahre, folgte zwar ein wenig Besonnenheit, vermutlich weil's allgemein so Mode wurde, aus besserer Einsicht wohl kaum, schon gar nicht aus Traditionsbewusstsein. Das erschöpft sich hier in der Regel in Schützenfesten und Taubenzüchtervereinen. Immerhin blieben einige Straßenzüge vor Modernisierung verschont. Sie sind heute Lünens bescheidene Renommierwinkel. Das meiste freilich war unwiderbringlich verloren. Anstelle des alten Rathauses neben der Stadtkirche beherrscht jetzt ein nichtssagender viereckiger Geschäftsbau den Platz. Ein Brünnlein, gekrönt von einem recht armseligen St. Georgchen, plätschert seit etlichen Monden just zwischen Geschäftshaus und Kirche so nebenher, fügt sich derart harmonisch ins Bild, dass es vielen Lünern bis heute nicht aufgefallen ist. Hingegen um einen recht kräftigen Akzent bereichert ein persischer Teppichhändler das Stadtbild. Wo früher kleine Fachwerkhäuschen standen, prangt heute Orientalisches: spitzbögige Fenster, blaugoldene Mosaiken, direkt aus Teheran importiert. *Das putzt ganz ungemein.* Inmitten roten Klinkers und grauen Betons tausendundeine Nacht.

Als vor wenigen Jahren eine bekannte deutsche TV-Zeitschrift eine Umfrage zur Wohn- und Lebensqualität deutscher Städte startete, rangierte Lünen mit Abstand an letzter Stelle. Unfair, wehrten sich die Stadtoberen, man dürfe eine Stadt, deren Entwicklung seit Ende des vergangenen Jahrhunderts hauptsächlich von Bergbau und Industrie bestimmt ist, nicht mit einer Stadt wie Lübeck vergleichen. Wie wahr – und dennoch könnte man das, wenn auch in ganz anderer Hinsicht: Die einstige Ackerbürgerstadt Lünen gehörte der Hanse an und war ursprünglich, genau wie Lübeck, sorgfältig nach dem Freiburger Modell geplant und errichtet worden. Das Ergebnis bewusster Umfrage, ein böser Hieb, schmerzt nach wie vor. Vor allem die Stadtpolitiker wollen darauf nicht angesprochen werden. Gern verweisen sie auf Umgebung, Naherholungszentren, bestätigen geradezu, wenn auch unabsichtlich, dass Lünen dort am schönsten ist, wo man ihm den Rücken kehrt, just da ließe sich's auch gut leben. Immerhin zerbricht man sich seither den Kopf, wie der Stadt zu einem *besseren* Image verholfen werden könnte. Zwar haben auch Fördertürme ihre Ästhetik, aber als Werbemotiv sind sie doch wenig attraktiv, und sieht man vom alljährlichen Versuch, ein recht respektables Jazzfestival auf die Beine zu stellen, mal ab, ist auch Lünens Kulturszene eher dürftig. Ein kleines Tourneetheater, Museum und zwei private Galerien geben nicht allzu viel her. Irgendwie gerät hier alles stets eine Nummer zu groß oder zu klein.

Da trotz Nachdenkens aus den geplagten Köpfen nichts Besseres hervorzuholen war, griff man ausgerechnet den Spot von der „liebens- und lebenswerten Stadt" auf. Mangels üblicher Ansichtskartenklischees wird seither auf Prospekten mit Reitervereinen und Tennisclubs geworben, denn Schloss Cappenberg, das Schönste, was Lünen zu bieten hätte, gehört mitsamt seinen weitläufigen Wäldern genau besehen gar nicht zur Gemeinde, wiewohl es zu Fuß gut erreichbar ist. Weidende Schafherden unter Kühltürmen werden zur Publicity noch nicht herangezogen. Leider auch nicht die architektonisch durchaus beachtenswerten Bergmannssiedlungen. Die sind nun wirklich gewachsene Stadtgeschichte.

Lünen, so behauptete vor Jahren ein gescheiter Mensch, sei mit einer robusten Dame vergleichbar, die keine Vergangenheit haben will. Da steckt Wahres dahinter. Dabei reicht die Historie der Stadt nachweisbar bis ins 8. Jahrhundert zurück und hie und da deuten Spuren auf höchst Bemerkenswertes. Wer vermutete in der Bergbaustadt das einstige Kurbad oder gar den vielbesuchten Wallfahrtsort Lünen? Und doch pilgerten bis zur Mitte des 19. Jahrhunderts Wundergläubige von überallher zum Gnadenbild der Marienkirche, dem seit Menschengedenken wunderbare Erhörungen nachgesagt wurden, und Heilungssuchende mit realerer Einstellung zum Leben zum „Lüner Brunnen“, wo nicht nur eine sprudelnde Mineralquelle ihrer harrte, sondern auch ein komfortables Kurhaus nebst Spielcasino. Das waren Jahre, in denen Lünens Wohlstand stieg. Die Lippe war schiffbar gemacht worden, die Stadt, ohnehin wichtiger Verkehrsknotenpunkt mit eigener Poststation, erhielt einen eigenen Hafen.

Als so um 1830 die Quelle allmählich versiegte, wurde der Badebetrieb eingestellt. Ein gesellschaftlicher Mittelpunkt ging damit verloren. Damals hieß Dortmund postalisch noch „Dortmund bei Lünen“. Heute möchte man es andersrum ausdrücken, selbst wenn die Lüner das so nicht gern hören. Schuld an dieser Entwicklung trug die Eisenbahn, richtiger, die einstigen Lüner Stadtväter. Die handelten, wenn auch bestärkt und unterstützt von der Bevölkerung, recht kurzsichtig, um nicht zu sagen engstirnig-kleinbürgerlich, als sie sich dem Bau einer Bahnhofsanlage durch die Rhein-Weser-Eisenbahngesellschaft widersetzten. So fortschrittsfreudig wie heute gab man sich damals nicht. Obschon die äußerst verkehrsgünstige Lage der Stadt, einerseits Hafen, andererseits Schnittpunkt zweier wichtiger Handels- und Poststraßen, geradezu ideale Voraussetzungen dafür geboten hätte, die erste große westfälische Bahnlinie von Köln bis Minden quer durch das Ruhrgebiet über Lünen zu führen. „Der Kleinbürger bangte um seine Ruhe, der Ackermann fürchtete eine Schmälerung seines Grundbesitzes ..."

Die Dortmunder plagten solche Bedenken nicht. Ohne zu zögern, stellten sie der Eisenbahngesellschaft Grund und Boden zum Bau einer Bahnhofsanlage zur Verfügung, dazu noch 9.000 Mark. Die Linie wurde 1847 eröffnet. Fortan rollte die Zukunft buchstäblich an Lünen vorbei.

Das Versäumte war bis heute nicht aufzuholen. Da half es auch nichts, dass 1826 die erste Eisenhütte der Region hier erbaut wurde und später, gegen Ende des Jahrhunderts, eine der ersten Zechen des Landes.

Heute neigt sich abermals eine Epoche ihrem Ende zu. Zu den bestehenden Problemen – Bergsenkung, Arbeitslosigkeit, eine überdurchschnittlich hohe Zuzugsrate von Aussiedlern und Asylsuchenden, die vor allem dem türkischen Teil der Bevölkerung, (immerhin sind das fast 10 Prozent) Sorgen bereitet – kommt nun hinzu, dass Lünen sich nach neuen wirtschaftlichen Möglichkeiten umtun muss.

MITBÜRGER sind die Türken hier nicht allein dem Wort nach. Wer da anderes vermutete, irrt. Die „robuste Dame" wird dort liebenswert, wo sie sich so gibt, wie sie im Grunde ihres Wesens wirklich ist: von schlichter Herzlichkeit, gutmütig und hilfsbereit. Längst lebt man in dieser Stadt *miteinander* und nicht aneinander vorbei. Schmierereien und böse Parolen findet man an keiner Lüner Wand. Nirgendwo sonst werden so spontan so viele Nachbarschafts- und

Straßenfeste gefeiert, bei denen keiner ausgeschlossen wird. Das ist es, was letztlich mit so vielem hier versöhnt.

Wobei wir wieder am Ausgangspunkt wären: In einer kleinen Stadt ist eben alles familiärer ...

Buch der Woche

Rango Bohne/Jürgen Becker: „Frauen mit dem Rücken zum Betrachter". Bilder und Texte

gesendet im WDR am 03.11.1989

Bilder im Bild, Frauen mit dem Rücken zum Betrachter in einem imaginären Raum, stumm, den Blick in Landschaften gerichtet wie auf eine Bühne, eine Kinoleinwand, wartend. Worauf? Auf ein fernes Geräusch? Das Trügerische der Gleichzeitigkeiten? Dass etwas *nicht* geschähe, oder geschähe, abrolle wie auf einer Kinoleinwand, Leben zum Beispiel?

Das Thema wiederholt sich in Abwandlungen auf insgesamt zwanzig Radierungen Rango Bohnes, hübsch und dekorativ allesamt, nicht weniger, aber auch nicht mehr, vermutete man nicht hinter aller Gefälligkeit hintergründig Doppeldeutiges. Doch höbe man sie damit auf eine Ebene, welche ihnen in keiner Weise entspräche, wären nicht die Texte von Jürgen Becker, denen sie als Vorlage dienen. Erst sie verleihen den Illustrationen die rechte Kontur.

Bild, in welcher Form immer, und (lyrisches) Wort zu verbinden, ist in den letzten Jahren geradezu Mode geworden, boshafter ausgedrückt, das Bilderbuch für das sogenannte „gehobene Niveau" ist en vogue. Es verkauft sich besser. Dass da die Verlockung oft nur zu groß ist, Illustriertes zu interpretieren, oder ins Poetische zu „übersetzen", liegt auf der Hand. Genau dieser Versuchung aber hat Becker widerstanden und gezeigt, welche Bedeutung Metapher und Bild für die Poesie im positiven Sinn haben können. Nur zögernd nähert er sich da oder dort den Vorlagen, im Übrigen aber sind sie ihm Anlass zu Assoziationen, Erinnerung, Fortsetzung auf einer ihm gemäßen Ebene in Form von Selbstgesprächen, Gedankenfragmenten, oft auch in scheinbar zufälligen Dialogen.

So gerät zum „Becker'schen" Monolog, was als „Zwiegespräch zwischen graphischer Kunst und Dichtung" beabsichtigt war. Sehen, Hören und Reden. Mit Sätzen in vertrautem Tonfall spielt er, und das nicht ungeschickt. Beim ersten Lesen wirken sie leicht, so oberflächlich nahezu wie die Bilder, denen sie Stimmen verleihen. Vom Hinplätschern der Wörter fühlt man sich für eine Weile beschwichtigt. Bis man plötzlich stutzt.

Zu spät.

Schon ist man über die Alltäglichkeit des Gesagten gestolpert. Sie ist heimtückisch, eine Fallgrube. Der Autor ein kluger Fallensteller. Das Widersprüchliche des in scheinbarer Willkürlichkeit Hingesagten, das anscheinend beziehungslose Ineinandergreifen von Dialogen, sie decken ganz neue Zusammenhänge auf, Banales erhält plötzlich Sinn. *„... ein unsichtbares Netz der Erfahrungen, zusammengezogen in deinem Bewusstsein, in deiner inneren Landschaft, die in den Bildern unserer Wörter sich zu erkennen gibt ...",* lässt Becker eine seiner Stimmen sagen, *„fast kommt es mir vor, als entwerfe ich nur ein Geschiebe von Kulissen, hinter denen erst die Wirklichkeit beginnt ..."* Das Bild im Bild wird unversehens zum Vexierbild.

Bis zur Perfektion betreibt er dieses Spiel, wie schon in seiner Lyrik, in seinen Hörspielszenen – und solchen gleichen auf Strecken diese Texte tatsächlich – beinah wird es hier zur Routine, wäre, ja wäre nicht gerade Becker einer von jenen, denen jede Art von Routine zutiefst widerstrebte. Nein, so einfach macht er's weder sich noch dem Leser. In die monotone Ruhe der gewollten (oder ungewollten) Langeweile der Illustrationen projiziert er Bewegung und Unruhe. Er verknüpft das Große mit dem Kleinen ebenso konsequent, wie er Nebensächliches gleichrangig neben das Hauptsächliche stellt. Dabei bleibt seine Sprache geradezu sanft, dennoch von unbestechlicher Lauterkeit, niemals wird sie aggressiv. Allerdings fordert sie Aufmerksamkeit. Man tut gut, in kleiner Dosierung zu lesen, alles auf einmal geht nicht und einmal allein genügt nicht.

„Frauen mit dem Rücken zum Betrachter" bleibt, zugegeben, eine Lektüre, die eine gewisse Mühe fordert, für Genuss bürgt sie allemal, den sich gönnen sollte, wer Wahrhaftigkeit und Authentizität Becker'scher Sprache zu schätzen weiß.

„Die Stasi hatte mitgeschrieben"

Über Erich Loests „Der Zorn des Schafes"

gesendet im Deutschlandfunk; erschienen in: „der literat – Zeitschrift für Literatur und Kunst", Nr. 8/1990, August 1990 (gekürzt)

Die Schriftsteller der DDR können recht stolz sein auf das Gewicht, das ihnen der SED-Staat in den letzten Jahren beigemessen hat. Welche Staatsgefährdung muss doch von einem Autor wie Erich Loest ausgegangen sein, wenn die STASI es für nötig hielt, ihn Jahr um Jahr und rund um die Uhr zu beobachten. Einunddreißig Bände Notizen über sich selbst hat Loest dieser Tage eingesehen und einiges in den zweiten Band seiner Biographie eingefügt, der im September im Linden-Verlag Leipzig erscheinen wird.

Der Gegensatz von Liebe ist nicht Hass, der Gegensatz von Hoffnung ist nicht Verzweiflung … der Gegensatz von Erinnerung heißt nicht Vergessen, sondern es ist nichts anderes als jedes Mal die Gleichgültigkeit …

Mit diesen Worten des jüdischen Schriftstellers Elie Wiesel begann Erich Loest am 5. Februar 1989 eine Predigt in der Lübecker St. Petri-Kirche. Er führte einen Bogen vom Schicksal dieses Gotteshauses zu einem anderen in Leipzig, das 1968 auf Geheiß Ulbrichts gesprengt worden war, der Paulinerkirche, und träumte davon, in seine Heimatstadt zurückkehren zu dürfen, eingeladen von „seinen Leipzigern", um im Gohliser Schlösschen aus „Völkerschlachtdenkmal" eben jene Szenen zu lesen, die von der Verstrickung seiner Helden in das Schicksal der Leipziger Synagoge und der Paulinerkirche handeln.

Diese Rede mochte später das gelungene Abschlusskapitel seiner Biographie werden, an welcher der Autor seit kurzem arbeitete, so war es geplant. Da waren es freilich noch Monate hin zu den Ereignissen des Herbst 1989, niemand – und am allerwenigsten er – ahnte, dass sein Traum noch im selben Jahr in Erfüllung gehen sollte.

„Der Zorn des Schafes", Fortsetzung des Buches „Durch die Erde ein Riss", schildert sachlich die Zeit nach Loests Entlassung aus dem Gefängnis, wo er sieben Jahre (wegen sogenannter „kontrarevolutlonärer Bandenbildung") gesessen hatte, die schwierigen Bedingungen unter denen er von nun an schreiben musste, Zensur und Methoden, mit der die DDR ihr unliebsame Schriftsteller „mundtot" zu machen verstand; auch die zweifelhafte Rolle, welche Leute wie Kant, Höpcke und Keller, der spätere Kulturminister der Übergangsregierung Modrow, in vielen Fällen spielten. Die Umstände, die zur Übersiedlung Loests in die Bundesrepublik führten, werden ebenso beschrieben wie seine Erfahrungen mit bundesdeutschen Verlagen, vor allem aber mit dem hiesigen Schriftstellerverband, dessen damaliger Vorsitzender Engelmann, und einige Vorstandsmitglieder mit ihm – es ist kein Geheimnis – ihrer Sympathie mit dem SED-Regime und Genossen wie Kant keine Zügel anlegten. Dennoch ist es eine Rückschau ohne Bitterkeit.

Als er die Arbeit abgeschlossen wähnte, das Manuskript für druckreif, war ein Kapitel bedenklich dünn geblieben. Es beschrieb das Jahr vor seiner Ausreise. Wenig gab es darüber zu berichten, keine Lesungen hatte man ihm angeboten, zu keinen Veröffentlichungen war es gekommen. „Kälte hatte sich um ihn herum ausgebreitet." Da spielte ihm der Zufall Unterlagen der STASI in die Hände. Es stellte sich heraus, gerade dieses *Jahr ohne Ereignisse*, war das Jahr schärfster Aktivitäten seitens der Staatssicherheit gegen den Autor gewesen. – Das Kapitel konnte neu geschrieben werden.

Den Akten, sie füllen viele Bände, entnahm er:

L. wurde bereits 1971/72 in OPK wegen Verdacht strafbarer Handlungen nach §§ 106 und 107 bearbeitet. Auf Grund der Tatsache, dass 1972 keinerlei Anzeichen hinsichtlich staatsfeindlichen Wirksamwerdens erarbeitet wurden, erfolgte die zeitweilige Einstellung der Bearbeitung mit der Maßnahme der Wiederaufnahme in Spannungszeiten ...

Zu einer solchen „Spannungszeit" kam es, als er an „Es geht seinen Gang" arbeitete. Der Roman enthielt Passagen, die das Regime als „staatsfeindlich" ansah. Ein „Maßnahmeplan zur Bearbeitung der OPK Loest" wurde ausgearbeitet, seine Wohnung verwanzt, rund um die Uhr wurden er und seine Familie beobachtet, selbstverständlich auch alle Personen seines engeren Kontaktkreises. Man setzte Spitzel auf ihn an.

Einsatz von IM/GMS der eigenen Diensteinheit IMV ‚Frank'; GMS ‚Brauer'.

Der Einsatz des IMV sowie des GMS erfolgt im Schriftstellerverband der DDR in Leipzig. Die Kontakte sind dahingehend zu nutzen um Vorhaben in schriftstellerischer Hinsicht und die derzeitige pol. Haltung des L. in Erfahrung zu bringen. Dazu ist die ehemalige Verbindung im Freizeitbereich (Besuch von Sportveranstaltungen, gemeinsame Skatrunde) wieder aufzubauen ... Zur Erreichung der Zielstellung ist ... von IMS ‚Hans Heiner' mit dem L. einen familiären Kontakt aufzunehmen ...

Ein Ehepaar, seit Jahren aufs Engste mit der Familie befreundet, gehörte bis zum Schluss zu deren konsequentesten Überwachern.

Zielstellung der Staatssicherheit war *die Aufklärung, welche politisch-ideologische Position der feindlich-negativ Kulturschaffende Loest einnahm und seine Aktivitäten* entsprechend einzuschränken oder besser, zu verhindern. Dazu zählten auch sogenannte Zersetzungsmaßnahmen.

Über die Kinder Loest's sind umfassende Aufklärungsmaßnahmen einzuleiten, um in deren Ergebnis weitere Ansatzpunkte zur Herbeiführung von privaten Konfliktsituationen zu erarbeiten ...

Jedes Mittel war recht, auch vor Schriftstellerkollegen wurde keineswegs haltgemacht.

Mit dem Ziel der Einschränkung des feindlichen Zusammenwirkens des Loest mit Stefan Heym ist durch die Hauptabteilung XX/OG bei der Bearbeitung des Heym das Material dahingehend zu analysieren, inwieweit abwertende Urteile Heym's über die literarischen Qualitäten Loest's bekannt werden und durch gezielte Indiskretionen verbreitet werden.

Nach vielen Irrungen und Wirrungen erschien 1978 der Roman dennoch, hochgelobt von namhaften Kollegen wie Kunert, Heym, Christa Wolf. Zehn Wochen danach wurden weitere Neuauflagen gestoppt. Grund:

Insbesondere seit dem Erscheinen seines Romans „Es geht seinen Gang" im MdV Halle und in der BRD waren verstärkte Aktivitäten gegnerischer Kräfte zur Nutzung Loests für die Hetze der Kulturpolitik der DDR ... zu verzeichnen. In Sendungen mehrerer Rundfunkanstalten der BRD sowie in BRD-Presse-Rezensionen wurde umfangreich über L. und seinen Roman berichtet. Das genügte.

„Wie aber kann jemand ein braver Bürger der DDR sein, der murrt, wenn ihm auf die Füße getreten wird, und sich nicht bescheidet zu bitten, man möchte doch wenigstens eine Zehe auslassen?", schreibt Loest. Er hatte an seiner ersten Biographie (Arbeitstitel „Spurensicherung“) zu arbeiten begonnen. Natürlich wurde nun alles darangesetzt, das Erscheinen dieses Buches zu verhindern. Als nichts fruchtete, wurden neue „Operativ-Pläne“ entwickelt. So intendierte man, Loest sollte aus dem Schriftstellerverband ausgeschlossen werden. Vor allem:

... soll erreicht werden, dass der Verdächtige Loest noch in diesem Jahr aus der Staatsbürgerschaft entlassen wird und aus der DDR für ständig ausreist, um zu sichern, dass Loest beim Erscheinen seines Hetzromans ... nicht mehr als DDR-Autor in Erscheinung treten kann ...

Um ihn unter Druck zu setzen, und ihn *mit allen Mitteln* dahinzubringen, von sich aus um Entlassung aus der DDR-Staatsbürgerschaft nachzusuchen, sollte ein Antrag auf eine Reise in die BRD abgelehnt werden.

Die sich aus der Zuspitzung dieser Konfrontation möglicherweise ergebenden zeitweiligen feindlichen Aktivitäten Loest's in der DDR und in den Westmedien sind einkalkuliert.

... Bei der Mitteilung der Genehmigung ist ihm gegenüber die ‚Erbärmlichkeit seiner pol.-ideol. Position‘ zu bekunden ...

Doch der Schriftsteller „funktionierte“ nicht „plangemäß“. Er hatte den Schachzug durchschaut oder wenigstens geahnt. In einer Information der Hauptabteilung XX heißt es:

... Auf eine entsprechende Frage des Genossen Höpcke teilte Loest mit, dass er ... nicht bereit sei, aus der DDR auszureisen ...

Loest habe vorgegeben, an einem Roman zu schreiben, der den „Missbrauch des Völkerschlachtdenkmals unter den verschiedenen gesellschaftlichen Systemen“ darstellen soll.

Dazu liest sich folgende STASI-Notiz unfreiwillig erheiternd:

Die Ernsthaftigkeit dieses Vorhabens ... zeigt sich ... auch in einem solchen Detail, dass sich Loest ... eine elektrische Schreibmaschine gekauft hat, was er bei Übersiedlungsabsichten entsprechend seines ausgesprochenen Geizes nicht getan hätte, wenn er in absehbarer Zeit die DDR zu verlassen beabsichtigt hätte ...

Bald darauf im März 1981 wird Loest ein auf drei Jahre befristetes Visum mit einmaliger Aus- und Einreiseerlaubnis ausgehändigt. Es war nichts anderes als die kalte Form einer Ausbürgerung.

Als der Schriftsteller am 11. Dezember 1989 an der Montags-Demo in Leipzig teilnahm, als die Bezirksgruppe Leipzig des Schriftstellerverbandes sich vor laufenden Kameras und eingeschalteten Mikrofonen bei ihm entschuldigte, als er später tatsächlich im Gohliser Schlösschen las, vor „seinen Leipzigern", die sich bis auf den Vorplatz hinaus drängten und ihm stehend minutenlang applaudierten, als er in jener Zelle stand, in der er monatelang auf seinen Prozess gewartet hatte, schrieb sich das Schlusskapitel seines Buches neu und fast wie von selbst – ein Kreis hatte sich geschlossen.

Die STASI hatte mitgeschrieben.

Fast eine Liebeserklärung

gesendet im WDR 1990; erschienen in: „Bonner Generalanzeiger", 1990

Muffendorf – den Namen hätte ich gern erfunden. Just, als ich zum ersten Mal auf dem Balkon meiner neuen Wohnung stand, die Möbelpacker schleppten gerade die letzten Kisten hoch und türmten sie hinter meinem Rücken, wuchs unvermittelt aus blauschwarzen Wolkenhaufen ein doppelter Regenbogen, spannte sich vom Siebengebirge her über den Rhein. Wie im Feuer der Drachenfels, oder doppeldeutiger: wie in Blut getaucht. Drachenblut. Das führt zu Assoziationen. Der eine mag an den guten Tropfen gleichen Namens denken, der dort wächst – der andere an Siegfrieds Gerangel mit dem grauslichen Wurm, das daselbst stattgefunden haben soll. Touristisch vermarktet sich diese Behauptung prächtig, wie auch die Drachenburg auf zwei Drittel Höhe des Berges – Walhalla des Rheinlands. Neugotisch.

Ach ja, was wäre das Rheinland ohne seine Nibelungen, jene legendäre Spezies aus grauer Vorzeit, ausgestorben wie so mancher fossile Säuger aufgrund seiner Größe und Absurdität. Vermutlich besaßen auch sie im Verhältnis zu einem muskulösen Körper und ebensolchen Beinen einen viel zu kleinen Kopf, Merkmale, die zusammengenommen seit jeher wenig Überlebenswert garantieren.

Nibelungenblut, -wut und -not, täglich den Drachenfels vor Augen, frage ich mich gelegentlich, ob den Deutschen bewusst ist, dass sie ihren zählebigen Virus *furor teutonicus* in Wahrheit weder den Preußen noch dem Sachsen Richard Wagner, sondern ausgerechnet ein paar Austromachos verdanken? Big Siegfried – ich stelle ihn mir vor wie Arnold Schwarzenegger, Big Siggi also und all die

Fighting-Stories, die man um ihn wob, sind ein Paradebeispiel. So um 1200 n. Chr. soll es ein österreichischer Scripten-Writer gewesen sein, der am Passauer Bischofshof diese turbulente Seifenoper ersann, womit, es sei zugestanden, ihm ein beneidenswerter Hit und Dauerbrenner gelang. Tja, sie war schon immer eine virulente Gegend, dieses Gebiet um Inn und Donau – Braunau liegt auch ganz in der Nähe.

Zurück zu meinem Regenbogen. Abergläubisch, wie ich bin, nahm ich ihn als doppelt gutes Omen, Symbol, Brücke, eben als Willkommen. Ich gebe zu, ein warmes, ein fast schon vergessenes Gefühl überkam mich in diesem Augenblick. Das also gab es wahrhaftig: an einem völlig fremden Ort ankommen und plötzlich wissen: Hier möchtest du leben, hier bist du zu Hause.

Nostalgie? Liebe auf den ersten Blick? Vielleicht von beidem ein wenig. Vieles hier erinnert mich an meine Jugendzeit, nicht nur das Verspielte mancher Viertel mit ihren Mary-Poppins-Villen. In unmittelbarer Nähe eines der Mondgöttin Selene geweihten Berges wuchs ich auf, am Hange eines „Mondberges" wohne ich heute. Die Silhouette der sieben Berge gegenüber ähnelt (bei einiger Phantasie) der meines Kärntner Heimatgebirges, freilich ist hier alles niedriger, sanfter, eben ein bisschen Liliput-Land. Der Himmel hat südliches, nicht fad verwaschenes Ruhrgebietsblau. Die Menschen begegnen mir unbeschwert freundlich – vorausgesetzt, sie begegnen mir überhaupt. Und fragen können sie – fragen! Neugieriger als die Bonner sind nur noch die Wiener.

Was also stünde meinem Wohlbehagen im Wege? Statt auf Kühltürme, Schlote, Fördertürme fällt nun mein erster Blick morgens auf die bejahrten Bäume der ehemaligen Deutschherren-Kommende. Im Frühling und Sommer lärmen dort in den mächtigen Kronen wie närrisch die Vögel. Im Winter ist's freilich eher ein stilles Motiv. Nur ab und zu schnarren mir Elstern ins Fenster, und Abend für Abend steigt finsteres Krähengewölk vom Rhein herauf hoch, stürmt an und fällt kreischend hinterm Schloss in die Schlafbäume ein – Hitchcock lässt grüßen.

Gleichgültig aus welchem Fenster ich schaue, die Aussicht ist überall bemerkenswert. In Augenhöhe vor meiner Küche der Petersberg. Geradezu minutiös könnte ich Tun und Treiben drüben beobachten, besäße ich nur ein handliches Guckrohr, na, vielleicht tät's schon ein besseres Opernglas. So hin und wieder ein bisserl den Voyeur spielen, spechteln, wenn die Lichter so schön herüberfunkeln, das – ich geb's zu – lockte mich schon! Los ist dort drüben immer was, wie ja überhaupt in Bonn; wenn einer das Gegenteil behauptet, kennt er sich entweder nicht aus oder es ist eine Bosheit. Glauben Sie mir, die Bonner Luft ist voller Geschichten, und mancheiner hat sich von dort auch schon eine gegriffen.

„In Bonn regiert, in Godesberg residiert man", geht ein geflügeltes Wort, Chauvis in meiner Nachbarschaft spinnen hinzu: „... aber in Muffendorf lebt man." Moffondorp, Mofonthurp, der Schreibweisen gab's viele in alter Zeit. Ein Gallier namens *Mufo* soll Pate gestanden haben.

Erst Godesberg, später mit ihm gemeinsam Bonn eingemeindet, ist Muffendorf nach wie vor ein Bilderbuchdörfchen geblieben, beschaulich, verschwiegen, so ganz anders als alle anderen Stadtteile Bonns. Obwohl in den letzten Jahren auf Hochglanz gebracht – Bonns 2.000. und sein eigener 1.100. Geburtstag standen vor der Tür – hat es nichts Gekünsteltes. Allenthalben bestimmt das Bild malerisches Fachwerk aus dem 17. bis 19. Jahrhundert. Was nur wenige wissen, es ist eine der schönsten in sich geschlossenen Siedlungen dieser Art im ganzen Rheinland, und mehr als nur einen Abstecher wert. Wie aus einem Guss die Hauptstraße, giebel- und traufständige Gebäude, meist zweigeschossig, wechseln einander ab. Zusammen mit anderen Straßen steht sie unter dem Schutz einer Satzung zur „Bewahrung der baulichen Eigenart eines Teilgebietes der Gemarkung Muffendorf", etliche Häuser sind unter Denkmalschutz gestellt. Diesem Umstand dürfte es zu verdanken sein, dass der Ort vor der Seuche phantasielos angelegter Fußgängerzonen verschont blieb. Er braucht auch keine, denn es gibt kaum Läden, schon gar keine Straßencafés, lediglich zwei Galerien, ein Weinhäuschen, auch drei Antiquitäten-Lädchen. Und Kneipen. Gleich mehrere. Er besitzt ohnehin etliche „Fußgängerzonen", recht arteigene, „Päddchen" genannt. Die sind ungleich schöner. Aufregender ebenfalls. Zwischen Häusern und Gärten schlängeln sie sich, schmale Pfade, Reste einstiger Erschließungswege, die zu den Wein- und Obsthängen führten. Vernünftigerweise hat man sie erhalten. Manchmal sind sie asphaltiert, meistens nicht, selten beschildert, was gelegentlich dazu führt, dass man irregeht und unversehens vor verschlossenen Haustüren landet. Es tut dem Vergnügen, Kilometer um Kilometer zu wandern, ohne einer autobefahrenen Straße in die Quere zu kommen, keinen Abbruch.

Ein Stück bergauf, wo das alte Steinbruchgelände des Lyngsberges beginnt, bietet sich ein herrlicher Rundblick auf Siebengebirge und Rheintal, über die Godesburg und auf Bonn, bei klarem Wetter kann man sogar den Kölner Dom ausmachen. Päddchen führen von Muffendorf auch in den weitläufigen Godesberger Kurpark mit seinen eleganten Häusern um die Redoute. Die gesamte Anlage entstand auf Anordnung von Max Franz, Kurfürst und Erzbischof zu Köln, Maria Theresias jüngstem Sohn. Auch die Heilquelle, schon den Römern bekannt, ließ er neu fassen. Damit setzte eine Blütezeit des Godesberger Kur- und Kulturbetriebes ein. 1792 bereitete man in der Redoute dem aus England nach Wien durchreisenden Joseph

Haydn einen fürstlichen Empfang, auf dem ihm erstmals der noch sehr junge Beethoven begegnete, was Folgen haben sollte. 1793 ließ Seine Eminenz hier Mozarts „Zauberflöte“ aufführen. *Felix Austria* sogar am Rhein – na bitte.

Eine Lust, in, um und durch Muffendorf spazierenzugehen. Man könnte es glatt zum Kult erheben. Trotz oder weil man dabei selten jemandem begegnet. Gleich den Kölner Heinzelmännchen ist nämlich etwas Geheimnisvolles um die Bewohner des Ortes. Sie schaffen und wirken im Verborgenen, scheint es, hinter verschlossenen Türen und Toren. Will man einen echten Muffendorfer aus allernächster Nähe beobachten, sich ihm gar auf unauffällige Weise nähern, ohne sich deshalb gleich vor eine Biertheke oder in eine Kirchenbank zu zwängen, gibt es offensichtlich nur eine erfolgversprechende Möglichkeit: Man muss auf den Friedhof gehen. Etwa unter dem Vorwand, die alte Sankt-Martins-Kirche zu besichtigen oder Grabsteine aus dem frühen 17. Jahrhundert, deren gibt es dort etliche. Bei gutem Wetter mag es dann durchaus geschehen, dass man zwischen den Gräbern auf das eine oder andere Lebendexemplar des wider allen Erwartens durchaus umgänglichen *Homo Mofanthurpiensis* stößt, bei einigem Glück sogar auf ganze Nester – schwatzend, harkenbewehrt, gießkannenbestückt. Ein schöner Blick auf den alten Ortskern und seine wichtigsten historischen Gebäude wird dem Besucher obendrein noch beschieden: Das breit eingelagerte fränkische Riegelgehöft „Siegburger Hof“, zusammen mit der Kirche das älteste Bauwerk, und die Kommende. Sie, einst Sitz des Deutsch-Herren-Ordens, ist heute Residenz des belgischen Botschafters. Mit ihrem Touch arroganten, leicht dekadenten Charmes wirkt sie zwar ein wenig deplaciert neben all dem bäuerlichen Fachwerk, doch hat das barocke Schlösschen inmitten des alten Parks auch etwas Gemütliches, fast bin ich versucht zu sagen:

Österreichisches. Natürlich gleicht die heutige Anlage in nichts ihrem historischen Vorbild aus dem 13. Jahrhundert. Was macht das schon? Eine der schönsten Botschafterresidenzen Bonns bleibt sie allemal.

Doch gehört die Kommende schon deutlich zur jüngeren Geschichte des Ortes. Muffendorf, am Nordosthang des Lyngsberges gelegen, ist alt, mindestens so alt wie Bonn, auch wenn die erste urkundliche Erwähnung erst in die Zeit der Auflösung des karolingischen Reiches fällt. 888 siegelte Arnulf von Kärnten, der Vorletzte der Karolinger, eine Urkunde, wonach Moffondorp seine *Nona* an das Aachener Marienstift zu zahlen hatte. Nicht weiter interessant für mich, wäre dieser Arnulf nicht mein Landsmann. Er wurde im kärntnerischen Moosburg als illegitimer Enkel Ludwigs des Deutschen geboren.

Mit den Kärntnern ist das nämlich so: Sie lieben nicht nur Unabhängigkeit und Individualismus (I bin i und alls andere geht mi nix an), sie sind auch allen Sinnesfreuden herzlich zugetan. Kein anderes österreichisches Bundesland brachte und bringt es Jahr für Jahr auf eine so hohe Zahl unehelicher Kinder wie Kärnten, von den kleinen Kuckucken in fremden Nestern ganz zu schweigen. Seit eh und je wurde kreuz und quer und über alle Grenzen hinweg geliebt und manchmal auch geheiratet, seit Jahrhunderten mischte und mischt sich kräftig slawisches mit romanischem und deutschem, und epochenweise sogar mit türkischem Blut – in den Kärntnern ist Europa vereint wie nirgendwo sonst in Europa, Wien ausgenommen. Diese Tatsache wird auch unser Kärntner Maultascherl, der Haider Jörgi, nicht aus der Welt schaffen können, so sehr er sich anstrengt, so weit er's Maul auch aufreißt.

Im Falle Arnulfs hatte die Blutauffrischung ihr Gutes. Zum König erhoben durch Wahl gegen Karl den Dicken, einem Schwächling, der sich weder durch Verstand noch Tüchtigkeit auszeichnete, fand das Fränkische Reich in ihm noch einmal einen taktisch klugen Herrscher, wohl seinen letzten. Seine Regierungszeit war für die spätere Entstehung des deutschen Reiches entscheidend. Arnulfs Nachfolger allerdings blieben bedeutungslos. Erst etliche Zeit später sollte es einem Sachsen, Heinrich I. nämlich, noch einmal gelingen, an die hegemoniale Politik des Kärntners anzuknüpfen.

Alle diese historischen Gegebenheiten lebhaft vor Augen, frage ich (bescheiden): Was wäre Muffendorf, was Godesberg gar Bonn, ohne die Österreicher?

Schenkt man Legenden, Überlieferungen Glauben, versucht man Namen zu entschlüsseln, reichen die Ursprünge des Ortes mindestens in die Römerzeit zurück. Zahlreiche Funde beweisen das. Römische Reste und ein Altarstein der Göttin Luna Diana, beides fand man bei Renovierungsarbeiten in der alten Martinskirche, lassen vermuten, dass das Gotteshaus auf den Fundamenten eines heidnischen Tempels errichtet wurde.

Die gesamte Anlage Heiligtum der Jagd- und Mondgöttin? Eine Kultstätte auf dem Lyngsberg? Passen könnte das schon. *Lyngs* führen die Historiker auf *Luncs* zurück, Luna – also Lunas Berg. Tatsächlich erreicht der volle Mond seinen höchsten Stand just überm Lyngsberg, was mir in der Regel recht unruhige Nächte beschert.

Apoll und Diana, Licht und Dunkel, Leben und Tod – ein Zufall ist es gewiss nicht, dass drei Kilometer westlich des Berges der Sonnenberg liegt. Beide Gestirne wurden seit jeher gemeinsam verehrt. Noch spannender wird es, wenn man den Namen *Mufo* enträtselt. Er ist gallischen, also keltischen Ursprungs, und bedeutet Schimmel, Moderdunst. Schimmel, der mythische *Niederschlag des Mondes* aber ist der Nacht, dem Totenreich zugehörig. Sollten vor Luna

Diana hier womöglich schon keltische Gottheiten verehrt worden sein? Den Muffendorfern würde es gefallen. Mir als Kärntner Keltin ebenfalls. Den Godesbergern freilich weniger. Sie sähen den sagenumwobenen Stein lieber ihrer Quelle zugeordnet, die Zwillinge Diana und Apoll galten schließlich als schützende Gottheiten aller Heilquellen, somit auch der Godesberger, womit sich gut Reklame machen ließe.

Siegburger Begegnungen

gesendet im Deutschlandfunk 1992

Mit dem Slogan, eine „europäische“ zu sein, wirbt die Stadt, neben ihrem Wappen prangt die Europafahne. Die beiden russischen Autorinnen bewundern zurückhaltend; was sie offensichtlich mehr beeindruckt, sind deutscher Ordnungssinn und Sauberkeit auf Straßen und Plätzen, vor allem die vielen Blumenstände auf dem Markt. In ihren Augen verkörpern sie und der Luxus in den Schaufenstern Überfluss und Wohlstand. Ob der Name der Stadt, des Flusses, des Kreises etwas mit „siegen“ zu tun habe, fragen sie vorsichtig.

Nicht zum ersten Mal sind sie in Deutschland, aber zum ersten Mal treten sie gemeinsam auf. Beide aus Moskau, haben sie sich erst auf der Reise hierher persönlich kennengelernt: die dunkelhaarige, temperamentvolle Viktoria Tokarewa und die blonde, distinguierte Olga Trifonowa. Beider Bücher haben in Russland hohe Auflagen, beider Drehbücher wurden verfilmt.

Eingeladen sind sie zu Lesung und Vortrag. Themenschwerpunkt: DIE STELLUNG DER FRAU IN DER SOWJETUNION. Eine Änderung der Position sowjetischer Frauen gegenüber der Gesellschaft ist schon seit einiger Zeit spürbar, eine Entwicklung, die Hand in Hand geht mit den politischen Wandlungsprozessen in der UDSSR. Kritisches Nachdenken setzt ein, sowjetische Gegenwartsautorinnen beziehen in ihren Arbeiten immer häufiger Stellung. Allerdings nicht Feminismus, nicht die Veränderung der gesellschaftlichen Rolle der Frau ist das gesetzte Ziel, sondern die Veränderung sozialer Strukturen. „Unsere Gesellschaft ist krank und über diese Krankheit muss endlich offen geredet werden", beendet Juri Trifonows Witwe ihren Vortrag.

Da gilt der Applaus, spontan und anhaltend, ein wenig auch einer kleinen dunkelhaarigen Frau mit stillem Gesicht. Solche Gesichter haben Menschen, die den Gang durchs Feuer schon getan haben, vom Leben, wenn man will, vom Schicksal Geforderte.

In diesem Augenblick wirkt sie erleichtert, ein bisschen auch erschöpft. Seit Stunden übersetzt sie Beiträge und Diskussion; zwei Tage lang, fast rund um die Uhr, hat sie die beiden Schriftstellerinnen begleitet. Bei Sightseeing, Shopping, Pressegesprächen. Jetzt wehrt sie verlegen ab: Nur einen bescheidenen Beitrag habe sie zum Gelingen des Abends leisten können, sicher habe sie viele Fehler gemacht. Später, im engeren Kreis bei einem „Euroimbiss", oder das, was man dafür hält, Kartoffelpuffer mit Räucherlachs garniert, gesteht sie, noch vor einem Jahr neben Russisch „nur" jenen Dialekt gesprochen zu haben, dessen sich die Deutschen in Kirgisien seit Generationen bedienten, „richtiges" Deutsch habe sie nach der Aussiedlung erst auf deutschen Schulbänken büffeln müssen. Dies sei ihr erster Job, sagt sie stolz, seit vier Tagen arbeite sie. Hoffnungen keimten auf.

Mit drei Kindern und vier Koffern war sie vor fünfzehn Monaten aus einer kleinen Stadt Kirgisiens gekommen. „Weil meine Kinder eine Zukunft brauchen." Es klingt fast entschuldigend.

Sie habe recht getan, sagt spontan die Trifonowa, setzt dann nachdenklich nach, ein Staat, dem die Zukunft seiner Jugend nicht am Herzen liege, laufe Gefahr, diese Jugend zu verlieren. Es klingt resigniert. „Unser Land ist zurzeit mit so vielen ungelösten Fragen beschäftigt, dass darüber die jungen Menschen in Vergessenheit geraten."

Über die Probleme deutscher Minderheiten in der Sowjetunion

wissen die beiden Autorinnen wenig. Überrascht, ja berührt sind sie, in welchem Maße Deutschland sich um Aus- und Übersiedler kümmert. Überhaupt beeindrucke sie das soziale Netz, welches die Menschen hier absichert.

Sie fragen, bohren, wollen möglichst alles erfahren. Elsa muss ihre Geschichte erzählen. Keine besondere Geschichte, wie sie versichert, mehr ein Familiendrama. Nicht wirklich originell, typisch schon eher, der Mann ein Trinker. Für den Familienunterhalt sorgte sie, unterrichtete neben ihrem Beruf noch Russisch. Bis es an ihrer Arbeitsstelle zunehmend zu Repressalien kam. Immer häufiger wurden Deutschstämmige entlassen, sie fanden nur noch untergeordnete oder schlimmer, überhaupt keine Arbeit. Die Chancen einer guten Ausbildung der Kinder wurden von Tag zu Tag geringer. Sie begriff, sie würden kaum jemals die Möglichkeit haben, einen ihren Fähigkeiten entsprechenden Beruf zu erlernen.

Ihre Mutter, sagt Elsa, habe ihr, als sie noch lebte, oft vorgehalten: Du bist deutscher als wir alle. Wirst in Kirgisien nicht alt werden können. Eines Tages wirst du es verlassen. Jahre später trugen diese Worte zu ihrem Entschluss bei, nach Deutschland zu emigrieren. Zwar rieten Verwandte und Freunde ab: Du weißt nicht, was dich erwartet. Niemanden kennst du. Bei null wirst du anfangen müssen. Ihre Antwort: Haben die Deutschen nicht immer wieder bei null anfangen müssen?

Inzwischen hat sie eine Umschulung hinter sich. Die Kinder haben im Gymnasium den Übergang geschafft. Sie gehören in ihrer Klasse zu den Besten. Nur in Deutsch haben sie eine Drei. Da müssten sie eben noch einiges tun.

Ob sie jemals nach Kirgisien zurückkehren wolle? Sie zögert nicht mit ihrer Antwort. Sie werde dort hingehen und bleiben, wo ihre Kinder eine Zukunft und eine Heimat fänden.

„Ich wünschte", sagt die Trifonowa, „ich könnte, wenn ich nach Moskau zurückreise, ein bisschen von Elsas Mut unseren russischen Frauen mitbringen. Wir könnten ihn brauchen."

Es ging seinen Gang

Aufstieg und Fall eines Buches in der DDR

erschienen in: Erich Loest: „Es geht seinen Gang oder Mühen in unserer Ebene" / Linde Rotta: „Es ging seinen Gang", hrsg. von Manfred Jendryschik und Reinhardt O. Cornelius-Hahn, Edition Cornelius 2012; gesendet im MDR am 05.04.2003

Personen:
K. C. – Karl Corino
E. G. – Eberhard Günther
W. H. – Werner Heiduczek
M. J. – Manfred Jendryschik
H. K. – Heinz Klunker
E. L. – Erich Loest
H. S. – Hubert Sauer

H. K.: Es gibt bestimmte Meilensteine auf dem Weg zum Untergang der DDR. Einer, der immer wieder zitiert wird, ist die Ausweisung von Biermann. Dann kann man bestimmte Bücher dazuzählen und bestimmte Filme. Also „Solo Sunny" von Konrad Wolf war ein solcher Meilenstein, und Erich Loests Roman auch, in der Weise vergleichbar, dass an dem Roman und an dem Film sich Diskussionen entzündet haben, die weit über den literarischen oder filmischen Anlass hinausgingen. Also es ist eine Sprengkraft in dem Roman, die man erst erkannt hat vielleicht, als es dann zum Ende hin ging. Der Roman gehört in diese Reihe der Meilensteine.

E. L.: Keines meiner Bücher hat mich so angestrengt, in so viele Turbulenzen gestürzt, mir so viel Stehvermögen abverlangt, bei keinem war mein Anspruch so hoch.

Die folgende Geschichte ist die Geschichte eines Buches. Genauer: die Geschichte eines Romans aus der Zeit der DDR. Geschrieben 1975, wurde er im Osten zunächst in kleiner Auflage gedruckt, dann verboten, dann wieder gedruckt und wieder verboten. Zum ersten Mal hatte ein Autor gegen alle verordneten Tabus in der DDR angeschrieben – wahrhaftig, präzise, witzig.

E. L.: Der Held meines Romans, Wolfgang Wülff, ist Ingenieur in Leipzig; er hat eine kleine Tochter, einen Trabi, er hat eine Plattenwohnung mit Schrankwand, und die Antenne seines Fernsehers ist wie üblich nach dem Westen gerichtet. Er ist 26, so alt wie sein Staat, die DDR. Er könnte zufrieden sein, aber da drängt seine ehrgeizige Frau, er soll ein Fernstudium ablegen. Damit kommt sie nicht durch.
Es kommt, was kommen muss, die Ehe geht kaputt und nach einiger Zeit findet jeder von den beiden einen Partner, der besser zu ihm passt, und dann geht alles wieder seinen Gang.

Das Buch hieß „Es geht seinen Gang – oder die Mühen in unserer Ebene". Der Autor war der Leipziger Schriftsteller Erich Loest. Zehn Jahre nach seiner Haftentlassung aus Bautzen schreibt er über den Alltag in der DDR.

E. L.: Ich war an die fünfzig, hatte mich nach sieben Jahren Knast wieder gesundheitlich erholt und durch das Schreiben von Kriminalromanen unter Pseudonym beruflich stabilisiert. Jetzt wollte ich etwas aufs Papier und zu meinen Lesern bringen, das in meinem Leipzig dieser Tage spielte, genau sein sollte bis in den Geruch der Kachelöfen hinein, unbeschönigt.

Genau erzählen, kritisch, unbeschönigt – das konnte Loest.
Er sprach mit Freunden, Bekannten, mit seinen Kindern und deren Freunden, spürte Problemen nach, die sie ihm aufzeigten. Aus einem Gedankengerüst sollte sich Handlung entwickeln. Die Ideenskizze legte er 1974 dem Leiter des Mitteldeutschen Verlages in Halle, Eberhard Günther, vor.

E. G.: Was da aufgeschrieben war, interessierte uns sofort sehr. Deswegen haben wir auch dem Autor sofort für sechs Monate ein monatliches Förderstipendium gegeben, um ihn gewissermaßen anzureizen und ihm Mut zu machen.

Loest schrieb täglich drei Seiten. Nach einem halben Jahr waren die ersten 90 Seiten für den Verlag fertig. 60 weitere sollten in Kürze folgen. Wolfgang Wülff, Wölfchen, entwickelte sich zu einer Figur, die nicht unbedingt konform ging mit dem, was die Gesellschaft des Arbeiter- und Bauernstaates von ihm wie von jedem ihrer Bürger forderte. Eigenbrötlerisch grübelte er darüber nach, welchen Sinn es haben sollte, bis zur Erschöpfung zu rackern, zu lernen und nochmals zu lernen, wie Lenin es empfohlen hatte. In der Praxis winkten weder Aufstiegschancen noch ein höheres Gehalt.
Der Widerspruch zwischen sozialistischer Verkündigung und Wirklichkeit war zu groß.

E. L.: Was ich am wenigsten brauchen konnte, war ein innerer Zensor. Portionsweise gab ich meinen Freunden mein Manuskript zu lesen. Ich bat: Sagt mir, was euch gefällt und was nicht, wo eure Erfahrungen anders sind und was ihr langweilig findet. Ein Satz ist verboten: Erich, das druckt dir keiner! Erst schreiben, und dann wollen wir mal sehen.

Manfred Jendryschik, Lyriker und Prosa-Autor:

M. J.: Also das ist, glaub ich, noch ganz wichtig bei dem Buch von Erich Loest, dies zu verstehen, dass man schon gerade dabei war, dieses einfache Leben eher zu verlassen und der ganze, irgendwie elende Alltag, dieses banale Schlangestehen in den Kaufhallen, diese alleinstehenden Mütter, die ihre Kinder um sechs oder halb sieben in den Kindergarten schleppen mussten, um dann rechtzeitig bei der Arbeit zu sein, wenn man zwölf Jahre auf den Trabi wartete, und so was alles, das tauchte dann schon eben gar nicht so bei den großen Romanen auf. Das alles kam in einer konzentrierten Weise bei „Es geht seinen Gang" wieder hoch. Also ich glaube, wenn man untersuchen würde, welches Buch schildert banales Leben in der DDR, wo erkennen sich die DDR-Bürger, wo ist dies am genauesten geschildert, auch in einer schönen Weise künstlerisch beherrscht, dann würde ich sagen, ist dies bei „Es geht seinen Gang", und deswegen ist das für mich ein ganz außerordentliches Buch.

„Das Wichtigste für mich ist diese Badeszene, also diese Faschismusstruktur im DDR-Alltag. Und da meinte ich, das könnte vielleicht doch verdammt gefährlich werden für das Buch. Und das war wohl dann auch eine der Stellen, die so großen Anstoß gefunden haben," erinnert sich Heinz Klunker. Der gebürtige Sachse hatte an der journalistischen Fakultät in Leipzig studiert und war 1955 in den Westen gegangen. Über viele Jahre war er verantwortlicher Redakteur des „Politischen Features" beim Deutschlandfunk in Köln.
Loest schildert eine Szene in der Schwimmhalle. Kinder im Vorschulalter sollen zu Leistungsschwimmern dressiert werden. Auch Wülffs Töchterchen Bianca nimmt auf Wunsch ihrer Mutter an

einem solchen Schwimmkursus teil. Dass den Kleinen das große Wasser Angst macht, zählt weder für die ehrgeizigen Eltern noch die Schwimmfunktionäre. Als einer der Knirpse sich aus lauter Panik erbricht, schützt ihn das keineswegs. Unerbittlich drängt ihn sein Erzeuger an den Beckenrand.

E. L.: *Da legte sich die behaarte Vaterhand auf seine Schulter und schob, in diesem Augenblick brannte in mir die Sicherung durch, die gewöhnlich vor Torheiten bewahrt, die höflich und feig macht und vorm Einmischen in die Dinge anderer hindert. Ich ging auf diesen Mann zu und sagte, besser: Es sagte aus mir heraus: „Lassen Sie endlich den Jungen in Ruhe! ... Lassen Sie den Jungen in Ruhe", wiederholte ich und brüllte plötzlich: „Sie sollen ihn in Ruhe lassen!"*
Ich hatte dreimal meinen Satz herausgestoßen, ein weiterer fiel mir nicht ein. „Gehen Sie endlich beiseite", sagte der starke Vater, „machen Sie kein Theater. Mit dem Jungen ist doch gar nichts."
Drei Augenpaare starrten mich an, ich starrte auf den berechtigten Vater und sagte: „Wenn Sie den Jungen noch einmal reinschmeißen, schmeiße ich Sie rein!"
„Und ich Sie", versicherte der Schwimmlehrer. „Nun lassen Sie den Quatsch, wir wollen weitermachen."
Das hörte ich kaum. Ich brüllte: „Sie gottverdammter Faschist!" Um mich herum wurde es totenstill, der harte Vater wurde bleich, seine Hand sackte von der Schulter seines Jungen.

Er hatte Szenen entwickelt und Situationen beschrieben, wie sie bisher in der DDR-Literatur nicht gedruckt worden waren. Auch andere Stellen bereiteten den Lektoren Kopfzerbrechen.

Hubert Sauer, Lektor des Greifenverlages Rudolstadt:

H. S.: Wo der Protagonist auf einer Spazierrunde zum Fenster des Bezirkssekretärs hinaufschaut: Na, was wird er denn jetzt wohl tun, nicht? Das hat doch bei dem Bezirkssekretär dermaßen eingeschlagen, also als normaler Mensch greift man sich da nur an den Kopf. Na gut, die Szene mit'm Hundebiss und so weiter, natürlich hat das auch eine Rolle gespielt, aber die Eitelkeit des Bezirkssekretärs hat keine mindere Rolle gespielt, möchte ich sagen.

E. G.: Es gab von Anfang an im Lektorat bei den Lektoren, das waren im Wesentlichen drei Lektoren, die da gelesen haben, viel warnende Stimmen bei gleichzeitigem Bejahen der Grundidee des Buches. Die politischen Einwände waren die entscheidenden, weshalb die Lektoren immer gesagt haben, dass so, wie das Manuskript vorliegt, sie keine Möglichkeit sehen, es zu drucken.

1965 – das war die große Zeit der Beatles. Auch in der DDR schrien die Jugendlichen ihr „Yeah, yeah, yeah!" und ließen sich die Haare wachsen. Das behagte weder Funktionären noch Lehrern – der Beatmusik wurde der Kampf angesagt, Bands wie „The Towers", „The Shatters" oder „The Guitarmen" wurden auf Lebenszeit verboten. Als Reaktion auf das Verbot der Beatmusik protestierten mehr als 22.500 Fans am 31. Oktober 1965 auf dem Wilhelm-Leuschner-Platz. Argwöhnisch von den Sicherheitskräften beobachtet und begleitet, kam es an diesem Tag zu heftigen Auseinandersetzungen und Kämpfen mit der Polizei. 267 junge Männer und Frauen wurden verhaftet.

In einem Brief an die Ersten Sekretäre der SED-Bezirksleitungen schreibt Walter Ulbricht:
„Werte Genossen, zu Eurer Information teilen wir Euch mit, dass

am Sonntag, dem 31. Oktober 1965 größere Gruppen von Rowdys in der Innenstadt von Leipzig versuchten, Unruhe zu stiften. Überprüfungen von festgenommenen Ruhestörern haben ergeben, dass die Anführer zum Teil Arbeitsbummelanten und asoziale Elemente sind, die ihren Lebensunterhalt durch Diebstahl und auf andere ungesetzliche Weise bestreiten. Die Anführer sind sofort in Arbeitslager eingewiesen worden.
Die Erfahrungen von Leipzig lehren, dass es notwendig ist, den Entzug von Lizenzen für Musik-Gruppen durch die Räte der Kreise differenzierter durchzuführen und sie zeigen des Weiteren, dass es erforderlich ist, bei Beginn von Zusammenrottungen die Anführer von Rowdygruppen festzunehmen, um sie den Gerichten zu übergeben und solche Anhänger, die keiner ordentlicher Arbeit nachgehen, anständiger Arbeit zuzuführen.
Mit sozialistischem Gruß Walter Ulbricht"

Zu den verbotenen Bands gehörten auch „The Butlers" – in seinem Roman gibt Erich Loest der Gruppe den Namen die „Old-Kings-Combo".

Der Autor lässt seinen Helden zur Demonstration auf dem Leuschnerplatz antraben. Aus Neugier. Dort fährt Polizei mit Wasserwerfern auf, Hundestaffeln werden eingesetzt. Einer der Hunde beißt den davonsprintenden Sechzehnjährigen in den Hintern. Die Schlacht am Leuschnerplatz samt Biss wird für den Jungen zu einem Schlüsselerlebnis: Nie wird Wolfgang Wülff Macht ausüben, niemals Befehle erteilen wollen.

E. L.: *Vor der Schlacht auf dem Leuschnerplatz war für mich die Welt sauber eingeteilt. Der Feind stand im Westen; die Amerikaner* *bombardierten Vietnam, Kissinger war Faschist. Nun biss mich einer unserer Hunde, der eigentlich einen Ami hätte beißen sollen, der Bomben auf Vietnam ausklinkte. Ich schmiss kein Napalm, nach mir hatte gefälligst kein DDR-Hund zu schnappen.*

M. J.: Und da ist dieses Entlarvende bis in den Gestus der Sprache geschafft worden. Das ist, glaub ich, etwas ganz Wesentliches.

*

„28.02.1976. Aus den Einschätzungen verschiedener inoffizieller Quellen und auch der BV Halle Abt. XXI7 im Bereich des Mitteldeutschen Verlages, bleibt es bei einer unkonstruktiven Sicht auf Widersprüche in der Entwicklung der DDR-Gesellschaft, wobei teilweise eine provokatorische Gestaltung auftritt, u. a. durch den konkreten Bezug auf eine tatsächlich stattgefundene gewaltsame Auseinandersetzung der Volkspolizei mit einer Zusammenrottung mehrerer Hundert Jugendlicher 1965 in Leipzig."

Loest hatte die staatlich propagierte „feste Position des Sozialismus" verlassen.

Seit Monaten lag das Manuskript beim Verlag, ohne dass sein Autor erfuhr, wie es weitergehen sollte.

E. G.: Ich hab das Manuskript dann um die Mitte des Jahres 1976 dem Joachim Nowotny gegeben und ihn gebeten, er möchte uns einen Rat geben. Nowotny hat dann einen Brief geschrieben, in dem er zwar auch eine Reihe von Einwänden formulierte und „kräftige Striche" verlangte, Zitat, trotzdem aber für den Druck des Manuskriptes war. Das war in meinem Auftrag geschehen.

Der Prosa- und Hörspielautor Joachim Nowotny, in den Stasi-Akten seit 1970 als IM „Dozent" geführt, war Vorstandsmitglied des Leipziger Schriftstellerverbandes. Mit ihm hatte sich Loest immer gut verstanden. Wieder sollten Wochen vergehen. Loest schrieb an den Parteisekretär des Verlages, Jochen Hottas, der auch sein Lektor war. Auch da blieb die Antwort aus.

E. L.: Im Hintergrund der Zusammenarbeit am neuen Roman sollte Gerd Noglik arbeiten, ein erfahrener Lektor nahe an der Altersgrenze. Ich kannte ihn seit zwei Jahrzehnten. Noglik las die eine oder andere Stelle und hielt sich mit dem Urteil merkwürdig zurück.

Zwanzig Jahre später erfuhr Erich Loest aus den Stasi-Akten: Bei Noglik, der sich stets als Bildungsbürger gab, hatte nicht nur er Steinhäger getrunken. Auch die Offiziere der Staatssicherheit, Tinneberg und Claus, kreuzten regelmäßig in seinem Haus auf. Berichte gab Gerd Noglik alias IM „Schubert" nur mündlich weiter, aber nach jedem Besuch schrieben seine Partner präzise Protokolle:

„Treff mit Schubert, 17. Okt. 75:
Schubert hat mit Loest über das Manuskript gesprochen und hat aufgrund der Anforderung Co-Lektor für Hottas zu sein, eine Stellungnahme verfasst, die er Hottas übergeben hat.
Schubert meint, dass Hottas nicht wusste, was auf ihn zukomme.
Schubert sagt, es sei keinesfalls ein staatsfeindlicher Roman, aber so, wie jetzt die Sache aussehe, ginge es nicht.
Schubert meinte auch, dass Loest sicher ein Erzähler sei, aber kein guter Gegenwarts-Romancier.
Schubert bat mich, die Sache sehr vertraulich zu behandeln."

Major Jürgen Tinneberg von der Bezirksverwaltung des Ministeriums für Staatssicherheit Leipzig legte nun folgende Maßnahmen fest:

„Mit dem gesellschaftlichen Mitarbeiter der Staatssicherheit ‚Schubert' beraten:

1. Wird er auf jeden Fall das Manuskript erhalten, wenn es Loest beim Mitteldeutschen Verlag einreicht?

2. Gibt es die Möglichkeit, eine Veröffentlichung mit politisch provokanter Aussage zu verhindern, ev. durch

– Einflussnahme auf Loest.

– Ablehnung wegen literarischer Schwäche?

– Vertragliche Bindung und dann nicht veröffentlichen?

Verhindert werden müsste möglichst, dass Loest wegen der Ablehnung beim MDV einen anderen Verlag nutzen kann. Wenn 1. nicht, dann Inf. an Halle XX/7 und bitte wie unter 2."

17 Jahre später, im Sommer 1992, schickte Loest Kopien einzelner Blätter aus seiner Stasi-Akte an seinen ehemaligen Lektor Gerd Noglik. Noglik antwortete am 24. Juli 1992:

„Lieber Herr Loest, das Material, das Sie mir zugeschickt haben, versetzt mich – Sie werden es ahnen – in Erschrecken. Die geradezu bestürzend anmutende Verknüpfung von Halbwahrheiten, Lügen und Intrigen verdichtet sich zu einem Netz, das einem den Atem nimmt. – Um das Wichtigste vorab zu sagen: Ich habe mich niemals – weder mündlich noch schriftlich – zu offizieller, inoffizieller oder sonst irgendeiner Mitarbeit bei der Staatssicherheit bereit erklärt. Nach der Lektüre des mir von Ihnen überlassenen Materials waren die Namen ‚Tinneberg', ‚Claus', ‚Arno' usw. fremd ..."

Über zwei Briefseiten beteuert Noglik seine Unschuld.

„Mich hat vor allem betroffen gemacht, auf welche Weise Menschen wie ich, der ich die Staatssicherheit und deren Praktiken immer verachtet habe, unwissentlich in das Netz dieser Institutionen hineingezogen, oder wie zumindest versucht wurde, mich da hineinzuziehen. So bleibt ein Gefühl der Scham und Schuld, in einem Umfeld gearbeitet zu haben, das ich nie unkritisch gesehen habe, aber über dessen ganze moralische Verderbtheit ich mir nicht hinreichend im Klaren gewesen bin."

Immer wieder fragte Erich Loest beim Verlag nach. Aber seine Lektoren ließen sich verleugnen. Entweder waren sie gerade zur Kur oder auf Dienstreise, im Urlaub oder im Gespräch mit anderen Autoren.
Aber Loest hatte Warten gelernt.
Unbeirrt arbeitete er an seinem Roman weiter. In öffentlichen Lesungen stellte er Ausschnitte daraus zur Diskussion. Zu einer Veranstaltung in Leipzig lud er auch Hottas und Noglik. Nur Hottas kam. Loest las den Abschnitt „Die Schlacht auf dem Leuschnerplatz".
Wenige Tage später erfuhr der Autor, Hottas habe sein Gutachten abgegeben:
„Entgegen meiner bisherigen Meinung komme ich zu einer Ablehnung."

In dem Roman sei eine Durchschnittsfigur zum Helden gemacht, die sich nicht beweisen müsse, weich und feige sei und wenig erregend. Vor allem sei die Reaktion des Publikums während der Lesung und der Diskussion aufschlussreich gewesen:
„Diese Reaktion hat mir erst deutlich gemacht, wo die Schwächen in diesem Roman liegen. Gelacht wurde und Bewegung spürte

man, wenn der Autor einen Seitenhieb vorlas, der nicht unbedingt zur Handlung gehört. Es fällt mir schwer, feststellen zu müssen, dass der Roman so nicht geht."

Ende 1975 hatte Erich Loest beim Kulturministerium der DDR einen Antrag für eine Westreise gestellt. Bisher waren seine Anträge immer zurückgewiesen worden. Am 23. Januar 1976 erhielt er einen Anruf aus Berlin: Er möge sofort kommen. – Am nächsten Tag saß der Leipziger Schriftsteller im Zug nach Frankfurt am Main und konnte es nicht glauben.

K. C.: Und eines Tages, Mitte der siebziger Jahre – also das Jahr kann ich Ihnen jetzt gar nicht genau sagen – kriegte ich einen Anruf von Gerhard Zwerenz aus Offenbach, er hätte seinen Freund Erich Loest da, ob er uns besuchen dürfe.
Und so kam Erich Loest in Begleitung von Gerhard Zwerenz in den Hessischen Rundfunk. Er war ein mittelgroßer Mann, athletisch gebaut, sympathisches, offenes Gesicht – und ich wusste ein bisschen was über ihn. Ich wusste, dass er gut sieben Jahre in Bautzen gesessen hatte. Und ein solcher Mann hat bei mir von vornherein und lebenslang ein hohes Pre, das ist ganz selbstverständlich.

Karl Corino war seit 1972 für das Magazin „Transit – Kultur in der DDR" beim Hessischen Rundfunk verantwortlich. In dieser Sendung stellte er im Laufe der Jahre sämtliche DDR-Schriftsteller von Rang und Namen seinen Hörern vor.

K. C.: Und wir kamen dann ins Gespräch und haben dann dieses Interview gemacht, das für mich eines der bewegendsten Interviews der siebziger Jahre gewesen war.

Ausschnitt aus einem Interview des Hessischen Rundfunks:

K. C.: Allein die Tatsache, dass Sie nun zum ersten Mal seit 1956 in die Bundesrepublik reisen konnten, zeigt wohl, dass man gegenwärtig in der DDR eine etwas andere Kulturpolitik treibt als früher. Gerhard Zwerenz hat einmal etwas provokatorisch formuliert, dass Sie Ihrem Lied auf die Kehle hätten treten müssen. Glauben Sie, dass das in absehbarer Zeit auch noch so sein muss?

E. L.: Da die Großwetterlage immer freundlicher wird zwischen Ost und West und den beiden deutschen Staaten, ist ganz klar, dass die Kulturpolitik ebenfalls normaler sein wird. Wenn Verkrampfungen allgemein gelöst werden, kann man sie auch auf kulturellem Gebiet abbauen. Was mich anbetrifft – ich glaube, ich komme jetzt langsam dazu, meine eigenen Probleme in der Form von Geschichten zu sehen. Dazu gehört nämlich das Sehen der anderen Seite, dass das eigene Beleidigtsein, das Sich-gekränkt-Fühlen schwindet. Sonst geraten solche Geschichten nicht für den Leser. Ich habe eine Erzählung geschrieben, „Zwei Briefe von Rohdewald", die durchaus in diese Richtung geht. Ich fühle mich ganz frei in diesem Stoff. Ich habe einen Roman begonnen, der heißt „Es geht seinen Gang oder Mühen in unserer Ebene", auf den das nicht minder zutrifft. Man hat uns jahrelang erzählt (und wir haben das auch geglaubt), wichtig für einen Autor sei der „innere Zensor", so ein Männchen im eigenen Gehirn, das immer auf die Taste drückt, wenn etwas kommt, von dem man meint, jetzt werde der Feind aber aufpassen, jetzt werde er aber zuhören, jetzt werde er sich aber in Dinge einmischen. Dieser geforderte und auch in mir selbst installierte innere Zensor ist tot. Das kleine Männchen kenne ich nicht mehr. Ich schreibe, was ich sehe, was um mich herum vorgeht, über die Probleme, die mich bewegen, und glaube, dass ich mit diesem Roman und ein paar Geschichten auf gutem Wege bin.

[Ende des Ausschnitts aus dem HR-Interview.]

K. C.: Er hat diese Gelegenheit ergriffen, Tacheles zu reden, und das hat den Funktionären natürlich nicht gefallen, verständlicherweise, denn er machte kein Hehl daraus, dass der Prozess gegen ihn ein Skandal war und dass er bis zum heutigen Tag nicht rehabilitiert sei. Und dass das wohl mal dringend anstünde.

Das war Loests erstes Radiointerview gewesen. In der DDR gehörte er nicht zu jenen Privilegierten, denen Funk und Fernsehen offenstanden.

Aus den Stasi-Unterlagen:
„Bei dem Corino handelt es sich um einen Kulturjournalisten des Hessischen Rundfunks, der bereits mehrmals in der DDR weilte und sich ständig zu der Leipziger Messe hier aufhält.
In der OPK ‚Dozent' wurde bekannt, dass die Wohnung des St. dem Corino als ständiges Messequartier dient. Es ist zu prüfen, welche Möglichkeiten einer inoffiziellen Nutzung des St. zur Aufklärung von dessen Plänen und Absichten, besonders auch dessen Verbindungen zu L. bei Aufenthalten in Leipzig gegeben ist."

Nach einer Woche kehrte Loest nach Leipzig zurück. Von seinem Verlag in Halle war noch immer keine Nachricht eingetroffen.

Nun beklagte er sich forscheren Tons in einem Brief an Günther, dass Hottas einen Vertragsabschluss mit wechselnden Argumenten vor sich herschöbe: „Wenn Hottas zu Entscheidungen nicht fähig ist, brauche ich einen anderen Lektor. Wenn der Verlag nicht will, soll er es sagen, er ist nicht der einzige Verlag auf der Welt. Die Frankfurter Allgemeine erwägt einen Vorabdruck."

Das war geflunkert, wirkte aber. Am 5. März kam es endlich zu einem Gespräch in Halle, an dem außer dem Autor und Verlagsleiter Günther auch Cheflektorin Duty und Parteisekretär Hottas teilnahmen. Nicht nur die Szenen am Leuschnerplatz und im Schwimmbad wurden kritisiert, insgesamt müsse strikt geändert, auch manches gestrichen werden, forderte Günther, sonst gebe es keinen Vertrag.

E. L.: Ich hatte wenigstens einen Verbündeten im Mitteldeutschen Verlag, Manfred Jendryschik. Er war Verlagslektor, er schrieb auch selber, und er erzählte mir vertraulich spottend, Hottas verfasse gerade einen zehnseitigen Ablehnungsbescheid, dazu habe die Verlagsleitung ein Außengutachten angefordert und beide wolle man im Herbst vorlegen.

Hottas hatte inzwischen die fünfte Fassung des Romans bekommen und gelesen. Er teilte dem Autor mit, seine Bedenken seien nicht kleiner geworden. Doch müssten auch noch andere prüfen, das brauche Zeit. Im September erfuhr Loest, Joachim Nowotny alias IM „Dozent" sei vom Verlag beauftragt worden, ein Negativgutachten zu erstellen, habe aber mit den Worten abgelehnt:
„Vielleicht muss man hie und da abbiegen, mildern, aber für eine generelle Ablehnung gebe ich mich nicht her."

E. L.: Nun wurde ein neuer Außenlektor herbeigeholt: Klaus Walter. Ich kannte ihn, er kam aus dem Erzgebirge. Er schrieb selbst, stellte Bücher zusammen, ein gelernter Germanist, und der rief mich an und sagte, nun solle sich eine veränderte Mannschaft ans Werk machen: Günther natürlich, ich der Autor, und er. Was er mir vorschlug, fand ich am Anfang doch ganz bedenkenswert.

Wülff brauche ein Gegengewicht, Huppel zum Beispiel, der ihm am Schreibtisch gegenübersitze, und dem er erzähle. „Huppel ist Genosse, hat die Aufbaujahre der DDR mitgemacht wie du und ich – könnte nicht Korrektur von ihm ausgehen? Der könnte Wülff die Leviten lesen, ihm vorwerfen, dass er sich drücke, aus gesellschaftlichen Problemen heraushalte. Huppel könnte die alten Ideale hochhalten und Wülff gegenüber den Daumen senken.“

Loest erkannte, jetzt kam es darauf an, guten Willen zu zeigen. Da und dort konnte er Zeilen einfügen, die er bei einem späteren Arbeitsgang wieder herausstreichen wollte, eine Methode, die sich schon bei seinem Roman „Schattenboxen“ bewährt hatte. Um den Anschein von Mitarbeit zu vermitteln, ließ er ein Kapitel neu tippen. Am Grundkonflikt Wülffs mit der Macht machte er keine Abstriche. Das merkte auch Klaus Walther und formulierte in einem neuen Gutachten:

„Ich weiß nicht, weshalb Loest seine Meinung geändert hat, weshalb er nicht seine ursprüngliche Überarbeitungsversion realisierte, weshalb also der wesentlichste Punkt unserer Forderungen nicht einmal von ihm versucht wurde, Fragen, Fragen, Fragen.
Da sich also das vorliegende Manuskript kaum von der vorange-

gangenen Fassung unterscheidet, kann ich mich nicht für einen Vorschlag zur Publikation entscheiden."

Dann kam der 17. November 1976 – die Biermann-Ausbürgerung. Sie stellte die kulturpolitische Welt der DDR von einem Augenblick zum anderen auf den Kopf. Neun Tage später, am 26., wurde zwischen Erich Loest und dem Mitteldeutschen Verlag der Vertrag unterschrieben, zwei Jahre waren vergangen.

E. G.: Das Datum ist wichtig, weil es genau in jene Tage fällt, in denen in der DDR diese Debatte um die Ausbürgerung Wolf Biermanns lief. Eine Reihe von Schriftstellern und andere Künstler und Kulturschaffende hatten mit Unterschrift gegen diese Ausbürgerung protestiert, und es gab eine breite Diskussion insbesondere unter Künstlern. Und ich hab in diesen Tagen diesen Vertrag für Erich Loest ausgeschrieben und ihm übermittelt, weil ich natürlich Befürchtungen hatte als Verleger, dass Erich Loest sich in dieser Debatte exponieren könnte, und daran war ich eigentlich nicht interessiert, weil ich ja sein Buch herausbringen wollte. Ja, ich nahm also dieses Risiko gewissermaßen auf mich und vertraute auch meinem Autor, dass wir beide schon einen gemeinsamen Weg finden würden ...

*

Es sollten noch einmal anderthalb Jahre vergehen. Anfang April 1978 meldete sich der Pförtner einer Druckerei bei Loest am Telefon. Sie hatten ein Buch von ihm gedruckt, sollte er ihm die Belegexemplare schon mal rüberschicken? Der Autor konnte kaum glauben, was er da hörte. Fünf Fassungen hatte er seinem Verlag

vorgelegt, in manch zäher Debatte sich kompromissbereit gezeigt, da einer Änderung zugestimmt, dort eine Zeile sich abringen lassen. Auseinandersetzungen hatten manchmal bis zur Erschöpfung gedauert. Endlich lag der Roman frischgedruckt in seiner Hand. Und Verlagsleiter Eberhard Günther gratulierte:
„Lieber Erich Loest! Du hast meines Erachtens ein wichtiges Buch geschrieben, das sicher bei vielen Zustimmung wie auch Widerspruch hervorrufen wird. Unsere Zusammenarbeit war nicht immer bequem. Wir haben uns nicht nur Freundlichkeiten zu sagen gehabt, haben uns gestritten und dann verständigt. Ergo war das Ganze produktiv. Lass uns noch viele Bücher zusammen machen!"

9.000 Exemplare hatte der Mitteldeutsche Verlag Halle aufgelegt. So mancher Leser kaufte gleich vier, fünf, um Verwandte und Freunde mitzuversorgen. Fast zeitgleich kam der Roman in der Bundesrepublik bei der Deutschen Verlagsanstalt in einer Höhe von 3.000 Stück auf den Markt.
Kollegen beglückwünschten den Autor zu seinem Roman. Allen voran Günter Kunert:
„Lieber Ärich, ein erstaunliches Buch! Ich kann Dir weiß Gott nichts anderes mitteilen als meine Hochachtung vor diesem absolut gelungenen Unternehmen, das nicht, wie so vieles sinnlooous ist. P. S.: Kannst Du mir noch ein Exemplar schicken?"
Stefan Heym: „Ich habe Ihr Buch in einem Zug durchgelesen. Eigentlich ist es ein Propagandabuch für die DDR."
Christa Wolf: „Lieber Erich Loest, Dir ist, finde ich, etwas Wichtiges gelungen, nämlich Alltag wahrheitsgetreu zu beschreiben, frei von rosa oder grünen oder sonstigen Ideologie-Brillen ..."
Wolfgang Schreyer: „‚Der Gang' hat bis zum Ende für mich durchgehalten. Ihr bestes Buch. Die Geschichte ist rund."

Fritz Rudolf Fries, der als IM „Pedro Hagen" agierte:
„Lieber Erich Loest, ich glaube, hier ist Ihnen alles gleich gut gelungen, Figur und Sprache und Fabel, es belegt das Neudeutsch unserer hemustrunkenen Menschen, das Schrankwand/Regalwand-Klischee ist ein Albtraum, und noch bei der Erotik kriegt man lesend eine Gänsehaut ..."

Die Hinrichs'sche Buchhandlung in der Mädler-Passage plante eine Signierstunde. Vielleicht hätte Loest sich später nicht so genau an diesen Nachmittag erinnert, wäre nicht das Ministerium für Staatssicherheit durch die Kontaktperson „Almuth" vertreten gewesen. Almuth Bisky, wechselnd Angestellte des Rates des Bezirks oder der Bezirksleitung der SED in Leipzig, berichtete minutiös über diesen Nachmittag an Oberleutnant Claus.

E. L.: Da kam aus Halle eine ganz großartige Mitteilung: Der Verlag schrieb mir, es bestünde die Absicht, einen Nachdruck, eine 2. Auflage also, in Höhe von 22.000 Exemplaren noch im September dieses Jahres herauszubringen. Das war natürlich eine ganz große Überraschung.

Es sollte anders kommen. Für Ende Mai 1978 war der VIII. Schriftstellerkongress angesetzt. Hermann Kant sollte in der Nachfolge Anna Seghers zum neuen Präsidenten gewählt werden. Fünf Monate zuvor war beim Mitteldeutschen Verlag Halle der Roman „Tod am Meer" des Leipziger Schriftstellers Werner Heiduczek erschienen, mit dem Loest befreundet war.

E. G.: Nun spitzten sich die Dinge sehr schnell zu. Wesentlich dafür war, dass seit dem Erscheinen von Heiduczeks Roman im Dezember eine heftige Diskussion mit Pro und Kontra über diesen Roman in der Öffentlichkeit der DDR geführt wurde. In diese Diskussion ist sehr bald auch Loests neuer Roman hineingezogen worden.

Am 3. März 1978 hatte Erich Honecker ein Gespräch mit dem Präsidium des Schriftstellerverbandes geführt. Etwa um die gleiche Zeit gab es einen offiziellen Protest des sowjetischen Botschafters Abrassimow gegen den Roman Heiduczeks „Tod am Meer" wegen angeblicher antisowjetischer Tendenzen in diesem Buch.

W. H.: Dann ist Abrassimow dort aufgetaucht und an seiner Stelle oder neben ihm oder gleich dahinter ist auch noch der bulgarische Botschafter gekommen, weil ich ja die ganze Sache in Bulgarien spielen lasse, und der hat sich dann auch noch beschwert, da gab es direkt eine Sitzung im Politbüro. Das muss man sich mal überlegen. Heute kannst du schreiben, was du willst, kein Schwein kümmert sich darum. Aber ich hatte keine Chance.

Wie alle Verlage, musste auch der Mitteldeutsche seinen Themenplan für das kommende Jahr über das Ministerium für Kultur der Abteilung Kultur im Zentralkomitee vorlegen. Dieses Mal wurde er wegen der eingeplanten Nachauflage von „Tod am Meer" zurückgewiesen, außerdem sollten Günther und Hottas jetzt auch eine Stellungnahme zu Loests Roman abgeben. Sie formulierten vorsichtig, streuten vorbeugend ein wenig Asche aufs eigene Haupt: „Die Entwicklung, die Wolfgang Wülff ... durchläuft, ... ist eher leise und wenig spektakulär, aber nichtsdestotrotz von eminenter Bedeutung für ihn. Insofern hat Loest recht, wenn er Wülff als einen ‚mittleren' Helden bezeichnet. Im Rahmen des hier kurz Angedeuteten hat Loest wichtige Einblicke in die Psyche mancher

jungen Menschen vermittelt. Er hat es auch verstanden, deren Gedankenwelt in ihrer Sprache sichtbar zu machen. Hinter der streckenweise sehr schnoddrigen Ausdrucksweise Wülffs stehen durchaus nicht einfach nur Oberflächlichkeit oder politische Labilität, sondern gleichermaßen die Suche nach Wahrheit, nach größerer Klarheit und einer festeren Position im Leben.
Bei all dem übersah der Verlag keineswegs die Schwächen des Manuskriptes, die trotz zahlreicher Streichungen und Änderungen nicht grundsätzlich zu beseitigen waren ..."

E. G.: Es hat dann im Juni mehrere Gespräche gegeben zwischen dem Verlag und Loest, zwischen dem Verlag und Klaus Höpcke und Heiduczek, und es ging in beiden Fällen immer um die Frage, dass die Romane im Text verändert werden sollten, Streichungen vorgenommen werden sollten. Sowohl Heiduczek als auch Loest haben sich, wie zu erwarten war, geweigert, diese Änderungen vorzunehmen, und dann war ich natürlich gezwungen, der Weisung meines stellvertretenden Ministers zu folgen und die geplanten Nachauflagen aus dem Plan zu nehmen.

Loest war wie vor den Kopf geschlagen, als Günther ihm die Nachricht überbrachte, und stattdessen die Neuauflage eines Krimis anbot.

E. L.: Mensch, Eberhard, sagte ich, nun überleg doch mal: Das Buch ist im Westen erschienen, nun käme eine zweite Auflage, geändert, entschärft – nun stell dir doch mal vor, was das für die Westpresse für ein Fressen wäre. Wir tranken Weinbrand bei diesem Gespräch, ich glaube, im Laufe des Abends eine ganze Menge.

Zahllose Debatten hatte er wegen seiner Bücher schon führen müssen, Demütigungen und Enttäuschungen weggesteckt. Loest wusste, wenn er jetzt nachgab, war alle Mühe umsonst gewesen. Zwei Tage später schrieb er in nüchternem Zorn einen Brief an Günther. Darin führte er noch einmal alle verlangten Streichungen auf und zog seinen Schluss: „Dieser Änderungsvorschlag für eine weitere Auflage ist für mich ohne Beispiel. Ich würde damit dem Buch seine Grundlage nehmen."

Gegen den Auflagenstopp legte er Protest ein und verlangte volle Bezahlung vom Verlag, falls die 22.000 Stück nicht erschienen. An Hermann Kant schrieb er:
„Vier Jahre Arbeit sind für die Katz, eine nervliche und seelische Anspannung, wie ich sie vermutlich nicht noch einmal aufbringen kann, scheint vertan. Meine Antwort auf unzumutbare Vorschläge schicke ich Ihnen. Vielleicht ist es dem Verband möglich, eine Eskalation abzuwenden? Ich bitte um Ihre Hilfe."

Die Antwort kam auf einer Postkarte: Kant habe sich an Höpcke gewandt. Wenn er helfen könne, werde er es tun, jedenfalls bleibe er an der Sache, bis eine akzeptable Lösung gefunden sei.

Loest begriff: Das Absonderliche war das Erscheinen seines Romans gewesen. Mit dem Auflagenstopp war alles wieder in die gehörige Ordnung gerückt.

H. K.: Loest war an einem Punkt angelangt, wo für ihn keine Kompromisse mehr möglich waren. Und das war für mich schon dann klar, dass das mit dieser Biographie zu tun hat. Wer dieses Bautzen erlebt hat, was man dann erfuhr in „Durch die Erde ein Riss", diese

Erfahrung ..., Loest hatte dann einfach seinen Punkt erreicht, wo es, wo sein Damaskus kam.

E. G.: Und am 7. Juli schrieb mir dann Erich Loest einen Brief, den er mir nach Hause schickte, in dem er zwei Dinge schrieb, die mich sehr trafen:

E. L.: „... Deine Position sehe ich so: Du musst Befehle ausführen, auch wenn sie Dir nicht passen, so ist das nun mal mit Befehlen. Aber zusätzlich, und das ist das Schlimmste, musst Du auch noch so tun, als fälltest Du die Entscheidung. Du darfst die nicht nennen, die befehlen. Als Du Verleger wurdest, wusstest Du das. Du hattest ja jahrelang selbst kraft Deiner Befehlsgewalt, vom Ministerium aus andere Verleger in solche Situationen gebracht. Jetzt steckst Du selber drin. Ich bin kein Marxist-Leninist, vielleicht darf ich von bürgerlichen ethischen Normen ausgehen. Diesen Normen nach müsstest Du jetzt Deinen Hut nehmen."

Ehe Eberhard Günther zum Mitteldeutschen Verlag kam, war er Fachgebietsleiter für deutschsprachige Gegenwartsliteratur bei der Hauptabteilung für Literatur und Verlagswesen. Dort unterlief ihm das Missgeschick, Manfred Bielers Roman „Das Kaninchen bin ich" zum Druck freizugeben. Aus Überzeugung, eine gute Wahl getroffen zu haben, war er auch nicht bereit, diese Entscheidung zurückzunehmen. Der Roman wurde verfilmt und prompt vom 11. Plenum samt Film auf den Index gesetzt, Günther von seiner Funktion abgelöst. Als Leiter einer wissenschaftlichen Arbeitsgruppe, die das Literaturangebot in der DDR untersuchte und Schlussfolgerungen für perspektivische Arbeit ziehen sollte, durfte er keine Druckgenehmigung mehr erteilen. 1973 kam er nach Halle.

E. G.: Und das Zweite, was er mitteilte, war: Er hätte diesen Roman unter Aufbietung aller seiner Energie geschrieben und gegen alle Welt, vor allem aber gegen mich, den Verleger, durchgeboxt. Ich war darüber beleidigt, weil ich genau wusste, wie viele Risiken ich über die Jahre hinweg eingegangen war, dieses Buch herausbringen zu können, und war empört, dass er das nicht sah.

Eberhard Günther antwortete nicht minder schroff und gab Loest auf dessen Wunsch alle Rechte an dem Roman zurück.

E. L.: Ich habe den Eindruck, dass Dr. Eberhard Günther sich milder besinnt, wie er zu dem Manuskript, der Entwicklung von „Es geht seinen Gang" gestanden hat. Er sieht das so, als ob er immer für das Buch war, dafür gekämpft hat, sich eingesetzt hat – ich sehe das anders.

Wenig später begannen die Auseinandersetzungen zwischen der Bezirksleitung der SED Halle und dem Mitteldeutschen Verlag um die Veröffentlichung der beiden Romane „Tod am Meer" von Werner Heiduczek und Erich Loests „Es geht seinen Gang". Eberhard Günther, Cheflektorin Duty und Jochen Hottas erhielten Parteistrafen.

W. H.: Und als ich den Eberhard Günther fragte, warum akzeptierst du das, du hast ja gar keine Schuld? Da hat er mir geantwortet: Ich will darüber nicht nachdenken.

1978 beantragte Loest eine Reise zur Frankfurter Buchmesse. Die Deutsche Verlagsanstalt hatte ihm in der Bundesrepublik Lesungen zugesichert. Er wollte auch wissen, wie sich der westdeutsche Verlag nach dem Auflagenstopp in der DDR verhalten würde. Aus Berlin hörte er das Gerücht, eine Nachauflage von „Es geht seinen Gang“ sei nun doch genehmigt worden. Er glaubte es nicht und schrieb einen Brief ans Präsidium des Schriftstellerverbandes, in dem er die Entwicklung des Falles bis ins Detail dokumentierte. Am Abend des 23. August rief Hermann Kant an und mahnte Loest zur Geduld. Er, Kant, würde sich für ihn einsetzen, aber Drohgebärden solle er bitte unterlassen. Das Telefonat wurde von der Staatssicherheit abgehört, mitgeschnitten und protokolliert.

Aus dem Buch „Die Akte Kant“ von Karl Corino:
„Als Erich Loest für seinen Roman ‚Es geht seinen Gang oder die Mühen in unserer Ebene‘ im Jahr 1978 keine Nachauflage bekommen sollte, drohte Hermann Kant als frischgebackener Schriftstellerverbandspräsident mit seinem Rücktritt, weil er sonst wie ein Messer ohne Klinge dastehe und bei künftigen Auseinandersetzungen niemand mehr auf ihn hören werde. Erst ein Gespräch mit Erich Honecker, der von einer Fahnenflucht Kants sprach, führte dazu, dass Loests Buch eine Neuauflage von 10.000 Exemplaren erhalten sollte und dass Kant von seiner Drohung Abstand nahm. Der Einsatz für Loest hatte aber nicht mit heftiger Sympathie für den bedrängten Autor oder mit einer neu erwachten Liebe zur publizistischen Freiheit zu tun – er entsprang eher taktischen Überlegungen. Es galt für Kant, einen Kredit zu schaffen, von dem er in Krisenzeiten wieder zehren konnte.“

Jahre war Erich Loest von der Stasi beobachtet worden. Seit seine Kontakte zu westlichen Journalisten enger wurden und der

Schriftsteller auch im West-Rundfunk zu hören war, intensivierten die Behörden ihre Überwachungsmethoden; ein operativer Vorgang „Autor II" wurde ausgelöst.
Er sah Zersetzungsmaßnahmen bis in die Familie hinein vor, langjährige Freunde wurden zu den verlässlichsten Informanten der Stasi.
Einladungen zu Lesungen wurden ohne Begründung abgesagt, beantragte Reisen in die Bundesrepublik jedoch genehmigt.

„Rat des Bezirks Leipzig, Abteilung Kultur: Der Zentralverband des Verbandes begründet seine Entscheidung damit, dass im Falle einer Ablehnung der Reise, Vertreter des Hessischen Rundfunks Erich Loest aufgesucht hätten und auf einen durch die Ablehnung verärgerten Autoren gestoßen wären."

M. J.: Es war ja so in der DDR, immer so ein Hintergrund: Man wollte also ja nicht etwas zu tun haben mit dem Dritten Reich und mit Büchern verbieten, Bücher verbrennen und so. Also das Gesicht wahren war eine erhebliche Sache bei diesen ganzen Entscheidungen. Und wenn Sie so wollen, brachte dies die DDR-Literatur in eine ganz wesentliche Position, sie war immer um einige Jahre dem, was sonst in den Medien erschien, voraus.

Bei den Westsendern schätzte man die Professionalität Erich Loests. Besonders wichtig wurde für ihn die Zusammenarbeit mit dem Deutschlandfunk. Diesen Sender konnte man in der gesamten Bundesrepublik empfangen und auch in weiten Teilen der DDR. Das vor allem war dem Autor wichtig, denn gehört werden wollte er.

H. K.: Ich muss also sagen, dass die Interviews so erfreulich waren, weil er immer genau auf den Punkt kam. Das waren also wirklich Gespräche aus einem Guss.
Er war ja immer auch jemand, der jenseits von Literatur Publizistik machte. Und das war fürs Radio sehr gut und es war immer sehr aktuell.

Aus den Stasi-Unterlagen:
„Leiter der Hauptabteilung XX, 17.10.78, Leipzig: Aus vorliegenden inoffiziellen Hinweisen geht eine Bestätigung des Verdachts hervor, dass Loest, Erich erneute Angriffe gegen die Entscheidung über das Nichterscheinen seines Romans beginnen will und dafür auch seine Reise in die BRD nutzen wird."
„Operativer Vorgang ‚Autor II': Zum BRD-Aufenthalt des Loest anlässlich der ‚Frankfurter Buchmesse' wurde bekannt, dass der L. mit dem Deutschlandfunk ein Interview geführt haben soll, welches am 21.10.1978 über diesen Sender ausgestrahlt worden sei. Loest soll da eine aggressive Haltung zur Kritik seines Buches ‚Es geht seinen Gang' durch den DDR-Literaturkritiker Neubert eingenommen haben."
Anzeige im Sächsischen Tageblatt: „Suche Mineralien und Kristalle sowie Loest ‚Es geht seinen Gang', Zuschrift 4388979 an die DEWAG, Freiberg."

Wegen der Nachauflage hatte sich Loest nicht nur an den Präsidenten des Schriftstellerverbandes Hermann Kant gewandt, sondern auch an den stellvertretenden Minister für Kultur der DDR, Klaus Höpcke.

Inhalt: Frage von Höpcke an Loest, ob er vorhabe, ein sozialistischer Schriftsteller zu bleiben. L. antwortete, er möchte gerne sozialistischer Schriftsteller sein, finde aber den Gesprächsbeginn nicht sonderlich freundlich, er frage doch auch nicht, ob er ein sozialistischer Minister bleiben wolle.

„Abteilung XX/7, 15.11.78: Inoffiziell wurde bekannt, dass Loest, Erich Sympathiekundgebungen für seinen Roman ‚Es geht seinen Gang' erhielt."
„Hauptabteilung XX, Information: Der stellvertretende Minister für Kultur, Klaus Höpcke, teilte am 17.11. mit, dass er am 15.11.78 mit Erich Loest ein kurzes persönliches Gespräch geführt habe. Dabei habe Genosse Höpcke den Loest davon in Kenntnis gesetzt, dass er sich bezüglich einer Nachauflage seines Romans ‚Es geht seinen Gang' an den Greifenverlag Rudolstadt wenden kann."
„20.11.1978: Die Entscheidung wurde zwischen dem ZK der SED, dem Präsidium des Schriftstellerverbandes und des Ministeriums getroffen."

W. H.: Es war schon entwürdigend, dass also der Mitteldeutsche Verlag die Bücher stoppte, und dass dann er mit zehntausend Exemplaren zum Greifenverlag abgeschoben wurde, aber man redete nicht richtig, man sagte ihm nicht, wir machen jetzt einen Vertrag oder so weiter. Aber die armen Hunde vom Greifenverlag, die hatten ja auch nur den Auftrag, das zu machen. Aber das hing alles damit zusammen, weil der Kant keinen Trouble haben wollte.

Der Greifenverlag in Rudolstadt war ein kleiner Verlag für Unterhaltungsliteratur, aber mit solidem Standbein in der Sparte Popu-

lärwissenschaft; nebenher setzte er auch den einen oder anderen Gegenwartsroman auf sein Programm. „Flugasche“ von Monika Maron sollte dazu gehören und Landolf Scherzers „Der Erste“. Verlagsleiter war Hubert Sauer.
Von ihm erfuhr Loest, dass 10.000 Exemplare als einmalige Auflage gedruckt werden durften. Der Vertragsabschluss sollte spätestens Anfang Januar erfolgen.
Ehe es dazu kam, geriet wieder alles ins Stocken.

H. S.: ... Inzwischen meldete sich die Staatssicherheit an, na ja, und dann Klaus Höpcke hat mich, glaub ich, zweimal ins Gebet genommen. Als es mir dann zu viel wurde, hab ich dann den Brief geschrieben an Klaus Höpcke.

Darin führte Hubert Sauer Punkt für Punkt alle bisherigen Abmachungen und Gespräche in der Angelegenheit Loest auf.

H. S.: „In der Annahme, es handle sich nach wie vor um die Vertragsart, erfuhr ich nun, dass die Nachauflage gar nicht erscheinen solle. Ich sehe nicht ein, dass der Greifenverlag und ich persönlich für eine von Ihnen offenkundig leichtfertig initiierte Problematik den Kopf hinhalten sollten, indem wir an Glaubwürdigkeit einbüßen und dadurch den Erfolg unserer verlegerischen Bemühungen schmälern. Ich bin mir bewusst, dass ich disziplinarische Maßnahmen zu gewärtigen habe, wenn ich die Ausführung Ihrer Weisung verweigere, sehe mich aber wirklich außerstande, sie zu befolgen.“

Von Höpcke wurde eine Verlegerrunde einberufen – „Tribunal“ nennt es Hubert Sauer – 14 Personen, die ihm stundenlang zusetzten, seine Meinung zu ändern. Sauer widerstand, der Roman wur-

de ohne Kürzungen und Änderungen gedruckt und in den Handel gebracht. Doch die Auflage reichte nicht. „Es geht seinen Gang" wurde verborgt, von manchem Leser abgetippt und auf dem Schwarzmarkt für rund 70 Mark gehandelt.
Am 1. Oktober 1979 verließ Hubert Sauer den Greifenverlag.

Seit Jahren gehört der Roman in den westlichen Bundesländern zum Schullesestoff. Vom ZDF wurde er 1979 verfilmt. In den östlichen Ländern hatte das Buch von Anfang an seine treue Lesergemeinde.

E. L.: Der Streit um den Roman „Es geht seinen Gang" mit den Schwierigkeiten der Veröffentlichung, mit meinem Widerspruch gegen das Verbot von Nachauflagen hatte Folgen. Ich hatte den Staat herausgefordert, der Staat DDR ließ sich so etwas nicht gefallen, und am Ende war die Geduld der DDR mit mir und meine Geduld mit der DDR aufgebraucht, und es gab nur noch eins: Das Land zu verlassen.

Graffiti-Stadt Dortmund

gesendet im WDR am 08.03.1991

Sie trägt das Kennzeichen DO, neben Stahl und Kohle stehen die beiden großen Bs für sie, Bier und Borussia, doch wer sie genauer kennenlernen möchte, sollte es keinesfalls bei den üblichen Empfehlungen biederer Stadtwerber belassen. Mein Tipp: Eine Verbundkarte lösen, in die S-Bahn steigen und einfach mal ein paar Stationen weit fahren, egal in welcher Richtung, die Dame DO wird sich von ihrer überraschendsten Seite präsentieren, ein bisschen ausgeflippt, wird sich aufblättern wie ein riesiges Comic-Heft mit Bildern voller Witz und Einfallsreichtum. Geradezu wörtlich genommen, änderte sie *über Nacht* ihr Outfit, dank einer Gruppe Jugendlicher, die sich Phantasienamen wie Chintz, Pete, Pilot, Noon zulegten. Von ehemals öden Beton- und Ziegelwänden, tristen Wellblechverkleidungen leuchten sie in großflächiger, oft dreidimensional gesprühter Schrift, PIECES in der Graffiti-Sprache, grellbunt und frech. Buchstaben meterhoch, in geradem rechteckigen Stil oder in einer kompliziert verwinkelten Anordnung, bei der sie sich gelegentlich überschneiden, ohne ineinander zu verschmelzen. Sterne, Wolken und kecke, comicähnliche Kerlchen – Characters, ergänzen das Bild, setzen fröhliche Glanzlichter. Zugegeben: Manchmal tragen die unbekümmerten „Visagisten", sprich Writer, der solcherart Verjüngten die Farben ganz schön dick auf. Immerhin: Seit sie am Werk sind, zeigt Nullachtfünfzehn-Mädchen DO, was bisher keiner an ihr wahrnahm: Gesicht, ja Charakter, bei rechtem Licht besehen sogar ein Quentchen Charme. Jedenfalls hebt sie sich nun heraus aus der faden Gleichartigkeit ihrer Ruhrgebietsgenossinnen, man müsste schon nach München fahren oder nach Amsterdam, um Vergleichbares zu finden. Die emsigen Mauer-Kalligraphen dürfen mit Fug und Recht behaupten: Wir haben aus unserer Stadt etwas gemacht! Auch wenn es Leute gibt, denen das gar nicht gefällt und als Schmiererei und Sudelei beschimpfen, was andere als Kunst, ja mitunter euphorisch als Ausdruck jugendlicher Subkultur voll Witz, Einfallsreichtum und Ursprünglichkeit rühmen.

Selbst wenn sich inzwischen die Wogen etwas geglättet haben, so lange ist es nicht her, da zogen lokale Zeitungen in scharfen Attacken gegen jene Phantomgestalten zu Felde, die bei Nacht- und Nebelaktionen Wände und Züge mit ihren Pseudonymen besprühten, da empfahlen empörte Leser, solches Gesocks kurzerhand in ein Arbeitslager zu stecken. Eine Sonderkommission wurde gebildet, weder Kosten noch Mühen wurden gescheut, der Übeltäter – möglichst auf frischer Tat – habhaft zu werden. Während in penibler Kleinarbeit fleißig Fakten zu Anklagepunkten wegen Sachbeschädigung zusammengetragen wurden, beseitigten Putzkolonnen rigoros, was mancher Galerist liebend gern an seinen eigenen Wänden gesehen hätte, gerahmt natürlich und auf Leinwand.

Und wieder einmal bewahrheitete sich: Nichts reizt so sehr wie Verbotenes – wer immer nur tut, was erlaubt ist, kommt nicht dazu, wirklich zu leben. Nichts bereitet stärkeren Nervenkitzel als das Abenteuer der Gefahr. Nichts turnt mehr an als eine leere, möglichst frischgetünchte Wand. Die Zahl der PIECES in Dortmund vervielfachte sich sprunghaft nach solchen Aktionen. Die Wildpflanze Graffiti wucherte allerorts und voller Energie, sie lässt sich eben nicht in geordnete Bahnen pressen.

Warum eine so vitale und heute vielbeachtete Writer-Szene just in dieser und nicht in einer anderen Ruhrgebietsstadt entstand, weiß keiner so recht, triste Betonwände gibt's überall, auch in Bochum und Essen. Es ist nur so zu erklären: Vieles in Dortmund passte offensichtlich zum richtigen Zeitpunkt zusammen. Mit Breakdance, Rap-Music und Kultfilmen aus den USA fing das WRITING, jene in New York entstandene Form der Graffiti-Kunst, auch hier an, Anfang der Achtziger. Längst grassierte das Virus in den Metropolen Europas, war Amsterdam vielbepilgertes Graffiti-Mekka.

Die Idee, sich mittels eines Decknamens eine zweite illegale, in diesem Falle künstlerische Identität zu schaffen und so unter Gleichgesinnten eine Art Held zu werden, steckt an. Politische Motivationen schließen sich aus, Writer sind in der Regel weder *für* noch *gegen* etwas. Auch soziale Gründe zählen nicht. Die Jungen im Alter zwischen 14 und 24 kommen aus *allen* Schichten. Was *zählt,* ist der Spaß an der Sache. Graffiti ist *Lebensgefühl* pur. „Wissen, dass du ein gutes Piece sprühst, ist wie 'n langer Orgasmus. Total geil." Fast von selbst erklärt sich da, dass zum WRITING die Superlative gehören: Wer die meisten, die größten, die perfektesten Bilder, wer sie vor allem an den gefährlichsten Stellen sprüht, zieht die ungeteilte Aufmerksamkeit auf sich, ist King. Dafür riskieren Writer viel, haun sich ganze Nächte um die Ohren, arbeiten hart. Graffiti will gesehen werden, Kunst ohne Publikum ist witzlos. Und die Dortmunder Sprüher haben ihr Publikum. Eins ist sicher: Solange es ihnen gelingt, mit ihren TAGS und PIECES zu Ruhm zu kommen, solange es untereinander den Wettbewerb gibt und jeder jeden zu überbieten trachtet, solange die Qualität mit der Quantität Schritt zu halten vermag, wird den Jungs die Sache bestimmt nicht langweilig.

Der Polizei sicherlich auch nicht.

Wieder an alten Ufern?

Reflexionen zur Predigt von Jürgen Lodemann

Pfingstpredigt am Pfingstmontag 1991 in der Stadtkirche „Unna" im Rahmen des Europäischen Kirchentages, erschienen in: „Lebensgeister vor Ort. Ein Aus-Lesebuch zum Kirchentag im Ruhrgebiet", 1991

Das Wort kritisch beim Wort nehmen

Was ich anfangs leichten Herzens zusagte, wird mir mit jedem Satz schwerer: die literarische Predigt meines „Dokumentationsobjekts" Jürgen Lodemann zu reflektieren. Er hielt sie gestern, am Pfingstsonntag, hier in der Unnaer Stadtkirche. Nicht weil mir nichts, sondern weil mir zu viel einfällt. Während ich seinen Betrachtungen nachhöre, nachsinne, spinnt sich in mir so viel weiter, dass ich schier nicht weiß, wie anfangen, wo aufhören. Von denen, die zugehört und *gehört* haben, werde ich nicht die Einzige sein, die so empfindet.

Aus der Not eine Tugend machen, die gemeindelose St.-Petri-Kirche zu Lübeck kulturell nützen, dort Dichter *predigen* lassen – Günther Kunerts Idee war es gewesen. Grass, De Bruyn, Giordano, Loest, Delius, sie und andere ihres Metiers von Rang und Ansehen kamen im einstigen Gotteshaus zu Wort.

Wie jeder gute Einfall hat auch dieser Nachahmer gefunden. Daran ist nicht zu mäkeln, solange nur nicht, was Tugend ist, zur Mode verkommt, Ausverkauf droht. Nicht jeder, der mit Worten umzugehen weiß, hat auch etwas zu sagen. Nein, ich rede da nicht etwaigen Kirchenleuten nach dem Mund, im Gegenteil. Mehr denn je tut es not, das WORT kritisch beim Wort zu nehmen und in ein neues Licht zu rücken, es von falschem *Sound* zu befreien, jene Sprache der Kanzel zu entzerren, die so eingefahren ist, dass sich einem das innere Ohr automatisch verschließt, sobald man in der Kirchenbank Platz genommen hat. *Mehr denn je tut es not, mit anderen Zungen zu reden, mit offenen Ohren zu hören.*

Da ist es erfreulich, dass just zum diesjährigen Deutschen Evangelischen Kirchentag Gemeinden des Ruhrgebiets Schriftsteller, deren kritische Distanz zur Kirche bekannt ist, dazu einluden, in ihren Gotteshäusern zu predigen. Sich auseinanderzusetzen mit Themen, Gedanken, Anstößen, ist ursprünglichste christliche Forderung. Geist, der sich nicht täglich erneuert, ist kein lebendiger Geist. Freilich lässt mich ein Blick ins Programmheft vermuten, nicht allen Veranstaltern ist das auch klar. Da lese ich: „Diese Öffnung des Kirchenportals für eine Literaturpredigt ... ist von durchaus symbolischer Bedeutung. Sie steht für das Wagnis der Gemeinde, einmal gewohnte Bahnen zu verlassen und völliges Neuland zu betreten. Es ist ein Aufbruch zu bisher unbekannten Ufern."

Bravo, Freunde! Abgesehen davon, dass das Wort „Literaturpredigt" schon ein Widerspruch in sich ist – dass Kirchen und Gemeinden bereit sind, „gewohnte Bahnen" zu verlassen, lässt hoffen. Nur sind die Ufer so unbekannt nicht, sie waren, wenn auch verborgen im dicken Nebel von Dogmata, Traditionen, Prüderie und einem allzu starren Festhalten am WORT, allezeit da. Suchte nicht Christus, wo immer er auftrat, Gespräch und Streitgespräch, wurde er nicht gerade darum den Schriftgelehrten zum Ärgernis, weil er oft genug und ihnen zu oft ihre Auslegung des WORTES anfocht, schlimmer, den Menschen über das WORT stellte? So denke ich, sollte man es wohl eher einen Versuch nennen, wieder an alten Ufern anzulegen.

Zweifel und Liebe

„Der Geist weht, wo er will?" Das Zitat in eine Frage wandelnd, gibt Jürgen Lodemann seiner Pfingstpredigt zum Auftakt des Kirchentages eine Richtung. Mit Nestroy ließe sich fortsetzen: „Ja – wenn man ihn nur lassert, den Geist." Aber weder blinder Glaube noch Gehorsam lassen ihn, sondern Zweifel und Liebe. Sie sind die großen moralischen Gaben des Menschen, nicht von ungefähr wehren sich Ideologen und Machthaber gegen beide, wenn es sein muss, sogar durch Krieg und Mord. „Gewaltig ... fasse uns der Ekel am Wort jener, die ihre Morde (und ihre Machtgelüste) hinter großen Menschheitsparolen verstecken, wie immer diese Parolen auch lauten mögen: Christentum, Sozialismus, Gleichheit für alle", schrieb Karl Kraus. Längst hat sich das Narrativ des Fortschritts hinzugesellt, und Zweifel, nicht blinder Glaube, wäre auch hier die rettende Hemmung, um aufzuhalten, was mit Sicherheit zum Ende unserer Zivilisation führt, der dieser Fortschritt zu dienen vorgibt. Es wäre Zeit, den Geist aus vielen Richtungen wehen zu lassen. Höchste Zeit.

Literaten, die sich zu Claqueuren degradieren lassen, sind keinen Pfifferling wert, sie bewirken nichts für heute und schon gar nichts für morgen. Ein Schriftsteller, so er ein Wahrheitsbegieriger ist, wird nicht nur mit den Kirchen seine Not, er wird sie auch mit der Zeit und der Gesellschaft haben, in der er lebt. Nur ein Zweifler kann Worten, Gedanken Raum und Luft zum Atmen geben, das Ringen um Wahrheit und ihre Gestaltung wird seine tägliche Arbeit sein. Teilte sich ihm Gut und Böse so klar mit wie Philistern und Moralisten, was bliebe ihm dann noch zu schreiben? Nicht in der Gescheitheit, im Zweifel und in der Liebe ist Weisheit begründet.

Wo sie nicht wirksam werden, missraten Worte zur Lüge und die Klugheit wird zur Falle.

Christus – für mich steht sein Name nicht nur für den Versuch gelebter Liebe, er steht auch für den Versuch gelebten Zweifels.

Wie sonst hätte er jenem alttestamentarischen Gott die Stirn zu bieten vermocht, der – ob Jahwe oder Jehova – allezeit ein besitzergreifender, rachsüchtiger, nachtragender, strafender, zuweilen sogar erpresserischer Gott war (und bis heute blieb) mit einem gehörigen Überschuss an Potentatengehabe. Eine furchtheischende Vaterfigur, die zur Bestätigung ihrer Herrlichkeit nicht einmal davor zurückschreckte, den Sohnestod zu verlangen. Wie wäre von solchem Gott Liebe und Vergebung zu erwarten?

Just *dieser* Allvater schuf sich den Menschen zum Ebenbilde, glaubt man der Bibel.

Oder war es umgekehrt?

Die Väter gegen die Söhne

„Das Dasein des Sohnes an und für sich bringt schon Aufruhr in die Gesellschaft", lässt Pasolini den Vater in seinem Stück AFFABULAZIONE sagen. „... Doch wie geschieht die Ermordung der Söhne durch die Väter? Mit Gefängnissen, Schützengräben, Konzentrationslagern, bombardierten Städten, (Drogen) ..., wer anfängt, ist doch immer der Vater."

Was Wunder, wenn solchen Gottes Ebenbild den Auftrag: Macht euch die Erde untertan!, so wörtlich nimmt, dass sie inzwischen am Ausbluten ist. Keine Aufforderung, zu bewahren, zu beschützen, liegt in diesem Gebot.

Gibt es wirklich kein verantwortungdsvolleres Bewusstsein für „Mensch-sein“?

Nicht lange genug

Vor einiger Zeit bereiste ich große Teile des Orinoco-Gebietes, überflog Urlandschaften und Tafelberge, die bis heute keines Menschen Fuß betrat. „Haus der Götter“ heißen sie in den Sprachen der Ureinwohner. Auf Flüssen drangen wir ins Innere des Regenwaldes vor, andere Möglichkeiten gibt es nicht. Hier, auf dem ältesten geologischen Teil unseres Planeten – 1,7 Milliarden Jahre – ahnte ich um die Verstörtheit der Astronauten, wenn sie von Raumflügen zur Erde zurückkehren. Angesichts der Gewaltigkeit einer Natur, die sich seit Anbeginn der Schöpfung nicht verändert zu haben schien, verstummten wir. Ein armseliges Menschenhäuflein, drei Europäer, vier Indigenos, wurden wir von einem nie gekannten Gefühl überwältigt: Als würde eine Ur-Sehnsucht gestillt und gleichzeitig eine große Furcht von uns genommen; als wären wir in den mütterlichen Schoß zurückgekehrt; als schlummerten wir noch unserer Zukunft entgegen. Erst Tage später fand einer von uns den hilflosen Satz: „Was hat die Schöpfung doch für ein Glück gehabt, so lange vor uns Menschen verschont geblieben zu sein.“

Nicht lange genug.

Hat die Vertreibung des Menschen aus dem Paradies wirklich schon überall statttgefunden? Das Leben vieler Eingeborener hier steht noch im Einklang mit der sie umgebenden Natur. Weit davon entfernt, sich als die Herren des Regenwaldes zu begreifen, geschweige denn als eine Krone der Schöpfung, haben sie Einsichten in diese, die uns längst abhandengekommen sind. Noch immer sind sie fest davon überzeugt, zwei Seelen zu besitzen. Mit ihrer zweiten Seele führen sie ein zweites Leben in Gestalt eines Tieres. Was immer ihrem zweiten Ich zugefügt wird, hat auch das erste zu erleiden. Auf diese Weise sind ihre Existenz und ihr Schicksal untrennbar mit der sie umgebenden Natur verbunden.

Ist ein tieferes, weiseres Verständnis für ökologische Zusammenhänge, ist größere Achtung vor Leben denkbar? Weisheit ist keine Frage des Verstandes, sie ist eine Frage des Herzens.

Geist, der sich nicht täglich erneuert, ist nicht lebendiger Geist

Welch ein begnadeter Zweifler muss Christus gewesen sein, um zu erkennen, dass die Welt zu ihrem Wohle von solchem Gottesbild, wie es dieses alttestamentarische ist, erlöst und durch ein liebendes ersetzt werden muss. Und was für ein gewaltig Liebender, um diese Erlösung zu wagen. Allen Vorschriften und Gesetzen („denn die Sünde ist im Gesetz") stellte er ein einziges Gebot gegenüber: *Liebe deinen Nächsten wie dich selbst.* In diesem schlichten Wort war Gott, war der Atem des Geistes, *„... war das Leben, und das Leben war das Licht der Menschen". Aller* Kreatur, so der wörtliche Auftrag, sollte dieses Evangelium weitergegeben werden, sollte das Licht in der Finsternis leuchten.

Nur: Die Finsternis hat's nicht begriffen. Sie begreift es ja nie.

Pfingsten hätte die Geburtsstunde des neuen Geistes im Wort, der Freiheit, der Verständigung und des Verstehens und der Liebe werden sollen. Es wurde die Geburtsstunde der Kirche, die nichts

Eiligeres zu tun hatte, als das Flämmchen eben dieses Geistes und dieser Liebe zu ersticken.

Zwar schrieb Paulus den Korinthern: *„Wenn ich mit Menschen- und mit Engelszungen redete und hätte der Liebe nicht, so wäre ich ein tönend Erz oder eine klingende Schelle. Und wenn ich weissagen könnte und wüsste alle Geheimnisse und alle Erkenntnis und hätte allen Glauben, also dass ich Berge versetzte, und hätte der Liebe nicht, so wäre ich nichts. Und wenn ich alle meine Habe den Armen gäbe und ließe meinen Leib brennen, und hätte der Liebe nicht, so wäre ich nichts!“*

Dieser Satz, einer der ehabensten und schönsten, die *ich* je vor Augen hatte, ist Hohelied *und* Abgesang. Die gepredigte Liebe begann zu kümmern, sobald Christi Nachjünger sich darauf beschränkten, das Wort auszulegen, anstatt es zu leben. Oder Paulus selber gab ungewollt den Anstoß dazu, weil auch er nicht hatte, was er mit so schönen Worten pries. Hinfort trennte er die Liebe rigoros in eine geistige und eine fleischliche, ohne zu bedenken, dass die eine ohne die andere wenig taugt und umgekehrt. Was blieb, war entsprechend. Immerhin schaffte er es dank seiner Sprachkraft, zu einer Schlüsselfigur kirchlicher Sinnen- und damit verbundener Frauenfeindlichkeit zu werden. Nicht etwa für Christus, für *ihn,* Paulus, blieb die Frau Geschöpf zum Nutzen des Mannes und hatte diesem untertan zu sein, ein Wesen offenbar seelenlos wie das Tier (so sagte er es nicht, aber in diese Richtung ging's weiter), in der Rangordnung stand sie zeitweilig sogar noch unter diesem.

Christ wird man weder im Taufbecken noch vor Altären und auch nicht durch Sakramente.

Teils im prüdesten Protestantismus, teils im schwärzesten Katholizismus aufgewachsen, mit Geboten und Verboten, mit Bibelsprüchen und Kirchenliedern ebenso geschlagen wie mit Rosenkranz, Weihrauch und Ave-Maria, habe ich es als Kind in meinem alpenländischen Heimatdorf oft genug erlebt, wie um vieles selbst dem frömmsten Bauern eine gute Milchkuh mehr wert ist als seine Bäuerin.

Gar so lange ist das nicht her.

Gezeichnet von solchen Kindheitseindrücken, verwandelte ich mich in den Jahren meiner Pubertät in ein Fluchttier. Wittere ich Kirchenbänke, droht frömmelndes Augenverdrehen, schiefe Kopfhaltung, gar ein „Gottes-Segen-mit-Dir", suche ich schleunigst das Weite.

Es gibt nur ein Paradies: unsere Erde
Es gibt nur einen Gott: die Natur
Es gibt nur ein Gesetz: die Liebe zu allem Lebenden

Wo die Liebe aufhört, fängt die Moral an, doch die macht nicht heilig, nur scheinheilig. Ihre Wurzel ist Lebensangst, und weil sie sich der geschlechtlichen Natur der Liebe schämt, verdreht sie sie zur Perversion.

Oder sie pocht auf Enthaltsamkeit. Leider rächt sich auch die. Bei dem einen erzeugt sie Wimmerl, beim anderen Sexualgesetze. Der ausgehungerte Eros wird halt nicht wählerischer, höchstens kriegerischer. Sogar das *be-greifen* die Ureinwohner Amazoniens buchstäblicher und richtiger als wir. Selbst beim kämpferischsten ihrer Stämme gehört es zum Ritual der Versöhnung, dass Feinde einander umarmen und durch stundenlanges gegenseitiges Streicheln ihre Friedensbereitschaft bekunden.

Es brauchte mehr als zehn Jahrhunderte, ehe endlich einer

Christi Auftrag, das Evangelium *aller* Kreatur zu predigen, nicht nur geistlich, sondern auch sinnlich begriff und in Vögeln, Blumen, Bäumen, in Sonne, Mond und Sternen seine Brüder sah: Franz von Assisi. Einige nannten ihn einen Heiligen, die meisten einen Spinner.

Ich wünschte, Politikern und Lobbyisten, Managern und Wissenschaftlern und samt und sonders allen schein-mäuligen Theologen sämtlicher Bekenntnisse würde es zur Auflage gemacht, wenigstens ein Mal in ihrem Leben für Wochen, nein Monate, in die Carcere am Monte Subasio in Klausur zu gehen, um sich dort in die Natur und in die Gesänge des Narren Franziskus zu versenken. Seinen Sonnengesang zu erlernen, Christi Bergpredigt zu lesen. Oder für eine längere Zeit zu den Indios zu pilgern, tief, tief, tief hinein in den südamerikanischen Regenwald. Aber nicht, um sie zu bekehren oder zu kaufen.

Ausklang Pfingsten 1991

Unser Planet erstickt im Abfall, er stinkt nach Verwesung. Doch keine Angst: Auch an diesem Tag wurden wir reicher durch den Hunger der Armen.

Der Aufbruch der spanischen Frauen

Rosa Montero

erschienen in: „Brigitte Dossier", Nr. 6/1991, 02.10.1991

[Redaktionelle Einleitung:] Die Reporterin der spanischen Tageszeitung EL PAIS ist in ihrem Land eine journalistische Institution und auch als Schriftstellerin ein Star. Linde Rotta stellt sie vor.

„Ich brauche immer etwas zwischen den Zähnen", sagt die kleine, zierliche Person doppeldeutig und schiebt sich wie ein Teenie einen Kaugummi in den Mund. Dabei schüttelt sie die krause Mähne aus dem Gesicht und sieht mich mit verschmitztem Lächeln an.

Rosa Montero ist entwaffnend natürlich. Schon nach kurzer Bekanntschaft gibt sie einem das Gefühl, mit ihr vertraut, ja befreundet zu sein. Eine gefährliche Fehleinschätzung. Während man sich in Sicherheit wiegt, leisten ihre schwarzen Augen gründliche Arbeit und tasten ihr Gegenüber voller Neugier und wacher Intelligenz ab. Mir wird schnell klar, dieser zierlichen Frau kann so leicht keiner etwas vormachen.

In ihrer Heimat weiß man das. Spaniens bekannteste Journalistin ist berühmt dafür, niemandem auf den Leim zu gehen und sich weder von großen Namen noch von Titeln blenden zu lassen. Ihre präzisen, unbestechlichen Interviews und Reportagen wurden mehrfach ausgezeichnet. Schon als knapp 27-Jährige bekam sie den Internationalen *Premio Mundo*, einen bedeutenden Preis für hervorragende journalistische Leistungen.

Das war 1978 eine Sensation in Spanien. Franco war erst wenige Jahre tot, und obwohl sich das Land im Aufbruch befand, wurden wie eh und je Kultur, Politik, Literatur ausschließlich von Männern gemacht. Zwar verankerte im selben Jahr die spanische Verfassung die Gleichberechtigung der Frau, aber an den alten Verhältnissen zwischen den Geschlechtern hatte sich in Wirklichkeit nichts geändert.

„Das muss man sich mal vorstellen", sagt Rosa Montero spöttisch, „noch 1975 durften Frauen ohne die schriftliche Einwilligung ihres Mannes keine Arbeit annehmen und kein Konto eröffnen!" Für die aufrührerische Tochter eines Toreros ein unerträglicher Zustand.

Sie macht sich gegen alle Widerstände daran, männliche Domänen zu erobern. 1969 konnte ein Mädchen immerhin schon ohne weiteres studieren, an den Fakultäten herrschte Gleichberechtigung. Aber im Beruf kam rasch das böse Erwachen: Frauen waren nirgends erwünscht. Rosa schreibt kleine Artikel. „Hier und dort und eigentlich überall", gibt sie zu, denn Geld hat sie bitter nötig. Vom einstigen Wohlstand der Familie ist nichts geblieben.

Rosa kämpft um Arbeit. Und um Freiheit. Neben dem Studium macht sie bei einer freien Theatergruppe mit. Von der Uni kommt sie abends nach Hause, isst und verschwindet wieder, oft bis vier, fünf Uhr morgens. Für damalige Verhältnisse unvorstellbar: „Mein Vater lief hinter mir her. Mein Bruder lauerte mir auf. Meine Mutter traute sich nicht aus dem Haus, weil sie sich meinetwegen so schämte." Für ihre Eltern ist sie die pure Schande. Als sie mit einundzwanzig auszieht, beschwört sie damit eine familiäre Tragödie herauf.

Noch Anfang der siebziger Jahre gibt es in der Viermillionenstadt Madrid für ein Mädchen aus anständigem Haus nur eine anständige Möglichkeit, die Eltern zu verlassen: Heirat. Das aber kommt für sie überhaupt nicht infrage. „Ich wollte *mein* Leben leben, nicht das meines Mannes oder meiner Kinder", sagt sie. Sie hat bis heute nicht geheiratet. Eltern und Bruder redeten kein Wort mehr mit ihr. Es spielte keine Rolle, dass sie als Journalistin und Schriftstellerin längst erfolgreich war.

Rosa Montero wirkt physisch so zart und zerbrechlich, dass man ihr die geballte Willensstärke, die sie besitzt, gar nicht zutraut. Auch die energische Stimme, die gelegentlich ins Schrille kippt, überrascht.

Als sie 1976 zur eben erst gegründeten liberalen Tageszeitung EL PAIS geht, hat sie das richtige Forum für ihre Energie gefunden. „Aber geschenkt wurde mir nichts", meint sie, „vom ersten Augenblick an war ich gezwungen, den Kampf aufzunehmen, dem Erfolg auf den Fersen zu bleiben. Also setzte ich mich hin und schuftete. Wenn's sein musste, Tag und Nacht." Sie übernimmt das Sonntagsmagazin von EL PAIS und ist bald an allen wichtigen politischen Schauplätzen zu finden. Sie interviewt alles, was Rang und Namen hat, von den Rolling Stones über Olof Palme, Jassir Arafat, Richard Nixon und Indira Ghandi bis zum Ajatollah Khomeini. Obwohl sie nur selten schonend mit ihren Gesprächspartnern umgeht, obwohl sie sie, wenn's sein muss, unbarmherzig „auseinandernimmt", ist ein Montero-Interview in Spanien eine Ehre, von der viele träumen. Ich kann mir denken, dass es ein Wunsch- und ein Albtraum zugleich ist.

1979 erscheint ihr erster Roman „Cronica del desamor", ein Buch, das die Verlogenheit alter Gesellschaftsstrukturen ebenso angreift wie die Richtungslosigkeit der neuen Generation. Es wird auf Anhieb ein Bestseller: 100.000 verkaufte Exemplare in den ersten drei Monaten, schon 1981 kommt die neunte Auflage heraus. Ihr erster auf Deutsch erschienener Roman „Geliebter Gebieter" hat einen männlichen Helden, an dem sie die Verkrustungen der

Geschlechterrollen demonstriert. Ihre weiteren Romane werden ebenfalls Hits und in viele Sprachen übersetzt.

Heute ist sie eine Frau, an der die Männer in Spanien nicht mehr vorbeikommen. Ist sie eine Feministin?

„Das wird mir gern von Chauvis vorgeworfen", sagt sie, „aber die spanischen Männer zeigen sich inzwischen auch lernfähig. Vor einiger Zeit bekam ich eine Einladung zu einem offiziellen Abendessen: ‚Für Herrn Redakteur Rosa Montero und Gemahlin.' Als ich den Irrtum telefonisch aufklärte, hat man immerhin die Einladung aufrechterhalten und die ‚Gemahlin' gestrichen! Aber Spaß beiseite. Es geht mir nicht darum, die Geschlechter gegeneinander auszuspielen, das wäre zu billig. Sie sind ja in gewissem Sinne beide Opfer. Meinen Roman ‚Geliebter Gebieter' habe ich gerade deswegen geschrieben, um die Tragödie des Erfolgszwanges zu zeigen, zu dem die Männer erzogen werden, den Druck, unter dem sie in unserer Gesellschaft leben. Für sie gibt es doch keine Alternative: Wenn sie keinen Erfolg haben, sind sie Versager. Gott sei Dank geht es uns Frauen wenigstens in diesem Punkt besser. Äußere Fehlschläge treffen uns nicht so tief."

In ihrem letzten, eben auf Deutsch erschienenen Roman „Zittern" hat sie Kindheitserinnerungen mit frühen Todesängsten assoziiert. Damit bleibt sie einer langen literarischen Tradition Spaniens verhaftet, die auch die Neigung zum Grotesken und Surrealen einschließt. Ihr schriftstellerisches Credo: „Knappe Sprache. Komplexe Einfachheit. Leichtigkeit mit Tiefgang. Realität ja, aber möglichst im Zerrspiegel. Wir Spanier sind aus dem Mittelalter direkt ins 21. Jahrhundert katapultiert worden. Das muss zwangsläufig auch in unserer Literatur seinen Niederschlag finden."

Das macht die zeitgenössische spanische Literatur vielleicht interessanter als jede andere in Europa. Rosa Montero zählt zu den wichtigsten Autoren, ihr Name bleibt ein Symbol des Aufbruchs für die Generation spanischer Frauen, die sich durch Tüchtigkeit und Intelligenz nach oben gekämpft haben und dort ihren Platz behaupten.

„Im Keller ein Ventil …“

Dietmar Keller: Porträt eines Siegers der Geschichte zwischen Leipzig (SED) und Bonn (PDS)

gesendet im Deutschlandfunk am 29.10.1991

Personen

S. G. – Sighard Gille
W. H. – Werner Heiduczek
D. K. – Dietmar Keller
K.-G. K. – Karl-Georg Kayser
B. L. L. – Bernd Lutz Lange
E. L. – Erich Loest
W. M. – Wolfgang Mattheuer

D. K.: *Im jetzt üblichen Sprachgebrauch bin ich ein Täter. Ja, ich bekenne mich dazu, dass ich für einen humanen und demokratischen Sozialismus war und bin. Dass er nicht zustande kam, dass gute Ideen verfälscht und missbraucht wurden, dafür trage auch ich Verantwortung. Mir helfen in meinem Selbstverständnis nicht meine Parteistrafen und auch nicht, dass weder vor dem November 1989 noch danach Wissenschaftler und Künstler erklärten, ich habe sie behindert, ausgegrenzt oder sogar verboten. Das war nicht mein Stil.*

Schreibt Dietmar Keller in seinem autobiographischen Buch „Minister auf Abruf – Möglichkeiten und Grenzen von 121 Tagen im Amt“, in welchem er über seine Zeit als sechster und letzter Minister für Kultur der DDR Rechenschaft ablegt.

Auszüge aus den Stasi-Akten des Schriftstellers Erich Loest, in denen auch sein Leipziger Kollege Werner Heiduczek eine wichtige Rolle spielt:

„Leipzig, 17. Oktober 1980. Aktennotiz Operativer Vorgang ‚Schreiber': Am 13.10.80 wurde durch Gen. General Hummitzsch über ein Gespräch mit dem Sekretär der Bezirksleitung der SED, Gen. D. Keller, informiert, in dem zu Heiduczek folgende Aussagen seitens des Gen. Keller getroffen wurden:

— Die von uns (s. Zuarbeit vom 06.10.80) gegebene Einschätzung zu H. stimmt mit der der Partei voll überein. Dennoch werde die Partei sich weiter um eine positive Beeinflussung Heiduczeks bemühen, allerdings ohne übertriebene Erwartungen.
— Geplant ist eine Aussprache zwischen dem stellv. Kulturminister, Gen. Klaus Höpcke, und Heiduczek, in der dem H. erneut eine längerfristige Schiffsreise mit seiner Ehefrau angeboten wird, um damit H. Abstand von den aktuellen Konflikten gewinnen zu lassen.
— Trotz ihrer derzeitigen Depressionen sei die Ehefrau Heiduczeks in ihrer politischen Grundhaltung positiv einzuschätzen. Sie sei die einzige Person, die Heiduczek positiv beeinflussen könne, was allerdings in ihrem jetzigen Zustand nicht wirksam werden könne. Tinneberg (Major)

Aktennotiz ‚Autor II':
Am 13.10.80 wurde durch Gen. General Hummitzsch über ein Gespräch mit dem Sekretär der Bezirksleitung der SED, Gen. D. Keller, informiert, in dem vom Gen. Keller zur weiteren Verfahrensweise Loest Folgendes dargelegt wurde: Durch den stellv. Minister für Kultur, Gen. Klaus Höpcke, wird der Vorschlag an Gen. Kurt Hager

gerichtet, wonach Loest nach dem Erscheinen des Hetzromans ‚Spurensicherung' in der BRD bei der nächsten darauffolgenden Ausreise des L. in die BRD eine Wiedereinreise in die DDR nicht gestattet werden soll. Dass dieser Vorschlag die Zustimmung des Gen. Hager findet, kann damit eingeschätzt werden. Andere Vorstellungen über eine Auseinandersetzung mit Loest existieren zur Zeit nicht. Tinneberg (Major)"

D. K.: Ich hege keinen Zweifel an der Existenz und an der Richtigkeit von Aktennotizen. Ich bin aber für Aktennotizen, die andere angefertigt haben, nicht verantwortlich.

Aber gerade in diesen Aktennotizen, für die der Kulturminister der DDR-Übergangsregierung Modrow und heutige Bonner PDS-Abgeordnete nicht verantwortlich sein will, sehen die beiden Schriftsteller Loest und Heiduczek hinlängliche Beweise von Komplizenschaft Dietmar Kellers mit der Staatssicherheit.

E. L.: „Wenn er behauptet, weder vor dem November '89 noch danach hätten Wissenschaftler und Künstler erklärt, er habe sie behindert, ausgegrenzt oder gar verboten, so ist dies eine Frechheit."

Schreibt Erich Loest in einem offenen Brief in der *Frankfurter Allgemeinen Zeitung* vom 23. Oktober '90.

E. L.: „Deutlich und nachhaltig haben Sie sich in mein Leben eingeschrieben, indem Sie im Hintergrund die Fäden zogen, als ich '79/'80 aus dem Schriftstellerverband der DDR ausgeschlossen wurde; meine Emigration war die Folge davon. Sie haben mich ausgegrenzt, behindert und mein Schreiben verboten."

D. K.: Zunächst, wenn wir bei dem Namen Erich Loest bleiben, muss man historisch gerecht sein. Ich habe ja noch im März 1990 einen, glaub ich, doch sehr freundschaftlichen Briefverkehr mit Erich Loest gehabt.

Das stimmt. Doch dann wurden im März 1990 dem Schriftsteller Loest Unterlagen zugespielt, Aktennotizen der Staatssicherheit, die bewiesen, dass er jahrelang und rund um die Uhr bespitzelt worden war, und nicht nur das: Der Apparat hatte Ausschluss aus dem Schriftstellerverband und Ausweisung des Autors seit langem ins Auge gefasst und darauf hingearbeitet.

E. L.: „Dabei waren der Schriftstellerverband unter Hermann Kant und seinen Vizepräsidenten Nowotny und Schulz, dabei war Leipzigs Verbandsvorsitzender Pfeiffer. Im Bunde waren Spitzel und dieses ganze Gelichter; Stasi-Major Tinneberg koordinierte, Höpcke hatte seine Aktie daran, und in diesem Netz steckten auch Sie, damals Sekretär für Kultur der Bezirksleitung Leipzig der SED."

Die Presse griff das Thema auf und beschuldigte den PDS-Abgeordneten, seine steile SED-Karriere verschwiegen zu haben. Keller solle sein Bundestagsmandat zurückgeben. Das Bundestags-Präsidium schaltete sich ein, um zu prüfen, ob ein Verfahren gegen Keller zu eröffnen sei.

D. K.: Ich habe der Präsidentin geschrieben, dass ich bereit bin, die Last, die sie mir aufgebürdet hat, zu tragen. Aber ich gestehe Ihnen ehrlich, dass es nicht einfach ist. Wer sich für die Politik entscheidet, darüber bin ich mir klar, muss damit leben und muss dafür auch geradestehen. Natürlich bin ich auch ungerecht gewesen, ich habe manchem Druck von oben zu schnell nachgegeben und habe mich auch damit mitverantwortlich gemacht. Ich habe manches nicht ausreichend nach den Wirkungen abgefragt.

Kontakte zur Staatssicherheit bestreitet Keller keineswegs, mit ihr kooperiert haben aber will er nicht.

D. K.: Kooperiert ist ein Begriff, dem ich nicht zustimmen werde und dem ich nicht zustimmen kann, was aber nicht ausschließt, dass ich in meinen Tätigkeiten Berührungspunkte mit Mitarbeitern des Ministeriums für Staatssicherheit gehabt habe. Wer die Geschichte der DDR kennt, weiß, dass jeder Funktionär im Staatsapparat in der SED, in den Blockparteien, in Massenorganisationen Kontakte mit Mitarbeitern des Ministeriums für Staatssicherheit gehabt hat, weil es für jeden Bereich irgendjemanden gab, der verantwortlich war. Es waren Kontakte, etwas zu bewegen, denn bewegen konnte man nur etwas, wenn es seitens dieses Ministeriums grünes Licht gegeben hat. Ich will damit sagen, wenn man etwas bewegen wollte, wenn man etwas verändern wollte, musste man sich an dieser Flanke absichern, sonst war man im Prinzip fast chancenlos. Wer hat von uns damals gewusst, was das Ministerium für Staatssicherheit wirklich gewesen ist.

Das sagt heute ein Mann, der eine Parteikarriere durchlaufen hat, die ihresgleichen sucht. Sieht man von Berufswünschen der Kinderzeit ab, war es zunächst der Journalismus, der den im Jahre 1942 in Chemnitz geborenen Keller lockte. Nach dem Abitur an der Friedrich-Engels-Oberschule in Karl-Marx-Stadt entscheidet er sich für diese Fachrichtung, wird aber nach beendetem Armeedienst an der Leipziger Fakultät nicht aufgenommen. So entschließt er sich zum Geschichtsstudium an der Leipziger Sektion für Marxismus-Leninismus in der Spezialisierung „Geschichte der deutschen und internationalen Arbeiterbewegung". Zusätzlich absolviert er ein zweijähriges externes Studium als Journalist und schließt es ab.

D. K.: Nach dem Studium wurde ich eigentlich entgegen meinen Auffassungen überzeugt, als Assistent am Institut für Geschichte der DDR anzufangen, und dann kam die Zeit, wo ich politisch tätig wurde. Ich habe zwar Politikwissenschaft nicht studiert, aber wenn Politiker ein Beruf ist, dann ist es für mich auch ein Beruf.

Er übt ihn mit Engagement aus: Seit 1963 Mitglied der SED, wird er mit 27 Jahren Sekretär für Wissenschaft, Volksbildung und Kultur der Kreisleitung der SED an der Karl-Marx-Universität in Leipzig und somit jüngster Sekretär einer DDR-Kreisleitung überhaupt, wenig später Sekretär für Wissenschaft, Volksbildung und Kultur der Bezirksleitung der SED in Leipzig. 1984 geht er als stellvertretender Minister und Staatssekretär ins Ministerium für Kultur nach Berlin. Schließlich wird er, wenn auch nur für 121 Tage, was er immer hatte werden wollen. Im Vorwort seines Buches schreibt er:

D. K.: „Ja, ich gestehe, ich wollte Minister werden. Zumindest träumte ich davon. Früher. Aber nicht mehr 1989. Da wusste ich schon zu viel von der gnadenlosen Härte des Geschäfts."

Inzwischen war zu Bruch gegangen, worauf noch nicht einmal ein Jahrzehnt zuvor Wünsche, Hoffnungen gründeten. Mit dem Arbeiter- und Bauernstaat war kein Staat mehr zu machen.

D. K.: 1981 habe ich nicht an das Ende der DDR geglaubt. Für mich war die DDR doch eine stabile Größe, und ich bin davon ausgegangen, dass ich mein ganzes Leben in dieser DDR leben werde.

1982 wurde Dietmar Keller an die Akademie für Gesellschaftswissenschaften nach Moskau geschickt. Als er ein Jahr später, „den Kopf voller Hoffnungen, Träume, Vorstellungen", nach Leipzig zurückkehrte, war die DDR immer noch eine „stabile Größe". Und er machte sich daran, eine Stufe auf der Kaderleiter höher zu klettern. Karl-Georg Kayser, Regisseur am Leipziger Schauspielhaus:

K.-G. K.: Es gab da gewisse Verhaltensnormen. Wenn man wusste, jemand ging nach Moskau und kommt nach einem Jahr wieder, weiß man, der ist für eine höhere Funktion bestimmt. Also das war uns dann allen klar, dass Dietmar Keller nicht mehr lange in Leipzig sein wird. Das war eher unser Problem: Was wird danach kommen?

Denn in Leipzig hatte Dietmar Keller zusammen mit seiner Frau, der Kabarettistin Gisela Oechlhaeuser, eine psychologisch kluge Form gefunden, mit Künstlern umzugehen. Bei vielen galt er als gemäßigt liberal, offen und zugänglich – einer, der auch zuhören konnte, mit einem Wort: Er war nicht der scheinbar „typische" SED-Funktionär.

So sieht es Bernd Lutz Lange vom Leipziger Kabarett „Die Academixer" heute und im Nachhinein:

B. L. L.: Wir hatten schon alle die Hoffnung, dass durch eine Liberalisierung der Parteiführung so Stück für Stück ein bissl mehr

Demokratie in diesem Land einzieht. Wir guckten ja erstmal nach Polen, nach Ungarn und erhofften uns erstmal solche Verhältnisse. Und da muss ich schon sagen, da war Keller für mich erstmal einer der Hoffnungsträger, dass ich mir gesagt habe: Wenn solche Leute, die wie Keller reden und denken, an die Macht kommen, dann kann das doch mal 'ne andere Entwicklung für dieses Land bedeuten.

K.-G. K.: Allein in seinen Umgangsformen, in seiner Art, wie er auf Menschen zugegangen ist, fiel er für mich völlig heraus aus dem sonst vorhandenen Bild von Funktionären und des sogenannten Apparates. Also für mich ein sehr aufgeschlossener, ein sehr gebildeter ..., gebildete Persönlichkeit, ein sehr anregender Gesprächspartner. Ich hab ihn da auch sehr persönlich gemocht.

Der Leipziger Maler Sighard Gille, außerhalb der DDR vor allem durch seine Fresken im Leipziger Gewandhaus bekannt geworden, war eng befreundet mit Keller.

S. G.: Wie gesagt, er war eigentlich ein Hoffnungsträger, und insofern war er sehr wichtig für die alteingesessenen Genossen und die Orthodoxen. Man hat ja dann gewisse Spielräume gelassen, so sehe ich das zumindest.

Ein reformerischer Geist? Ein Hoffnungsträger? Einer der Mitbegründer der „Leipziger Schule“, der Maler Wolfgang Mattheuer, urteilt differenzierter.

W. M.: Ich habe den Eindruck gehabt, er gehörte zu den schlauen Führungskräften der SED, die schon lange eigentlich wussten, es geht zu Ende, und die schon daran dachten: Wenn das Ende kommt, möchte ich gut dastehen.

K.-G. K.: Ich glaube auch, Dietmar Keller hatte Lust am Umgang auch mit der Macht. Er war für mich auch immer eine – ich will mal sagen – schillernde Persönlichkeit.

B. L. L.: Und dann hatte er eben eine ungewöhnliche Sprache doch für die Zeiten. Er fiel auf, dass er, sagen wir mal, seine Reden damit anfing: Über unsere Erfolge will ich nicht reden, die erfahren wir täglich aus der Zeitung. Ich will über unsere Probleme sprechen. Da horchten die Leute auf.

S. G.: Er hat bei einem Vortrag gesagt: Es ist überhaupt keine Zukunft da, die Wirtschaft ist am Ende, wir können euch überhaupt keine Hoffnung machen, wir können nur alle den Gürtel enger schnallen: Es geht nur nach unten, es geht nur bergab. Die Studenten waren alle völlig konfus, die waren geplättet, erledigt, die hatten sowas noch nie gehört, vor allem, dass da nicht einmal ein Schwänzchen hinten dran war: Dass es doch und eventuell und mit Kraft, wie es bisher so hieß, und wenn wir alle und so weiter, das hat er alles nicht gesagt. Das war knallhart.

Mutig, bewundert Gille, doch sogleich schränkt er ein: Dies sei freilich erst kurz vor der Wende gewesen. Und Mattheuer, der Sarkast, bekannt dafür, dass er sich von niemandem den Mund verbieten lässt:

W. M.: Und er hat auch immer darauf geachtet, in seinen Reden und kurzen Ansprachen ein bisschen mehr zu sagen als andere. Immer unter dem arroganten Vorwand natürlich im Begleittext: Also, ich will hier mal was sagen, wir sind ja unter uns. Und dann hat er was gesagt, was eigentlich alle schon über die Westmedien wussten.

B. L. L.: Also, meine Erfahrungen waren, dass Dietmar Keller ein Funktionär war, der schon etwas bewegen wollte, den ich also zu diesen Gorbatschow-Menschen rechnen würde, die versucht haben, das System zu reformieren. Wie groß die Chancen waren, das stand natürlich alles in den Sternen, aber was hatten wir für 'ne Chance, auf solche Leute zu hoffen oder zu unterstützen als die, die reformieren wollten. Eine andere Chance haben wir ja nicht gesehen.

Man kann den Schriftsteller Erich Loest gewiss nicht zu jenen rechnen, die sich nach der Wende ihre eigene Schmoll-Choreographie erfinden mussten, und auch Freude am Widerspruch ist es nicht, wenn er meint, Keller habe seine Aufgaben lediglich geschmeidiger und unauffälliger erledigt als andere, aber deswegen nicht weniger wirkungsvoll.

D. K.: Ich bitte Sie aber zu beachten, wenn man zwei Jahrzehnte in der Kultur tätig gewesen ist und es gibt nur von einem einzigen Künstler Vorwürfe, dann glaube ich schon, dass ich sagen kann: Ausgegrenzt und berufsbehindert habe ich aus freier Entscheidung und durch meine Entscheidung wohl kaum jemanden. Das sage ich ehrlich, obwohl das, was Erich Loest mit mir macht, mich unerhört schmerzt, mir wehtut, wahrscheinlich auch etwas meinen Charakter verändert hat, dazu geführt hat, dass ich vielleicht auch diesen und jenen verloren habe als Freund, verstehe ich jemanden wie Erich Loest, wenn er eine so leidvolle Geschichte hinter sich hat, wie Erich Loest das hat. Ich weiß, dass es nicht wiederholbare Jahre sein können, das Leben ist nur einmal da, und ich weiß, dass man über solche schmerzlichen Erfahrungen nur schwer hinwegkommt, und deshalb unterdrücke ich für mich das Gefühl, dass er etwas mit mir im Augenblick macht, was man mit ihm 1956 gemacht hat: Verdächtigungen, vielleicht ist das Wort Unwahrheiten zu hart, aber vielleicht muss ich es trotzdem sagen, denn das ist genau das gewesen, was ausgereicht hat, ihn zu verurteilen.

E. L.: Dr. Dietmar Keller wird larmoyant. Was er verlieren kann, ist sein Bundestagsmandat. Ich wurde für sieben Jahre ins Zuchthaus Bautzen geschickt.

D. K.: „Offen Flagge zeigen konnte tödlich, zumindest gefährdend sein, also wurde taktiert, ausgeglichen, persönliche Gespräche zur Milderung des eingetretenen Schadens gesucht, andere Rezensionen organisiert, Überlebenshilfe geleistet."

Schreibt Keller in seinem Buch. Aus der Sicht von heute betrachtet sich Keller, der DDR-Kulturpolitiker, als eine Art „Facharbeiter für Schadensbegrenzung", der seine Aufgabe darin sah, sich *vor* die Künstler zu stellen.

D. K.: Wer im Prinzip verantwortlich für Künstler gewesen ist und tagaus, tagein mit Künstlern und Kulturschaffenden gesprochen hat und die Zuckerbrot-und-Peitschen-Politik aus Berlin kannte … Also, ich will einfach deutlich machen: Diese Situation, in der man gestanden hat, war sozusagen Druck von allen Seiten, und jede Entscheidung, die man treffen musste, war für etwas oder gegen etwas.

Er stand zwischen Skylla und Charybdis. Der Leipziger Schriftsteller Werner Heiduczek kannte Keller lange und gut.

W. H.: Unter welchem Druck er manchmal stand, das kann ich nicht beurteilen. Aber er war nicht immer ehrlich. Aber er hatte auch wieder große Ehrlichkeiten und riskierte auch wieder was.

Und Karl-Georg Kayser, der Theatermann:

K.-G. K.: Ich würde sagen, er hat sich für uns eingesetzt. Was hinter den Kulissen alles noch gespielt wurde, muss ich sagen, da kann ich denn nur annehmen: Da geschah etwas hinter den Kulissen. Er hat sich für uns eingesetzt.

Taktieren, ausgleichen, Überlebenshilfe leisten, es klappte, jedenfalls, solange Künstler sich „kooperativ" zeigten.

K.-G. K.: Gewisse Dinge durfte man machen, andere Dinge wurden dann untersagt. Ein Machtmechanismus, der schwer zu durchschauen war. Es wurde gespielt damit, mit uns eigentlich. Ich habe ja ein solches Theater gemacht, Gegenwartsstücke gespielt in der Hoffnung, Volker Braun sagte einmal, in der Hoffnung eines aufrechten Ganges, in der Hoffnung einer Veränderung des Systems im Sinne des Sozialismus. Aber insofern war Dietmar Keller, ich sag's nochmal, eine Person, wie man sie sich gewünscht hätte: Mit solchen Leuten hätte man das vielleicht packen können, also dann aber auch gegen den Apparat oder sozusagen die Veränderung des Apparats. Aber wieso das dann möglich war, dass er in diesem Apparat trotzdem funktionieren konnte, das wird für mich ein Rätsel bleiben.

S. G.: Ich nehme an, dass Dietmar Keller auch gebraucht oder benutzt worden ist, uns dieses Gefühl zu geben: Wir können jetzt besser, freier mit unseren Sachen wirtschaften, es ist mehr Luft reingekommen, und es geht aufwärts.

„Luft reingekommen" ist auch bei den Leipziger Kabaretts „Die Pfeffermühle" und „Die Academixer". Programme wurden so gut wie nie abgesetzt, jedenfalls nicht bei den Academixern. Jürgen Hart, der Chef dieses Ensembles, war mit Keller eng befreundet, sie wohnten Haus an Haus. Es ist anzunehmen, dass da so manches im Vorfeld abgeklärt worden ist.

B. L. L.: Nun kam natürlich dazu, dass die Frau von Dietmar Keller Kabarettistin war und in unserem Ensemble, da wurde dann immer natürlich so ein bissl das Gefühl wachgehalten bei einigen Leuten: Na ja, hier hat wieder einer für seine Frau was getan. Aber ich muss aus der Erinnerung doch sagen, es ging ihm schon da mit, dass er mit diesem Kabarett auch etwas kritischen Geist in dieser Stadt da mit wachhalten wollte.

W. M.: Die kritischen Geister ... Als man wusste, als die Partei einsah, die doch immer alles weiß, das Kritische ist nicht zu unterdrücken, und wenn man's unterdrückt, kommt's irgendwie viel schlimmer und faul und aggressiver irgendwo heraus an unvermutetem Ort, der Druck lässt sich ja nicht aufhalten ... Die haben da wirklich tolle Sachen gesagt, da. Aber immer eigentlich vor dem gleichen Publikum, bis auf ein paar, die durch Beziehungen mal eine Karte bekommen hatten, man hat ja nie eine Karte bekommen. Die Texte sind alle genehmigt worden natürlich von der Partei, vielleicht auch von Herrn Keller.

Leipzig galt als eine Art Hochburg des Kabaretts in der DDR. Zwei Berufs- und mehrere Amateur-Ensembles mit ausverkauften Vorstellungen auf Monate hinaus.

B. L. L.: Man sagte ja, in Dresden und Leipzig wurde das schärfste Kabarett der DDR gemacht, vielleicht hat's auch wieder mit dem Sächsischen zu tun. Wir haben ja eben im Keller sozusagen das Ventil der Leute, wir haben quasi Psychohygiene für die Leute betrieben, und für die 250 war das auch gut, und aus den Kellern durften wir eben nicht raus. Eine Schallplatte von uns durfte nicht erscheinen, ins Fernsehen kamen wir nicht, also Medienwirksamkeit war eben nicht möglich.

Schwierig wurde es, wenn sich Künstler den Forderungen der Partei nicht beugten. Stefan Heym hatte ohne Genehmigung der DDR-Behörden seinen Roman „Collin" im Westen veröffentlicht, nun sollte er wegen Devisenvergehens bestraft werden. Daraufhin verfassten die Schriftsteller Klaus Schlesinger und Kurt Bartsch ein Protestschreiben, in dem sie Honecker aufforderten, eine Verschärfung der Zensurpraxis nicht zuzulassen. Adolf Endler, Karl-Heinz Jakobs, Klaus Poche, Dieter Schubert, Martin Stade und Erich Loest unterschrieben und lösten damit einen Riesenwirbel aus, zumal das Schreiben westlichen Medien zugespielt wurde. Parteigetreue Autoren distanzierten sich schleunigst von dem Text und seinen Verfassern, Berlin forderte deren Ausschluss aus dem Verband.

D. K.: Es hat nach dieser Protestwelle in Berlin die Entscheidung gegeben, die Schriftsteller, die sich nicht in ihrer Haltung korrigieren, Schritt für Schritt aus dem Verband zu drängen. Für mich war klar, dass nach Wolf Biermann und dem Verlust vieler Hunderter von Künstlern, die in der Folge der Auseinandersetzung um Wolf Biermann die DDR verlassen hatten, jede Maßnahme gegen Künstler dazu führen wird, dass die Flut derer, die das Land verlassen, nicht abreißt. Und wer gesehen hat, wie die DDR damals künstlerisch und kulturell ausgeblutet ist, dem konnte es nicht gleichgültig sein, dass Künstler – unter Schmerzen im Übrigen – das Land verlassen haben. Das war für mich vom ersten Tag an klar, dass ich mich dieser Forderung nicht beugen werde.

E. L.: Bartsch, Schlesinger, Jakobs und Poche wurden aus dem Land geekelt, für keinen taten sich in der Bundesrepublik goldene Weiden auf. Schubert und Endler wurden jahrelang geschurigelt und gedemütigt. Vor Martin Stade standen schwere Jahre.

D. K.: Dass kein Schriftsteller in Leipzig aus dem Verband ausgeschlossen wurde, ist ein komplizierter und langfristiger Weg gewesen. Auf diesem Weg hat es auch Begegnungen mit Mitarbeitern des Ministeriums für Staatssicherheit gegeben, unter anderem auch mit dem damaligen Leiter der Bezirksverwaltung, Herrn Hummitzsch.

E. L.: Wäre ich nicht aus dem Verband ausgetreten – ich wollte vermeiden, dass einige Kollegen für mich stimmten und dann in die Klemme gerieten –, wäre ich gefeuert worden.

D. K.: Es hätte sich im Leipziger Verband keine Mehrheit gefunden, Erich Loest auszuschließen.

W. H.: Nein, das stimmt nicht. Ich muss Folgendes sagen: Es war zuerst, als in Berlin die Leute ausgeschlossen wurden, kamen die in Leipzig nicht durch. Wobei Loest eine Brücke gebaut hat. Loest hat gesagt, er hat nichts davon gewusst, dass der Brief, der da gegeben wurde von ... Ich weiß nicht, ob's Schlesinger oder ich weiß nicht, wer's war, an die westlichen Medien gegeben wurde, davon hat er nichts gewusst, das hat er erklärt, und damit war eigentlich im Verband, das war vor der Sommerpause, eigentlich alles klar, und damit liegt keine Begründung vor, Loest irgendwie auszuschließen. Und wir nahmen eigentlich damals an, es hat sich alles gegeben. Ich weiß, dass damals noch der hauptamtliche, der Parteisekretär Lothar Zschuckelt, sich mit mir unterhalten hat. Mensch, sagt er, was soll ich machen? Und da hab ich gesagt: Du, pass mal auf, Lothar, das Beste ist, du machst jetzt gar nix. Über die Sommerpause hinaus ist alles wieder vergessen, also hier ändert sich alles so schnell, ich geb dir den Rat, mach gar nix. Lass die Sache auf sich beruhen. Im Herbst sieht alles wieder völlig anders aus. Und du kommst gar nicht ins Schleudern. Er hat sich dran gehalten. Bloß Berlin hat sich nicht dran gehalten. Und zwar einer derjenigen, der wirklich scharf in der Beziehung war, war Hermann Kant. Von wem er wieder gedrückt wurde, weiß ich auch nicht. Es blieb jedenfalls dieser Makel: Berlin hat die anderen ausgeschlossen, und Leipzig hat nicht ausgeschlossen. Und da ging dieser Kladderadatsch um Loest wieder los. Alles, was mit Loest geschah, geschah unter Dietmars Mitwirkung. Er wusste über all diese Dinge Bescheid.

Als das Kesseltreiben um Loest losging, legte Heiduczek seine Funktionen in der Parteileitung und im Vorstand des Leipziger Schriftstellerverbandes nieder.

W. H.: Ich machte das nicht mehr mit. Ich sagte: Ich lass mich nicht als Aushängeschild hergeben.

Loest sah keine Möglichkeit mehr, sich als Schriftsteller in der DDR zu behaupten, er beantragte die Ausreise.

D. K.: Es stimmt natürlich, dass sein Antrag, für drei Jahre ein Ausreisevisum zu erhalten, auch bei mir eine gewisse Erleichterung brachte, denn wenn man monate- und jahrelang über Politik mit Künstlern redet und Künstler nicht mehr zur Kunst kommen, fühlt man sich auch in gewissem Maße natürlich beängstigend, und die Lage im Leipziger Schriftsteller-Verband war nicht einfach, war genau so wenig einfach, wie sie einfach gewesen ist in anderen Bezirksverbänden. Insofern war für mich dieser Antrag so etwas wie eine Atempause in der Auseinandersetzung im Schriftsteller-Verband. In diesem Gespräch mit Herrn Hummitzsch, das in der damaligen Bezirksleitung stattgefunden hat, habe ich referiert, was mir durch den damaligen Staatssekretär im Ministerium für Kultur, Herrn Löffler, als Information übergeben worden ist, dass nämlich vorgesehen ist, dass, wenn Herr Loest das dreijährige Visum bekommt, es nur eine einmalige Ein- und Ausreise gibt. Es hätte auch in den nächsten drei Jahren keinen Abschluss gefunden, insofern stand ich diesem Vorschlag nicht konsequent ablehnend gegenüber.

Mittlerweile zeichnete sich im Leipziger Verband ein Führungswechsel ab. Helmut Richter, der spätere Direktor des Literaturinstituts Johannes R. Becher, sollte neuer Vorsitzender werden. Richter stimmte zu unter der Bedingung, dass Gerti Tetzner und Werner Heiduczek wieder in den Vorstand kämen. Doch Heiduczek weigerte sich.

W. H.: Nun war Keller wirklich in der Bredouille, weil er ja, wie soll ich jetzt sagen, gegenüber dem Sekretariat der Bezirksleitung, gegenüber Berlin wieder verantwortlich ist. Daraufhin machte er folgenden Vorschlag und sagte: Wir können doch eigentlich in meine Wohnung gehen, also in seine, und die Sache weiter bereden. Na ja, wir sind in seine Wohnung gegangen, und wir haben Skat gespielt, und wir haben weiter getrunken, und immer wieder ging es darum, ob ich in den Vorstand gehe, und ich blieb konsequent bei meinem Nein. Da sagte er an einem Punkt: Wie stellst du dir unsere Freundschaft vor? Da habe ich gesagt: Wenn unsere Freundschaft so aussieht, dass ich das machen soll, was du willst, dann pfeif ich auf die Freundschaft.

Das anfangs gute, ja freundschaftliche Verhältnis zwischen Heiduczek und Keller kühlte ab. Denn der Autor hatte das Manuskript seiner Novelle „Die Verfehlung" an Hans-Jürgen Schmitt, einen Lektor von Hoffmann und Campe, zur Beurteilung weitergegeben. Keller, der gegen das Buch Einwände vorgebracht hatte, war das nicht recht. Weniger seiner literarischen Qualität, mehr des Inhalts wegen – einer an sich harmlosen Ost-West-Romanze – hatte es hinter den Kulissen für Aufregung gesorgt.

W. H.: Hier um diese Novelle ging es, die dann zwei Jahre im Kasten lag, und ich hatte zu Keller insofern Vertrauen, weil er mir sagte: Werner, du kannst alles machen, aber bitte lass es mich zuerst wissen. Ich wusste nicht, wie ich jetzt aus den Loest-Akten erfahre, dass er darüber auch mit Hummitzsch, also dem Chef der Staatssicherheit hier, sich unterhalten hat.

Offenbar bekam Keller den Auftrag – so sieht es jedenfalls der Autor –, das Manuskript zurückzuholen. Er lud das Ehepaar Heiduczek zu einem Gespräch ins Gästehaus der Bezirksleitung.

W. H.: Und ich sagte: Wir kommen mit dem Auto. Nee, sagte er, ich lass dich mit dem Fahrer abholen. Ihr werdet ja was trinken, und dass du dann ... Also er ließ uns mit dem Fahrer abholen. Wir gingen ins Gästehaus. Und es saß plötzlich dieser ominöse Rolf Roth, der Abteilungsleiter, wieder dabei. Als Zeuge. Da wurde ich schon stutzig. Keller hat einen Teil der Leute um sich, sagen wir, weggedrängt, und wie jeder neue Chef neue Leute hält, aber den Roth hat er noch lange Zeit gehalten.
Ich meine, Roth war der Laufbursche. Ein guter und auch der Sache treu ergebener Mensch, der zu jeder Schandtat bereit ist und den sie vom Parteiapparat abgeschoben haben zum Staatsapparat und vom Staatsapparat abgeschoben haben in die Kulturverwaltung, weil die immer meinten, da richten sie am wenigsten Schaden an.
Keller drängte darauf, Werner Heiduczek sollte das Manuskript zurückverlangen und dann zusammen mit einem DDR-Lektor daran arbeiten.

W. H.: Und da sagte ich: Ich lasse mich von dir nicht und von niemandem entmündigen. Mit wem ich spreche, entscheide ich. Wem ich etwas zu lesen gebe, entscheide auch ich. Das andere kommt für mich überhaupt nicht infrage. Und da war der Bruch perfekt, und es passierte Folgendes, und es war – ich würde sagen, da hat er sich fies verhalten: Er stand auf, ließ meine Frau und mich allein auf die Straße, das heißt, wir sind ja zusammen auf die Straße gegangen, stieg ins Auto mit Rolf Roth und ließ sich wegfahren. Und wir beide standen da wie die begossenen Pudel. Auch das ist Dietmar Keller. Verstehen Sie? Also, ich will sagen, es waren Situationen, sagen wir, wo er sich für mich eingesetzt hat, aber dort, wo es – es war eine Zuspitzung gekommen im Jahre 1980, wo er sich meiner Meinung nach, so wie es in dem Brief auch ist – weil das war ein entscheidendes Jahr, wo ich ... endgültig mit diesen Auffassungen Schluss gemacht habe und es auch nicht verheimlicht habe, sondern es auch gesagt habe: Ich mache das nicht mehr mit. Und da schlug er zu.

Es gab einen Ratsbeschluss, mehrere Künstlerhäuser zu bauen. Eines sollte Werner Heiduczek zugewiesen werden. Wenige Wochen nach diesem Gespräch erfuhr der Schriftsteller durch Zufall, dass dieses Haus – heute bewohnt es Sighard Gille – einem anderen zugesprochen worden war. Empört schrieb er daraufhin an den Ersten Sekretär der Bezirksleitung, Horst Schuhmann. Die Antwort kam nicht von ihm, sie kam von Keller. Heiduczek zitiert aus diesem Brief:

W. H.: „Wir kennen uns gut genug, und Du kennst auch unsere Partei, dass Du weißt, dass verschiedene Probleme auch in Zeiten der Meinungsverschiedenheiten zwei Probleme bleiben. Jawohl, Genossen Deiner Partei und auch ich haben Sorgen und vielleicht auch schlaflose Nächte, wenn sie daran denken, dass Du das Manuskript, noch bevor Du es mit Deinen Kampfgefährten, Deinen Verbündeten und Freunden diskutiert hast, in eine uns fremde und feindliche Welt geschickt hast. Und vieles in unseren Beziehungen wäre einfacher, wenn wir wüssten, dass dieses Manuskript wieder auf Deinem Schreibtisch liegt. Aber für uns bist Du Mitglied unserer Partei und unser Kampfgefährte, darum streiten wir uns auch und sagen unsere Meinung offen und ehrlich. Damit werden wir nie aufhören, solange Du an unserer Seite stehst, zugleich fühlen wir uns aber auch für Deine Arbeits- und Lebensbedingungen als Schriftsteller in unserem Land voll verantwortlich. Nun zu den sachlichen Fakten: Die gegenwärtigen undiskutablen Arbeitsbedingungen einer Reihe international bekannter Leipziger Maler haben die staatlichen Organe zu der Entscheidung geführt, die ersten Atelierhäuser Malern zur Verfügung zu stellen."

W. M.: Ein Haus hab ich nicht, das hat nie geklappt. Ich konnte nie in meinem Leben in meiner Freizeit mir ein Haus bauen. Das konnten bloß DDR-Werktätige, die sich so ausruhten in den Betrieben, dass sie am Abend fit waren. Wir nicht. Wir haben angestrengt gearbeitet. Ich, der ich immer noch als Staatskünstler verschrien werde, habe das nicht. Aber seine Freunde, die mit ihm Fußball spielten, für die hat er Häuser gefunden, der Herr Keller.
So ein Haus, wie Gille hat, hätte ich auch haben können. Wollten sie mir auch bauen. Nur da haben wir gesagt: Nee, wir lassen uns nicht von Strafgefangenen ein Haus bauen und sind dann im Gerede.

Auch Werner Heiduczek bekam kein Haus. Ihm wurde eine Zwei-Etagen-Wohnung angeboten.

W. H.: Also, Keller hat sich mir gegenüber phasenweise fies verhalten, aber er hat sich auch wieder phasenweise sehr sauber verhalten. Und insofern sage ich, das Verhältnis war ambivalent. Er hat mir einmal gesagt: Werner, wenn du auf unserer Seite bist, bist du auf der Seite der Sieger. Und es war der Punkt, wo ich nicht auf der Seite der Sieger blieb. Und der Witz ist: Er ist im Augenblick jetzt auf der Seite der Sieger.

In seiner Eigenschaft als stellvertretender Kulturminister hat Keller allerdings Wolfgang Mattheuer daran gehindert, Bilder in die

Bundesrepublik zu verkaufen, an das Sprengel-Museum, das unter anderem auch seinen „Jahrhundertschritt" ankaufen wollte.

Mattheuer zitiert Kellers Brief vom 21.12.1988:

W. M.: „Ja, Deine Bilder sind Dein Eigentum, und Du kannst sie für immer behalten, und nur Du allein entscheidest darüber, ob sie in Deiner Wohnung hängen oder verkauft werden. Ich allerdings trage im Augenblick Verantwortung dafür, ob Deine und meine Kinder und ihre Kinder, um diese Bilder sehen zu können, in die Welt reisen müssen oder ob ein Bestand an Bildern der wichtigsten Künstler unseres Landes für unsere Nachwelt in diesem Lande bleibt. Dieser Punkt ist im Kulturschutzgesetz eindeutig verankert, und Du weißt es natürlich auch, dass es solch ein Gesetz nicht nur in der DDR, sondern in allen vernünftigen Ländern, die etwas auf sich halten, gibt ..." Und dann so weiter und so fort. Also, das ist eine deutliche Behinderung. Ich habe ihm darauf dann geschrieben: „Ich frage doch nichts, was ich schon weiß. Ich weiß auch nicht, welche Länder so ‚vernünftig' sind, Gegenwartsbilder in ein Kulturgutschutz-Gesetz einzubeziehen. Ich weiß nur, dass dieses Gesetz mein Verfügungsrecht über meine Arbeitsprodukte einschränkt, dass eine für mich anonyme Kommission mittels übernommener Werturteile meine Wirkungs- und Einkommensmöglichkeiten beschneiden kann. Ob nun einmal oder hundertmal, ist dabei zweitrangig."
Und das sind alles Gesetze, und die Gesetze hat Herr Keller mitgemacht, mitgetragen. Er musste sie auch unterschreiben.

Von ihren Honoraren mussten bildende Künstler 15 Prozent an einen Fonds, den sogenannten B-Fonds, abführen. Er war vor allem für Auslandsstudienreisen solcher Künstler vorgesehen, die die Kaderabteilung für zuverlässig hielt. Bei Künstlerreisen entschied Dietmar Keller mit.

D. K.: Ohne dass ich nachweisen konnte, dass derjenige, den's betraf, nichts gemacht hatte, was darauf hindeutete, dass irgendeine politische Situation entsteht, die die DDR oder einen Verband in Schwierigkeiten gebracht hätte, wäre keine Reise zustande gekommen.

S. G.: Diese Haltung der Obrigkeit, die war also wie Pennälern gegenüber.

W. M.: Bei den bildenden Künstlern hat man gesagt, wenn sie Bilder verkaufen, sind das so hohe Beträge, und da haben sie das schöne Wort aus der deutschen Sozialdemokratie benutzt, nämlich „Solidarität", und es ist doch nur solidarisch, wenn die Westmark-Verdienenden 15 Prozent abgeben für einen B-Fonds. Die Mark der DDR ist nie ein Problem gewesen. Wenn die DDR Geld brauchte, hat sie welches drucken lassen in der Deutschen Wertpapierdruckerei zu Leipzig. Also, ich hab da auch viele 100.000 Mark eingezahlt, hab aber nie eine Reise bekommen von dem Verband, ich brauchte dann auch keine. Aber der Herr Keller, das hat mir nun ein Vizepräsident des Verbandes gesagt, es stimmt, Herr Keller, und er fuhr ja nun gerne ins westliche Ausland, um Ausstellungen zu eröffnen und sich dort als liberalen Helden darzustellen – wurde bezahlt. Die Devisen kamen aus dem B-Fonds des Verbandes, also auch von mir. Ich habe also Herrn Kellers Ausstellungsreisen mitfinanziert. Und dass er da als so ein schräger Gewinner sich da in den Bundestag setzt oder setzen lässt – er hätte ja sagen können, ich kandidiere nicht –, das nehm ich ihm übel. Das ist nicht redlich.

Die Zeit in Berlin, erklärt Keller, habe ihn ernüchtert. Immer wieder habe er an einen Ausstieg aus der Politik gedacht. Das tägliche Zerreiben zwischen Künstlern auf der einen Seite und einer zentralistischen Entscheidungspyramide auf der anderen ...

D. K.: ... hatte auch bei mir Narben hinterlassen. Narben, die so schmerzten, dass sich schon Veränderungen in meiner Persönlichkeitsstruktur abzeichneten.

S. G.: Der Biermann hat mal gesagt: Wie lange kann man unter Schweinen leben, ohne selbst eins zu werden?

W. H.: Das sollte man nicht vergessen: Wenn einer so hoch gestiegen ist wie Keller, kann er wirklich nur in den Hades stürzen oder noch weiter steigen. Aber wie auch immer: Beschissen ist dann sein Leben.

Es kam der Herbst 1989. Keller bezeichnet diese Zeitspanne in seinem Buch als „Sauerstofftherapie".

D. K.: „Ich hatte plötzlich wieder Kraft, Mut und Zuversicht. Sollten wir wirklich noch einmal, oder besser, zum ersten Mal überhaupt die Chance bekommen, den Sozialismus menschlich und demokratisch zu gestalten? Nein, da konnte ich mich nicht davonstehlen, da musste ich doch dabei sein, mittun. Verantwortung tragen und durch Arbeit Schuld der Vergangenheit abtragen. Die gewaltige Demonstration am 4. November in Berlin, das war es doch, was ich eigentlich wollte, dass der Mensch Mensch sein konnte, dass Andersdenkende respektiert werden, dass oben und unten eins sein können."

W. M.: Es war dort ein letzter Versuch, dass wir alles, was jetzt zusammenbricht, noch mal sammeln, so viel wie möglich, um einen zweiten Versuch der DDR als Alternative ..., und in der Geschichte wird jetzt – und auch Jurek Becker sprach da über diesen großen Tag. Das war doch kein großer Tag! Das war eine große Berliner Schande, dass die Oppositionellen hingingen, wo der Wolf spricht und wo der Schabowski spricht. Das ist in Leipzig passiert.

Dietmar Keller wurde Minister. Auf Abruf. In 121 Tagen Amtszeit lernte er, sich als der richtige Mann am richtigen Ort zu empfehlen, ein Mann, der sein Mäntelchen nicht nach dem Wind gehängt hat. Dass ihm Begriffe wie Schuld, Verantwortung, Ehrlichkeit, Schmerz allzu oft nur allzu glatt über die Lippen schlüpfen – man vergesse nicht: Es wird den Kellers leicht gemacht in einer Zeit allgemeiner Großheuchelei, sowohl hüben wie drüben. Wie schrieb er? „Schuld geht nicht in Masse auf, sie ist individuell und konkret."

D. K.: Ich stehe zu dem, was die Volkskammer beschlossen hat: Dass keiner würdig ist, ein öffentliches Amt auszuüben, der erstens eine Unterschrift geleistet hat, der zweitens bezahlt worden ist und der drittens durch seine Handlungen, Berichte, Informationen und Ähnliches Menschen diskriminiert oder in ihrer Entwicklung behindert hat. Ich kenne meine Biographie, und ich weiß, was ich getan habe und was ich unterlassen habe. Sollte der Bundestag zu einer anderen Auffassung kommen, dann werde ich die Konsequenz ziehen, die nötig ist. Ich weiß, was mein Spielraum war, ich weiß, wie ich meinen Spielraum erweitern konnte, und ich weiß auch, wer meinen Spielraum eingegrenzt hat, und ich beantrage für mich nichts anderes, als alle Menschen dieser BRD für sich beanspruchen können: Rechtsstaatlichkeit. Ich kann zwar meine Unschuld beteuern, aber die Schuld muss man mir konkret nachweisen. Und wenn man mir Schuld nachweist, habe ich Ehre genug im Leib zu wissen, was ich zu tun habe.

E. L.: Dieser Grundsatz gilt vor Gericht, jeder eines kriminellen Delikts Angeklagte darf sich darauf berufen. Ein Abgeordneter des Deutschen Bundestages allerdings sollte höhere Ansprüche an den Umgang mit seiner Vergangenheit und an seine Wahrhaftigkeit stellen.

Die raffinierte Regie Gottes

Leipzig, Oktober '89: Bericht des Pfarrers von St. Nikolai

gesendet im Deutschlandfunk am 19.10.1993

Personen
C. F. – Christian Führer
K. M. – Kurt Masur
F. S. – Friedrich Schorlemmer

Pfarrer Christian Führer am Leipziger Montag nach dem Fall der Mauer im November 1989 in der Nikolaikirche. Der hier predigte, gehörte zu den führenden Köpfen der DDR-Bürgerbewegung, und doch ist sein Name kein Begriff. Ein Stiller im Lande, hat er mehr bewegt als mancher prominente Laut-Sprecher. Christian Führer, Jahrgang 1943, ein Friedensapostel im besten Sinne des Wortes, ist *aufrecht in die* Demokratie gegangen und bemüht sich nun um den *aufrechten* Gang der Menschen *in der* Demokratie, etwa in einem Gesprächskreis für Arbeitslose. In unserem Beitrag setzt sich Pfarrer Führer selbst ein Denkmal, indem er zum Zeitzeugen für den Leipziger Oktober 1989 und seine Vorgeschichte wird.

*

Friedenspreisträger Friedrich Schorlemmer am 10. Oktober 1993 in der Frankfurter Paulskirche:

F. S.: The Day After wurde bei uns der 10. Oktober 1989. Da fiel in der Angstnacht keine Bombe, da fiel kein Schuss, da begann ein bankrottes Gewaltsystem sich gewaltlos zu verabschieden. Weil in jener Nacht Gewalt ausblieb, war der Weg zur Demokratie frei. Dieser 9. Oktober ist ein Tag, den Ostdeutsche in die friedliche deutsche Demokratisierungsgeschichte eingebracht haben. Doch er wurde der gesamtdeutschen Vergesslichkeit überantwortet, um dann alles, ob Fahne, Hymne und Verfassung, Parteienstaat, Rechtssystem und Wirtschaftsordnung, auf unsere vierzigjährige umgestülpte Ordnung zu übertragen. Was sich bewährt hat, hat sich bewährt. Dem Tag eines Rechtsakts von Regierungen, über den ich nicht unglücklich bin, nicht dem Geschichtstag couragierten Bürgersinns, ließ man die Ehre des Nationalfeiertags angedeihen. In einer wunderbar kontrastierenden Korrespondenz zum gestrichenen 17. Juni 1953 steht aber doch der 9. Oktober 1989. Dass nichts bleibt, was wir waren?

*

C. F.: Ich habe mich sehr darüber geärgert, dass der 3. Oktober zum Tag der Einheit gemacht wurde. Der 3. Oktober, muss ich sagen, ist für mich nichts. Das Datum ist für mich der Tag nach dem 2. Oktober. Mit dem verbinde ich nichts. Da ist nun jahrzehntelang der 17. Juni als Tag der Einheit im Westen gefeiert worden, der führte ja nun gerade nicht zur Einheit, sondern zur Mauer, zur verhärteten Situation. Und der 9. Oktober, der nun wirklich etwas Beispielloses, wie wir jetzt erkennen, vielleicht in unsere Geschichte gebracht hat – eine geglückte Revolution und dazu noch unblutig, gewaltfrei –, dass dieser Tag eliminiert wurde von der jetzigen Regierungskoalition, das kann ich natürlich nicht als einen Zufall betrachten, der 9. Oktober ist unser „Kapital", das wir einbringen. Da saßen die etablierten Mächte in den Altbundesländern, in der alten Bundes-

republik, nur am Fernseher und guckten zu. Also Finanzen, Wirtschaft, Militär – alles, was sonst in der Politik eben die bewegenden Kräfte sind –, die haben dort geschwiegen, die hatten nichts zu sagen. Das haben allein diese geknechteten Ossis hier fertiggebracht.
Es hatten ja viele Städte dann ihren 9. Oktober. Die Berliner hatten am 4. November ihren 9. Oktober, aber da war ja schon die ganze Gefahr raus, Honecker war zurückgetreten, das Politbüro zurückgetreten. Da war schon die große Gefahr vorüber. Andere Städte wie Dresden oder Zwickau, Plauen, Jena in Thüringen und so weiter, die haben dann alle ihren 9. Oktober gehabt, aber eben danach. Und ich denke, wir sollten uns aufschwingen, diesen Tag lebendig zu erhalten, nicht in Form eines Denkmals, das finde ich immer unangemessen, da denke ich immer an die Nazi- oder Stalin-Zeit, sondern wenn das im Herzen und im Bewusstsein der Leute lebendig bleibt, und dazu tragen auch die Schriftsteller und die Künstler enorm mit bei durch ihre Beiträge. Dann möchte ich durch so einen Beitrag das mit dadurch lebendig erhalten, dieses Datum.
Erst wenn man den 9. Oktober beseitigt, kann man die ehemalige DDR zum Beitrittsgebiet erklären. Dann haben wir nämlich nichts mitzubringen, dann werden wir einfach irgendwie geschluckt und angeschlossen, und das tut der Seele gar nicht gut. Das war die einzige Identität, die wir eigentlich mitbringen konnten – und nicht nur Identität. Das war der Stolz, der all diese Entwicklungen möglich gemacht hat.

Das Friedensgebet, die Nikolaikirche und der Leipziger Montag. Wie alles anfing.

C. F.: Ich bin am 4. November 1980 mit meiner Familie hier eingezogen. Dienstbeginn war schon am 13. Oktober. Und das war zugleich der erste Versuch einer Friedensdekade als gesamtdeutsches Unternehmen der evangelischen Jugendpfarrämter, und da habe ich – mir war schon immer Gerechtigkeit und Frieden, diese beiden Dinge waren mir sehr wichtig – da habe ich gedacht, das wird von den Gemeinden nicht gleichermaßen aufgenommen werden, dieses Anliegen. Aber hier, so mitten schön in der Großstadt, da machen wir ein zentrales Angebot. Da habe ich den damaligen Stadtjugendpfarrer dazugenommen, und wir haben dann miteinander diese Friedensdekade begonnen, sind also eingestiegen, ’81 dann richtig, und das ist von den Jugendlichen besonders erstaunlich angenommen worden, diese zehn Tage im Herbst, die besonders dem Gebet, dem Nachdenken und dem persönlichen Einsatz für den Frieden dienen sollten. In dieser Phase der Hochrüstung ist dann von einer kleinen jungen Gemeindegruppe der Gedanke gekommen, das reicht nicht, einmal im Jahr zehn Tage, sondern jede Woche kontinuierlich müsste ein Friedensgebet stattfinden. Das hat der Kirchenvorstand sofort auch genehmigt, und so ist am 13. September 1982 das erste der montäglichen Friedensgebete erfolgt, und das ist durchgehalten worden. Das war ja auch einer der Gründe, weshalb also Leipzig und kein anderer Ort, diese Kontinuität immer an derselben Stelle, ununterbrochen immer Nikolaikirche Leipzig, sodass man das wusste, auch unabhängig von Einzelaktionen, während das zum Beispiel in Berlin eben doch mal die Gethsemanekirche, mal die Zionskirche waren, mal die Sophienkirche, mal die Marienkirche.

Dr. Berger von der Stasi, das Konzept der Zersetzung, die Verhaftungslisten.

C. F.: Und da sind ja besonders diese Basisgruppen zu nennen, die sich hier sammelten in dem Kirchenbezirk: Synodalausschuss Gerechtigkeit, Frieden, Bewahrung der Schöpfung. Wer natürlich von Anfang an dabei war, das war der Dr. Berger, der ja nun wirklich ein maßgeblicher Stasi-Mann gewesen ist. Der ist verhängnisvollerweise Vorsitzender dieses Ausschusses gewesen, und der hat den von der Stasi so betriebenen Differenzierungsprozess nun hier in voller Stärke betrieben. Wir haben dem also auch viele ... Ich hatte ja viel mit Ausreiseleuten zu tun. Ich hatte '86 einen Mittwochsgottesdienst zum Thema gehalten, '87 einen Gesprächskreis „Hoffnung für Ausreisewillige" gegründet und dann diesen Vortrag „Leben und Bleiben in der DDR" gehalten. '88, wo so viele Leute dann gekommen sind, da haben wir in der Beratung, weil Dr. Berger Jura studiert hatte, auch Jurist war, viele Leute zu ihm überwiesen und natürlich hier am Telefon immer de Maizière und Schnor angerufen, die Leute, die dann zu uns kamen. Es kommt einem hinterher schon wirklich furchtbar vor, wie wir dann nicht wussten, *wem* wir die Leute anvertraut haben. Und der Dr. Berger, der hat tatsächlich eine ..., der war von Anfang an immer mit dabei. Der hat also all dieses mitgekriegt, was hier lief. An mir persönlich, muss ich sagen, hatte die Stasi keine große Freude. Ich habe innen und außen denselben Text. Also da war nicht viel Geheimnisvolles herauszuholen. Was ich gesagt habe, das habe ich hier und auch draußen gesagt. Nur die Bedrückung oder dieses ganze Konzept der Zersetzung der Persönlichkeit, was sie hier betrieben haben, das war natürlich auch nicht ohne Folgen geblieben, aber das ist wieder eine andere Sache.

Ein persönlicher Vorgang ist mir in Erinnerung geblieben. Am 11. September 1989 waren zum ersten Mal ganz rüde Verhaftungen hier vor dem Fenster. Ich bin ja nach dem Friedensgebet immer so schnell, wie es die Massen zuließen, in die Kanzlei rein, um ans Telefon zu kommen, und bin dann hier gewesen für die Leute, die nun reindrängten ins Haus, dem Polizeizugriff zu entkommen. Am Anfang konnte ich die hinten in der Ritterstraße 5 rauslassen. Die wussten nicht, dass da noch ein Ausgang ist. Später stand die Polizeiabsperrung auch dort schon gestaffelt. Da ging das nicht mehr. Wir hatten ja die Devise ausgegeben für die Jugendlichen insgesamt: Wenn jemand verhaftet oder zugeführt wird, dann schreit euren Namen und eure Anschrift in die Massen. Irgendeiner nimmt's auf. Wir können das nicht so erkennen. Dann haben wir diese Listen angefertigt, haben die in unserer schwarzen Ecke ausgehängt, sodass die Eltern der Zugeführten – es waren ja auch Sechzehnjährige dabei manchmal, die wussten ja 24 Stunden nicht, was los ist. Die kamen dann in die Kirche und, soweit wir es konnten, hatten wir diese Listen immer auf dem Laufenden gehalten. Da ist also dem Herrn Magirius ein großes Verdienst zuzuerkennen, das ist, glaube ich, auch noch nicht so deutlich gewürdigt worden. Der hat sich sofort am selben Tag bzw. am nächsten Morgen bemüht, die Zugeführten wieder rauszukriegen. Das ist auch in vielen Fällen günstig gewesen für den Stil der Verhandlungen. Wenn die wussten, dass jemand, der Name, bei der Kirche bekannt war, sind sie mit den Leuten etwas menschlicher umgesprungen, weil sie Angst hatten, dass das dann rauskommt und dass wir das auch zur Sprache bringen.

Und da war am 11. September die Sache so, dass ich also dort das erste Mal ausgerastet bin, als ich gesehen habe, wie die mit den Leuten umgegangen sind. Da habe ich das Fenster aufgemacht, habe auf die Fensterabdeckung getrommelt und gesagt: „Denkt nur nicht, dass das ungestraft bleibt. Wir merken uns eure Gesichter. Lasst das!" So in diesem Sinne. Die drehten sich ganz verblüfft um, die Polizisten, und sagten: „Das ist uns scheißegal, ob du, ob ihr euch unsere Gesichter merkt."

Von dem Montag darauf an habe ich den schwarzen Anzug und den schwarzen Schlips angezogen. Ich bin sonst immer anders gekleidet. Mit Anzug erkennt mich kaum jemand. Aber aufgrund dieser Eindrücke – und das hat mir also der Staat wieder mächtig übel genommen – habe ich eine entsprechende Erklärung abgegeben an dem 18. dann, Montag darauf, und habe dieses einfache, simple Zeichen – wie gesagt, den schwarzen Schlips hatte ich nur zur Beerdigung meiner Mutter und meines Vaters um – „und ich lege den nicht eher ab, bis das aufhört", so in diesem Tenor. Da gab es sofort Beschwerden beim Landeskirchenamt. Das entbehrt natürlich auch nicht einer gewissen Komik, dass man sich darüber beschwert, dass der Pfarrer mit schwarzem Anzug in der Kirche auftritt. Das war natürlich den Genossen vom Rat des Bezirkes irgendwie entgangen. Da waren schon immer mal so eigenartige, humorvolle Einlagen.

Der Gewandhauskapellmeister Masur, die Gitarrenjünglinge und die Scham.

C. F.: Eine besondere Rolle spielt Professor Masur. Da muss ich sagen, da möchte ich zwei Dinge, die mir '89 auch bekannt geworden sind, hervorheben. Das eine ist seine Rolle beim Straßenmusikfestival. Die Leute sind ja hier gejagt worden. Und bei uns hier im Amtszimmer, da flüchteten sich um zehn abends einige Gitarrenjünglinge herein, deren Kollegen sie von der Straße weg verhaftet haben und die nun nicht wussten, was ist, die nun einfach die 24 Stunden abgewartet haben. Und da hat Professor Masur sich doch für diese Leute eingesetzt.

K. M.: Ihr müsst mehr Mut haben. Das ist das Problem. Ich glaube, wir müssten das versuchen, das, was uns an Möglichkeiten gegeben ist, auch durchzusetzen. Ich bin jemand, der ist hier großgeworden in der Stadt, ohne irgendwelche Voraussetzungen. Ich hatte ein Stipendium, aber kein Extrageld. Ich musste mir alles nebenbei verdienen. Wenn mir heute jemand sagt: Sie, Sie können das sagen, oder Sie können sich das leisten, das ist nicht so. Das war bei mir genauso wie bei jedem anderen auch. Nur habe ich immer gefragt: Warum nicht? Was daran ist schlecht? Und wenn ich es für mich für gut finde, dann kämpfe ich darum so lange, bis ich etwas durchgesetzt habe. Und das ist, glaube ich, das Wichtige, wo wir uns gegenseitig Mut machen sollten.

C. F.: Und einmal ein Fernsehinterview, das ich gehört habe. Ich kann aber jetzt das auch nur so vage von der Zeit her sagen, das muss im Juli oder August gewesen sein, '89. Da wurde Masur gefragt: „Was sagen Sie, Herr Gewandhauskapellmeister, zu den Dingen, die wenige hundert Meter neben Ihrem Gewandhaus vor der und in der Nikolaikirche passieren?" Das war damals eine recht schwierige Frage, und da hat er nach meinem Dafürhalten sehr lange geschwiegen. Also ich weiß nicht, im Fernsehen sind schon zehn Sekunden irgendwie sehr lange, wenn da nichts erfolgt. Und er hat dann gesagt: „Ich schäme mich." Diese drei Worte sind mir haftengeblieben, weil das im Juli oder August '89 doch ein gutes Wort auch in Bezug auf uns war, denn wir standen, wie Sie sich denken können, so ziemlich allein hier auf weiter Flur.

Die Leute von der Sicherheit, ihre Provokateure und das Deutschlandlied. Brüder, zur Sonne, zur Freiheit.

C. F.: Provokationen von der Stasi hat es ja nur wenig gegeben, seltsamerweise. Also mir sind nur drei Fälle bekannt: zweimal in der

Kirche und einmal vor der Kirche. Die Leute waren ja nun reichhaltig immer in der Kirche, und ich habe das auch immer als positiv angesehen. Also die DDR war ja exemplarisch hier irgendwie vertreten. Und ich habe dann gesagt: „Wir begrüßen besonders herzlich heute die offiziellen und inoffiziellen Vertreter des Staates." Da mussten schon alle schmunzeln. Oder den meisten Erfolg hatte ich mit der Formulierung: „Liebe Montagsgemeinde, wenn wir uns umsehen, sind wir heute wieder mal mit Sicherheit 2.000 Leute in der Kirche." Und da fingen die Leute an zu lachen, dieser Terminus technicus. Und das war so unheimlich befreiend, dass dieser Repressionsapparat, vor dem alle eine höllische Angst hatten, wo niemand wusste, wie sehr sie schon dran waren, dass man über die mal schmunzeln konnte, dass die hier in der Kirche irgendwie ihre Macht verloren hatten. Die mussten ja nun still sitzen und durften sich nicht zu erkennen geben, obwohl wir sie nun inzwischen beinahe alle kannten. Die standen ja auch immer ganz unauffällig zu dritt hier vorm Haus. Dann haben sie nochmal die Taktik angewendet und haben einen vorgeschickt mit einem nagelneuen Jeansanzug. Es war fast noch das Intershop-Schild dran. Und der wagte auch seine Augen kaum aufzuheben, um biblisch zu reden, und der hat also dann gemurmelt irgendwie ins Mikrofon, wir können nicht immer beten, wir müssen hier auf der Straße und so weiter und so fort, was ja ohnehin schon passierte, aber da war – ich weiß auch nicht – mit Zeitangaben ist es schwierig, jedenfalls kam es uns sehr lang wieder vor, so fünf Sekunden vielleicht Totenstille in der Kirche, und dann wackelte der fort. Dann war's erledigt. Der Zweite, der hatte sich Mut angesoffen vorher. Der kam hin: „Nun, Leute, hier mach ich mal was, ich will euch mal was sagen!" Dann war Christoph Wonneberger, mein Kollege, dran. Der hat das schlau gemacht und gesagt: „Weißt du was, heute haben wir uns vorbereitet. Du kannst nächsten Montag wiederkommen." – „Nein." – Und da sagte der Wonneberger: „Also, wie ist das hier, liebe Gemeinde? Wollt ihr den jetzt hören oder uns?" Das war natürlich gefährlich, wenn die gesagt hätten, wir wollen den jetzt hören. – Die haben gesagt: Nein, also der ist besoffen. Weg. Und da war das erledigt. Das waren die zwei einzigen offensichtlichen Provokationen, die ich in der Kirche erlebt habe. Und hier vorm Haus, da waren so zehn Leute, Berufsjugendliche von der Stasi. Die sprangen dort rum und brüllten Nazi-Parolen und fingen an, das Deutschlandlied zu singen, und die wurden nicht angerührt, während hier zwei an der Ecke standen, zwei Besoffene. Die haben sie gleich vom Platz genommen, die nun wirklich harmlos waren irgendwie. Wissen Sie, was da passierte? Da fingen die Leute an zu singen, „Brüder, zur Sonne, zur Freiheit", ringsum. Also das war wirklich ... Was das Volk an Kreativität, Witz, Humor, Esprit geleistet hat, das war unerreicht. Da waren die Polizisten wieder, die waren ja immer sehr genervt und wussten selber innerlich nicht, wie sie das ... Die konnten die ja nun nicht verhaften. Grund: Absingen des Liedes „Brüder, zur Sonne, zur Freiheit". Das war nun in der DDR weiß Gott kein Haftgrund. So ging das zu. Damit war auch diese Provokation eindeutig als solche erkannt, gekennzeichnet, und die blieben einsam, und alles versickerte dann in der Ritterstraße.

Kunst des Arbeitskollektivs und die Kerzendemonstration der Müllabfuhr.

C. F.: Ich habe mich gefreut, dass so eine Kreativität da war. Und wenn Sie sich vorstellen, was die Leute für Plakate gemalt haben, für mich auch. Die haben mir das dann gesagt und haben das hierhergebracht. Was die sich überlegt hatten, wie großartig diese Begabung zum Ausdruck kam, treffsicher, genau, mit Humor bis hin zu

Sachen ... Hier wurden dann ja Blumen und Kerzen Tag für Tag gebracht, etwa vom Juni an. Also ab 8. Mai 1989 wurden die Zufahrtsstraßen hier abgesperrt von der Polizei, man beachte das Datum, und im Gefolge wurden für die Zugeführten Blumen und Kerzen gebracht. Da entsinne ich mich auch noch, zum Beispiel kleine Kunstwerke hatten die gebracht, Graphikstudenten oder sowas, Künstler, die arbeitslos geworden waren oder die Ausreisewillige waren. Die hatten das gemacht. Die wurden in die Fenster gehängt, die Zettel, die die Stasi abends immer abnahm, die wurden von den Jugendlichen dann einen Meter höher gehängt am nächsten Tag. Da stand auch mal so eine große Vase dort in der Ecke, fast wie zu einer Beerdigung, mit zwei Kranzschleifen. Da stand auf der einen Seite, das weiß ich noch: „Kopf hoch, Mike." Auf der anderen Seite: „Dein Arbeitskollektiv." Das war die Stimme des Proletariats. Das war natürlich für unsere Genossen furchterregend, dass das nun bei der Kirche ..., wo sie doch dachten: Die Märchenerzähler aus dem letzten Jahrtausend, die sind irgendwie was für ein paar alte Om'chen. Das klappte ja nun hinten und vorne alles nicht mehr mit ihrer Ideologie, wie *sie* die Kirche gesehen hatten. Und nun also diese Dinge. Oder das mit der Müllabfuhr, wo sie dann ..., diese schöne Story. Die steht auch in keinem Geschichtsbuch, wie sie mich angerufen hatten von der Stadtreinigung, vom Rat der Stadt, ich hätte ..., die Kerzenreste müsste ich unbedingt wegmachen, damit die alten Leute nicht ausrutschen auf den Kerzenresten. Da habe ich gesagt: „Wissen Sie, die Fürsorge ist sehr gut für unsere Bürger, aber ich möchte Sie darauf aufmerksam machen, dass aus allen Lagen Schornsteine umkippen und Dachziegel vom Dach fallen. Da geht es nicht nur ums Ausrutschen, sondern da ist Exitus letalis, wie ja auch passiert hier in Leipzig. Wenn Sie alle Dachziegel befestigt haben und die Schornsteine sanieren und keine Gefahr mehr von oben droht, dann werde ich gerne auch die Kerzenreste wegmachen, dass mir ja niemand dort ausrutscht."

Dann haben die am nächsten Tag, mitten im Sommer, die Stadtreinigung mit Schneeschiebern hierhergeschickt. Es war nun dort schon ein ansehnlicher Haufen von alten Blumen, war fast wie auf dem Friedhof, in einer Ecke. Die hätten wir sowieso mal entsorgen müssen. Die kamen, machten alles weg, Kerzen, Blumen, alles. Und ich dachte: Jetzt haben sie dich überlistet. Also so kann man's auch machen. Das war nachts um zwölf. Ich kann von oben immer nach unten gucken, das alles sehr schön hier sehen. Und wissen Sie, was die dann machten? Die holten die ganzen Kerzen dann raus, machten die an und stellten die, eine nach der anderen, in sämtliche Fenster hier an der Kirche. Das sah aus wie zu Weihnachten im Erzgebirge. So haben sie den Befehl durchgeführt. Das sind Dinge, wissen Sie, die werden in keinem Geschichtsbuch jemals stehen. Das habe ich gesehen, das hat mich so bewegt, wie die das gemacht haben. Das gehört zu der Revolution des Volkes und der Kerzen mit dazu. So haben die den Befehl der Stadtreinigung ausgeführt, namenlose Leute, die ich auch nicht kenne, die ich so gesehen habe, und das erzähle ich auch immer so, wenn ich irgendwo bin. Den Leuten möchte ich eben überall gern ein Denkmal setzen und – wie gesagt – den Jugendlichen, die unverdrossen sich Montag für Montag hier haben verhaften lassen.

Der 9. Oktober 1989, die Genossen beim Friedensgebet und die raffinierte Taktik Gottes.

C. F.: Wir hatten am 2. Oktober im Kirchenvorstand alle Innenstadtkirchen gebeten, gleichzeitig mit uns am 9. Oktober ein Friedensgebet zu halten. Grund: Damit so viele Menschen wie möglich von der Straße weg dem Polizeizugriff entzogen wurden und in die Kirchen kommen und dass sie die Botschaft der Gewaltlosigkeit in aller Dringlichkeit von uns hören. Und dass natürlich dann 70.000 kamen, das passt in keine Kirche herein. Etwa 9.000 haben wir in die Kirchen bekommen.

Wir waren ja sehr gut informiert, also ich möchte fast sagen, genauso gut wie die Stasi, weil die Menschen uns ihre ganzen Ängste rüberbrachten, uns laufend anriefen. Und die bis dahin schärfste Information war aus einer internen Offiziersberatung in der Schumann-Kaserne, wo uns mitgeteilt wurde, dass Honecker irgendwie hat durchsickern lassen, dass Schorlemmer in Wittenberg und die Nikolaikirche in Leipzig besonders, weil da so viel von woanders her mitkam, dichtgemacht werden müssen, was immer das bedeutet. Und wir hatten die Information, dass etwa tausend Genossen im Rathaus und in der Universität zusammengezogen worden sind. Und von diesen tausend Genossen, kann ich also sicher sagen, sind etwa 600 gekommen, denn unsere Kirche ... Unten haben wir 666 Sitzplätze. Da kann man ungefähr abschätzen, wenn unten voll ist, wie viele da drin sitzen. Also sagen wir mal, zwischen 500 und 600 waren gekommen. Da gibt es also nun sehr unterschiedliche Auffassungen. Ich habe auch mit verschiedenen ... Die haben dann allerdings zwei Jahre nach '89 sich dann mit mir in Verbindung gesetzt und haben dann ..., all die edlen Gründe, die sie bewogen haben, in die Nikolaikirche zu kommen, haben sie mir genannt. Das konnte ich dann nicht mehr so ganz ernst nehmen. Also ich nehme es erst mal ernst, indem ich zuhöre. Aber da muss man natürlich sehr aufpassen, was '91 zu einer Sache gesagt wurde, die '89 lief.

Die waren also schon um zwei da. Der Küster holte mich, ich also schnell in meinen schwarzen Anzug gesprungen und bin rübergekommen. Das war eine sehr komplizierte Situation, weil die ganze Stadt so ..., also wirklich Bürgerkriegszustand. Das ging von früh an, diese Schreckensmeldungen, die wir hier bekommen hatten. Wir hatten ja auch den 7. Oktober, der ja als Volkstrauertag nun in die Geschichte eingeht, erlebt, wo Hunderte von Menschen in die Pferdeställe nach Kleeberg gepfercht worden sind, diese Schläge auf wehrlose Menschen von uniformierten Beamten. Da bin ich also rüber, und die saßen nun mit eiserner Miene hinter ihrem *Neuen Deutschland* verschanzt. Man sah es ihnen an: Viele von ihnen waren zum ersten Mal in ihrem Leben in einer Kirche und fühlten sich offensichtlich sehr unwohl. Offensichtlich der Zwiespalt, was sie hier wollen und sollen und was sie können. Manche sagten, sie wollten ein Gespräch führen. Nur, wenn sie in ein Friedensgebet kommen zum Gespräch, dann müssten sie halb fünf hier in die Vorbereitungsgruppe kommen. Zeugnisse der Betroffenheit hätten sie jederzeit sagen können. Das ist also ein Grund, den ich auch nicht so ganz ernst nehmen kann, denn während des Friedensgebetes gibt's keine Gespräche hin und her. Da gibt's die Dinge, die man machen kann, dass man eine Fürbitte halten kann, dass man vorkommen kann, was zu sagen, aber Gespräche, das kann man dann höchstens hinterher machen. Also dieser Grund fällt auch weg.

Ich habe dann gesagt: „Ich möchte Sie herzlich begrüßen. Sie haben bestimmt unser Schild gelesen: Nikolaikirche offen für alle. Das meinen wir auch so. Herzlich willkommen." Die guckten mich nur an. Was macht der da jetzt? Dann habe ich gesagt: „Wir fangen 17 Uhr erst mit dem Friedensgebet an, weil das arbeitende Proletariat ja erst nach 16 Uhr kommen kann." Da wussten einige nicht, wie ihnen geschah. Ich sagte: „Sie werden Verständnis haben, wir lassen die Empore noch eine Weile zu, dass auch noch ein paar Arbeiter und ein paar Christen in die Kirche reinpassen." Da mussten dann doch einige lachen. Das heißt, die wussten, dass ich weiß, wer sie sind. Und das hat die Situation etwas entkrampft. Ich habe dann im Stil einer Kirchenführung, muss man sagen, alle halben Stunden so einige Dinge von der Kirche erklärt, der Situation. Dann musste ich ja dauernd an die Fenster hin. Wir hatten schon hier oben auf halber Treppenhöhe so handgemalte Zettel raus und hingewiesen auf alle Kirchen, die auch Friedensgebete haben, und halb vier war dann alles rappelvoll. Da ging überhaupt nichts mehr rein. Das waren also etwa 2.400 Leute gewesen, und da war es dann wirklich nicht mehr möglich.

Das Erstaunliche für mich war, dass die Genossen nicht nur nicht gestört haben, sondern dass sie selber mit zu einem Bestandteil des Friedens dieses Abends geworden sind. Für mich immer diese Parallele aus dem Alten Testament aus den Josefsgeschichten, Genesis 50, wo dann Josef, der von seinen Brüdern verkauft wurde, und als die nun Angst vor ihm haben, am Ende sagt: „Ihr gedachtet, das Böse zu machen, Gott gedachte, es gut zu machen." Die waren also in die Kirche gekommen mit der Maßgabe, dort hetzt der Pfarrer die Leute auf. Dort werden also ..., wird die Konterrevolution gemacht. Selbst dieser Stumpfsinn wurde kolportiert: Der Pfarrer würde aufrufen, Steine und Helme und Knüppel mitzubringen zum Straßenkampf – also völlig abwegige Sachen und hinten in unserer schwarzen Ecke hinge die Liste der Polizisten, die gelyncht werden sollten. Das hatten die offensichtlich verwechselt mit den Namen der Inhaftierten. Das ist nun wahrhaftig eine gewaltige Verwechslung. Also, das hätte man jederzeit überprüfen können, indem man einfach mal in die Kirche reingeht. All dieser Stumpfsinn. So wurden die Polizisten motiviert oder die Armeeleute oder die Bereitschaftspolizei.

Und für mich das überraschendste Ergebnis war, dass am nächsten Tag einige Leute von diesen angerufen haben bei mir und sich für das Friedensgebet bedankten. Die hatten zum ersten Mal ein Friedensgebet live erlebt, und das konnte ihnen keiner aus dem Gehirn schlagen, was sie nun selber gehört und gesehen hatten. Das war ganz wichtig! Das ist eine besonders raffinierte Taktik der Regie Gottes an diesem 9. Oktober, denn wir hätten diese 600 Leute niemals anschreiben können. Wir hätten sie niemals erreichen können. Und wenn wir sie hätten erreichen können, hätten die gedacht, wir kriegen es jetzt mit der Angst zu tun und wollen irgendwie den Leuten was erklären. Das ist also eine ganz besonders wichtige Sache auch gewesen.

Bewegend war ja, dass die Leute immer vor der Kirche standen. Die blieben auch treu vor der Kirche stehen, die alle nicht reinkamen. Mir hat dann mal zähneknirschend ein Genosse gesagt: „Also ich stehe auch immer vor Ihrer Kirche. In die Kirche gehe ich nicht rein, ich bin Atheist." Ja, die Stimme des Volkes. Und ich sage ihm hier: „Das macht ja auch gar nichts, auch Atheisten passen in die Kirche rein." Und der sagt: „Wenn ich da hier vorne stehe und sehe wie die Leute hier die Kirche anhimmeln, also da wird's einem schon anders." Das heißt, dieses Gefühl, irgendwie miteinbezogen zu sein. Die hätten ja auch erst um 18 Uhr kommen können – oder? Die wussten ja, wann das Friedensgebet ist. Nein, die kamen um 17 Uhr alle und blieben hier auf diesem Platz stehen.

Der Aufruf des Professor Masur, das Evangelium und der Bischof.

„Guten Abend zu ‚Leipzig heute am Montag'. Themen in den nächsten Minuten sind die Theaterpremiere am Abend in der neuen Szene, die Namensverleihung für die 105. Polytechnische Oberschule in Paunsdorf und der obligate Gerichtsbericht am Montag. ‚Leipzig heute' vor allem jedoch zu jenen Geschehnissen, die uns im Moment wohl alle bewegen, die so oder so jeden von uns berühren. Leipzig heute am Montag. Der Montag hier in Leipzig. Michael Zock brachte vor wenigen Minuten Folgendes aus dem Gewandhaus: ‚Die Leipziger Bürger, Professor Kurt Masur, Pfarrer Dr. Peter Zimmermann, der Kabarettist Bernd Lutz Lange und die Sekretäre der SED-Bezirksleitung, Dr. Kurt Meyer, Jochen Pommert und Dr. Roland Wötzel wenden sich mit folgendem Aufruf an alle Leipziger: ‚Unsere gemeinsame Sorge und Verantwortung haben uns heute zusammengeführt. Wir sind von der Entwicklung in unserer Stadt betroffen und suchen nach einer Lösung. Wir alle brauchen einen freien Meinungsaustausch über die Weiterführung des Sozialismus in unserem Land. Deshalb versprechen die Genannten heute allen Bürgern, ihre ganze Kraft und Autorität dafür einzusetzen, dass dieser Dialog nicht nur im Bezirk Leipzig, sondern auch mit unserer Regierung geführt wird. Wir bitten Sie dringend um Besonnenheit, damit der friedliche Dialog möglich wird. Es sprach Kurt Masur.'"

C. F.: Der Aufruf von Masur, der ist ja gar nicht so richtig übertragen worden. Das liegt an der DDR. Ja, die Technik. Wie das nun so ist. Der Stadtfunk. Per Lautsprecher ging nicht. Die anderen, da hörte man nur so wenig, wenn man direkt danebenstand. Da ist der Masur oder irgend jemand auf den Gedanken gekommen, vielleicht war es auch der Peter Zimmermann, das in die Nikolaikirche zu bringen. Vielleicht auch noch in andere Kirchen, das weiß ich nicht. Jedenfalls, der kam schweißüberströmt an und trommelte an die Kirchentür. Und die sagten: Der Irre, der spinnt. Die Kirche ist überfüllt, wir wollten auch rein, hör auf! Er sagte: Nein, ich muss rein! Und das war das Besondere: Da war gerade ein Küster an der Tür, was ja nun bei dieser überfüllten Kirche auch schon ein Zufall ist, denn wir können ja nicht an allen Türen gleichzeitig sein. Und da sagte Zimmermann: „Ich muss unbedingt dem Christian Führer einen Zettel übergeben." Und da hat er den reingelassen. Und die Leute waren so diszipliniert – das gehörte zu der Gewaltlosigkeit –, die sind nicht in die Kirche reingeströmt oder was, sondern das ging ganz friedlich auf und zu. Der kam also schweißüberströmt zu mir und sagte: „Hier ist noch was, kannst du das nicht noch verlesen?" Ich habe mir nur kurz, ich hatte auch gar nicht so richtig die Ruhe dazu, das nun gründlich zu lesen. Ich habe das nur mehr oder weniger kurz überflogen, den Inhalt, und habe dann gesagt: „Das werden wir sofort noch verlesen!" Das haben wir noch vor dem Segen des Bischofs verlesen.

Und da haben die Leute in der Kirche geklatscht. Das wurde als so gut empfunden, dass Kirche *und* Kultur, Kunst *und* Evangelium, die beiden Säulen, die mir auch immer so wichtig sind, dass in dieser bedrohlichen Situation da noch dieses gute Signal ... Im Grunde war nur der Name Masur maßgebend, denn die SED-Bezirkssekretäre, die kannte niemand. Und wenn, dann hätte das eher Pfiffe geerntet. Also, deren Rolle war ja nun ganz neu in diesem Aufruf. Die waren ja in keiner Weise bisher irgendwie ans Volk getreten. In einer Weise, die beklatschenswert gewesen wäre. Da haben die Leute geklatscht.

Und dann war ein weiteres Wunder des Tages, dass der Bischof sich in den Kopf gesetzt hatte, in alle Kirchen zu gehen und ein Segenswort zu sprechen und zum Schluss in die Nikolaikirche. Da haben alle gesagt: Also, mein lieber Hempel, das wird nischt, und der ist tatsächlich ... Wir haben gesagt, wir haben uns ja vorher noch mal getroffen um vier, da habe ich gesagt: „Versuchen Sie's mal hinten rein, wir stellen jemanden an die Tür hinten, die Katechetenkapelle, ob Sie dort reinkommen. Das ist der Ort, der relativ … Also dort stehen noch am wenigsten Leute." Und das hat also auch geklappt.

Es gab keine Sieger und Besiegten, es hat niemand das Gesicht verloren. Das Wunder von Leipzig.

C. F.: So ist das also ein ganz besonderer Punkt, den ich immer benenne, dass also diese nichtchristliche Bevölkerung, diese Ungeeigneten, diese gebeugten Kreaturen, die Anpasser, wie sie so im Westen alle gesehen wurden hier in der DDR, wie die Leute betrachtet wurden, dass diejenigen dann die waren, die die Botschaft Jesu der Bergpredigt, diese zentralste Botschaft, die die Kirche selber nicht durchhalten konnte – fast nie –, dass sie das aufgenommen haben in diesen gewaltigen Rufen: „Keine Gewalt!" und „Wir sind das Volk!" So haben wir das Schalom Aleichem von Jesus noch nie gehört. Das war auch unsere einzige Chance. Denn – wie Sindermann dann sagte: „Wir waren auf alles vorbereitet, nur nicht auf Kerzen und Gebete." Auf alles andere waren die Deutschen vorbereitet, die sind ja immer gründlichst vorbereitet und hatten ihren Einsatzbefehl, wussten, was sie zu tun hatten. Und das ist ein Moment, den ich in meinem Leben nicht vergessen werde, wie ich hier heraus wollte, wir alle zusammen diese Kerzen hatten, was ich auch immer sehr oft schon gesagt habe, kann man nur zwei Hände zu einer Kerze …, damals gab es noch nicht den dann von den Leipzigern kreierten Montags-Demo-Becher, den gab's noch nicht. Das war ja sozusagen die Uraufführung. Man konnte nicht gleichzeitig Steine oder Knüppel haben und Kerzen. Diese Gewaltlosigkeit, das war unsere einzige Chance, aber die war so überwältigend. Das hat auch dann Carl Friedrich von Weizsäcker gesagt. Es war ein bestürzendes Erlebnis, was hier in Leipzig stattgefunden hat. Bestürzend, überwältigend und für mich das Besondere, dass an diesem Abend eben wirklich für mich im Geist Jesu ... Das heißt, es gab keine Sieger und keine Besiegten. Es hat niemand das Gesicht verloren. Es wurde nicht mal jemand verprügelt. Das kann ich nur mit dem Wort „Wunder" bezeichnen.

Und als wir dann etwa so gegen zehn wieder zusammensaßen ... Also wir saßen einfach völlig erschöpft beim „Sup" hier unten und waren einfach froh, dass es ohne Blutvergießen vorübergegangen war. Zu mehr Gefühlen waren wir einfach nicht fähig. Wir waren dankbar, muss man sagen, Gott gegenüber, dass das Schlimmste verhütet worden ist. Wer sagt, dass er an diesem Abend irgendwie an Deutschland gedacht hätte oder Einheit oder die sanfte Revolution oder irgendetwas, das ist alles Mythologie der späteren Jahre und vornehmlich von Leuten, die nicht dabei waren, kreiert. Wir waren nur maßlos erleichtert. Zu viel mehr hatten wir nicht die Kraft an diesem Abend.

Wie der Wilde Westen verloren ging

gesendet im Deutschlandfunk 1995

Die Klappe fällt – Action!

Vor entsprechender Kulisse agieren Goldgräber und Saloongirls, Cowboys und Desperados, kämpft das Gesetz gegen Schurkerei und gewinnt, obwohl der Bösewicht in Schwarz dem Sheriff den Colt abnimmt. Das alles geht nicht ab ohne Geschrei und Gelächter, denn Akteure und Kameraleute, alle in entsprechender Kostümierung, rekrutieren sich aus den Zuschauern und umgekehrt – Westernfolklore – das ist *Denny's Westorama.* Sein Erfinder Mr. Dennis Farnsworth Judd, unter Freunden kurz Comic-Dennis, selbst ein Kerl wie aus einem Edelwestern, groß, stark, einer wie er würde spielend mit einem Dutzend Schurken fertig. Wo vor wenigen Jahren noch Berge von Viehfutter lagerten, geben heute Saloon, Poststation, Holzhäuschen eine stilgetreue Kulisse ab. Weder Planwagen aus Pionierzeiten fehlen noch die malerische Postkutsche und ebenso wenig das Pferdehalfter an der Wand. Daneben, festgehalten auf zahllosen vergilbten Fotos, die Genealogie der Farnsworth Judds und damit selbstredend die Geschichte des Städtchens.

„Kanab ist klein, kein Ort, um wirklich voranzukommen."

Darum wunderten sich alle, die ihn kannten, als der junge Dennis, aufgeweckt und clever, nach Abschluss der Schule und aus dem Krieg zurück, Geld bei der Bank aufnahm und in die Viehzüchterei seines Vaters einstieg. Der hatte, etwa 80 Meilen entfernt, etliche Rinderherden und Schafe auf Weideland. Wenig später begann er, auch mit Viehfutter zu handeln. Es wurde ein lukratives Geschäft.

Im vorigen Jahrhundert, zu einer Zeit, als der Westen tatsächlich so wild war, wie es Dennis' nostalgischer Mummenschanz den Touristen vorzugaukeln sucht, waren mit den ersten Siedlern auch seine Vorfahren nach South Utah/North Arizona eingewandert. Sie erreichten Kanab am 7. Juni 1858.

„Sie kamen als mormonische Pioniere, um hier Schafe und Ziegen zu züchten."

Mehr, so schien es, gab das Land auch nicht her. Spärlich war die Vegetation, außer Wacholder wuchs wenig. Überleben konnte nur, wer eine große Familie hatte, genug Hände, die zupackten. Die Vielehe, von den Mormonen praktiziert, bis sie die Regierung in Washington 1882 verbot, diente weniger körperlichen Freuden als der Arterhaltung. Je mehr Kinder ein Mann zeugte, desto höher würde dereinst sein Ansehen im Himmel sein, verhieß mormonischer Glaube, durch Fleiß erworbener Wohlstand war und ist das Zeichen göttlicher Belohnung. Kein Wunder, dass Mormonen als besonders geschäftstüchtig gelten, obwohl ihr tägliches Leben von moralischem Rigorismus geprägt ist. Das eine scheint das andere nicht auszugrenzen. Utah ist immerhin *der* US-Staat mit der geringsten Verbrechens- und der niedrigsten Scheidungsrate, Drogen- und Alkoholprobleme gibt es nicht. Weniger bekannt ist, dass die Spielcasinos von Las Vegas zu einem nicht unbedeutenden Teil in mormonischer Hand liegen.

Im Kleinen darf Kanab als das gelten, was Utah im Großen darstellt, und Comic-Dennis, wichtigster, weil erfolgreichster Mann am Ort, als typischer Repräsentant seines Glaubens. Diskriminierung von Minderheiten ist ihm zuwider, doch ginge es darum, in seinen Betrieben eine Arbeitsstelle zu vergeben, stünde die Reihenfolge fest: Vor einem Andersgläubigen käme ein Mormone, vor einem Schwarzen ein Indianer, vor beiden ein Weißer, *allen* jedoch würde stets ein Angehöriger des Familienclans vorgezogen.

Kanab – *KANAW* in der Paiute-Sprache – bedeutet: der Platz, wo die Weiden stehen.

So klein und wirtschaftlich so unbedeutend blieb bis heute das Mormonenstädtchen hart an Utahs Grenze zu Arizona, dass es in keinem unserer gängigen Lexika aufscheint: Eine Hauptstraße – der Highway 89, er führt vom Grand Canyon nach Salt Lake City – drei, vier schmale Querstraßen, das ist schon fast alles. Seine einzige Besonderheit verdankt der Ort seiner Lage inmitten einer Landschaft der Superlative, in der das Spektakuläre alltäglich ist und das Alltägliche außergewöhnlich.

„Egal, wohin man sich wendet, im Umkreis von wenigen Meilen finden wir die dramatischsten Szenerien, alles, was man sich vorstellen kann: Wüsten, Wälder, versteinerte Sanddünen, vor allem die Großartigkeit der Canyons."

Indianerland. Die Farbe Rot ist seine Metapher.

Dürftiges Gras
Meere von Hügeln aus Sand
Gräbern gleich
von denen jedes
die Geschichte eines Lebens erzählt.
Hier gehen die Tage
Jahre gehen
es geht die Zeit
nur die Weisheit der Erde spricht weiter
in den Stimmen
von Wasser und Wind ...

... so besingt es der indianische Lyriker und Komponist Carlos Nakai.

Es konnte nicht ausbleiben, dass irgendwann die Filmindustrie die grandiose Naturkulisse für sich entdeckte. Tatsächlich wurde schon 1924 in Kanab ein erster Western gedreht: *Deadwood Coach.* Ein ehemaliger Cowboy, Tom Mix, agierte als Hauptdarsteller. Mit diesem frühen Westernmovie begann die Karriere des Städtchens als „Utahs Little Hollywood".

Mehr als hundertzwanzig Filme wurden in den folgenden Jahrzehnten in und um Kanab produziert: *Mein Freund Flicka* (1943), *Buffalo Bill* (1944) mit Maureen O'Hara und dem damals noch ziemlich unbekannten Anthony Quinn, *Arabian Nights, Timbuktu* – um nur einige Titel aufzuzählen. 1953 folgte *Ride, Vaquero!* mit Robert Taylor und Ava Gardner, einer Besetzung, die Erfolg garantierte, galt doch der Star als schönster Mann der Welt, und Diva Ava als *die* Filmgöttin der Fünfziger. Zur Legende wurde John Fords *Stage Coach* mit John Wayne; unvergesslich bleiben *Der Regenmacher* mit Burt Lancaster und Katharine Hepburn, *The Greatest Story Ever Told* mit Max von Sydow, Charlton Heston, Sidney Poitier, und last not least *Mackenna's Gold* mit Gregory Peck. Clint Eastwood drehte '76 *The Outlaw Josie Wales* und '77 spielten Richard Burton und Max von Sydow die Hauptrollen in *The Heretic (Exorcist II).* Die Liste der Schauspieler von Rang, die irgendwann hier arbeiteten, schier endlos ist sie, reicht von Loretta Young über Marylin Monroe bis Jodie Foster, von Clark Gable bis Sean Connery und Edelcowboy Ronald Reagen.

„Natürlich habe ich als junger Mann auch in Filmen mitgewirkt, als A-Extra. A-Extra ist eine Person, die eine Nebenrolle übernimmt. Ich spielte in *Wagon Train* zusammen mit Robert Taylor. Er war der erste Star, mit dem ich arbeitete."

Immer wieder Nebenrollen, mal größere, mal kleinere, das war besser, als nur Komparse zu sein, mehr wurde nie daraus.

„So fing ich einige Zeit später an, als Stuntman zu arbeiten. Ich fiel von Pferden, sprang über Felsen, raste mit Planwagen über Geröll …"

Dennis, der Draufgänger – das Spiel mit der Gefahr reizte, doch hütete er sich zu hasardieren, es hätte seinem Charakter, seiner Erziehung widersprochen. Nichts überließ er dem Zufall. Den Körper fit halten, ihn in jeder Situation beherrschen war oberstes Gebot, forderte Selbstdisziplin und hartes Training. Wer als Stuntman versagt, ist selber schuld.

„In mindestens drei Filmen doubelte ich John Wayne, das war in *Stage Coach, Bigger Trail* und in *The Comancheros.*

Einige Male arbeitete ich auch mit Clint Eastwood zusammen, zum Beispiel in *The Outlaw Josie Wales.*

Heute machen wir keine Westernmovies mehr. Sie sind nicht gefragt. Die Jugend will Krimis sehen, Mordstories, Horrorshows. Das ist traurig. Aber ich hoffe, der gute alte Western erlebt eines Tages seine Wiedergeburt. Wir brauchen Helden, Vorbilder."

Den edelmütigen Cowboy? Den gerechten Sheriff?

Filme werden auch heute noch gedreht, Dokumentar-, Naturfilme. Immer häufiger finden sich europäische Teams ein.

„Wenn heute Filmleute kommen, führe ich sie herum, verweise auf besondere Szenerien, Gegebenheiten, berate. Und wenn sie Planwagen brauchen oder Komparsen, was auch immer, ich vermittle es ihnen."

Kaum einer kennt die Landschaften von Bryce-, Zions- und Grand Canyon wie Dennis, keiner weiß besser um ihre Gefährlichkeiten, keiner, wo und bei welchem Sonnenstand die Farben des roten Navajosandsteins am wirkungsvollsten leuchten.

Hand in Hand mit den Filmern kam der Tourismus.

„In den letzten sechs, sieben Jahren hat Europa, scheint es, den Südwesten entdeckt. Süd-Westen, darunter versteht man den Grand Canyon, Lake Powell, natürlich auch all die anderen Canyons und Naturparks.

Die Deutschen stehen an erster Stelle, sie lieben den Westen, sie lieben Cowboys und Indianer."

Auch darauf hat sich Dennis längst eingestellt. Er betreibt einen gutgehenden Souvenirladen, *Denny's Wigwam*, den er Jahr um Jahr vergrößert. Und ist mal eine Tour rechtzeitig angemeldet, dirigiert in ihrer Küche Mrs. Farnsworth Töchter und Schwiegertöchter, um ein handfestes *western cookout* auf die Beine zu stellen: scharfe Bohnen zu saftigem Roast Beef von Rindern aus der Schlangenschlucht, dazu in heißer Wacholderholzasche gebratene Kartoffeln, Büffelquark, knackige Salate. Auch wenn Whisky und Alkohol fehlen, – an erfrischenden Getränken herrscht kein Mangel, sogar kuhwarme Milch steht auf der Theke.

Einen besonderen Ruf allerdings hat sich Dennis mit der beachtlichen Auswahl ausgesuchter Stücke indianischer Handwerkskunst erworben.

„Der größte Indianerstamm hier im Südwesten sind die Navajos. Ihre Reservation liegt etwa 70 Meilen östlich von Kanab. Sie bringen uns all die Dinge, die sie anfertigen – Schnitzereien, handgewebte Decken, hochwertigen Silberschmuck, Keramik –, ihre schönsten Stücke, und wir verkaufen sie für sie. Und für die Payute um Kanab herum ihre wirklich kunstvollen Korbwaren."

Ehrliche Geschäfte bringen gute Freundschaft. Nur wenige Weiße genießen bei den Indianern ein ähnlich hohes Maß an Vertrauen wie Comic-Dennis.

„Es ist wahr: In frühen Pionierzeiten gab es große Spannungen zwischen den Indianerstämmen und den Mormonen, heute nicht mehr. Das ist endgültig vorbei."

Die Jungen sehen den Pfad
und folgen ihm
ohne zu zaudern
das Licht von zehn Wintern
überbringen sie jenen
die nach ihnen kommen.

Frauen in Hollywood

gesendet im Deutschlandfunk 1995

In Amerika gerinnt alles zur Show – sogar eine simple Touristenführung durch Filmkulissen. Zwei Stunden Entertainment pur liefert Susan bei jeder Tour durch nachgebaute Szenerien aus Erfolgsfilmen wie *King-Kong, Jurassic Park* oder *Der weiße Hai.*

„Begonnen hat das als Hobby. Mein Mann war beim Militär. Nach sechs Jahren in Deutschland, in Heidelberg, sind wir zurückgekommen, nach Hause gekommen, und dann wollte ich mein Deutsch nicht vergessen und habe eine Annonce in einer Zeitung beantwortet."

Nebenher gab Susan Tanzunterricht in Studios. Sie ist ausgebildete Tänzerin. Bei ihrem Abschluss gehörte sie zu den drei Besten ihrer Klasse, war begabt, hübsch, temperamentvoll – ihre Karriere schien gesichert. Zweimal bekam sie eine winzige Rolle als Ballettgirl, danach blieben Angebote aus. Zermürbende Wartezeiten begannen. So hatte sie sich ihre Zukunft nicht vorgestellt.

Sie heiratete, bekam ein Kind, folgte ihrem Mann nach Europa. Zurück in L. A., war an einen neuen Start als Tänzerin nicht mehr zu denken.

Heute arbeitet sie als Guide just in jenen Studios, wo sie – eine bislang noch unentdeckte Ginger Rogers – vor mehr als zwanzig Jahren auf *die* große Rolle hoffte. Begrabene Träume, an die sie nicht gern rührt. In der Hochsaison zwischen Ende März und Anfang November bewältigt sie vier Führungen täglich an fünf Tagen in der Woche. Kein Traumjob. Krank werden, einmal keine Zeit haben – das gibt es nicht.

„Über meine Arbeitsverhältnisse darf ich nicht sprechen, das sind meine Vorschriften."

So viel verrät sie dann doch: Wer bei den UNIVERSAL-Studios fest angestellt werden will, muss sechsundzwanzig Wochen lang in Folge mindestens dreißig Stunden die Woche gearbeitet haben.

„Mit Dolmetschen diese Stunden zusammenzubringen, ist sehr schwierig, die Besucher kommen nicht jeden Tag."

Seit fünfzehn Jahren ist Susan bei Hollywoods größter Filmfabrik einziger festangestellter Guide.

„Könnte ich davon leben, mit was ich hier verdiene? Nein.

Meine Kollegen müssen davon leben.

Viele meiner Kollegen sind sehr jung und für viele meiner Kollegen ist das auch keine große Zukunft. Sie tun das für kurze Zeit, bis sich etwas Besseres findet."

Trotzdem ziehen die Studios junge Menschen so magisch an wie Licht die Motten, sie hoffen, über einen Job, egal welchen, eines Tages doch entdeckt zu werden, den Sprung zu schaffen. Wer keine Träume hat, mit beiden Beinen auf dem Boden bleibt, ist besser dran.

„Ich möchte sagen, neunzig Prozent, die hier arbeiten, kommen mit dem Hintergedanken, wie Sie's nennen.

Stars hab ich noch keine erlebt hier bei uns. Allerdings kriegt man den Fuß in die Tür und Sie haben vielleicht die Möglichkeit, wenn ein Regisseur, ein Produzent jemand braucht, dass Sie hinter die Kulisse kommen, das heißt, ein Job, der interessanter ist und natürlich sehr viel besser bezahlt."

Sehr häufig kommt auch das nicht vor.

*

Wie Pat könnte heute die M.M. aussehen: Von allem hat sie eine Spur zu viel, die Figur ist zu üppig, das Haar zu blond, das Gesicht zu puppig. So erfolgreich wie Marilyn war Pat freilich nie, glücklicher gewiss. Ihre Filmkarriere begann und endete mit einer winzigen Statistenrolle in einem Film mit der erbarmungslos optimistischen Doris Day als Hauptdarstellerin. Die Szene wurde wieder herausgeschnitten. Danach landete Pat in der Ehe, der ersten, später – da war sie bereits einmal geschieden und einmal verwitwet –, hinterm Lenkrad eines Reisebusses, ein Job, den sie um nichts in der Welt gegen einen anderen eintauschen möchte. Selten fährt sie eine Tour unter zweitausend Kilometern, viereinhalb sind schon eher die Regel, oft sind es mehr. Eine erprobte Fahrerin, arbeitet sie seit Jahren für das größte Reiseunternehmen Kaliforniens. Vieltonner seien seit jeher ihre Leidenschaft, gesteht sie, ich glaube ihr aufs Wort. Es gibt kein gefühlloses Ruckeln in niedrigere Gänge, nie heult der Motor gequält hoch, auch nicht auf serpentinenreicher Gebirgsstraße – wer sich Pats Fahrkünsten anvertraut, fühlt sich sicher wie in Abrahams Schoß. Niemand sonst darf diesen, *ihren* Bus fahren. Frühmorgens, während die Reisegruppe noch aus den Betten krabbelt, sammelt sie im Bus die Abfalltüten vom Vortag ein, hängt saubere leere an jeder zweiten Sitzreihe auf, sie saugt Sitze und Boden, füllt die Getränkebox auf – Wasser, Bier, Cola –, der Umsatz geht in die eigene Tasche. Danach verstaut sie das Gepäck von fünfundvierzig Reisenden – Schwerstarbeit. Halb acht ist der Bus fahrbereit.

Vordem hatte sie sich als Truckfahrerin versucht. Aber es sei eine zu einsame Geschichte, Tag für Tag, Woche für Woche allein über die Highways zu rollen – auf Dauer nichts für eine Frau.

Pat ist siebenundfünfzig. In diesem Alter beginnt nichts mehr von vorn, da hat jeder sein Stück Lebensgeschichte weg, Ehen, die

Kinder sind aus dem Haus, Enkel geboren. Doch ein solcher Job gibt das Gefühl, das Leben habe noch allerlei zu bieten, ist kein Warten ins Leere. Anstrengend ist er, das wohl. Oft bleibt zwischen den Reisen nur ein Tag zum Ausruhen. Hochsaison fast das ganze Jahr über. Nicht nur die Deutschen entdecken Amerika, auch Japaner kommen in Scharen, und winters fallen aus nördlichen Staaten die „Schneevögel" ein – sonnenhungrige Rentner. Nur um die Weihnachtszeit wird es für Pat gelegentlich ruhiger.

Ihre Touren führen von einer Küste zur anderen, von Seattle nach New Orleans, vom Golf von Mexiko bis hinauf nach Kanada. Manchmal läuft eine Route so, dass sie die Tochter in New Mexico besuchen kann oder den Sohn in Texas und die Enkel. Fünf sind es inzwischen.

Zehn Stunden am Tag darf ein Reisebusfahrer hinterm Steuer sitzen, alle zwei Stunden muss eine Pause von zwanzig Minuten eingelegt werden, mittags eine Stunde, nach sechs Reisetagen ein Ruhetag. Das ist in den Touren miteingeplant. Über jeden gefahrenen Kilometer, über jede Minute Ruhezeit muss penibel Buch geführt werden, Kontrollen sind streng und immer unverhofft, Strafen bei Verstoß deftig. Wer Vorschriften nicht einhält, darf nicht weiterfahren, und stünde der Bus mitten in einer der Wüsten Nevadas. Ebenso scharf werden Geschwindigkeitsüberschreitungen geahndet. Fazit: eine erstaunlich niedrige Unfallquote.

Auch Pat darf oder möchte nicht über Verdienst und Arbeitsverhältnis sprechen. Ein Fixum bekommt sie, Tagesspesen werden abgerechnet, das versteht sich, ohne das Trinkgeld am Ende einer Tour, gibt sie zu, sähe ihr Einkommen verdammt bescheiden aus, zumal Renten- und Krankenversicherung aus eigener Tasche zu bezahlen sind und die Lebenshaltungskosten steigen. Ach ja, der Dollarverfall!

*

Angefangen hat alles in Hollywood. Vor zweiunddreißig Jahren. Julia kam allerdings nicht, um Filmstar zu werden. Ihre Träume und Wünsche waren handfester, praktischer.

„Ich war schon früh in sehr jungen Jahren sehr unternehmungslustig, ich war mit siebzehn auf einer Weltreise."

Kalifornien, Japan, Australien – überall wollte sie ein Jahr arbeiten, dann nach Österreich zurückkehren und zu Hause am Wörthersee ein Café aufmachen. Nach Hollywood ging sie nur, weil dort Freunde ihrer Eltern für sie bürgten, sie hätte sonst keine Arbeitserlaubnis erhalten. Hier lernte sie einen Mann kennen, er war Deutscher, Chemiker, auf dem Weg von Venezuela nach Köln machte er gerade ein paar Tage Zwischenstopp in L. A.

„Und die Wahrheit ist, er ist weder nach Deutschland, noch bin ich nach Japan: Wir haben geheiratet."

In Las Vegas. Julia war achtzehn, ihr Mann gut doppelt so alt. Noch nicht neunzehn, war sie schon Mutter. Das brachte ihre Lebenspläne gehörig durcheinander. Sechs Jahre später ließ sie sich scheiden.

„Ich wusste, dass der Weg hart sein wird, zwei kleine Kinder, keine Verwandten in Amerika, aber ich war ja noch jung, und wenn man jung ist, überbrückt man das alles."

Schon kurz nach der Heirat, trotz Schwangerschaft, hatte sie angefangen, ein Abendcollege zu besuchen, nach drei Jahren den Abschluss bestanden. Leicht war ihr der nicht gemacht worden. Ihr Mann musste aus beruflichen Gründen häufig umziehen, in Hollywood, Palm Beach, Pomona konnte sie jeweils gerade eine Klasse beenden. Als Buchhalterin bei einer Steuerberatungsfirma verdiente sie bald so gut, dass sie das Leben allein mit den beiden Söhnen wagen konnte. Das war möglich, weil inzwischen auch der Jüngere in den Kindergarten kam. Anders als deutsche, sind amerikanische Kindergärten eine Mischung aus Vorschule und Tagesstätte, Kinder werden ab dem vollendeten zweiten Lebensjahr aufgenommen.

„Das Gute an amerikanischen Kindergärten ist, dass die Kinder dableiben, bis die Mutter zurückkommt. Wenn die Mutter zwei Stunden zu spät kommt, sagt keiner was, weil der Verkehr ... oder man musste länger arbeiten ... So hat man nicht den Stress, um fünf Uhr da sein zu müssen, um das Kind abzuholen."

Gelegentlich musste Julia Nebenjobs annehmen, um Schule und Kindergarten bezahlen zu können.

„Man versucht ja, die Kinder in einer relativ guten Schule unterzubringen, damit man mit gutem Gewissen am Arbeitsplatz sitzen kann, sonst kann man sich nicht konzentrieren."

Julia arbeitete von acht bis siebzehn Uhr, danach holte sie die beiden Jungen ab. Später, als sie größer waren und der Unterricht um 15 Uhr endete, sorgte sie dafür, dass beide viel Sport trieben. Sie wurden Mitglieder eines Baseball-Clubs, gehörten einem Football-Team an, spielten Tennis, schwammen, liefen Ski.

„Alles, damit sie keine Zeit gehabt haben, auf blöde Gedanken zu kommen. Und das habe ich von zu Hause mitgekriegt. Unser Vater hat uns sehr in dieser Richtung ..., also viel Sport, und das habe ich meinen Kindern weitergegeben."

Julia war inzwischen Supervisor über 100 Angestellte. Nun konnte sie ihren Kindern bieten, was sie neben konsequenter Erziehung zu Verlässlichkeit und Wahrhaftigkeit für unabdingbar hält für einen guten Start ins Leben: Beste Schulen und ein Zuhause in guter Umgebung.

„Wissen Sie, die Schulen sind alle gut, ich würde sagen: gute Gegend. Als ein Single-Parent müssen Sie große Acht geben – Sie sind ja den ganzen Tag weg – dass die Kinder in guten Händen sind. Die Kriminalität hier ist sehr groß."

Um immer so nahe wie möglich an der Schule zu wohnen, die die Söhne gerade besuchten, zog die Familie häufig um, an sich kein Problem. Als sie jedoch in einem Jahr gleich dreimal ihre Wohnung wechselte, war das selbst für amerikanische Verhältnisse ein Rekord. Ursache war ein Beschluss der Regierung, Kinder aus den Minderheitenvierteln in die Schulen der Weißen zu schicken und umgekehrt.

„Das hat große Aufbrüche gegeben, das hat viele Besprechungen gegeben, beinahe revolutionsartige Treffen. Die Schwarzen wollten nämlich auch nicht, dass die Kinder eine Stunde entfernt sind von ihrem Haus. Und die Weißen wollten das auch nicht. Aber was ist uns übriggeblieben? Die Regierung hat es so vorgeschrieben. Jedenfalls bin ich sofort in eine schlechtere Gegend gezogen, damit mein Sohn in einer guten Gegend zur Schule gehen konnte.

Am Tag, bevor das alles offiziell wurde, hat die Regierung das abgesagt, weil das hätte eine Katastrophe gegeben, und da musste ich wieder umziehen, damit mein Sohn wieder in einer guten Gegend ist, und in eine gute Schule gehen kann."

Julia richtete ihr Leben völlig nach den Söhnen aus, sie ging keine neue Partnerschaft ein. Zwar gab es über Jahre einen Freund, doch sie lebte nicht mit ihm. Die beiden sollten nur einen Vater kennen, kein Außenstehender sollte in ihre Erziehung eingreifen. Ferien, Weihnachten verbrachten sie denn auch regelmäßig bei ihrem Vater in Deutschland.

Als sie nacheinander auf die Universität wechselten, begriff Julia, sie musste ihr Leben ändern, wollte sie mit der Situation, von nun an allein leben zu müssen, klarkommen. Alte Träume lebten auf: Reisen. Auf eigene Kosten ging das nicht. Kurzerhand bewarb sie sich bei einem Reiseunternehmen. Das war vor zehn Jahren.

„Ich habe zur richtigen Zeit an die richtige Tür geklopft."

Julia sprach außer Englisch auch Deutsch, sie hatte gute Referenzen und war als Supervisor gewohnt, mit Menschen umzugehen. Heute fährt sie alle großen englischen, vor allem aber die deutschen Touren zwischen Kanada und Kalifornien, begleitet Gruppen in die Karibik und nach Mexiko. Für die nächsten zwei Jahre plant sie Reisen als Tour-Guide nach Thailand, Asien, Südamerika und büffelt fleißig, um ihr Spanisch aufzumöbeln.

„Ich habe mir vorgenommen, diesen Winter drei Monate in Mexiko zu einer Sprachschule zu gehen."

Julia ist zweiundfünfzig und muss noch dreizehn Jahre arbeiten, ehe sie in Rente gehen kann.

„Wenn Sie ein Tour-Guide sind in Amerika, sind Sie freischaffend. Also praktisch: Jede Tour ist ein Kontrakt. Die Firma ist für Sie überhaupt nicht verantwortlich.

Als freischaffende Person sind Sie sich total selber überlassen. Freischaffend heißt: Sie kriegen, wenn Sie für jemand arbeiten, nur für das gewisse Projekt bezahlt und das ist alles."

Alle Versicherungen – auch Arbeitslosen- und Krankenversicherung – muss sie selber tragen, mehr als die Hälfte ihres jährlichen Einkommens fließt in der Regel in solche Kosten, fünfzehn Prozent wandern allein in die Pensionskasse. Trotzdem wird sie von der ihr daraus zustehenden Rente kaum leben können, wer keine Ersparnisse hat, ist übel dran. Eine Hausratversicherung ist Pflicht und in Kalifornien außergewöhnlich hoch. Zu all diesen Ausgaben kommen zusätzlich Miet- und Lebenshaltungskosten, ein Sohn, er studiert in Havard, muss ebenfalls noch unterstützt werden. Trotzdem ist Julia zufrieden mit ihrem jetzigen Job, auch wenn ihr zwischen zwei Touren oft nur wenige Stunden Pause zur Verfügung stehen. Darauf ist sie eingestellt, ein gepackter Reservekoffer steht immer bereit.

„Es ist – obwohl ich gute Arbeiten gehabt habe – es ist die beste Arbeit, sie passt zu mir: halberter Zigeuner, mit Leuten sein, viel in der Welt rumkommen und noch bezahlt dafür kriegen."

Wen wundert es, wenn sie heißen Herzens wünscht, der Tourismus in den USA möge noch recht lange boomen.

Linie 44 – Eine Hotline ins Leben

Deutsch-holländische grenzübergreifende Drogenhilfe

gesendet im Deutschlandfunk am 12.12.1995

Personen
He. – Henning
Ma. – Marion
Mi. – Michael
Pe. – Peter
M. M. – Mijnheer Melisie
P. N. – Peter Nüssgens
D. P. – Dr. Petermayer
L. R. – Linde Rotta
Ju. I – Junkie I
Ju. II – Junkie II
Ju. III – Junkie III
Ju. IV – Junkie IV
Po. – Polizist
So. – Sozialarbeiter

Sehnsucht, Sehnsucht ...
Sucht, Sucht, Sucht ...
Magersucht, Fresssucht, Brechsucht, Sexsucht, Spielsucht, Kaufsucht, Arbeitssucht, Tablettensucht, Trinksucht, Drogensucht ..., Workoholics, Sexoholics, Alcoholics ...
Sucht, Sucht, Sucht ...

SUCHT kommt von SUCHEN. Geborgenheit suchen, Lebenssinn ... In mancher Therapie hängt der Satz gerahmt an der Wand als romantische Metapher. Tatsächlich leitet sich das Wort aus dem Althochdeutschen her – SUHT, SUFT, SUICHAN – und bedeutet SIECHEN, SEUCHE, KRANKSEIN.

Sehr früh schon begriffen die Niederländer Abhängigkeit, auch von Drogen, als Krankheit und folgten den Richtlinien der Weltgesundheitsorganisation. Kein anderes europäisches Land baute ein besser ausgestattetes Netz von – so der Fachausdruck – niedrigschwelligen Angeboten auf: Hilfe wird Abhängigen sofort, ohne Auflagen, ohne Motivationsforderungen geboten, wenn sie verlangt wird. Sie können jederzeit selber entscheiden, ob, wann und auf welchem Weg sie clean werden wollen.

„Der Süchtige wird nicht kriminell durch den Konsum von Drogen, sondern durch die innere Not, sich Drogen beschaffen zu müssen. Abhängige sind keine Kriminellen, sie sind unsere kranken Kinder, die wir nicht im Stich lassen dürfen“, bekannte vor Jahren ein holländischer Drogenfachmann auf einer Bonner Fachkonferenz und erntete bei den deutschen Teilnehmern Unverständnis, ja Missfallen. Deutsche Drogenhilfe war von Anfang an strikt auf Abstinenzforderung ausgerichtet.
„Solche Haltung unterbindet den Drogenkonsum nicht, sie fördert ihn.“

Bis in die Mitte der 80er Jahre propagierte und folgte man in Deutschland beharrlich dem hochschwelligen Weg der Drogenhilfe: Beratung, Entzug, streng hierarchisch aufgebaute Langzeit-Therapie, Nachsorge. MOTIVATION hieß das Sesam-öffne-Dich für eine Aufnahme, künstlich lange Wartezeiten waren ihr Prüfstand. Rückfall führte zu sofortigem Ausschluss. Im günstigsten Fall durfte der Gestrauchelte das Spiel noch einmal von vorne beginnen: Beratung, Entzug, Therapie, Nachsorge ...

Die meisten Abhängigen gaben irgendwann auf. Der eine, der vorgeblich richtige, wurde ein von Toten gesäumter Weg. Erst die zunehmende AIDS-Problematik und die akute Verelendung der Abhängigen zwang die Politiker zum Umdenken. Drogenhelfer manifestierten ihre Erfahrungen und verlangten – mit Blick auf die Niederlande – mehr Niedrigschwelligkeit in der Drogenarbeit: Hilfe ohne Wartezeiten und ohne Motivations- und Leidensdruck. Individuellere Therapieangebote und deren Vernetzung. Kostenlose Vergabe von Einwegspritzen, um Infektionsrisiken vor allem von HIV und Hepathitis zu senken. Methadonprogramme.

Forderungen, die bis heute in Deutschland nicht flächendeckend durchgesetzt werden konnten. Aber der Nachbar war nicht nur Vorbild für wirksamere Drogenhilfe. Stoff war bei ihm preiswerter, Konsumenten brauchten Repressionen seitens der Behörden kaum zu fürchten.

He.: Wir konnten überall sitzen, wir waren in Cafés, wir haben Spaß gehabt, wir haben gelacht.

Holland, das Gelobte Drogenland?

He.: Diese Atmosphäre ist absolut nicht mehr vorhanden. Das ist nur noch ein ganz schmutziges Geschäft. Kauf und verschwinde, und sonst hast du hier gar nix zu suchen.

Verbotsschilder an Türen von Cafés, Gaststätten, Kneipen: „Hier sind Drogen nicht erwünscht! – Wir bedienen keine Junks!"

Wer in einem Lokal die Toilette aufsuchen will, muss den Schlüssel an der Theke erbitten. Nicht jedem wird er ausgehändigt. Das ausgelassene Treiben in den KOFFIE-SHOPS in der Fußgängerzone und in den Seitenstraßen ist hinter herabgelassenen Rolläden erloschen. In der Bahnhofstoilette, der einzigen noch öffentlich zugänglichen Toilette, flutet dumpfblaues Licht. Bei solchem Licht findet keiner eine Vene. Keiner kann sich einen Druck setzen.

Das ist heute die Situation in Heerlen, Hollands größter Drogenmetropole nach Amsterdam, dem Mekka deutscher Drogentouristen, nur wenige Kilometer von Aachen entfernt.

P. N.: Das ist eine gewachsene Szene, die ist seit 25 Jahren gewachsen, und jetzt soll sie auseinanderdividiert werden. Das ist sehr schwierig.

Peter Nüssgens von der niedrigschwellig arbeitenden Drogenhilfe Aachen kennt die Lage. Seit Jahren fährt der Ex-User zweimal in der Woche nach Heerlen und Maastricht, um im Rahmen grenzübergreifenden Streetworks in der Szene Kontakte vor allem zu deutschen Abhängigen aufzunehmen oder zu intensivieren.

P. N.: Wir haben dort versucht, den Leuten Hoffnung zu geben. Hoffnung, manchmal auch nur den Mut, 24 Stunden weiterzuleben. Solange ein Süchtiger lebt, habe ich Hoffnung für ihn, aber es nützt nichts, wenn *ich* Hoffnung für ihn hab', er muss selber dieses Stückchen Hoffnung empfinden können.

Ihr Projekt haben die Streetworker nach der Buslinie 44 benannt, die Aachen mit Heerlen verbindet. Manchen Junkie holten sie durch ihren Einsatz aus der Szene heraus und brachten ihn zurück nach Deutschland. Michael zum Beispiel, Marion und Henning.

Marion begann mit 26, drei Jahre ist es her.

Ma.: Oh Gott, oh Gott, oh Gott – der vollkommene Ruin.

Henning ist seit 22 Jahren süchtig.

He.: Die Stadt Heerlen begleitet mich durch mein ganzes Leben, kann man sagen, durch meine ganze Suchtzeit. Ich war schon in den 70er Jahren in Heerlen, und ich war die letzte Zeit auch in Heerlen. Ich mein', es hat sich viel geändert da, ja.

P. N.: Wir haben dort also bis voriges Jahr noch sehr viel an Krisenintervention gehabt, an Anbindung ans hiesige Hilfesystem. Wir fuhren rüber und waren direkt umzingelt vom Pulk deutscher Rauschgiftsüchtiger. Wenn wir heute auf Deutsche treffen, machen wir viel mehr Aufklärungsarbeit über eben die veränderte Drogenpolitik hier in NRW, dass wir jetzt also niedrigschwellige Angebote haben, dass Spritzentausch in Deutschland möglich ist, für die Prostituierten Kondomabgabe und dass auch hier ein Methadonprogramm im Aufbau ist. Wir machen Aufklärungsarbeit, dass die Leute rüberkommen und sich hier die Hilfe holen, die ihnen hier zusteht.

Noch 1993 zählte die Heerlener Szene gut 1.200 bis 1.400 holländische Abhängige. Hinzu kamen etwa 400 bis 600 Ausländer, überwiegend Deutsche, Pendler aus der Grenzregion und dem Köln-Bonner Raum.

He.: Man hatte länger von einem Druck wie zum Beispiel in Deutschland. In Deutschland hatte ich sechs Stunden. Und so, von dem Stoff hier, hab ich zehn bis zwölf Stunden, und ich krieg auch eine größere Menge.

Michael ist 37. Mit 17 setzte er sich den ersten Schuss.

Mi.: Ich bin mal inhaftiert gewesen, 27 Monate. Danach hab ich mir geschworen, ich geh nie mehr rein. Das heißt, keine Drogen zu konsumieren. Oder man sucht sich 'nen Weg. Den hab ich mir gesucht: Halblegal. Ich wollt ja nicht im Knast landen, also hab ich mir das Codein in Belgien besorgt. Das ist preisgünstig da, also alles selbst bezahlt. Also ich brauchte keine Beschaffungskriminalität. Kriminell fiel ich nicht auf.

Wie Michael machen es viele. Sie lassen sich bei einem belgischen Arzt legal ein Rezept auf Codein oder Rohypnol ausstellen und verkaufen dann die Pharmaka in der deutschen Drogenszene. Der Erlös wird in Heroin und Kokain umgesetzt.

Mi.: Da bin ich zweimal am Tag nach Holland gefahren, und da bin ich klauen gegangen. Jeden Tag, jeden Tag. Um das Geld zusammenzukriegen.

M. M.: Ja, wenn man das sieht; 95.000 Einwohner und diese Problematik, ist das auch sehr viel. Aber man muss das nicht so sehen. Wir sprechen hier niemals von Heerlen, wir sprechen hier immer auf Holländisch Oostlijk Zuid-Limburg, weil Heerlen und Kerkrade, Alsfeld, Landgraaf – ich sage immer, es ist eine große Stadt von ungefähr 260.000 Einwohnern. Darum gibt es hier auch diese großstädtische Problematik.

Beschaffungskriminalität, Beschaffungsprostitution.

Die Niederlande, während vieler Jahre von den Nachbarstaaten wegen ihrer toleranten Drogenpolitik teils kritiklos bewundert und als Vorbild gepriesen, teils aufs Heftigste gescholten, sehen sich heute gezwungen, eine härtere Gangart anzuschlagen, um den Zustrom an Konsumenten aus anderen Ländern zu stoppen.

„Wir müssen nicht mit dem Rücken, sondern mit dem Gesicht zur Grenze arbeiten."

Der Maastrichter „Needle-Park", in dem sich täglich an die 150 Junkies aufhalten, wird im Juli '94 geschlossen. Ein Sprecher der Stadt: „Der Zustand dort kann nicht länger geduldet werden. Die Anwohner fühlen sich durch den zunehmenden Drogenhandel belästigt, die hygienischen Zustände sind unhaltbar geworden."

In Rotterdam werden in einer einzigen Nacht von 57 Koffie-Shops 53 geschlossen. Und über das Gebiet *Östliches Süd-Limburg* berichten im September die Zeitungen:
„Heerlen wird bald einige Dutzend Polizeibeamte zusätzlich einsetzen, um die Belästigung durch Drogenabhängige und Dealer in der Bahnhofsgegend zu bekämpfen. Wegen der strengen Regelung in Maastricht kommen jetzt täglich mehr Dealer nach Heerlen, um hier ihren Stoff loszuwerden. Sollte die Maßnahme nicht in kürzes-

ter Zeit zu einer Verbesserung der Lage führen, will Bürgermeister Jef Pleumeekers zu ähnlichen Maßnahmen greifen wie die Behörden in Maastricht."

P. N.: Ich glaub' einfach, dass die Niederländer die Schnauze davon vollhaben, die Probleme anderer mitzutragen.

„Soll doch jedes Land, jede Gemeinde die Verantwortung für seine Süchtigen endlich selber übernehmen!"

Auch holländischen Suchtkranken wird Hilfe jetzt nur noch dort gewährt, wo sie polizeilich gemeldet sind.

Ju. I: Manchmal kriegt man von Polizei, kriegt man Verbot. Um in Heerlen ins Zentrum zu kommen, muss man 24 Stunden, darf in Heerlen gar nicht rein. Wenn man großen Mund hat, machen die Aktion, musst du einsteigen, ne, und fahren sie dich mal aus der Stadt, so. Ja, sind die total hart geworden.
P. N.: Auch wenn du hier aus Heerlen bist?
Ju. I: Ja, ja. Die haben hier das Polizeipräsidium, hier vorne das kleine, das Zentrum, da ist eine Gruppe, die heißt ..., so 'ne Gruppe haben die gebildet, und die sind nur da für die Junkies.
P. N.: Spezielle Eingreiftruppen.
Ju. I: Ja. Fassen nur uns. Und ob man da was mit zu tun hat, ja oder nein, wir dürfen selbst gar nicht irgendwo sitzen oder ...
P. N.: Ihr müsst euch immer bewegen, dürft nicht stehen bleiben. Sonst kriegt ihr Platzverbot?

Maastrichter, Utrechter, vor allem aber ausländische Abhängige sollen in Heerlen keine Spritzen mehr tauschen oder kaufen dürfen, keine Kondome bekommen und nicht mit Methadon versorgt werden. Geht die Rechnung auf?

P. N.: Die Szene hat sich verändert. Es geht jetzt vieles über Privatadressen.

„Da ist ein Ansteigen des HIV-Risikos doch geradezu vorprogrammiert!"

Diese Gefahr sah auch das CAD, das Beratungsbüro für Alkohol und andere Drogen der Provinz Limburg. Sein Direktor, Fred Gillissen, ersuchte darum im Sommer 1994 die Stadtverwaltung Aachen, sich finanziell an einer mobilen Methadon-Ausgabe für deutsche Abhängige hinter der niederländischen Grenze zu beteiligen. Mit Hinweis auf das Bundesbetäubungsmittelgesetz, das strengere Richtlinien für die Methadonvergabe vorschreibt, als in Holland gehandhabt, lehnte die Stadtverwaltung ab.

Aachen blieb mit dieser Entscheidung ganz in der Spur deutscher Drogenpolitik, die aufgrund eben dieses Gesetzes Abhängige von illegalen Drogen nicht als Kranke, sondern als Kriminelle ansieht.

„Wer Menschen das Stigma ‚kriminell' aufdrückt, will nicht helfen, sondern verurteilen und strafen."

Die Gefängnisse zeugen davon. Rund 50 Prozent aller Häftlinge sitzen wegen Drogendelikten ein.

Eine unerträgliche, eine gefährliche Situation.

Pe.: Ich bin immer verwundert, wie die Leute mich mit kleinen Pupillen da angucken, mit Tabletten im Kopf. Ich merk dat halt, dass ..., die Gefängnisse sind ein Teil unserer Gesellschaft, also gibt's auch in den Gefängnissen Drogen. Nur, man kann in den Gefängnissen nicht von Safer-Use und Safer-Sex reden. Ich finde es sehr schlimm, dass die Gefängnisse zu HIV-Nestern werden können.

He.: Ich bin dafür, dass die im Knast auch substituieren, dass es da nicht erst zu irgendwelchen Prostitutionen oder kriminellen Handlungen kommt, dass da Ruhe herrscht.

Pe.: Sich prostituieren, Zwischenhandel betreiben, Connections herstellen – Informationen sind auch Geld, Erpressung, Gewalttätigkeit ...

L. R.: Kann es sein, dass Wächter und so weiter involviert sind?

He.: Ja, schon. Aber ich möchte da drüber nix sagen.

Ju. I: Das ist hier schlimmer geworden, was Polizisten angeht, die sind hektischer drauf.

L. R.: Ja, wie wirkt sich denn das aus?

Ju. I: Aggressiver. Die sind aggressiver geworden gegenüber früher und ... Da steht schon Polizei hinter uns.

Ju. II: Das dürfe Sie niet.

Ju. I: Man darf nicht mit drei Mann zusammenstehen, da wird man auseinandergeschoben. Das darf nicht.

L. R.: Wie lang seid ihr denn schon hier?

Ju. I: Oh, fuffzehn Jahre.

L. R.: Immer in Heerlen? Oder fahrt ihr rüber, kommt ihr von drüben herüber?

Ju. II: Nee, nee, ich bin Holländer.

L. R.: Wie lange sind Sie abhängig? Auch fünfzehn Jahre?

Ju. II: Oh nee, viel länger. Dreißig Jahre.

L. R.: Und von was allem?

Ju. II: Alles. Nur keine Tabletten und Alkohol.

L. R.: Aber Heroin, Kokain?

Ju. II: Nee, Kokain ganz selten.

L. R.: Hauptsächlich Heroin?

Ju. II: Hauptsache, ja.

Ju. I: Weißt du was, wir laufen lieber, weil, wir dürfen hier nicht sitzen, wir werden hier schon weggejagt.

Überall Platzverbot, nirgendwo sitzen dürfen, nie länger als wenige Minuten zusammenstehen – dafür gibt es auch schon ein Schlagwort: Junkie-Jogging.

L. R.: Kann ich mit Ihnen dann auch sprechen?

Po.: Nein, es tut mir leid. Wir haben da eine Abteilung vor, am Präsidium. Wir dürfen gar nicht mit der Presse reden.

L. R.: Sie dürfen nicht reden?

P. N.: Ah so ... kommt von oben.

Po.: Da ist Reality-TV, und da ist dies und das, und man hat gesagt: Nein.

P. N.: Mhm, war auch mal anders.

Po.: Alles ist anders. Ja, es ist eine andere Organisation, andere Polizei. Alles ist anders jetzt. Aber jetzt ist es ...

P. N.: Sehr ruhig geworden hier.

Im Polizeipräsidium bedauert man, der zuständige Beamte sei nicht anwesend. Im *OAC*, dem „Opvang- en avisiecentrum" gleich neben dem Bahnhof, ergeht es uns nicht besser.

So.: So, ich muss Ihnen mitteilen, dass ich keine Auskunft ...

P. N.: Sie dürfen nicht.

Wenn wir etwas über Hollands neue restriktive Linie erfahren wollen, wird uns geraten, mögen wir uns bitte an die Leitung des CAD wenden.

Nicht nur Junkies kommen ins OAC, das Auffang- und Wiedereingliederungszentrum. Auch Alkoholiker, Spielsüchtige – wer von was auch immer abhängig ist und keine Bleibe hat. Hier können sie duschen, zum Selbstkostenpreis essen und Kaffee trinken, ihre Wäsche waschen, fernsehen, kurz: sich vom Stress des Drogenalltags, des Junkie-Joggings erholen. Geöffnet ist täglich von 10.30 Uhr bis 21.30 Uhr. Hier werden den Frauen Kondome ausgegeben, hier wird auch beraten und geholfen, wo Hilfe dringlich ist.

Mehr als eine Million Gulden hat die Gemeinde Heerlen für die Errichtung des Zentrums bereitgestellt.

Doch nicht jeder darf die automatische Waffenüberwachungsanlage hier passieren.

Ju. III: Es ist so, wir müssen eingeschrieben stehen, und alle haben wir einen bestimmten Ausweis.
Ju. IV: Wir stehen alle beim CAD eingeschrieben als Postadress.
Ju. III: Und jeder hat so'n Ding, ne ...
Ju. IV: Wir stehen da in eine Kaartebag. Man hat ein Foto, ein Bild von uns, und da steht die Name und Geburtsdatum, alles steht dabei, und wenn man reinkommt, dann sehen die, ah, du bist der Abi, geh mal rein.

Registriert? Alle Daten festgehalten in einer Kartei?

M. M.: Wir sehen die Leute nicht als Kriminelle, wir sehen die Leute als Patienten, also da ist gar kein Problem.

Mijnheer Melisie ist leitender Mitarbeiter des CAD, dem das OAC untersteht. Als niedrigschwellige Einrichtung soll das OAC den Kontakt zu den Suchtkranken aufrechterhalten, sie mithilfe der Ersatzdroge Methadon stabilisieren und, wenn das gelungen ist, sie zu einer Ausstiegsbehandlung motivieren.

M. M.: Es ist möglich, das mit dem Arzt zu machen, wir haben hier einen Arzt im Haus. Es ist möglich, das mit der Klinik zu machen. Es ist möglich, das alles mit einem Sozialhelfer zu tun, und es ist natürlich auch möglich, das selber zu machen ohne Hilfe und so weiter. Und es gibt Leute, die hier Methadon bekommen und sagen: Weiter nichts.

Wer im Methadonprogramm ist, muss sich lediglich verpflichten, alle zwei Monate den Arzt aufzusuchen, damit sein gesundheitlicher Zustand kontinuierlich überprüft werden kann. Andere Auflagen gibt es nicht. Urinkontrollen werden zwar gemacht, aber nicht, um Beigebrauch nachzuweisen, sondern um sicherzustellen, dass der Patient auch tatsächlich heroinabhängig ist. Wegen seiner euphorisierenden Wirkung, die Süchtige nicht missen wollen, injizieren sie sich häufig zusätzlich zu Methadon Heroin. Doch anders als in Deutschland ist solcher Beigebrauch in der holländischen Drogenhilfe kein Thema.

M. M.: Dann könnten wir, denke ich, viele Leute nach Hause schicken, und dann sind wir sie los, und für uns ist es doch: Es sind Leute, sind Patienten, sind süchtig, und Methadon ist irgendwie eine

Basis: Leute brauchen nicht krank zu werden. Wir haben Kontakt, und wir können die vielleicht beeinflussen.

Ju. III: Man hat Klinike, wo keine Entgiftung ist, man kommt gleich in das Programm.
He.: Methadon bekommt ihr auch?
Ju. IV: Ja. Wir sitzen im Programm. Ja.
Ju. III: Montags, mittwochs und freitags müssen wir nach dem Bus, da kriegen wir, also von Montag an, können wir mitnehmen für Dienstag und so, und jetzt haben wir mitgekriegt fürs Wochenende, für Samstag und Sonntag, und ...
Ju. IV: Ist schon verkauft.
Ju. III: Verkauft. An die Deutsche. Die kommen, und die kaufen sich das Methadon auf, weil's bei euch in Deutschland schwieriger ist, das Methadon zu bekommen. In Programm reinzukommen.
L. R.: Also verkauft ihr das, und mit dem Geld geht's dann wieder ran an ...
Ju. IV: Ja. Das darf da eigentlich nicht, aber ...
L. R.: Müsst ihr wieder weiter, ja? Danke. Und viel Glück.
Junkies: Tschüs.

P. N.: In Holland wird das Medikament, in Klammern Ersatzdroge, ziemlich freizügig abgegeben, ohne dass da eine psychosoziale Begleitung angeboten wird. Ich denke, nur durch zusätzliche Angebote wie Einzelbetreuung, Gruppenbetreuung für Substituierte kann das Methadonprogramm erfolgreich sein.

M. M.: Wenn Leute stabilisieren, irgendwie, und weniger Probleme haben und die Leute um diese Person auch, das soll man nicht vergessen, dann glaube ich, dann machen wir miteinander gute Arbeit. Wir haben sehr wenige Drogentote.

Etwa 50 Menschen sterben in den Niederlanden jährlich an den Folgen ihrer Sucht. In Nordrhein-Westfalen mit einer ähnlich hohen Population starben allein im ersten Halbjahr '94 203 Abhängige.

Offizielle Zahlen. In den Statistiken werden nur Drogentote geführt, die unmittelbar durch Überdosierung sterben. Wie hoch die Zahl jener Menschen ist, die den Folgeerkrankungen der Sucht erliegen – Aids, Hepathitis, Herz-, Nieren- und Lungenschäden, um nur einige zu nennen –, lässt sich bestenfalls schätzen.

Methadon wird in Holland schon seit etwa 15 Jahren eingesetzt. Es ist ein Opioid mit ähnlichen Eigenschaften, wie sie Heroin und Morphium aufweisen, hat aber eine längere Halbwertzeit. Die Dosis reicht für 24 Stunden und kann oral verabreicht werden. Das ist bei Heroin nicht möglich.

M. M.: Es ist natürlich kein Wundermittel. Damals schon war es, natürlich. Da hat man gedacht, ach, Methadon und dann abbauen, und die Leute sind fertig. Ja, das ist derselbe Fehler: Abhängigkeit ist ein psychisches Problem.

D. P.: Es ist sicherlich keine ursächliche Suchtbehandlung. Ich sehe es wirklich als Entzugsprophylaxe. Ich sehe es so etwas als den kleinsten gemeinsamen Nenner, den die Gesellschaft mit den Süchtigen schließen kann.

Aachen 1994.

4. März: Eine 42-jährige Frau ist das erste Drogenopfer dieses Jahres in Aachen. Sie wurde am Mittwochvormittag in ihrer Wohnung tot aufgefunden. Nach Erkenntnis der Kripo starb sie an einer Überdosis Heroin in Verbindung mit Tabletten und Alkohol. Damit hat sich die Zahl der Drogentoten im Kreis Aachen auf drei erhöht.
2. April: In einer öffentlichen Toilette im Stadtgebiet wurde am späten Mittwochnachmittag eine bisher noch nicht identifizierte männliche Person auf dem Boden liegend aufgefunden. Wiederbelebungsversuche durch den Notarzt blieben erfolglos. Alles deutet auf einen Drogentod hin.
10. November: Die Aachener Polizei meldet wieder einen Drogentoten: Die Leiche eines 27-jährigen Mannes aus Eschweiler wurde im Gebüsch auf einem Spielplatz in der Richardstraße gefunden.
3. Dezember: An einer Überdosis Rauschgift ist am späten Donnerstagabend ein 27-jähriger Mann in seiner Würseler Wohnung gestorben. Damit erhöht sich im laufenden Jahr die Zahl der Drogentoten im Stadt- und Kreisgebiet Aachen auf bislang zwölf.

Mi.: Wie ich wegging von Aachen, gab's da keine Szene, wie ich wiederkam nach drei Jahren oder vier Jahren, gab's auf einmal hier Szene. Ich denk, wo biste denn jetzt, ne.

P. N.: Aachen wird immer mehr einer der Hauptdrogenpunkte hier im gesamten Gebiet. Auch immer mehr Niederländer lassen sich hier im Straßenbild sehen, auch immer mehr Belgier. Ja, dat ist einfach so eine Entwicklung, wir wissen noch gar nicht, wo dat hingeht.

Der Kontaktladen der Aachener Drogenhilfe auf dem Kaiserplatz ist für viele Abhängige zur Andockstelle geworden. An manchen Tagen kommen bis zu 100 und mehr, sei es, um sich eine warme Mahlzeit zu holen, zu duschen, die Wäsche zu waschen oder auch nur, um mit jemandem zu schwatzen, vielleicht eine Partie Backgammon zu spielen.

P. N.: Die Drogenhilfe, das Café RELAX, ist'n Schutzraum. Es bestehen Absprachen mit der Polizei, wo sich die Polizei auch in der Regel dran hält. Es gibt schon mal ein paar Unstimmigkeiten, aber die konnten bisher geklärt werden. Die Leute können hier einfach auch mal ausspannen von dem Szenealltag. Das sind alles positive Akzente, die wir setzen können gegen die Selbstzerstörung der Krankheit Sucht.

Es gibt Regeln, an die sich jeder Besucher halten muss, wenn er kein Hausverbot riskieren will:

„Keine Drogen! Keine Anwendung von Gewalt in Tat oder Wort! Keine rassistischen und fremdenfeindlichen Äußerungen!"

Gäbe es das Café nicht und seine Betreuer, würde Michael, seit einiger Zeit im Aachener Methadonprogramm, längst wieder in der Szene rumhängen. Marion wiederum fürchtet nach selbstauferlegter Cleanzeit im Knast in der Freiheit den Rückfall.

Ma.: Ja, und dann bin ich ausm Knast rausgekommen und hatte einmal gar nix mehr, alles weg, ja, und jetzt steh ich hier mit meinem Talent.

Sie will sich einer Selbsthilfegruppe anschließen und sucht das Gespräch mit Peter. Er war mehr als 20 Jahre abhängig. Nach mehreren vergeblichen Therapieversuchen hat er den Ausstieg schließlich über eine Selbsthilfegruppe geschafft. Seit sechs Jahren ist er clean.

Ma.: Therapiestellen ... hab ich irgendwo 'ne Sperre. Ich arbeite lieber mit Menschen, so jetzt wie mit ihm zum Beispiel. Er war selber drauf, er war selber süchtig, er weiß, wie das Leben ist. Er weiß auch jetzt, wie er's geschafft hat. Er hat'n Plan von der ganzen Geschichte. Er kann mir was erzählen, was ich auch akzeptieren kann, weil ich sehe, was er geschafft hat.

D. P.: Wenn also cleane Süchtige erzählen, wie es ihnen ergangen ist, dann ist es häufig so, dass diese Leute sich das anhören und denken: Mensch, ja, das kenne ich auch. Durch diese Identifikationen werden Abwehrmechanismen umgangen. Das ist quasi ein Heranschleichen durch die Hintertür. Von daher ist das Konzept der Selbsthilfegruppen sehr, sehr weise. Was die Selbsthilfegruppen verfolgen, das ist schon Drogenfreiheit. Das ist die Abstinenz von allen bewusstseinsverändernden Stoffen, denn letztendlich ist das die Voraussetzung, ja, zur Genesung.

Hennings Suchtkarriere begann mit dem Tod seiner Mutter, zu der er ein inniges Verhältnis hatte. Als sie starb, war er 14. Der Vater steckte ihn in ein Jugendheim. Dort gab es Alkohol, gab es Tabletten.

He.: Ich glaub auch nicht, dass Haschisch die Einstiegsdroge ist, sondern jeder Süchtige, der auf Drogen kommt, hat vorher die Droge Alkohol konsumiert und mindestens einen Alkoholvollrausch gehabt, bevor der überhaupt mal auf Haschisch einsteigt.

Henning hat drei Therapien hinter sich. Eine davon im Gefängnis.

He.: Und das war mit die beste Therapie überhaupt.

Fünf Jahre blieb er clean, dann stürzte er doch wieder ab. Dass er jetzt im Programm ist, verdankt er den Streetworkern aus dem Kontaktladen.

He.: Die Ursache war gewesen, dass ich kurz vor meinem Tode stand. Dass ich sowohl körperlich wie psychisch nur noch den Tod vor Augen hatte, und ich hab mich dann entschieden, dass ich doch weiterleben will.

Henning leidet an einer Herzklappenverhärtung. Ein normaler Entzug könnte ihm das Leben kosten.

He.: Das ist, weil der Dreck direkt in die Herzklappe rein- und dagegenprallt, und das frisst dann die Herzklappe.

Reines Heroin gibt es in keiner Szene. Immer ist der Stoff zu einem sehr hohen Prozentsatz mit Beimengungen gestreckt: Backpulver, Nescafé, Vanillezucker, Glucose, Milchpulver, Waschpulver, Erde aus dem Blumentopf, Straßenstaub. Strychnin, gelegentlich eingemischt, führt schon in kleinster Dosierung zu Erbrechen und heftigen Krämpfen, im Normalfall zum Tod.

D. P.: Das Ausmaß der Giftigkeit der wirklich reinen Opiate ist sehr, sehr gering. Die Opiate sind ja keine Zellgifte wie zum Beispiel der Alkohol, welcher direkt die Zellmembran schädigt oder Gehirnstrukturen schädigt. Was bei den Opiaten als Hauptnebenwirkung dominiert, das ist die Atemdepression, das heißt bei einer entsprechenden Überdosierung der Atemstillstand.

Von Heerlen her schwappt die Drogenszene auf Aachen zurück, aber die Kommune ist nicht darauf vorbereitet, die Situation ist misslich: Seit Jahren gibt es für Kreis und Stadt lediglich sechs Entgiftungsplätze mit einer Wartezeit zwischen zwei und fünf Wochen. Auf ein Beratungsgespräch bei der einzigen Drogenberatung neben dem psychosozialen Dienst des Gesundheitsamtes muss ein Klient fünf Monate warten und auf einen Therapieplatz weitere vier bis sechs.

Kein Wunder, wenn den Hauptansturm von Hilfesuchenden der Kontaktladen am Kaiserplatz abfangen muss. Fünf hauptamtliche Sozialarbeiter und einige wenige Honorarkräfte versuchen tapfer, den ständig wachsenden Anforderungen gerecht zu werden.

M. M.: Wenn ich zu unseren Nachbarn sehe, dann bin ich oft ein bisschen traurig, was die da bekommen. Ich weiß nicht, ob das alles wahr ist, aber ich habe gehört, dass da ein Methadonprogramm in Aachen auch gestartet ist, und da sollte eine halbe Berufskraft daran verbunden sein, und da sage ich: Das ist für mich unglaublich. Wir arbeiten hier in dieser Gegend jetzt mit mehr als 60 Personen, und das sind nicht, was wir sagen, Fulltime-Equivalenten, so Mitte 40 Fulltime-Equivalenten.

Zu den Aufgaben des Aachener Teams zählen die Vermittlung zur Fachberatung oder zu einer Selbsthilfegruppe, Begleitung zur stationären Entgiftung, Beratung und Hilfe im Umgang mit Behörden, Vermittlung von Notunterkunft und Wohnung, Beratung zur Methadonsubstitution, begleitende Einzel- und Gruppengespräche für Abhängige im Methadonprogramm, Kontaktaufnahme mit der Bewährungshilfe und mit niedergelassenen Ärzten, externe Begleitung in Krankenhäusern und Gefängnissen, vor allem aber die Krisenintervention und das intensive Einzelgespräch.

Dringend nötig wäre ein Arzt, um wenigstens einmal in der Woche eine Notversorgung der Suchtkranken zu gewährleisten. Da dafür keine Kostenstelle genehmigt wurde, ist das Team dankbar, dass Dr. Petermayer, Anästhesist und Notarzt der Uni-Klinik Aachen, regelmäßig ehrenamtlich mitarbeitet.

D. P.: Worum es mir geht, das ist die Schulung der Mitarbeiter vor Ort, dass die wissen, was sie konkret tun können, wenn es zu so einem Drogennotfall kommt. Und im weiteren Feld mache ich Vorträge bei den Klienten, um denen den vernünftigen Umgang mit ihrer Erkrankung nahezubringen – was schwierig ist. Safer-Use ist da das Schlagwort.

Safer-Use ist Anleitung zur Gesundheitspflege, soweit dies mit Drogenkranken möglich ist. Die Gefahr des Spritzentausches wird ihnen nahegebracht, Hinweise werden gegeben, wie mit Abszessen umzugehen ist. Ein allzeit akutes Thema ist die Venenpflege.

D. P.: Was viele machen, ist, wenn die Armvenen irgendwann zerstochen sind, dass die die Beinvenen benutzen, die innerhalb kürzester Zeit zuthrombosiert, das heißt verstopft sind durch Blutgerinnsel. Zum einen kann es dort an den Beinvenen verstärkt zu Abszessen und zu Venenentzündungen kommen, was dann irgendwann in einer Lungenembolie enden kann.

Aachen spiegelt die Situation deutscher Drogenhilfe wider. Zwar hat sich in den letzten Jahren in Deutschland vieles zum Besseren hin verändert – es gibt mittlerweile ein breitgefächertes Therapieangebot und eine Reihe hochqualifizierter Entgiftungskliniken –, leider nicht genügend Beratungsstellen. Und was Nachsorge und Prävention anbelangt, ist Deutschland nachgerade Entwicklungsland.

Bonn, 31.10.95. Die Zahl der Erstkonsumenten von harten Drogen hat in den ersten neun Monaten dieses Jahres zugenommen, während die Zahl von Rauschgifttoten insgesamt rückläufig war. Diese Bilanz bestätigte das Innenministerium gestern in Bonn. Sie ist von 1.150 (1994) auf 1.051 zurückgegangen.

Prävention geht alle an, nicht nur Eltern. Soll sie etwas taugen, muss sie vielfachorientiert und ganzheitlich ausgelebt sein. Begriffe wie DROGE, SUCHT dürfen gar nicht erst fallen. Verteufelung schreckt nicht ab, sie macht neugierig. Prävention muss vor allem bei Eltern und Lehrern beginnen. Schon die Zehnjährigen wissen in der Regel über Drogen besser Bescheid als sie.

M. M.: Viele Eltern wissen nicht, was Drogen sind. Wenn ein Sohn von 16 von einem Schulabend betrunken nach Hause kommt, dann ist es möglich, dass der Vati zur Mutti sagt: Der wird groß. Und wenn der ein bisschen, ja, sagen wir, nicht von dieser Welt nach einem

Sticky oder sowas nach Hause kommt und sagt, ich habe Haschisch gehabt, dann ist das Haus zu klein. Und Alkohol ist viel gefährlicher als Haschisch.

In Schweden setzt Präventionsarbeit bereits im Kindergarten ein, als Gesundheitserziehung. Österreich und die Schweiz folgen inzwischen diesem Beispiel. Und Schweden ist das einzige europäische Land, das seinen Medizinstudenten zur Auflage macht, mindestens ein Semester lang sich dem Thema „Drogen und Sucht" theoretisch und praktisch zu widmen.

Überall, wo sich Jugend trifft, gibt es Drogen – in der Schule, in Discos, in Cliquen. Angeblich haben nahezu 90 Prozent aller Jugendlichen in Deutschland wenigstens einmal Kontakt mit illegalen Drogen. Ein Teil von ihnen probiert nur und lässt es wieder bleiben, andere werden abhängig. Warum?

Der Weg vom Erstkonsum bis zur Endstation Sucht läuft über viele Entwicklungsstadien: Probieren, regelmäßiger, dann gewohnheitsmäßiger Konsum, schließlich das Muss, das Missbrauchsverhalten.

D. P.: Ich persönlich bin der Meinung, dass die psychische Bereitschaft zur Sucht oder die Persönlichkeitsstruktur, dass die angelegt ist, dass die schon sehr früh da war, bereits vor dem Zeitpunkt, zu dem dann Drogen konsumiert werden. Ich lese hier einen Satz aus dem Buch von Freye vor, „Opioide in der Medizin", das ist das deutsche Standardwerk über zentralwirkende Analgetika: „Auch bei kontinuierlicher Gabe von wirkstarken Opioiden im Rahmen der Intensivmedizin wurde bisher kein Fall einer psychischen Abhängigkeitsentwicklung beschrieben." Für die praktische Arbeit mit

Süchtigen oder für die Genesung ist es völlig unwichtig, ob das jetzt Vererbung, ob das Veranlagung, ob das die schlechte Umwelt oder sonst etwas ist, das interessiert nicht, das interessiert mich nicht im täglichen Umgang mit Süchtigen. Was für diese Leute ganz entscheidend ist, ist: Wie können sie den Alltag leben? Wie können sie ohne Drogen überhaupt zurechtkommen?

Können Süchtige das? Können sie clean werden?

D. P.: Ja, das kann jeder Süchtige. Was wichtig ist, um clean zu bleiben, ist das Wissen, dass Drogen einem nicht mehr helfen können.

„Wer nicht mit den Opfern schreit …“

Ein Jahr danach: Das Sprengstoffattentat im österreichischen Burgenland

gesendet im Deutschlandfunk am 30.01.1996

Personen

M. H. – Michael Horvath (Ältester der Roma-Gemeinde)
S. H. – Stefan Horvath (Vater eines Opfers)
L. R. – Linde Rotta (Featureautorin)
M. R. – Michael Racz (Bürgermeister von Oberwart)
L. S. – Lidvina S. (Bewohnerin von Stinatz)
P. T. – Peter Turrini (Schriftsteller)
F. V. – Franz Vranitzky (Österreichischer Bundeskanzler von 1986 bis 1997)
P. W. – Peter Wagner (Schriftsteller)
Kleinmann – kein Vorname genannt (Israelitische Kultusgemeinde Wien)
Grandits – kein Vorname genannt (Bewohner von Stinatz)
Stinatzer Bürger – nicht namentlich genannt
Frau – nicht namentlich genannt (Bewohnerin von Oberwart)
Bruder – Bruder eines Getöteten, nicht namentlich genannt
Mutter – Mutter eines Getöteten, nicht namentlich genannt

Bundespräsident Thomas Klestil:
Appell an Österreich!
Mit Trauer und Wut stehen wir vor den Leichen und Verletzten. Wir trauern um die Toten, wir fühlen mit ihren Angehörigen. Und wir haben Angst um Österreich!

P. T.: Geschätzte Anwesende! Liebe Freunde!
Ich kann nicht Geburtstag feiern, den Geburtstag einer Republik, ohne daran zu denken, dass in dieser Republik Menschen leben, die andere in die Luft sprengen. Ich wende mich an diese Menschensprenger mit dem, was mir zur Verfügung steht: mit Worten. Liebe Mörder! Sie sind unauffindbar, und doch sind Sie neben mir, ganz und gar gegenwärtig. Wären Sie nur ein paar vereinzelte Verrückte, ich würde kein Wort an Sie verschwenden. Doch ich fürchte, es ist einer großen Anzahl von Österreichern gleichgültig oder recht, wenn wieder einmal ein paar „Zigeuner" tot auf der Erde liegen. Ich frage Ihre vielen stillen und halblauten Zustimmer, und ich frage Sie, liebe Mörder, auf die naivste Art und Weise: Was haben Sie gegen diese Menschen? Ist es die Hautfarbe, das Andersartige, welches Sie so unendlich reizt, dass Sie zu Sprengsätzen greifen? Ist der Faschismus tatsächlich Ihr Ziel? Dann denken Sie an das Ende des Dritten Reiches. Am Schluss war alles still, zerstückelt, getötet, auf dem Boden, unter der Erde. Das Große war kleiner denn je ... Diese Rede, liebe Mörder, ist ein Versuch, das Unfassbare Ihres Tuns zu fassen. Reden Sie zurück! Liebe Freunde! Liebe Anwesende! Ich bitte Sie um Entschuldigung, dass ich meine Redezeit nicht für Sie verwendet habe, sondern für Abwesende. Ich danke Ihnen fürs Zuhören, und sollten die Abwesenden auch zugehört haben, dann danke ich auch Ihnen.

Aus der Rede des Schriftstellers Peter Turrini zum 50. Geburtstag der Zweiten Republik, gehalten am 26. April 1995 auf dem Wiener Heldenplatz.

Fest der Freiheit. Wien feiert. Österreich feiert.
Fast auf den Tag genau sind elf Wochen vergangen, seit bei einem

Sprengstoffattentat in Oberwart vier junge Roma ums Leben kamen: die Brüder Erwin und Karl Horvath, 19 und 21 Jahre alt, Peter Sarközi, 27, und Josef Simon, 40. Er hinterlässt fünf Kinder im Alter von drei bis 14 Jahren.
Eine kalte Februarnacht. Wochenende. Faschingszeit. Aus einer Großdisco schallt Musik übers Feld bis zur Roma-Siedlung herüber, aus der anderen Richtung von der A50, Hauptumgehungsstraße und Zubringer zur Südautobahn Wien–Graz, der Verkehr. Die Siedlung, an einen Hang geduckte Häuser – Fertigbauweise, Zimmer, Küche, Bad –, liegt am Ortsausgang am Rand einer ehemaligen Mülldeponie.
Oberwart, Mittelpunkt der „Warth", des mittelalterlichen, mit Wehranlagen ausgestatteten westlichen Grenzraums Ungarns, heute zweitgrößte Stadt des Burgenlandes, an der Pinka gelegen. Schul- und Einkaufsstadt des südlichen Teils des Bundeslandes. 6.700 Einwohner, 1.400 davon sind Ungarn.

M. R.: Ich sag immer, Oberwart ist die Stadt der Begegnung, und zwar schon durch die Zusammensetzung unserer Bevölkerung. Wir haben aber auch eine beachtliche Zahl an kroatisch sprechenden Bürgern, die durch ihre Berufsausübung sich hier angesiedelt haben.

Von den Oberwartern höre ich: Den Leuten was versprechen und das dann nicht halten, also, das gibt's nicht bei unserem Bürgermeister. Seit fast vierzehn Jahren schon ist Michael Racz Bürgermeister der Bezirksstadt. Ein beliebter und geschätzter Bürgermeister. Ungarisch spricht er so fließend wie Deutsch, kein Muss, aber ein dickes Plus in einer Gemeinde, in der vier Volksgruppen zusammenleben.

M. R.: Nicht zu vergessen sind auch die Roma, die auch, im Verhältnis zu den anderen Gemeinden des Südburgenlandes, vielleicht mit der höchsten Anzahl Roma hier vertreten sind: In der Roma-Siedlung rund 120 Leute und insgesamt in der Stadt etwa 200.

P. W.: Dieses Burgenland ist in seiner Bereitschaft, Eigenarten anderer Kulturen zu erkennen, zu sehen, zu integrieren, aber sehr, sehr selbstverständlich, sehr weit gediehen.
Ein Fundus an Sprache und Geschichte und beispielhaft für das Funktionieren eines multikulturellen Miteinander über alle Vorurteile hinweg.

Befragt man Einheimische nach dem Weg zur Roma-Siedlung, lautet die Antwort: „Da fahren Sie die Straße Richtung Krankenhaus. Wenn S' an die Stelle kommen, wo der Asphaltbelag aufhört und die Schlaglöcher anfangen, sind S' richtig."
Die Detonation kurz vor Mitternacht des 4. Februar muss heftig gewesen sein, noch im sechs Kilometer entfernten Stadtzentrum wird sie gehört. Trotzdem geht die Polizei der Sache nicht nach, auch sonst zeigt sich niemand beunruhigt.
Erst am nächsten Morgen gegen acht Uhr wird die Tat entdeckt, keine zweihundert Meter von der Siedlung entfernt auf dem Weg, der nach Unterwart führt.
Offensichtlich wollten die vier Männer ein Schild beseitigen, das mitten auf dem Weg gestanden haben muss.
Eine schwarze Tafel in DIN-A4-Format mit der Aufschrift „ROMA ZURÜCK NACH INDIEN!", befestigt an einem Rohr auf rot-weiß-rotem Sockel. Die Sprengladungen, zwei, waren im Rohr versteckt, eine explodierte.

Der Platz war mit Bedacht gewählt. Außer den Bewohnern der Siedlung benützt kaum jemand diesen Weg. Den Romakindern dient er als Spielplatz.
Schon im Spätherbst '94 habe es Hinweise gegeben, dass die Siedlung beobachtet werde, berichtet Stefan Horvarth, der Vater des getöteten Peter Sarközi. Man habe auch deswegen mehrmals die Polizei verständigt, zweimal sei sie gekommen, habe aber nichts Verdächtiges feststellen können und deshalb spätere Hinweise als Überreaktion und Überängstlichkeit abgetan. Daraufhin hätten die vier jungen Leute von sich aus gelegentliche Kontrollgänge um die Siedlung unternommen. Auch an diesem Abend.

S. H.: Und am Tag des Attentats, bevor das passiert ist, hab ich ..., eine Dreiviertelstunde vorher, ist mir g'sagt worden, da unten ist ein Auto g'wen, das was sich verdächtig verhalten hat. Und ich war im Verschlafen und hab g'sagt: Na, ihr mit euern Blödheiten! – A Stund' später war's vorbei ...

Oberwart – nicht mehr nur eine beschauliche Kleinstadt auf einer „Insel der Seligen". Seit dem 4. Februar steht der Name für Minderheitenfeindlichkeit, Diskriminierung und Rassismus in Österreich.

Frau: I kann mir des nit vorstelln. I man, mir zumindest, kumman praktisch mit de Leut, was kane Roma san, guat aus. I man, i hab no koa schlechte Erfahrung g'macht. A die Kinder net in der Schul. Also des muaß a eigene Organisation sein, de was gegen die Roma persönlich oder gegen überhaupt d' Rassen hat.

M. H.: Den ganzen Tag hab'n mir nix g'essen. Immer grehrt, grehrt (geweint). Dann hat's g'hassen: „ROMA ZURÜCK NACH INDIEN". Dann hab'n mir g'sagt: Wiaso? Mir sein nit von Indien.

Nicht nur, weil Michael Horvath, Brotzy, wie ihn die Freunde nennen, der Älteste der Siedlung ist, genießt er Respekt und Achtung, er hat sechs Jahre KZ überstanden, er ist einer der letzten noch Überlebenden, in der Siedlung der einzige.

M. H.: Jetzt sein mir schon daham seit '45 da in Oberwart, aber das ist noch nie passiert. Wia die Russ'n da war, is a nix passiert. Wia nach die Russ'n – die Russ'n sein furt, nit – is a nix passiert. Aber no, heuer im Feber! Und ganze Jahre, seit fuffzg Jahr nix.

Radio und Fernsehen melden, die vier Männer hätten sich selbst in die Luft gesprengt.

P. W.: Dieses Gerücht wurde dann tatsächlich einen ganzen Tag lang hartnäckigst vom Innenministerium und von den Sicherheitsorganen weitervertreten und genährt, obwohl man bereits zu diesem Zeitpunkt wissen hätte können, dass die vier Leute sich nicht selbst in die Luft sprengten. Dieser Zynismus ist den Roma komplett fremd.

Peter Wagner, Schriftsteller und Bühnenautor, ist in der Nachbargemeinde Unterwart aufgewachsen. Kaum ein anderer *Gatschet*, Nichtroma, hat sich so intensiv mit Wesen, Kultur und Geschichte der Roma auseinandergesetzt; auch für ihre Rechte engagiert, mit Bombendrohungen als Folge.

Bürgermeister Racz, grippekrank im Bett, erfährt von dem Unglück zuerst über die Nachrichten. Eine Selbstsprengung oder eine vorzeitige Explosion durch unsachgemäßes Hantieren mit dem Sprengstoff schließt auch er sofort und entschieden aus.

M. R.: Das ist auch denkunmöglich, denn ein Rom, der würde ..., na ja, bei einer Schlägerei, das würd' ich schon zutrauen, dass er handgreiflich wird. Ich könnte ihm sogar noch zutrauen, dass er bei einer Messerstecherei dabei ist. Aber ich kann's ihm nicht zutrauen, dass er mit Sprengstoff hantieren kann und umgehen kann damit.

Die Exekutive scheint da anderer Ansicht. Nachdem die Toten weggebracht sind, wird gegen 17.30 Uhr in der Siedlung eine Razzia durchgeführt. Gefunden wird nichts.

S. H.: Es ist das erste Mal, dass in der Republik Österreich Opfer durchsucht worden sind und nicht Täter. Nit nur wir, die ganze Siedlung. Alles, alles. Jedes Haus. In jedem Haus fünf, sechs Beamte drin. Wir hätten nicht die Möglichkeit g'habt, nur eine Schachtel Zünder zum Wegräumen.

Weder Behörden noch Politiker empfinden dieses Vorgehen als beschämend.

M. R.: Na ja, vielleicht ist das gar nicht so schlimm gewesen, denn damit ist ja das, was heute noch vielfach unterstellt wird, endgültig ausgeräumt, das heißt, es ist erwiesen, dass die Roma in keiner Weise hier in Betracht kommen.

Für die Betroffenen sind die Hausdurchsuchungen eine zusätzliche Demütigung.

Bruder: Schrecklich. I man, i hab ein' Bruder verlorn und gute Freunde, Bekannte. Es ist grauenvoll. Was soll i sagn? ... Waß nit, was i sagn soll ...

Mutter: De habn sie des garantiert nit selber g'macht. Und angeblich habn sie's ja grad durchgeben: Des war a Attentat ... Weil, so g'scheit sein ja de Kinder nit gwe'n, dass' selber bastelt hätten. De werdn si do net selber umbringen ... Was solln mir mach'n? Lebendig kannst' ihn net mehr machen. Das Leben muaß ja weitergehn. I hab ja andere Kinder a no. Weil, da tuans Kinder großziehn, net, und dann, von ana Minuten auf die andere ... (weint).

„Es hat nie Probleme zwischen den Oberwartern und den Roma gegeben. Wir lassen uns nicht auseinanderdividieren", versichert Stunden nach dem Attentat einer der Gemeinderäte auf einer spontan zustande gekommenen Versammlung.
Aber lässt sich „auseinanderdividieren", was sich nie zusammengehörig fühlte? – Die Stadtväter müssen am Abend des Mord-Sonntags erst nachdrücklich daran erinnert werden, endlich die schwarze Fahne auf dem Rathausbalkon aufzuziehen und so ein Zeichen der Solidarität und gemeinsamen Trauer zu setzen.
Einen Tag später erneut ein Bombenanschlag. Im wenige Kilometer von Oberwart entfernten Stinatz explodiert neben einer Mülltonne ein Sprengsatz und verletzt einen Arbeiter von der Müllabfuhr. Die Mülltonne stand am Rande des Stinatzer Kinderspielplatzes.

P. W.: Mit diesem Anschlag war dann plötzlich auch ein größerer Kontext dieses Bombenlegens spürbar: Es geht nicht nur gegen die Allerschwächsten, es geht auch gegen die, die nicht in das Schema einer steril in sich, ideologisch sterilen und ethnisch sterilen Gesellschaft, Platz haben. Man kann sich also vorstellen, dass die Volksgruppen in Österreich insgesamt alle furchtbar alarmiert waren.

Stinatz. Marktgemeinde. 1.500 Einwohner. Volksgruppenzugehörigkeit: Kroatisch. Muttersprache: Kroatisch. Bekenntnis: Römisch-katholisch. Kindergarten, Schule, Behörden und Kirche werden zweisprachig geführt.

L. S.: Wir sind schon über 450 Jahre hier, aber für mich ist das gleich. Ich denke, ich bin eine Österreicherin, aber trotzdem bin ich auch eine Jugoslawin oder Kroatin.

Grandits: Wir sind burgenländisch-österreichische Kroaten.

Stinatz – Stainjaki, ein Bilderbuchdorf mit wechselvoller Geschichte.
Die nicht gerade wohlhabende Gemeinde hat in den letzten Jahren bis zu 200 Asylanten aufnehmen müssen, mehr als hundert von ihnen sind mittlerweile fest integriert, haben Wohnung und Arbeit. Vielleicht ist das der Grund, dass die Freiheitlichen bei den Nationalratswahlen '94 ausgerechnet im SPÖ-regierten kroatischen Stinatz plötzlich so kräftig zulegen konnten. Fast aus dem Nichts erreichten sie sechs Prozent. Doch keiner bekennt sich offen zu seiner Entscheidung.

L. R.: Gibt's hier jemanden, der klar sagt: Ja, ich habe Jörg Haider gewählt?
Stinatzer Bürger: Des glaub i net. Des sagt da niemand.

Mit Oberwart und Stinatz hat die Serie der Bombenanschläge in Österreich eine neue Dimension erreicht. Bundeskanzler Vranitzky:

F. V.: Ich habe gestern in einem Rundfunkkommentar eine Meinung gehört, die etwa in die Richtung gegangen ist auf die Frage: Im Burgenland hat doch das Zusammenleben der Volksgruppen bisher so gut funktioniert? Und da ist eine Meinung geäußert worden, die man jedenfalls nicht gleich wegschieben und von der Hand weisen soll, nämlich: Gerade das *gute* Funktionieren ist unter Umständen jemandem, der destabilisieren möchte, mehr Dorn im Auge, als hätte das Zusammenleben schlechter funktioniert.

Die Zweite Republik steht im Fadenkreuz, und der Staat reagiert hilflos. Obwohl es Bekennerbriefe gibt, führen die Ermittlungen zu keinen Ergebnissen. Der dem rechten Flügel der SPÖ zugehörige Innenminister Löschnak muss zurücktreten.
Es ist offensichtlich, dass im Staatspolizei-Apparat zumindest Sympathisanten der Rechtsterroristen sitzen.
Das Innenministerium übernimmt danach der dem linken Spektrum zugehörige Caspar von Einem. Und immer heftiger wird dem „politischen Ziehvater des rechtsextremen Terrorismus", wie FPÖ-Club-Obmann Jörg Haider laut höchstrichterlicher Entscheidung genannt werden darf, eine gehörige Portion Mitschuld für das Eskalieren der Terrorakte in Österreich angelastet.
Er wehrt sich präventiv, dreht wendig den Spieß um: Die Bomben seien in Wahrheit gegen ihn gerichtet. Bis heute beharrt er auf der Version der Selbstsprengung der vier Roma, in Oberwart habe „Leichenumschichterei" stattgefunden.
23. September 1995. Schauplatz: der Herzogsstuhl am Zollfeld in

Kärnten, Freiheitssymbol der Kärntner seit anderthalbtausend Jahren ...

... und der Slowenen.

Zum 75. Mal jährt sich die Kärntner Volksabstimmung, die nach Monaten des „Abwehrkampfes“ der Bevölkerung 1920 verhinderte, dass das südliche Kärnten an Slowenien fiel. Feststimmung. Festreden. Die Vertreter aller Parteien sind anwesend.

Auch Jörg Haider.

J. H.: Es gibt seit Ebergassing endlich den Beweis, dass der Terror in Österreich offenbar von links kommt und dort beheimatet ist, weil sich die beiden Täter selbst in die Luft gesprengt haben. In Oberwart selbst hat von höchster Stelle im Ministerium man versucht, gewisse Ermittlungen zu unterbinden, die aber jetzt allmählich durch Aussagen von Exekutivbeamten erhärtet werden, nämlich die, dass etwa der in der linken Szene besonders profilierte und als Drahtzieher für den linken Terror anzusehende Herr Purtscheller als Erster am Tatort war. Oder die Tatsache, dass die Leichen nach der Bombenexplosion in einer Art und Weise dagelegen sind, wie sie's von der Explosion nie sein konnten. Es ist also der Tatort offenbar verändert worden. Das lässt den Schluss zu, dass man möglicherweise von Seiten des Herrn Purtscheller an die Sinti und Roma diese Bombe also übergeben hat, um hier ein weiteres Ablenkungsmanöver in Richtung rechte Gewalt zu machen. Das alles ist bisher nicht untersucht worden.

Wolfgang Purtscheller ist ein Wiener Journalist, der durch seine Recherchen im Neonazi-Milieu bekanntgeworden ist. Er wird schwerverletzt, als er zufällig Augenzeuge einer Polizeiaktion gegen Ausländer wird.

Haider zu dem Vorfall: „Schön, dass lästige Linke ein bisserl zur Räson gebracht werden."

Der Kärntner Jankerl-Juppie, der es clever versteht, unterschwellige Ängste ans Tageslicht zu holen und zu schüren, klopft keine eigenen Sprüche – nicht einmal das. Populisten sind nicht kreativ. Er setzt nur flinkzüngig um, was die Ewig-Gestrigen in der Bevölkerung schon immer denken. Das bringt ihm Zulauf. Weil es so viele sind.

Aus Stinatz stammen auch die Brüder Resetarits, Willi, Thomas und Lukas; Liedermacher der eine, Bildhauer der andere, als *Kottan* bekanntgeworden in der gleichnamigen Krimi-Serie der dritte. Alle drei engagieren sich nicht nur für die Minderheitengruppen, sondern seit Jahren besonders für Flüchtlinge und Asylanten. Wie Flüchtlingsbetreuerin Maria Loley, Bombenopfer vom Oktober '95. An die Mutter der Brüder Resetarits ist dann auch die vorläufig letzte Briefbombe im Dezember gerichtet. Zum Glück löst sie sich in einem Briefkasten eines Grazer Postamtes vorzeitig von selbst aus, ohne jemanden zu verletzen.

Aus verschiedenen Bekennerschreiben lässt sich die Struktur der Organisation allmählich erkennen, die verantwortlich zeichnet für die Anschläge: An der Spitze steht die „Salzburger Eidgenossenschaft Bajuwarische Befreiungsarmee". Ihr unterstellt sind das „Sekretariat", zuständig für die stilistische Bearbeitung der Bekennerschreiben, und fünf „Kampftruppen", die die Anschläge planen und realisieren. Doch wer der Kopf, der „Führer", der BBA ist, weiß niemand, offensichtlich nicht einmal ihre Mitglieder.

Das österreichische Magazin PROFIL schreibt in seiner Ausgabe vom 23. Oktober 1995:

„Das Profil der Täter zeigt das Ziel eines Terror-Phantoms, das

sich nicht im Untergrund bewegt, sondern in der Nähe staatlicher Strukturen, wenn nicht sogar in deren Innerem. Die Verfasser bewegen sich vor einem klar deutschnationalen, aber nicht zwingend neonazistischem Hintergrund."
Deutschnational! Was Joseph Roth in seiner „Kapuzinergruft" für die sterbende Monarchie beklagte, scheint auf erschreckende Weise für die Zweite Republik aktuell zu werden:
„Nicht unsere Tschechen, nicht unsere Serben, nicht unsere Polen, nicht unsere Ruthenen haben uns verraten, sondern nur unsere Deutschen, das Staatsvolk."
Nach dem letzten Bekennerschreiben der BBA ist für die Anschläge in Oberwart und Stinatz ihre Kampftruppe „Friedrich II. der Streitbare" verantwortlich.

Der Roma-Mensch ist das Verdrängte. Er kehrt immer wieder zurück. Er ist das schlechte Gewissen.
Roma und Sinti sind erst seit dem 16. Dezember 1993 eine durch das Parlament rechtlich anerkannte ethnische Volksgruppe in Österreich und damit den anderen im Staatsvertrag von 1955 genannten Volksgruppen – Ungarn, Kroaten, Slowenen, Tschechen und Slowaken – rechtlich gleichgestellt. Ob Österreich mit dieser Anerkennung ein Unrecht gutmachen oder ob es sich vor dem Eintritt in die Staatengemeinschaft den Europäern als Musterschüler präsentieren wollte, diese Frage mag jeder für sich beantworten.
Die kleinste Minderheitengruppe – kaum einer weiß etwas über sie. In Österreich sind sie gleichsam Dritte Welt geblieben, ausgegrenzt, an den Rand geschoben.
Vor etwa 1.000 Jahren wanderten Roma in kleineren Gruppen, Familienclans, aus Indien nach Europa ein. Ein Teil kam über den Vorderen Orient in die Türkei und auf den Balkan, ein anderer über

Nordafrika nach Spanien. Ihre Sprache, „Romanes“ oder „Roman“, leitet sich ab aus dem altindischen „Sanskrit“. Die einzelnen Stämme – Lovara, Sinti und Kaldaresh – unterscheiden sich voneinander lediglich durch ihre Dialekte und Bräuche.
Dass die Roma nie das Bedürfnis zeigten, in unserer Gesellschaft heimisch zu werden, hat seine Wurzeln in der Geschichte, die in Europa, mit Ausnahme Spaniens vielleicht, von Anfang an und durch die Jahrhunderte eine Geschichte der Verfolgung und Unterdrückung gewesen ist.

P. W.: Sie waren ja eine Zeitlang vogelfrei, das heißt, sie haben als Spione fungiert, und für den Fall, dass sie entdeckt wurden, konnte sich der Auftraggeber von ihnen lösen.

„Vogelfrei“ bedeutet, recht- und schutzlos zu sein. Den „Vogelfreien“ durfte jeder töten.

P. W.: Und unter diesem Aspekt, unter diesem Licht gesehen, kann man verstehen, dass der Roma-Mensch misstrauisch ist. Er ist sehr, sehr scheu. Er ist entgegen dem allgemein kolportierten Klischee nicht wirklich aggressiv. Er greift nie zu einer Schusswaffe, weil ihm die Feuerwaffe als solche wesensfremd und suspekt ist.

Nach Ungarn kamen die Roma im 16. und 17. Jahrhundert während der Türkenkriege. Sie begleiteten die türkischen Heere als Musiker, Waffen- und Hufschmiede. Ein großer Teil blieb, als die Invasion zu Ende ging. Zwischen 1664 und 1674 ließ Graf Christoph Batthyány für sie Siedlungen errichten. Knapp fünfzig Jahre später verordnete Karl VI. die Verfolgung und Ausrottung von „Zigeunern und jeglichem Gesindel“. Unter Maria Theresia und später auch

unter Josef II., dem überzeugten Verfechter des Aufgeklärten Absolutismus, wurden Roma und Sinti außerhalb von Ortschaften zwangsangesiedelt. Bei Androhung von 24 Stockhieben wurde ihnen verboten, in ihrer Sprache zu sprechen. Gerade nur so viel Freiraum gestand man ihnen zu, wie sie zur Existenzsicherung benötigten. Kinder, die das fünfte Lebensjahr erreicht hatten, nahm man den leiblichen Eltern weg und brachte sie in andere Komitate zu christlichen Pflegeltern.
So manchem, auf seine unbefleckte Deutschstämmigkeit stolzen Burgenländer dürfte also, ohne dass er's ahnt, ein gehöriger Schuss Zigeunerblut durch die Adern fließen. Der lupenreine Deutsch-Österreicher ist halt doch nur, wie Peter Turrini es in seiner Linzer Rede zum Internationalen Bruckner-Fest 1994 ironisch ausdrückt, eine Erfindung, ein Wunschtraum.

P. T.: Wenn es so etwas wie eine österreichische Seele gibt, dann ist sie mit Sicherheit paranoid. In keinem anderen Lande Europas ist der Fremdenhass so verbreitet und so idiotisch wie in Österreich. Der ethnisch reine Österreicher ist eine Erfindung, es gibt ihn nicht. Was man Österreicher nennt, ist ein europäisches Gemisch gleichen Namens, eine Promenadenmischung, die den Glücksfall ihrer Mischung nicht wahrhaben will und sich immer wieder als deutscher Schäferhund ausgibt. Stellen Sie sich das einmal bildlich vor: Eine Promenadenmischung setzt sich die Ohren eines Schäferhundes auf und bellt großdeutsch. Das macht die österreichischen Fremdenhasser so lächerlich und so unberechenbar.

Im 19. Jahrhundert kamen weitere Roma-Gruppen, die Lovara, aus dem Osten. Sie siedelten sich um den Neusiedlersee an. Um weitere Neuzuwanderungen zu verhindern, wurden nach der

Angliederung an Österreich 1921 Erhebungen über die sogenannten „Zigeunerbehausungen“ im Burgenland durchgeführt, alle Roma fotografiert und registriert. Sie durften ihre Heimatgemeinden nicht mehr verlassen. 1928 begann man in Eisenstadt, eine „Zigeunerkartothek“ anzulegen. Als sie dann ’38 dem Rasse- und Siedlungshauptamt-SS zur Verfügung gestellt wurde, enthielt sie Daten und Fingerabdrücke von mehr als 8.000 Roma.
Schon 1931 erarbeitete man im Bundeskanzleramt ein „Zigeunergesetz“, das zunächst nur auf die burgenländische Situation zugeschnitten war, aber bereits spätere Forderungen Tobias Portschys in seiner „Denkschrift zur Zigeunerfrage“ vorwegnahm: Einschränkung des Freiraumes der „Zigeuner“, Verbot der Wahlbeteiligung, Möglichkeit einer Schutzhaft, Anhaltung zur Zwangsarbeit ... Und so fort. In seiner Antrittsrede als nationalsozialistischer Landeshauptmann des damals noch bestehenden Burgenlandes propagierte der spätere „stellvertretende Gauleiter des Gaues Steiermark“, Portschy, im März ’38 die „Untragbarkeit der Zigeuner und Juden im Dritten Reich“. Seine Aufgabe sah er darin, die „Zigeunerfrage“ im Burgenland „gründlich und ein- für allemal zu lösen“.

S. H.: Und wenn man dann die Geschichte vom Burgenland betrachtet, dass im Jahr 1995 ein Buch herauskommt „Unsere Landeshauptleute“, und da wird noch ein Tobias Portschy angeführt in diesem Buch. Er war jetzt 90. Ich hab einmal versucht, im März mit ihm zu sprechen nach dem Attentat. Seine Tochter hat uns des verwehrt, weil sie gemeint hat, er ist alt und krank und schwächlich. Ich mein, den Meldungen zufolge ist das nicht so, net, der Herr Portschy hat jetzt im Anfang September zweihundert Gäste empfangen. Der weiß sehr wohl, was er getan hat und noch tut.

Mit dem Anschluss an Deutschland im Jahre 1938 erreicht die Hetzjagd auf Roma und Sinti ihren Höhepunkt. Das Wahlrecht wird ihnen entzogen, öffentliches Musizieren verboten, Zwangsarbeit angeordnet, Roma-Kinder dürfen am Schulunterricht nicht mehr teilhaben.
Roma heißt, übersetzt, Mensch.
Dieser Mensch ist vogelfrei.
Im Juni '39 werden 3.000 Burgenland-Roma in die Konzentrationslager Dachau und Ravensbrück verschleppt. Noch in den letzten Wochen vor Kriegsende sind in Ravensbrück Romafrauen und -mädchen Versuchsobjekte für Sterilisierungsexperimente.
Bilanz: Von den etwa elftausend österreichischen Roma und Sinti überlebten mehr als die Hälfte die Arbeits-, Sammel- und Konzentrationslager nicht.

Kleinmann: Die ersten Oberwarter lernte ich mit 16 Jahren im Konzentrationslager Buchenwald 1939 kennen. Wir waren damals über tausend österreichische Wiener Juden und die Zigeuner a klane Gruppen. Man hat sie erbärmlich im Steinbruch erschlagen! Vergangenes Jahr, da waren es fünfzig Jahre, dass man viertausend Roma und Sinti vergast hat, über Nacht, mit Frauen und Kindern, in einem Straflager, wie man so schön im Nationalrat sagt – nur, ich wusste nicht, was die Kinder für Strafen taten, was die verbrochen haben (Applaus).

Als Siebzehnjähriger kam auch Michael Horvath ins KZ.
„Michael Horvath, Zigeuner, römisch-katholisch, geboren am 2. Jänner 1922 in Oberwart, arbeitsscheu."
ARBEITSSCHEU – das Wort wird ihm auf die Uniform geheftet.
Er blieb inhaftiert vom 26. Juni 1939 bis 5. Mai 1945.

M. H.: In Guhsen bei Mauthausen und in Buchenwald, in Dachau. In Kiesgrube haben wir gearbeitet. Die Leut haben's umbracht. Alle Tag, aber alle Tag haben sie's einig'führt von Steinbruch mit die Anhänger, so Lastwagen warn, net. Alle Tag eini in Krematorium, und dann habn mir müssen die Toten abladen. Und mir habn denkt, ja, mir kummen a dran ...

Es ist schon eine Ausnahme, wenn der Horvath Michael aus jenen Jahren erzählt.

M. H.: Da hat g'hassen ganzen Tag: Gemma, gemma! Fahrn ma, fahrn ma! Mit die holzene Scheibtruchn (Schubkarren).

In einer Stehgrube habe er arbeiten müssen, sagt er, von 7 Uhr früh bis 5 Uhr abends. Tagaus, tagein. Bei Sonne, Regen, Schnee, bei Hitze und Frost. Nach der Arbeit Zählappell. Auf dem Lagerplatz. Habe einer gefehlt, hätten alle so lange stehen müssen, bis der gefunden und vor den Augen aller aufgehängt worden sei. Mitten auf dem Platz. An einer Betonsäule. Ja. Und in Dachau sei mit ihm auch der Figl gewesen, der Leopold, der Kanzler. Und auch der Oberlehrer Steiner aus der Nachbargemeinde. Die hätten aber nicht in den Steinbruch müssen wie die anderen, die seien in der Schreibstube gesessen. Bessere halt, keine Zigeuner.
Über einen anderen Oberwart-Roma, der das KZ überlebte, schrieb Peter Wagner ein Hörspiel – „Purdy Pista".

P. W.: Purdy Pista war sein Spitzname oder auch Künstlername, ein begnadeter Zimbalist, Geiger, der seine erste Familie in Auschwitz verloren hatte. Er zeigte mir auch immer seine KZ-Nummer am Unterarm. Nur ist es ein Unterschied, ob man so etwas auf einem

Foto sieht in einem Geschichtsbuch oder ob man das am Unterarm einer real vorhandenen Person sieht. Er hat auch den für mich wesentlichsten Satz gesagt, der mir also irgendwie zu einem Synonym meiner gesellschaftlichen, philosophischen Haltung geworden ist: Auschwitz sei die Hauptstadt der Welt.

> Nach der Öffnung der Lager kehrten die meisten Roma in ihre Vorkriegswohnorte zurück. Ihre Wohnungen existierten nicht mehr. Vielerorts verweigerte man ihnen ihr angestammtes Wohnrecht. Von den ehemals etwa 360 in Oberwart ansässigen Roma hatte nur ein gutes Dutzend überlebt.

P. W.: Wenn also von vormals 360 bis 400 Romazigeunern überhaupt nur 16 nach Hause kamen, dann kann man sich also in etwa vorstellen, dass es inzüchtige Verbindungen gegeben haben *muss*. Ein Thema, das die Roma bis heute tabuisieren, das auch nicht an sie herangetragen wird, weil das doch eine sehr nachhaltige negative Einschätzung der Roma nach sich zöge. Und daher bin ich relativ vorsichtig in dieser Geschichte. Nur glaube ich, sollte man sie nicht vollkommen verschweigen, denn auch das ist einer der grausamen Zynismen in der Folgewirkung der systematischen Ausrottung durch die Nazis. Sie hatten keine andere Chance, überhaupt in ihr Leben zurückzufinden, in ihre ethnische Grundlage zu finden.

> Es wäre ein Leichtes gewesen, so wenige Roma in der Gemeinde zu integrieren, stattdessen bringt man sie außerhalb des Ortes in Baracken unter. Noch zweimal werden sie umgesiedelt. Sie bleiben an den Rand Gedrängte.
> Man kann eine Minderheit vernichten, indem man sie mordet, wie es die Nazis in ihren Konzentrationslagern praktizierten und wie

wir es heute auf dem Balkan wieder erleben müssen – oder man lässt sie unbeachtet und ungestört schalten und walten, dann geht sie von selbst zugrunde – das ist der österreichische Weg.
Die KZ-Generation durfte keine Schulen besuchen. Heute gibt es die Schulpflicht, aber niemand hält die Roma-Kinder dazu an, die Schulbehörden nicht und nicht die Eltern. Sie könnten ihnen ohnehin nicht helfen. Zu Hause wird Romanes gesprochen, in der Schule Deutsch verlangt. So landen die meisten Roma-Kinder über kurz oder lang in der Sonderschule. Ohne Schulabschluss, keine Lehrstelle. Ohne Lehre, keine Arbeit – welche Chance haben Analphabeten?
Zigeuner sind faul. Zigeuner sind dumm. Zigeuner sind gewalttätig. Sie stehlen, handeln mit Drogen, verschieben Autos. Zigeuner sind Underdogs.
Von der Ignoranz zum Vorurteil, vom Vorurteil zum Hass, vom Hass wohin?
Aufgerüttelt durch das Attentat, werden endlich auch von offizieller Seite Versäumnisse eingeräumt. Bundeskanzler Vranitzky sieht als vordringlichstes Ziel: In jeder Roma-Familie sollte in Zukunft wenigstens eine Person einen gesicherten Arbeitsplatz haben. Die Wohnverhältnisse in der Siedlung müssen und sollen verbessert werden.

F. V.: I möcht auf alle Fälle versichern, dass wir uns nicht unter dem Eindruck dieses Attentats, dieser Untat, halt jetzt a Weile, a Zeitlang, damit beschäftigen, und wenn die Untat aus den Gedächtnissen verschwunden ist, dann gehn wir wieder zur Tagesordnung über. Also das wäre sozusagen die Nichtlehre, die wir aus diesem Wahnsinn da ziehen.

M. R.: Auf Knopfdruck geht's nicht, und unsere Aufgabe ist, sie so weit zu befähigen, dass sie selber auch in der Lage sind, sich zu helfen. Auf der anderen Seite: Was können die Roma selber dazu beitragen? Sind sie überhaupt willens, eine Änderung ihrer Lebenssituation herbeizuführen, sie zum Besseren zu wenden?

Sie sind willens. Einige wenigstens. Ihnen ist aber auch klar, dass noch viel Überzeugungsarbeit geleistet werden muss, vor allem unter den Roma selbst. Das haben sie schon lange vor dem Attentat begriffen. Nicht in Wien oder Villach, der Sinti-Hochburg, in Oberwart wurde der erste Roma-Verein Österreichs gegründet. 1989.
Seine Ziele unter anderen: Die Lebenssituation der Roma zu verbessern; Vorurteilen entgegenzuwirken; den Kindern Starthilfe für eine gute Ausbildung zu geben; Erwachsenenberatung, Erwachsenenweiterbildung.
Die Arbeit des Vereins zeigt Wirkung. Zum ersten Mal hat ein Mädchen aus der Siedlung den Übergang in eine Höhere Schule, in die Handelsakademie, geschafft. Eine Sensation. Seit der Oberwarter „Untat" ist ein Jahr vergangen. Was ist seither geschehen, was hat sich in den Köpfen verändert?
Der Bombenterror geht weiter. Von den Tätern fehlt jede Spur. Das Wahlplakat des Jahres bringt im Oktober die FPÖ an die Wände: „Lieben Sie Scholten, Jelinek, Häupl, Peymann ... oder Kunst und Kultur?"

S. H.: Es nimmt in der Bevölkerung schon niemand mehr wahr, was passiert ist. Des einzig Positive in Oberwart ist die Jugend. Die ist positiv eingestellt uns gegenüber, und des ist eigentlich die Zukunft auch für unsere Kinder.

Oberwart, 11. Februar 1995, 14 Uhr. Im Burgenland läuten alle Kirchenglocken. Bundespräsident Klestil hält eine Traueransprache. Er richtet sie an alle Österreicher:

„Die unfassbare Brutalität und Feigheit, mit der das Leben dieser vier Österreicher im Dunkel der Nacht ausgelöscht wurde, ist ohne Beispiel in dieser Republik. Noch immer weigere ich mich zu akzeptieren, dass dieses Verbrechen dem allgemeinen Bewusstsein in unserem Lande entspricht. Aber ich weiß, auch Einzeltäter kommen nicht aus dem Nichts. So wird unsere Antwort auf diese Morde auch ein Prüfstein für die Reife unserer Demokratie sein. Frieden und Freiheit sind nicht immer nur durch Hass und Gewalt bedroht, sondern auch durch Gleichgültigkeit, durch Tatenlosigkeit. Karl und Erwin Horvath, Peter Sarközi und Josef Simon werden heute zu Grabe getragen. Was bedeutet ihr Tod? Nur eine traurige Erinnerung? Nur eine schmerzende Wunde im Gedächtnis unserer Republik? Nur ein Anstoß zu verstärkten Sicherheitsbemühungen?

Oder doch auch ein Anlass zur Besinnung – wir alle gemeinsam und jeder für sich.“

Nie hatten sie eine Chance

Er werde mich gerne zum Horvath Michael bringen, versprach mir der Leiter des Roma-Vereins, Stefan Horvath, am Telefon, ob der mit mir reden werde, könne er mir nicht garantieren, wohl eher nicht. Ich dürfe nicht vergessen, keiner in der Siedlung habe so viel in seinem Leben durchlitten wie dieser alte Mann. Seine erste Familie sei im KZ ausgerottet, und nun seien gleich zwei seiner Enkel beim Attentat getötet worden. Dann die vielen Reporter aus dem In- und Ausland, die über die Hinterbliebenen hergefallen seien wie die Aasgeier. Heute ließe sich von denen keiner mehr hier blicken.

In zwei Stunden sollte ich mich mit ihm treffen, mir blieb also reichlich Zeit für ein Mittagessen und einen Abstecher zuvor auf den Friedhof. Die Gräber fand ich so rasch, als besuchte ich sie täglich. In den letzten beiden Tagen hatte ich sie in einer winzigen Kabine des ORF-Landesstudios in Eisenstadt auf Videobändern Dutzende Male gesehen: geschlossene Gräber, offene Gräber, Särge, die Leichen am Ort des Attentats, verstörte Gesichter der Menschen aus der Siedlung. Noch hatte ich die Trauerreden im Ohr, die Versprechungen der Politiker, das Schluchzen der Angehörigen. Kommentare, Vermutungen, Aussagen begannen sich schon jetzt, nur ein halbes Jahr später, zu einer Schmierenkomödie zu fügen.

Nicht Böses zu tun sei so sehr das Böse, lässt Pasolini eine seiner Theaterfiguren sagen, *sondern das Gute nicht zu tun.*

Gleich zu Anfang hatte man auf der Suche nach den Tätern einen der besten Profiler der Welt zu Rate gezogen, einen in den USA bestens ausgebildeten österreichischen Kriminalisten. Er kam schon bald zu dem Schluss, ein hochintelligenter Einzeltäter müsse hinter den Anschlägen stecken, keine Organisation. Sogar einen geographischen Radius zog er, innerhalb dessen der Täter seiner Meinung nach agierte.

Man glaubte ihm nicht, man wollte ihm nicht glauben: Für die Linken stand fest, die FPÖ hatte die Finger im Spiel, auf alle Fälle bereite sie den Nährboden für Rechtsradikalismus. Freilich, so unrecht hatten sie damit nicht. Haider selbst verstieg sich zu der Behauptung, die Anschläge seien von den Linken inszeniert, nur um ihm und der FPÖ so kurz vor der Wahl zu schaden, Diese Annahme bestätigte er mir allen Ernstes wenige Tage später in einem Interview.

Verschwörungstheorien hüben wie drüben jagten einander. Der dem rechten Flügel der SPÖ zugehörige Innenminister Löschnak musste zurücktreten, nicht zuletzt weil er Fakten gegeneinander abzuwägen und *allen* Spuren nachzugehen gewillt war. Caspar von Einem von der äußersten Linken wurde sein Nachfolger. Erst Jahre später, als einem gewissen Franz Fuchs beim Verladen einer Bombe beide Hände abgerissen wurden, bestätigten sich die Vermutungen des Profilers aufs Präziseste.

Vier katholische Gräber auf einem katholischen Friedhof, und ich, die Protestantin, entzündete nach katholischer Art für jedes eine Kerze und stellte sie zwischen Berge grellfarbener Stoff- und Plastikblumen. Dabei betrachtete ich die jungen Gesichter auf den Fotos, die in die Grabsteine eingefügt waren. Ihre Ähnlichkeit war verblüffend, wenngleich nicht erstaunlich: In der Siedlung war jeder mit jedem verwandt.

Zum Mittagessen wählte ich ein Lokal, von dem ich annahm, es würde stark frequentiert sein. Ich suchte das Gespräch mit dem Kellner, Gäste vom Nebentisch mischten sich ein und ich erfuhr:

Wo vier Volksgruppen zusammenlebten, seit Jahrhunderten zusammenleben mussten, funktioniere das eben, das Zusammenleben. Das gute Erbe der guten alten Monarchie. Spannungen mit den Roma? Na nie. Niemals! Schon weil man sich möglichst aus dem Weg gehe. „Das heißt, die Zigeuner uns, wir ihnen eh nicht, wir sehn's ja gar net", versicherte nachdrücklich ein älterer Herr, und ich stellte mir vor, ein Typ wie dieser musste Helmut Qualtinger zu dessen „Herrn Karl" Pate gestanden haben.

Punkt 14 Uhr betrat ich das Roma-Vereins-Haus. Stefan Horvath führte mich herum. In diesem Raum hier fänden die Beratungsgespräche statt, in dem daneben, es sei der wichtigste, Nachhilfe-Unterricht, denn die Roma-Kinder könnten nur hier gefördert werden, die meisten Eltern könnten weder lesen noch schreiben. Gegenüber träfen sich die Frauen, um dieses und jenes zu lernen; der Saal im ersten Stock diene vor allem musikalischen Veranstaltungen, auch größeren Zusammenkünften.

Den Verein hatte er vor fünf Jahren mitbegründet, einiges war seither in Bewegung gekommen. Im Gegensatz zu anderen Roma, denen es gelungen war, sich beruflich und gesellschaftlich zu etablieren, zog Stefan Horvath *nicht* aus der Roma-Siedlung weg. Wenn er Probleme aufgreifen, anpacken wolle, müsse er sie kennen.

Wir fuhren zur Siedlung. Als ich das erste Mal den Weg dorthin suchte, das war im April gewesen, hatte mir ein Straßenbauarbeiter erklärt: „Da fahren S' gradaus und über den Kreisel weg. Wenn S' an die Stelle kommen, wo der Asphalt aufhört und die Schlaglöcher anfangen, sind S' richtig."

Inzwischen war die Asphaltdecke noch keinen Meter gewachsen, nur die Schlaglöcher waren notdürftig zugeschottert. Einige wenige der etwa fünfzig Häuschen der Siedlung schienen frisch gestrichen, sie gehörten wohl den Angehörigen der Opfer. Stefan

Horvath dirigierte mich auf einen kleinen Platz zu Haus Nr. 6. Hier wohnt Michael Horvath, von allen Brotzy genannt. Er ist der Älteste in der Siedlung, der einzige noch lebende von zehn ehemals aus den KZ entlassenen Häftlingen, das sichert ihm Ansehen und Respekt des Clans.

Dreiundsiebzig ist er, auf mich wirkt er um Jahre älter. Er geht mühsam, nur mithilfe eines Stockes. Mir zu Ehren hat er sein weißes Sonntagshemd angezogen. Stolz führt er mich durchs Haus. Die Gemeinde habe es nach dem Attentat renoviert. Neuer Fußboden, neue sanitäre Anlagen, Türen erneuert, Doppelfenster in Alu-Rahmen gesetzt. Aus der etwa 20 qm großen Wohnküche geht eine Tür ins ebenso große Schlafzimmer, eine andere auf den Flur mit kleinem Bad und Toilette: ein winziges Mansardenzimmerchen gibt es noch die Treppe hoch. Sieben Personen wohnen in dem Gebäude, vier Generationen: Brotzy, seine Tochter, deren Sohn Karol mit Katinka und ihren drei Kindern. Das jüngste schläft im Kinderwagen neben dem Diwan in der Küche, Brotzys Schlafstelle.

Wir sitzen am Küchentisch, die beiden Frauen sind mit den größeren Kindern weggegangen, um nicht zu stören. Karol soll Kaffee kochen. Das Aufnahmegerät ist eingeschaltet, aber Brotzy will nicht reden: „Grehrt ham ma, die ganze Zeit nur grehrt – geweint haben wir, die ganze Zeit nur geweint“, mehr ist nicht aus ihm herauszubringen. Da beginnt das Baby kräftig zu brüllen. Karol nimmt es aus dem Wagen. Aber mit einem Säugling auf dem Arm kann man keine Kaffeemaschine bedienen. „Ich glaub, er muss g'wickelt werden“, sagt er ein wenig hilflos, „und g'füttert werden auch.“

„Ich mach das schon“, biete ich an. Windelpaket und Puder stehen auf dem Fensterbrett, das Fläschchen im Warmhaltebehälter.

Mit dem frischgewickelten Baby setze ich mich wieder an den Tisch. Brotzy krempelt seine Ärmel hoch: „Nia is was passiert, de ganz'n Jahr net, net bei die Russen und später a net. Erst jetzt. Und dann haben's g'schrieben: Roma zurück nach Indien. Und i hab g'fragt, wiaso nach Indien? Mia san net von Indien, mia san ja von da." Er ist schwer zu verstehen, sein zahnloser Mund, sein Dialekt – ich pegle den Ton aus. Da fällt mein Blick auf seinen Unterarm, die auftätowierte mehrstellige Zahl, die wie ausgefranst, wie ausgewaschen wirkt auf der faltigen Haut. Ich sehe eine solche Nummer zum ersten Mal in meinem Leben.

Ob es ihm gefällt, wie ich mit seinem wuschelköpfigen Urenkelchen umgehe, ob er mein Erschrecken bemerkt hat? Brotzy beginnt nun doch zu erzählen. Und er erzählt drei Stunden lang. Ohne Hass, ohne Beschuldigung. Vom Elend seines Lebens in den Konzentrationslagern erzählt er, von der Ermordung seiner gesamten Familie, und von Überleben und Rückkehr. Langsam begreife ich, sogar bei der Massenvernichtung von Menschen gab es Rangunterschiede: Noch tiefer – weit, weit unter den Juden standen Roma und Sinti.

Nie hatten *sie* eine Chance.

Deckname „Adler"

Wie Walter Püschel zum IM gemacht wurde

gesendet im Deutschlandfunk am 14.01.1997

Personen
R. G. – Ralph Giordano
E. L. – Erich Loest
W. P. – Walter Püschel

„Der Verlässlichste war Walter Püschel. Ihm war ich im Literaturinstitut begegnet … Wenn Walter während meiner Haftjahre bei mir daheim in der Oststraße aufgetaucht war, hatte er Zuversicht mitgebracht, auch Bücher und Schokolade für die Kinder, jetzt nahm er mich an die Hand und führte mich in Berlins Redaktionsstuben zurück. Den ersten Familienurlaub verbrachten wir in seinem Gartengrundstück vor den Toren Berlins zwischen Wald und See; bei einem Feuerchen zur Abendstunde verbrannte leider die Hälfte eines Pflaumenbaumes … Als wir es uns vor kurzem in Köln italienisch wohl sein ließen, kamen wir natürlich auf den malträtierten Pflaumenbaum zurück – ach, Walter, ich werde ewig in deiner Schuld stehen."

So schrieb der 1981 aus der DDR in die Bundesrepublik emigrierte Schriftsteller Erich Loest in seiner Biographie „Der Zorn des Schafes" über einen seiner treuesten Freunde. In der 1995 erschienenen Taschenbuchausgabe fehlt dieser Abschnitt. Der Autor hatte mittlerweile Einsicht in seine Stasi-Akten nehmen können.

*

Am 26. November 1995 hielt Erich Loest in den Münchner Kammerspielen eine Rede, Titel: „‚Adler' und ich". Ungewöhnlich lange hatte er an ihr gearbeitet und gefeilt. Sie sollte mehr als eine Rede, sie sollte Protokoll des Ringens um eine Freundschaft sein: „Wieder sitze ich bei der Gauckbehörde und lese in neu aufgefundenen Stasi-Protokollen. Da stoße ich auf die Kopie eines Briefes, den ich im Sommer 1981, gerade der DDR entronnen, aus einem heiteren Dänemark-Urlaub an Walter geschrieben habe."

Oberst Häbler vom MfS, Bezirksverwaltung Berlin, hatte am 9. Oktober 1981 eine Kopie dieses Briefes nach Leipzig geschickt, den, so hieß es in einem Begleitschreiben:
„Loest an einen IM unserer Diensteinheit geschrieben hat."
Walter Püschel ein Informant der Stasi? Schon einige seiner engsten Bekannten hatte Loest als eifrige Spitzel enttarnen müssen. Nur *ein* IM, eine Frau, hatte bisher auf seine Nachfrage sofort und ohne Beweisdruck die Zusammenarbeit mit dem MfS zugegeben. Dass nun auch der Freund aus frühen Schriftstellertagen, Jugendbuchautor und Lektor erst beim Verlag Neues Leben in Berlin und später beim Eulenspiegel Verlag, zu den Zuträgern der „Firma" gehören sollte, traf ihn zutiefst. Zusammen hatten sie 1955/56 am legendären ersten Lehrgang des Leipziger Literaturinstituts teilgenommen, mit ihnen Autoren wie Adolf Endler, Fred Wander, Ralph Giordano.

R. G.: Erich Loest war die absolut dominierende Person ... Wir waren ganz sicherlich noch so etwas wie, jetzt in Anführungsstrichen, eine Elite junger Genossinnen und Genossen. Aber es war doch ein hoher Grad mentalen Aufstandes gegen diese Geistverkürzung, gegen die Kontrolle, gegen die Infamie der Apparatschiks ...

Sieht man von dem Wiener Fred Wander ab, war der Hamburger Schriftsteller und Journalist Giordano einziger Teilnehmer aus dem Westen. Unter dem Pseudonym Jan Rolfs hatte er, damals noch Mitglied der Kommunistischen Partei, beim Verlag Neues Leben in Ostberlin sein „Westdeutsches Tagebuch" herausgebracht. Püschel war sein Lektor.

R. G.: Wir haben uns gleich gut verstanden, wir sind Freunde geworden. Also der Walter Püschel, den ich gekannt habe in diesen vier Jahren von 1953 bis 1957 war sozusagen noch ein anderer als der, der mir jetzt geoffenbart wird. Ich erinnere mich noch, er war dem System gegenüber, weil er's besser kannte als ich, skeptischer. Nicht skeptischer, denn ich war damals nicht skeptisch.

Als Loest 1957 verhaftet und wegen „konterrevolutionärer Gruppenbildung" zu acht Jahren Gefängnis verurteilt wurde, gehörte Püschel zu den wenigen, die ihm weiterhin die Treue hielten und seiner Familie beistanden.
„Es gab den einfältigen Begriff der *‚Weißen Hilfe'* und er war feindlich gemeint. Rot war gut und Weiß war schlecht. Es gab Leute, die das Ansinnen, Loests Familie zu unterstützten, als *‚Weiße Hilfe'* denunzierten. Da ich Loests Lektor war und ein parteiloses Schwein dazu, ergab es sich, dass ich bei anderen Geld sammelte und es zu Annelies (Loest) brachte", erinnert sich Püschel in seinen autobiographischen Aufzeichnungen.

*

Loest reagierte auf den Hinweis in seinen Stasi-Akten nicht anders als zuvor auf etliche andere auch:

E. L.: Ich schickte Kopien des Zeugs an Walter und fragte: Was hast du mir dazu zu sagen?

Püschel zögerte nicht, antwortete ausführlich:

E. L.: „Lieber Erich, ich wollte, Du hättest mir diese Last schon früher von der Seele genommen.“ Walter schilderte, wie er zur SS gekommen und nach dem Krieg durchgeschlüpft war, dann das: „Ich wollte zur Straßenbahn, da hielten mir zwei Männer einen Ausweis vor und sagten: Staatssicherheit – wir hätten mit Ihnen was zu besprechen!“

W. P.: Ich wusste natürlich, dass Loest, der diese elementar schlimme Erfahrung machen musste, diese Bautzenzeit, dass der natürlich seine Akten aufarbeiten wird, und da hatte ich das Gefühl: mein Gott, in irgendeiner Weise, der wird das erfahren ...
Jetzt also auch etwas zu der Hoffnung eben, dass das vielleicht gar nicht an den Tag kommt. Man hörte also nach der Wende ... dass Akten verbrannt worden sind in rauen Mengen, so.

Und: Könnte nicht auch Loest von der Stasi „umgedreht“ worden sein?

W. P.: ... So abwegig ist der Gedanke nicht ... Und da hab ich immer gedacht, na ja, vielleicht kommt Erich und sagt mal was ...
Und dann kam also diese Karte, die nur – sonst hieß es immer: „Lieber Walter!“ Hier stand: „Walter! Wie kommt mein Brief vom

soundsovielten …“, nee, … das war eine Karte, die er an mich geschrieben hatte, „wie kommt die da hin?“ So. Und da hab ich ihm einen fünfseitigen Brief geschrieben, in dem ich …, der damit anfängt: „Endlich stellst du diese Frage.“

*

1991, Berlin. Loest liest im Café Clara seine Erzählung „Ein Freund weniger“. Es ist die Geschichte eines Freundes, der – zusammen mit dem Autor – von seinem Arzt bespitzelt worden war, aber nicht den Mut aufbrachte, diesen Arzt zur Rede zu stellen. – Einer der Initiatoren der Veranstaltung ist Walter Püschel.

W. P.: Ich habe da schlecht zugehört, geb ich ehrlich zu, weil ich immer das Gefühl hatte, mein Gott, das ist ja nun fast nicht zu glauben … Erich, wenn du wüsstest!

Wie meistens, wenn er in Berlin zu tun hat, ist der Autor Gast im Hause seines Freundes. Und Püschel, von der Lesung noch aufgewühlt, versucht zu beichten.

W. P.: Da hab ich dann abends irgendwann um zehne gesagt: „Du, Erich, … ich war bei der Waffen-SS.“

E. L.: Da fiel nun wirklich ein Hammer, und keiner musste mir verdeutlichen, was das im Krieg und gleich danach und später in der DDR und für einen Genossen vor allem bedeutet hatte …

W. P.: … Und ich hab gedacht, jetzt wird er sagen: Du, das hast du doch gar nicht angegeben, da bist du ja erpressbar! Aber nein, der war sehr auch mit seinen Dingen beschäftigt, das wurde nicht weitergeführt.

E. L.: Walters Story ließ mich nicht los, und ich begann eine Erzählung zu schreiben, in der ich Namen und Orte änderte. Den gerade aus dem Schuldienst entlassenen fünfundsechzigjährigen Lehrer Gernot Steinbruck baute ich auf und ließ ihn nachdenken: „Und Bremer. Ich hab ihn nicht erkannt nach dreißig Jahren, aber er mich. Es war ein strahlender Tag. Da trat er an unseren Tisch und sagte: Entschuldigung, sind Sie Herr Steinbruck? Wir haben uns angeschaut und kein Wort mehr geredet. Ich wusste: Hirschbaude in Schlesien am Nordhang des Eulengebirges – in einem Schießlehrgang der Hitlerjugend im Frühjahr dreiundvierzig sollten wir das Scharfschützenabzeichen erwerben und irgendwelche Scheine ausgestellt bekommen, sodass wir Prüfungen abnehmen dürften. Dort hatte alles angefangen, und der Mann war dabeigewesen. Da lebte also noch einer, der das mitgemacht hatte und sich erinnerte, er war davongekommen wie ich. Und die meisten am Tisch oder vielleicht alle waren Genossen gewesen, auch Keßler. Den haben wir später wegen Fragebogenfälschung aus der SED geworfen." – So schrieb ich über das, was ich von Walter wusste, und fügte ein, was ich erfahren hatte oder mir vorstellen konnte. Ich musste nicht tüfteln und grübeln, fühlte vielmehr kräftigen Stoff unter den Händen und musste nur seinen Konturen folgen. Ich nannte meine Erzählung „Ich habe noch nie Champagner getrunken".

Als er ihn am nächsten Vormittag zum Bahnhof bringt, bietet sich Püschel noch einmal die Möglichkeit, Loest von seiner Stasi-Tätigkeit zu berichten – er nutzt sie nicht. Und Loest zitiert in seiner Münchner Rede aus Püschels Brief:

„Ich hätte beim Aussteigen sagen müssen: Hör mal zu, Erich, ich hatte was mit der Stasi. Es ging nicht! Dieser Brief ist die schwerste Beichte meines Lebens. Bitte überschlaf ihn, überdenk ihn, wäg alles ab und schreib mir. Als wir in einer Pause des ersten gemeinsamen Schriftstellerkongresses über die Linden gingen, um im Prinzessinnen-Palais etwas zu essen, sagte ich: ‚Wir haben jetzt so viele Jahre einigermaßen freundlich hingekriegt, die restlichen müssten wir doch auch noch schaffen.' Dem stimmtest du zu. Was beweist, dass sich auch zwei lebenserfahrene Sechziger gewaltig irren können. Mit allen guten Wünschen, Dein Walter."

*

Wann das MfS dahinterkam, dass Püschel seine Zugehörigkeit zur Waffen-SS verschwiegen hatte, ist nicht bekannt. Es gibt aber Hinweise, dass er seit 1956 überwacht wurde. Wie die Autoren Wolfgang Harich, Günter Kunert, Manfred Bieler und andere gehörte auch Püschel dem „Donnerstagskreis" an, der sich im Umfeld der kulturellen Wochenzeitschrift „Sonntag" und des Aufbau Verlages gebildet hatte und sich von Mitte Oktober bis Anfang Dezember '56 regelmäßig donnerstags im Klub der Kulturschaffenden in Berlin traf.

„Die Bestrebungen dieses Kreises waren die gleichen wie die der oppositionellen Partei-Intelligenz in Polen und Ungarn, und sie fühlten sich selbst bezeichnenderweise als ‚Deutscher Petöfi-Club'. Die Teilnehmer hatten, von unbedeutenden Abweichungen abgesehen, eine übereinstimmend parteifeindliche und staatsfeindliche Einstellung und bildeten sich ein, den ‚wahren und unverfälschten' Sozialismus vom ‚Stalinismus' reinigen zu müssen ...", zitiert Joachim Walther in seinem Buch „Sicherungsbereich Literatur“ eine 1958 vom MfS verfasste Analyse zu dieser Gruppierung. Ein Grund mehr für die Staatssicherheit, gegen Püschel einen operativen Vorgang einzuleiten und ihn zu beobachten, waren auch seine Kontakte zu dem inzwischen verhafteten Erich Loest.

Aktenvermerk der Hauptabteilung V/I vom 30. Januar 1958: „... Durch seinen Intellekt ist er in der Lage, fast alle Mitarbeiter zu beeinflussen, und die in der Redaktion befindlichen (43) Genossen sind nicht in der Lage, ihm fachlich und politisch zu begegnen. Es sind (aber) keine sichtbaren Verstöße gegen Richtlinien unserer Partei und Regierung feststellbar.“

1964 plante das MfS, Püschel zum GI, zum *Geheimen Informator*, zu machen.

„Einsatzrichtung: Aufklärung von ehemaligen Harichverbindungen.“

Es inszenierte ein regelrechtes Katz-und-Maus-Spiel und setzte ihn mit seiner SS-Vergangenheit unter Druck.

Unter den Schriftstellern der DDR fand die Stasi von Anfang an eine erstaunlich große Zahl freiwilliger und offenbar recht dienstbeflissener Zuträger. Walter Püschel gehörte zu den wenigen IM, die *nicht* freiwillig mit ihr zusammenarbeiteten. Bis zu seiner Anwerbung war er nicht einmal Parteimitglied. Zweimal hatte er versucht, in die SED aufgenommen zu werden, 1946 als Junglehrer und 1956 als Lektor beim Jugendbuchverlag Neues Leben. Der erste Versuch scheiterte an seinem Umzug nach Berlin, der zweite, weil er sich für die Herausgabe des Buches „Herz und Asche“ 2. Teil von Boris Djacenko, einem deutschen Schriftsteller lettischer Herkunft, eingesetzt hatte, das dann wegen „antisowjetischer Tendenzen“ verboten wurde.

W. P.: Ich war der Lektoratsleiter, mein Freund Berger war der Lektor und wir wurden daraufhin beide entlassen ... Damit war die Geschichte der Parteiaufnahme auch wieder erledigt.

Jetzt, etwa acht Jahre später, kam die SED von sich aus auf Püschel zu und bot ihm die Aufnahme an.

W. P.: Und da musste ich also wieder meine Fragebogen ausfüllen. Und ich bin überzeugt, zu der Zeit wussten die schon, dass ich bei der Waffen-SS gewesen bin. Hatten ja Zeit genug, das alles aufzuarbeiten. Und ich hab also das wiederum nicht hineingeschrieben.

*

„Der Führer setzt seine ganze Hoffnung auf den Jahrgang siebenundzwanzig!"
Püschel war siebzehn, als er sich im Herbst 1944 freiwillig zur Waffen-SS meldete.

W. P.: Meine ganze militärische Laufbahn ist so gut wie keine.

Ausbildungslager bei Paderborn, dort erkrankte er an Diphterie und blieb wochenlang im Lazarett. Ein einziges Mal nahm er an einem Gefecht teil – im Teutoburger Wald. Es war April, eisigkalt. Noch von der Krankheit geschwächt, zog Püschel sich eine schwere Erkältung zu. Abermals kam er ins Lazarett, von dort direkt in ein amerikanisches Auffanglager.

W. P.: Da hieß es immer: Wer im nächsten Cage entdeckt wird als Angehöriger der Waffen-SS, wird sofort erschossen. Es war immer eine höllische Angst. Und dann passierten solche Sachen, man könnte glauben, das hat mein Schutzengel gemacht, da kam ein Feldwebel und sagte: „Zu mir alle Lazarettentlassenen.“

Im Juni 1945 wurde Püschel entlassen. Die verräterische Blutgruppennummer brannte er mit glühender Holzkohle aus, die Narben, nicht weniger verräterisch, blieben. Er machte sich auf den Weg nach Hause, nach Böhmen, ohne zu wissen, dass es dieses Zuhause schon nicht mehr gab. Jenseits der deutsch-tschechoslowakischen Grenze holten sie ihn aus dem Zug, entdeckten die Narben.

W. P.: Ich wurde zusammengeschlagen, lag ein paar Tage bewusstlos irgendwo, dann haben sie mich auf einem Handwagen ins Lazarett gefahren.

Krankenhaus, ein Jahr Internierungslager, und immer hieß es: Du kommst vors Volksgericht, mit zwei Jahren musst du rechnen.

W. P.: Ich war praktisch also ein knappes halbes Jahr Soldat und über ein Jahr hab ich also dafür Dresche bekommen, Hunger, Not, Elend – da hab ich mir gesagt: Also Bursche, das hast du abgebüßt!

Püschel setzte sich nach Jena ab, wo inzwischen seine Mutter wohnte. Dort wollte er seine Ausbildung zum Lehrer beenden. Fragebögen wurden ihm vorgelegt. Er füllte sie aus. Die Waffen-SS erwähnte er nicht.

*

Eines Tages – Walter Püschel war mittlerweile Lektor beim Eulenspiegel Verlag in Berlin – bot eine Kollegin dem Parteineuling an, ihn in ihrem Trabant mitzunehmen. In der Proskauerstraße setzte sie ihn ab, zwei Männer von der Staatssicherheit traten auf ihn zu. Püschel schildert Loest in seinem Brief:
„Sie brachten mich zu einem Auto, und wir fuhren ins Polizeipräsidium. Irgendwo hoch oben, in einem kleinen Zimmer, eröffneten sie mir: Die CIA interessiert sich für Sie! Nun war ich damals Abteilungsleiter, hatte Westkontakte und hielt das schon für möglich. Ob ich bereit sei, Laut zu geben, wenn sich jemand von der CIA an mich heranmache? Erfahrungsgemäß seien zur Abwehr solcher Aktionen konspirative Treffs unumgänglich. Ich unterschrieb eine Erklärung, dass ich zur konspirativen Mitarbeit bei der Abwehr eines CIA-Anschlags bereit sei. Unterschrieb ist falsch, ich schrieb, der Text wurde mir diktiert.“

W. P.: Und da haben Sie gesagt: Dazu schreiben Sie noch „Adler“, das ist dann Ihr Deckname. Das war genau 1966. Ich habe zwei Nächte so gut wie nicht geschlafen oder bin nachts aufgewacht, schweißgebadet, ich war unter einem furchtbaren psychischen Druck, denn ich wusste ganz genau, dass da etwas auf mich zukommt, was nicht mit der Enttarnung irgendeines CIA-Agenten beendet sein wird.

Schon bei den ersten Treffen in konspirativen Wohnungen war kaum noch von der CIA die Rede. Stattdessen sollte Püschel aus seinem Leben erzählen, von der Schule, von der Soldatenzeit, der Panzeraufklärungsausbildungsabteilung in Sennelager.

W. P.: Und da wurde nachgefragt: Was war das für eine Einheit. Und da wusste ich natürlich, dass sie das wussten. Da hab ich gesagt, das war eine Einheit der Waffen-SS. Ach so? Tja, das steht aber nicht in deinen Papieren. Das heißt: Du hast die Partei belogen, du hast das Dokument gefälscht. Es wirft dir niemand vor, dass du bei der SS warst, das waren andere auch, aber das hättest du angeben müssen. Geh zur Parteileitung im Verlag und da sagst du das!

> Ein solches Geständnis hätte für Püschel das berufliche Aus bedeutet. Schon einmal hatte er aus politischen Gründen seine Stellung verloren, es dauerte Jahre, bis er eine neue fand. Er hatte Familie, Kinder. Und auch das wog: In der Verlagsparteileitung saßen jüdische Genossen, Freunde, die im KZ gewesen waren.

W. P.: Das Wort SS ist ein Stigma, da kann man dann nicht erzählen: Also hör mal zu, liebe Hilde, ich hab überhaupt nichts Böses getan. Und da haben sie gemerkt, wie schwer mir das fällt, und dann haben sie gesagt: Na ja, man könnte das auch so sehen: Du hast es ja der Partei gesagt, wir sind ja die Partei. Und wenn du weiter bereit wärst, dich mit uns ab und zu zu treffen, konspirativ, dann könnten wir uns dieses ganze Gespräch bei der Parteileitung im Verlag sparen.

R. G.: Er hätte dennoch nein sagen können, ohne dass ihm wirklich Gravierendes passiert wäre. Ich weiß es nicht, ich will mich hier nicht zum Richter machen, weil ich auf der anderen Seite selbstverständlich auch gut informiert bin darüber, wozu dieses System fähig war. Aber er hat damit etwas auf sich geladen, womit er fertig werden muss, auch seinen Freunden gegenüber.

*

Das Timing der Stasi war perfekt. Am 25.09.1964 wurde Erich Loest aus siebenjähriger Bautzenhaft entlassen, am 1. Oktober 1964 erhielt „Adler" die Instruktion:
„Dem GI wurde der Hinweis gegeben, den Loest dahingehend zu beeinflussen, dass dieser sich erst einmal an das Ministerium für Kultur wendet, um allgemein zu erfahren, welche Möglichkeiten ihm in schriftstellerischer Hinsicht offenstehen und welche Perspektive er in der nächsten Zeit haben kann und haben wird. Dem GI wurde erläutert, dass es besonders in der ersten Zeit wichtig ist, die Entwicklung des Loest zu verfolgen, um zu verhindern, dass sich negative Kreise um ihn bemühen, und wenn das der Fall sein sollte, diese Entwicklung unter Kontrolle zu halten."

W. P.: Wir waren befreundet durch diese vielen Jahre und ich hab mich also als sein Freund verhalten und auch so gefühlt. Und als Loest dann aus dem Knast kam, hab ich ihm ja auch geholfen.

Im Auftrag der Stasi?

W. P.: Nein, nein. Das war unsere alte Freundschaft. Erst eben ab '66. Und da weiß ich eben, das erste Mal, dass ich über Loest etwas gesagt habe und das hielt ich eben für Spielmaterial.

Hat Püschel den tatsächlichen Zeitpunkt seiner Anwerbung vergessen? Hat er ihn verdrängt? „Steckt in der Puppe noch eine Puppe", wie Loest in „‚Adler' und ich" mutmaßt?
In einem am 1. Oktober 1964 geführten Gespräch erklärte der GI seinen Auftraggebern:
„... dass er uns natürlich nur das sagen kann, was er mit seinem Gewissen verantworten kann."

Aus seiner Sicht waren es Nebensächlichkeiten, die „Adler" der Stasi über Loest weitergab, Dinge, die sie entweder schon wussten oder solche, die dem Autor nicht schaden konnten.

W. P.: Und hab dann natürlich auch erzählt, wenn ich bei Loest gewesen bin, so 'ne Stimmungsbilder gegeben, wer eben da war und was getrunken wurde. Jetzt muss ich aber auch wieder einfügen, dass natürlich manchmal völlig unwichtige Details, zusammengefügt zu einem Mosaik, plötzlich eine sehr wichtige Information sein konnten. Ich weiß ja nicht, wer noch alles zuträgt.

Prompt wurde „Adler" nahegelegt:
„Es darf keine allgemeine, sondern muss eine konkrete Information sein. Für uns sind solche Personen interessant, die bewusst negative und feindliche Tendenzen in Diskussionen hereintragen bzw. versuchen, gesunden Meinungsstreit für ihre Interessen auszunutzen. Solche Personen gilt es zu kotrollieren, um rechtzeitig von einer eventuellen Feindtätigkeit Kenntnis zu erhalten. Diese Dinge wurden anhand der von Loest geleisteten Feindtätigkeit erläutert."
Bei jenem konspirativen Treffen am 9. Dezember 1965 muss „Adler" recht intensiv bearbeitet worden sein. Ihm war mittlerweile wohl bewusst geworden, dass seine Arbeit sich gegen einen Teil seines Freundeskreises wenden werde. Der Bericht endet mit der Folgerung:
„Es wird notwendig sein, den GI auch in Zukunft mit seinem unparteilichen Verhalten zu konfrontieren, um ihn so mehr und mehr an uns zu binden. Aufgrund der bei dem GI vorhandenen karrieristischen Tendenzen wird er im Endeffekt unseren Vorschlag annehmen. Schwerpunkt der weiteren Zusammenarbeit wird die

Erziehungsarbeit mit dem IM sein. Dazu ist ständige Kontrolle und Aufklärung des GI notwendig."
Die Stasi schlug zwei Fliegen mit einer Klappe, hielt so Opfer und „Täter" gleichermaßen unter Kontrolle.

*

R. G.: Ich verwundere mich darüber, dass die IMs sozusagen vor dem TV-Tribunal der Nation standen und stehen, aber ihre viel verantwortlicheren Führungsoffiziere, die, die die Fäden wirklich in der Hand hatten, die bleiben im Hintergrund, die werden nicht angeklagt. Aber bei deutscher Verdrängung wundert mich eigentlich nichts mehr. Ich halte den Führungsoffizier von Walter Püschel für schuldiger als Walter Püschel, wenn dieser Ausdruck überhaupt zutrifft.

*

Püschel sorgte dafür, dass Loests satirischer Roman „Die Mäuse des Doktor Ley" im Eulenspiegel Verlag erscheinen konnte. Für eine geplante einbändige Cooper-Ausgabe suchte der Verlag Neues Leben einen geeigneten Autor.

W. P.: Da hab ich gesagt, lasst das den Loest machen, der kann das und außerdem braucht er das.

Püschel hilft und „Adler" berichtet. Doch wo und wann mischen sich Hilfsbereitschaft und Auftrag?
Vielleicht um sein Gewissen zu beschwichtigen, betrachtete Püschel sich in erster Linie als Informant Loests, weniger als sol-

cher der Stasi, besonders nachdem der Autor in den Westen gegangen war.

W. P.: Ich hab ihm immer sofort geschrieben, wenn ich etwas gehört habe in der Parteigruppe, was den Loest betraf. Und da hab ich geglaubt, ich bin für Loest ein Informant.
Und ich hab natürlich dann auch wieder, weil ich ja von Zeit zu Zeit dachte, musst du Laut geben, hab ich gesagt, der Loest hat mir geschrieben.
Dann kommen eben auch neuralgische Punkte. Zum Beispiel durfte ich zu meiner Mutter nach Bischofsheim-Hanau fahren. Das hab ich Loest geschrieben.

E. L.: Es mag 1985 gewesen, da rief er mich in Osnabrück an. Seine Stimme klang erregt: Er sei in Frankfurt am Main, seine Mutter feiere einen runden Geburtstag, da habe er sie besuchen dürfen. „Mensch“, rief ich, „wie lange hast du Zeit, komm her!“ Für diesen Tag hatte sich Ralph Giordano bei mir angesagt, der Walter ebenfalls gut und lange kannte. Ihm sagte ich Bescheid. Mit welchen Gefühlen ist Walter zu mir gefahren? War auch Scham dabei, den alten Kumpel aushorchen zu müssen? Erwog er, die Spritztour in Ostberlin zu verschweigen? Oder überwog aller Krampf, den ihm seine Auftraggeber einbleuten von tschekistischer Treue und Verschwiegenheit?

R. G.: Wir alle waren seit dem letzten Wiedersehen um dreißig Jahre älter geworden und ich erinnere mich noch, dass ein gutes Einvernehmen war. Und Walter Püschel sagte: „Das darf natürlich keiner erfahren, dass wir uns hier treffen.“

W. P.: Loest hat Muscheln gekocht, hat mir beigebracht, wie man Muscheln isst und so weiter, gut, und wir haben über die Vergangenheit geklatscht, und das waren für mich zwei schöne Tage. Jetzt kommt wieder der Punkt: Niemand vom MfS hat gesagt: Du sollst den Loest besuchen. Niemand. Aber nachdem ich zurückkam, wurde: „Na, wie wars's denn im Westen? Hast du sonst noch jemand besucht?" Jetzt hab ich die Dinge erzählt, wo ich der Meinung war, das müssen die sowieso wissen.

*

„Beim ersten Mal, da tut's noch weh, da glaubt man, dass man's kaum verwinden kann, doch mit der Zeit so peu á peu gewöhnt man sich daran."

Selbstironie sollte der sentimentale Text des alten Hans-Albers-Liedes in Walter Püschels autobiographischen Notizen bezeugen, er hinterlässt einen galligen Beigeschmack.
Im Laufe der Jahre berichtete „Adler" nicht nur über Loest, sondern auch über Biermann und Manfred Bieler, Joachim Walther und Bettina Wegener, Elke Erb und Sarah Kirsch. Über Messebesucher aus dem Westen wurde die Stasi von ihm ebenso informiert wie über Interna aus dem Eulenspiegel Verlag, und darüber, was im Vorstand des Berliner Schriftstellerverbandes, dem er angehörte, kulturpolitisch diskutiert und wie die Haltung einzelner Genossen beurteilt wurde.

W. P.: Wenn ich also drei Tage später den Leuten von der Firma das nochmal erzählt habe, hatte man nach einer bestimmten Zeit das

Gefühl, dass man da etwas korrigieren und ändern kann. Das ist so! Das Bewusstsein, dass hier ein entsetzlicher Zwang auf einen ausgeübt wird, hat im Laufe der Jahre nachgelassen.

„Trotz anfänglicher Hemmungen in der Zusammenarbeit ist festzustellen, dass der GI in letzter Zeit aktiver geworden ist und Interesse an der Zusammenarbeit zeigt. Der GI besitzt eine gute Perspektive."

So positive Töne für „Adler" fand die „Firma" nicht von Anfang an. Ihren Berichten zufolge musste sie immer wieder Überzeugungsarbeit leisten. Besonders in der Zeit des „Prager Frühlings".

In ihrer Information 396/68 vom 23. August 1968 folgert die Hauptabteilung XX, „Adler" habe sich auf einer Geburtstagsfeier „radikal mit den Reformen in der ČSSR solidarisiert". Und als er 1969 vom GI zum IMS, zum „Inoffiziellen Mitarbeiter zur politisch-operativen Durchdringung und Sicherung des Verantwortungsbereichs" umregistriert wurde, beurteilte ihn die zuständige Abteilung noch immer als nur „beschränkt zuverlässig". Über gute Freunde berichte er zwar nicht falsch, aber unvollständig.

„1974 hab' ich im Verlag aufgehört und dachte, ich werde vielleicht auch die Genossen von der Firma los. Das war ein Irrtum, aber Erleichterung brachte es trotzdem", schrieb Püschel an Loest. Und: „Dass ich die Biermann-Ausschluss-Affäre zum Kotzen fand, weißt Du, da gibt es einen verheulten und mit Rotwein begossenen Brief von mir, in dem ich sage, ich möchte immer unter meine Briefe ‚Dein Walter' schreiben können, egal, was da komme."

*

Nach 1974 arbeitete Walter Püschel freiberuflich als Jugendbuch- und Hörspielautor. Das MfS fand an „Adler“ nichts mehr auszusetzen.

W. P.: In Sachen Loest habe ich eigentlich kein schlechtes Gewissen. Wenn wir jetzt bei dem Thema sind, was ich für Schuldgefühle habe, da würde ich sagen, da waren Gespräche mit der Elke Erb und mit Sarah Kirsch, das hat mich belastet.

Die Schriftstellerin Elke Erb wurde beobachtet, weil sie sich an einer von Franz Fühmann geplanten Anthologie bisher nicht gedruckter DDR-Texte beteiligen wollte. Diese Anthologie suchte der Verband zu verhindern.

W. P.: Also ich bin ein-, zwei-, vielleicht auch dreimal bei Elke Erb dort in der Wohnung gewesen und habe versucht, da etwas zu erfahren. Im Prinzip ist dabei nichts rausgekommen, aber ich habe dann natürlich gesagt also: Elke Erb hat so und so, und das und das gesagt. Das hat mich sehr belastet.

Sarah Kirsch kannte Püschel seit langem. Als er erfuhr, sie habe einen Ausreiseantrag gestellt – ihre Reaktion auf die Biermann-Ausbürgerung – besuchte er sie, um sie umzustimmen. Selbstverständlich berichtete er darüber.

W. P.: Sarah ist nach drüben gegangen, aber dass ich das gesagt habe, das halte ich schon für einen echten Vertrauensbruch, denn das war eine für sie ungeheuer anstrengende, kultur-politisch gefährliche Situation. Und da ist sie observiert worden, und dass ich da als Teil dieser Observierung tätig war, das halte ich für schrecklich. Und diese Gespräche sind es, die mich eigentlich belasten. Für mich ist das Ganze keine politische Frage, sondern auch eine menschliche moralische Frage. Ich fühle mich ..., durch diese Erpressung fühle ich mich verletzt. Dass ich dieser Erpressung nachgeben musste, das finde ich menschlich sehr entwürdigend.

Anfang der achtziger Jahre soll „Adler" zum IMB aufsteigen, zum „Inoffiziellen Mitarbeiter der Abwehr mit Feindverbverbindung bzw. zur unmittelbaren Bearbeitung im Verdacht der Feindtätigkeit stehender Personen".
Geistige Beweglichkeit und Intelligenz bei der Bewältigung ihm gestellter politisch-operativer Aufgaben werden ihm lobend bescheinigt. Außerdem habe er „seine Qualifikation und seine Fähigkeit zu konspirativer Arbeit kontinuierlich weiterentwickelt".
Wegen ihrer herausragenden Qualitäten bildeten die IMB den „Hochadel" unter den IM. Nur knapp zwei Prozent durften sich zu dieser Elite rechnen, die auserkoren war, „direkt und unmittelbar am inneren und äußeren Feind zu arbeiten".

*

Bald nach der Wende nahm auch Ralph Giordano den Kontakt zu Walter Püschel wieder auf, sie korrespondierten miteinander.

R. G.: Dann kam die Nachricht, dass er bei der Stasi sei. Als ich davon hörte, war ich erschüttert, dass er also auch Verrat geübt hat unweigerlich an Freunden, Bekannten. Ich kannte das Motiv noch nicht, aus dem er IM geworden war. Aber wir trafen uns dann, und

das ist noch nicht lange her, und dort erfuhr ich, dass auch seine Frau nicht wusste, dass er IM war. So ging das zu damals, und ich glaubte ihr anzumerken, dass sie darüber noch immer nicht hinweg war.
Ich habe ja eine lange Erfahrung mit Vergangenheitsauseinandersetzung und weiß, wie viel Unheil angerichtet ist auch für nachkommende Generationen durch die Verdrängung. Ich habe gesagt: Walter, verteidige dich nicht, gestehe. Das, denke ich, allein gibt die Erlösung, etwas anderes nicht.

Das hatte Walter Püschel mit seinem Brief an Erich Loest längst getan. Doch Loest hatte nicht geantwortet.

W. P.: Ich habe dann jetzt ihm dasselbe nochmal geschickt, weil ich dachte, es ist vielleicht verloren gegangen, dann hat er aber an Berger geschrieben: Walter ist ein Verräter.
Nach der Wende hat er geschrieben „Der Zorn des Schafs" und da steht also drinnen, dass er mir wird ewig dankbar sein müssen. Dann kam eine Taschenbuchausgabe heraus und da war diese halbe Seite über mich und meine positive Arbeit für Loest eliminiert. Da hat er sich genauso verhalten, wie man einen Verräter eben straft. Das sag ich jetzt mit ein bisschen Ironie, das ist wieder auch ein bisschen eine Haltung, die einmal mit dem Fähnleinführer Loest zusammenhängt und auch mit dem stalinistischen Junggenossen Loest. Da gab's eben nur die Guten und die Schlechten, und wer also was Gegenteiliges tat oder sagte, war einfach ein Verräter.

Loest antwortete auch nicht auf den Brief Frau Püschels, den sie ihm in der ersten Aufregung geschrieben hatte, ohne die Wahrheit zu kennen.

„Warum, Erich Loest, dieser Schlag vor den Kopf Deines Freundes? Musst Du unbedingt auch ihn verdächtigen, so Böses von ihm denken? Walter ist Dein und Deiner Familie Freund, ist es immer gewesen. Weißt Du das auf einmal nicht mehr, weil Du auf ein Stück Papier gestoßen bist – einen launigen (!) Brief von Dir an ihn? Wenn Du Deine Nonstop-Nachforschungen schon als Drecksarbeit empfindest, warum lässt Du nicht davon ab? Ist das nun faustisch oder verbohrt oder was? Ich weiß, wie verbunden Walter Dir war, und wenn er dreimal mit diesem schrecklichen Verein zu tun gehabt hätte."

Loest übernahm Ausschnitte auch dieses Briefes in seine Münchener Rede:
„Dein Brief lag da – Entsetzen. Dein Brief lag da – Betroffenheit. Wir rückten auseinander, wir machen das manchmal so bei Problemen: Erstmal nicht drin rühren. Ich weiß, ein Informant im gewöhnlichen Sinne war er nicht, kann er nie gewesen sein. Aber betroffen war er schon bei der Arbeit, die er hatte, bei den Freunden, den Menschen, die ihm wichtig waren. Unter Druck war er, am Gängelband der Partei. Ich geh jetzt nicht rüber und bohre. Ich kann nicht weiterschreiben, hat es überhaupt einen Sinn? Ich weiß nicht, bin müde, ich hoffe es. Ich grüße Dich trotz alledem nach Bonn, welch weiter Weg."

Nicht nur einmal war der Autor nahe daran, die Daten seines Freundes aus seinem Adressbuch zu streichen – er tat es nicht.

E. L.: Meine Hand weigerte sich. Aus der Gauckbehörde erfuhr ich, er habe zugestimmt, dass seine Erfahrung mit dem MfS in einer Dokumentation verwendet werden dürfe – solch eine Offenheit findet man nicht bei allen. In der ersten Spontaneität hätte ich anrufen sollen: Walter, das imponiert mir! Tags darauf war es dazu schon wieder zu spät. So hocke ich in meiner Falle. Als unser Freund Carl starb, sah ich Walter beim Begräbnis, danach ging er schnell fort. Als unser Freund Ernst starb, blieb ich fern, denn Walter war mit ihm fünfzig Jahre lang befreundet. Sie hatten einige Bücher miteinander herausgegeben. Walters Trauer wollte ich nicht stören. So schleichen wir umeinander herum.

Mittlerweile war Erich Loest zum Vorsitzenden des Deutschen Schriftstellerverbandes gewählt worden. In dieser Eigenschaft nahm er an einer Sitzung des Berliner Verbandes teil, zu der auch tschechische Autoren als Gäste geladen waren.

W. P.: Nach Schluss der Veranstaltung kam er, gab mir die Hand und sagte: Du, ich hab da mit den Tschechen was zu besprechen, du kommst da mit rein. Das war für mich eine große Erlösung. Ich dachte, na ja, es gibt also 'n starken Wunsch, das Verhältnis wieder zu normalisieren, so, wie er da am Schluss schreibt, dass man dann zusammensitzt und sagt: Nun sag mal ehrlich, wie war's denn nun wirklich?

E. L.: Es ist alles vorbei, es ist alles gesagt, und wie es war, wird es nicht wieder, das ist schon mal ganz klar. Ich verstehe vieles, und Fragebogenfälschung nach dem Krieg – wie soll ich das nicht verstehen? Ich habe auch nicht geschrieben, dass ich mich mal freiwillig zur Waffen-SS gemeldet habe, bloß: Mich haben sie nicht genommen. Ich habe nicht erzählt, dass ich Werwolf gewesen war, die Russen hätten mich eingesperrt und die Amerikaner und Engländer auch, und die Franzosen sowieso. Also ich bin da auch durchgeschlüpft. Und was dann über Walter Püschel hereingebrochen ist ... So vieles ist für mich heute gar nicht mehr so wichtig, aber eins quält mich doch noch: Dass er dann nach ’90 nicht zu mir gekommen ist und hat gesagt, Erich, da war noch was. Dass er das alte Leben wieder mit mir weiterführen wollte, immer noch mit dieser Leiche im Keller, das schmerzt mich noch und wird wahrscheinlich noch anhalten, so lange wir leben.

*

R. G.: Christa Wolf hat einmal gesagt: Wer in einer verkehrten Welt lebt, wird selbst verkehrt. Das hat sie wohl auch auf sich bezogen. Aber es gilt auch für Walter Püschel und es gilt eigentlich für alle, die diesem System unterworfen waren.

*

„Eines stehe fest“, beendete Loest seine Rede „‚Adler‘ und ich“ in den Münchner Kammerspielen:
„Wir werden an dieser verdammten DDR zu kauen und zu schlucken haben bis an unser Lebensende.“

Die Gitanos vom Sacromonte

gesendet im Deutschlandfunk 1999

Meine Erde, mein Himmel, meine Heimat – ich verlör' meine Seele, verlöre ich dich.

Hände klatschen, Füße klopfen, hämmern wilde Staccati zu Gitarren und leidenschaftlichem Gesang – spontan improvisierte Gegenrhythmen zum strengen Grundrhythmus –, wie die Worte des Liedes, entspringen auch sie dem augenblicklichen Gefühl, Werbung und Liebesschwur sind sie, Eroberung und Hingabe, nirgendwo wird die Zambra, der Hochzeitstanz der andalusischen Gitanos, eindrucksvoller dargeboten als auf dem Sacromonte, dem höhlendurchzogenen Berg gegenüber der Alhambra in Granada.

Eine ihrer ungekrönten Königinnen war Maria la Canastera, Maria die Korbflechterin. Ihr Leben lang bis kurz vor ihrem Tode tanzte und sang sie. Lesen und Schreiben hatte sie nie gelernt, doch Fürsten und Filmstars applaudierten ihr, Komponisten und Dichter. Mit ihr ließen sich die Beghum, die Windsors, das spanische Königspaar fotografieren, die Bilder an den kalkgeweißten Wänden bezeugen es. Dennoch hatte sie nie auf einer Bühne gestanden, nie in großen Sälen getanzt. Gleichgültig ob prominenter oder einfacher Tourist, wer sie erleben wollte, musste zu ihr auf den Sacromonte kommen, sie trat nur in ihrer Cueva auf, in dem langen, in den Berg gehauenen Raum, der alles in einem war: Empfangsraum, Wohn- und Kinderzimmer, Theater und Studio. Selbstgenähte Vorhänge trennen noch immer Schlafnischen und Kochnische ab, längs der Wände stehen aufgereiht Stühle fürs Publikum.

Nun setzt Marias Sohn Enrique die Tradition der Zambra fort. Einige Stunden täglich ist die Cueva für Besucher geöffnet, zweimal die Woche werden Flamenco-Abende veranstaltet, dann tritt er mit seiner Truppe auf. Aber er wohnt nicht mehr auf dem Sacromonte. Er ist ins Zentrum Granadas gezogen, dort leitet er ein Tanzstudio. Schüler kommen auch aus dem Ausland, Deutsche unter ihnen; seit Sauras Filmen ist der Flamenco in Mode gekommen. Doch lässt sich erlernen, was Ausdruck jahrhundertealter Kultur ist und tiefverwurzelten Lebensgefühls?

Enrique: Das sei wahr: Für den Flamenco müsse man geboren sein. Er, Enrique, habe ihn schon mit seiner Mutter getanzt, noch ehe er richtig laufen konnte. Man müsse ihn leben. Grundbegriffe ließen sich erwerben, ob mehr daraus würde, hänge von der Begabung eines Menschen ab und seiner Entwicklungsfähigkeit, ein Meister würde er kaum.

Genau besehen ist es der Flamenco, der die andalusischen Gitanos emanzipiert, und ja, gesellschaftsfähig gemacht hat, denn seine besten Interpreten, und auch seine berühmtesten, waren und sind Gitanos. Das färbt auf das Selbstbewusstsein aller ab. Natürlich lebt noch immer ein Teil vom fliegenden Handel oder ist beschäftigungslos, aber immer mehr gehen einem normalen Beruf nach, arbeiten im Hotelgewerbe und in Büros. Beigetragen zu dieser Entwicklung hat sicherlich das Colegio „Ave Maria", das vor fast hundert Jahren von Patres aus Burgos für die Gitano-Kinder auf dem Sacromonte gegründet wurde, während im übrigen Spanien die Gitanos immer noch Schwierigkeiten haben, sich ins reguläre Schulsystem einzufügen. Viele gehen spätestens nach vier bis sechs Jahren von der Schule ab, Mädchen werden meist gar nicht erst hingeschickt; nach wie vor spielt die Frau eine untergeordnete Rolle, ihre Lebenserwartung ist im Schnitt sieben Jahre niedriger als die des Mannes. Schwangerschaften und mangelnde medizinische Versorgung tragen bei; nur wenige Familien sind ins soziale Netz eingebunden. Zurzeit studieren zweihundert Gitanos an spanischen Universitäten – immerhin. Die meisten sind Andalusier.

Auf dem Sacromonte siedelten sich Gitanos im 15. Jahrhundert an, in selbstgegrabenen Höhlen. Vermutlich kamen sie über Nordafrika auf die Iberische Halbinsel, Menschen am Rande der Gesellschaft durch die Jahrhunderte – wie überall in Europa. Zum einen zwang der Inquisitionsstaat sie zur Isolation, wie Mauren und Juden auch, zum anderen trugen sie selbst dazu bei, weil sie sich nach Gesetzen und Regeln richteten und richten, die ihnen eine Integration in andere Gesellschaftsformen nahezu unmöglich machen. Alle Zigeunergruppen anerkennen nur die Sippe als Institution, und in der Sippe den Ältesten als Verantwortlichen, Ratgeber und Richter. Nach wie vor fordert ihr Kodex die rassische Reinhaltung der Familie, ein Grund, warum der Jungfräulichkeitskult unter den Gitanos so überaus hochgehalten wird und die Frauen fast rechtlos macht.

Heute besuchen mehr Touristen das Zigeunerviertel auf dem Sacromonte als die Rennaissance-Abtei auf seiner Kuppe mit Katakomben aus den Anfängen der Christenzeit. Offenherzig werden seine Besucher in die Wohnhöhlen eingeladen, stolz auf Fernseher, Stereoanlage, Wasserklo und Kühlschrank aufmerksam gemacht. Cuevas bieten besten Schutz vor dem extremen andalusischen Klima. Egal ob Wüstenhitze oder Winterkälte mit Minusgraden, die Temperatur im Inneren der Höhle verändert sich kaum. Unbezahlbar ist der Rundblick. Dem Berg gegenüber liegt die Alhambra, zu seinen Füßen Granada, dahinter die schneebedeckte Sierra Nevada. Deutsche und Engländer haben das erkannt und leerstehende Cuevas in Besitz genommen. Oberhalb des Viertels aber, in vor Jahrzehnten oder länger aufgegebenen Höhlen, hausen Junkies und Obdachlose.

„Meine Erde, mein Himmel, meine Heimat – ich verlör' meine Seele, verlöre ich dich", sang „La Canastera". Der Treuschwur für den Geliebten, könnte zum Abgesang werden für die Gitanos auf dem Sacromonte.

Den Preis von allem kennen und den Wert von nichts

Recherche auf und zu Cappenberg

erschienen in: „Kreuz und quer den Hellweg. Literarische Ansichten einer Region“, hrsg. von Herbert Knorr, Klartext Verlag, 1999

Jeder Stein dieses Hauses atmet Geschichte, aber die Erinnerungen daran sind ein wenig müde geworden und beginnen, das Gedächtnis der Menschen zu verlassen.

Der Hauptflügel birgt ein Museum, die beiden Seitenflügel sind bewohnt, der östliche von Graf Carl-Albrecht von Kanitz, Ur-Ur-Urenkel des Reichsfreiherrn vom und zum Stein. Der hatte ihn renovieren lassen, weil ihm die Westseite zu kalt und zugig geworden war. Viel Geld und Mühe waren hineingesteckt worden, nun endlich, gerade noch vor Winteranbruch 1830, konnte er die behaglichen hellen Räume beziehen. Lange, das ahnte er, würde er ihre Bequemlichkeit nicht mehr genießen.

Teestunde. Sonne füllt den Salon und verbrennt eine Kerze im Spiegel. Schattenspiele an den Wänden, auf dem Boden. Sparsam ist er möbliert, um dem großflächigen Gobelin den nötigen Atem zu lassen. Ein Wort findet das andere. Bis ins tiefe Mittelalter lasse sich die Geschichte des Schlosses zurückverfolgen, sagt der Graf, aber diese Stätte sei bestimmt sehr viel früher besiedelt gewesen. Vielleicht schon zur Keltenzeit. Oder davor.

Denkbar wäre es. Auch an Lünen führte der Hellweg vorbei, jene vermutlich noch aus vorrömisch-germanischer Zeit stammende Verbindung zwischen Rhein und östlichem Westfalen, der heute zu Teilen die Bundesstraße 1 folgt. Während der Sachsenkriege baute sie Karl der Große zur Heeresstraße aus und überwachte sie durch Burgen und Königshöfe. War Cappenberg ein solcher *Curtes*? Der Kaiser soll nicht nur einmal hier Gast gewesen sein. Strategisch war sie bedeutend, genoss Ansehen – ein Herrensitz, keine Flucht- und Trutzburg ... *castrum, quod dominatum penitus Westphaliae tenuerat – über fast ganz Westfalen herrschte sie ...*, heißt es rückblickend in der Vita des heiligen Norbert, dem ersten Probst des Prämonstratenserstifts, welches Cappenberg im Hochmittelalter in ein neues Kapitel seiner Geschichte führen sollte. Mythen – die Zeit hat sie gehen lassen.

Ob mir je, da ich doch so viele Jahre hier lebte, aufgefallen sei, dass unter allen Schlössern und Burgen des Münsterlandes dieses als einziges auf einer Anhöhe liege? Der Hausherr erhebt sich und öffnet die Tür zum Balkon. Groß, schlank, das Gesicht feingeschnitten und schmal – das Klischeebild eines Lords. Und ein paar Tropfen englischen Bluts fließen ihm tatsächlich in den Adern. Der Schwiegervater des Freiherrn, Johann Ludwig von Wallmoden-Gimborn, war ein illegitimer Sohn des englischen Königs Georg II.

Hier, sagt er mit leichter Bewegung, als breite er mir ein Geschenk vor die Füße, hier habe der Freiherr nach dem Morgengebet gerne gestanden. Doch ich, als wäre ich plötzlich der Sprache verlustig, verstumme angesichts der Landschaft. Ihr Licht entnimmt sie den Bäumen. Vögel. Ein Lockruf. Über den Himmel ziehen Wolken in zarten Streifen ... *Weil es eine Stätte ist, von der man weit hinaus ins Land schauen kann auf eine gar liebliche Idylle.* Cappenberg – von *gapfen*, gaffen käme der Name. Andere Legenden erzählen anderes. Bis an den Horizont schreibt ein Meer von Grün den Text dieser Idylle. Schattiges und saftigsattes und silbriges, Waldinseln umspülendes Grün. In ihm untergegangen sind Fördertürme und Schlote, die zernarbte Erde versunken. Ein in sich geschlossenes Paradies scheint sie, die uralte Methode des Verschweigens, augenscheinliche Perfektion, eine Lüge ist sie – wie jede Idylle.

Wäre mir dieser Blick, geht es mir durch den Kopf, doch vor dreißig Jahren vergönnt gewesen!

Immer ist ja das Auge den entscheidenden Bruchteil zu langsam, Blendungen zu verhindern, wie auch die Seele (eines der Wörter, die einem schon nicht mehr aufs Papier wollen), die sie unentwegt mit Vergangenheitsbildern abmischt in einem Maße, dass die Erinnerung zur intensiveren Art des Erlebens wird als das Erlebte selber: Auf dem Stein'schen Balkon stehend, sehe ich mich im selben Augenblick auf einem kleinen, schäbigen Bahnhof. Es ist der 10. Januar 1967 – die Fahrkarten belegen das Datum.

Zwanzig Jahre später beschrieb ich in einem Rundfunkessay meinen Salto von der brodelnden spanischen Metropole nach Lünen und nannte ihn unumwunden, was er war: ein Kulturschock:

„*Reisen als Metapher* – wo habe ich das bloß gelesen? Mit vier kleinen Blagen im Schlepptau hätte ich ins Grübeln kommen können über einen solchen Satz, wäre mir genügend Zeit dafür geblieben. Aber das Ankommen war wichtiger, *gutes* Ankommen. Jetzt, im Nachhinein, drängt sich mir unsere Ankunft als schlechtes Omen ins Gedächtnis: Zwei Bahnsteige, vier Gleise, in der Unterführung stank es nach Urin und die Wände waren mit Ho-Chi-Min-Parolen beschmiert. Düster und zugig die Schalterhalle, doch versicherten Plakate, Lünen sei *die aufstrebende Stadt am Rande des Ruhrgebiets*. Draußen schüttete Regen die Straßen zu. Eine Liebe würde das nie.

‚Ist das eine Stadt?', fragten die Kinder, ‚oder ist das ein Dorf? Mami, *was* ist das?'

Ja, was? – Vor allem war sie kein Wundergarten. Außerhalb des Stadtkerns fanden sich Wohnsiedlungen wie willkürlich ins Grüne gestreut, lose verbunden mit weit auseinanderliegenden Ortsteilen, die planlos ins Weite flossen. Dazwischen räudige Flecken unbebauten Landes, haldenumschattet und eingeengt von Fördertürmen und Schloten: *Rote Erde*, wundgerissene Erde, Erde, die nicht mehr heilt. – Nur zum Norden hin brachte sanft gebreitetes Grün Ruhe dem Blick. Und Trauer. Eine Trauer, die jetzt schon zu viele Namen trug ..."

Nichts ist windiger, als vorherrschenden Moden zu folgen. Was über die Jahrhunderte Feuersbrünste und Überschwemmungen nicht erreichten und auch Kriegen nicht gelang, schafften in wenigen Jahren Lünens Stadtplaner und Architekten durch konsequenten Abriss und Neubau. *Nicht renovierbar* hieß es bündig, wenn wieder einmal Platz für Beton und Glas gebraucht wurde. So verschwand das schöne alte Rathaus samt seinem Bogengang aus dem Stadtbild und bald auch die Post. Nur mich, die Zugereiste, die ‚Gastarbeiterin', schien das zu bekümmern, die Bürger nicht. Und doch begriff auch ich nur allmählich die gewaltige Formungskraft der Zerstörung. Erst als es chic wurde, sich wurmstichiges Fachwerk wohnlich zu richten, brach Schonzeit an für das wenige Alte, das noch geblieben war, heute L.s bescheidene Renommiereckchen.

„Das Schönste an Lünen", sinnierte ich in meinen Essay, „ist Schloss Cappenberg mit seinen Wäldern. Aber das gehört ja bekanntlich zu Selm."

Mein Gedächtnis gaukelt mir Cappenberg als eine Stätte vor, die *immer* im Licht lag. Es ist wie auf den Bildern jener alten Meister, die die Düsterkeit malten, aber von *einer* Stelle kam Glanz – von einer Stirn, einer Schulter – und der Glanz dieser Stelle war die Wirklichkeit, auf die er verwies. – Wollte ich Lünens Tristesse entfliehen, reichten fünf Gehminuten bis zum Waldsaum, und die „Stadt der Giganten" lag *meilen*weit hinter mir. Mein HELL-Weg führte damals, führt in meinem Kopf jetzt wieder, am Kriegerdenkmal vorbei, zum Struckmannsberg hoch und weiter zum Schloss, zwischen Bäumen und verworrenem Strauchwerk mehr zu ahnen als zu sehen. Im Gehege Rotwild, eines der Tiere mit erhobenem Haupt, unbeweglich, jetzt ein Rudel. Pferdegetrappel hinter der Waldzunge, die den Weg krümmt. In gemächlichem Schritt nähern sich Reiter. Sie grüßen, so ist es Brauch, ziehen gelassen vorüber, eine Weile hängt das Schnalzen der Zügel in den Zweigen, danach

... gibt es nur noch den Weg und den Wald
die Farne gibt es und Brombeeren, Brombeeren.
Die Formen der Steine gibt es
die Spuren der Tiere, Höhlen und Nester.
Den Schrei des Bussards gibt es, das Rotkehlchenlied
und den Wind, den Wind.

Das Lärchenbett unter den Füßen gibt es
den Bach und das Schaumkraut
und die Lichtung sich weitend zum abgeernteten Feld.
Auch den Nebel gibt es, die Trauer, die Trauer
und manchmal gibt es die Gnade des Lichts ...

Zwanzig Jahre später hatten Odysseus und Penelope die Rollen getauscht. Odysseus blieb, Penelope begann ihre Irrfahrt ohne den Wunsch, die verlassene Heimstatt wiederzusehen, die schon im

Augenblick des Verlassens zur Fremde geworden. Kein Sirenengesang war nötig, sie von der Rückkehr abzuhalten. Alle Sehnsucht hatte sich in einer Notwendigkeit erlöst.

Unverändert, wie Stein ihn habe errichten lassen, sei der Balkon, das Geländer schönste westfälische Schmiedekunst jener Zeit, sagt mit feinem Lächeln der Hausherr, als hätte er meine Absence durchschaut. Von der Ruhe, dem Frieden, die von diesem Ort ausgingen, *und* zutiefst von seiner Geschichte berührt, habe er sich als Nachfolger der einstigen Stiftsherren verstanden, als Brückenschläger zum Mittelalter.

Das Mittelalter! Geht es darum, wird aus dem nüchternen Protestanten Stein ein nahezu romantischer Nostalgiker. *Ohne das Mittelalter zu vergöttern, so herrschte doch Kraft, Tapferkeit, Treue und Frömmigkeit, und seine Fehler, seine Roheit, Trunkliebe usw. ekeln mich weniger an als die Genusssucht, Gewinnsucht, Lügenhaftigkeit des (jetzigen) Zeitalters.*

Als er in den Wirren des Befreiungskampfes gegen Napoleon über eine Neugestaltung des Reiches nachzudenken beginnt, erscheint ihm das hochmittelalterliche Kaisertum als nachahmenswertestes Vorbild. Mit den Jahren erweitert er sein Idealreich Jahrhundert um Jahrhundert zurück bis in des Großen Karls Zeit, in dessen Eroberungssucht, Ausschweifungen und Grausamkeit er früher nur *selten den Geist des großen Gesetzgebers* hatte entdecken können. Nun wünscht er, wie damals sollte das Reich von der Rhone bis zur Weichsel wieder unter *einem* deutschen Fürsten vereint sein. *Ich kenne nur ein Deutschland und das ist das ganze Deutschland, nicht ein Teil davon,* wird ein Lebensbekenntnis. Nur unter Preußens, nicht unter Österreichs Führung scheint ihm dieses Ziel erreichbar, zu viele außerdeutsche Interessen hat die Vielstaaten-Monarchie.

Ein Deutschland, *Kraft, Treue, Tapferkeit* – schrill pfeifen die Worte in unseren Ohren. Natürlich wurden solche Aussagen von den Nazis für propagandistische Zwecke missbraucht. Aber nicht nur sie, von den Deutschnationalen bis zu den Linksradikalen pickten sich Politiker jedweder Couleur aus dem reichhaltigen Fundus Stein'scher Schriften, was ihnen gerade in den Kram passte. So mancher von ihnen wähnte sich schon in den Fußstapfen des Freiherrn voranmarschierend und irrte doch gründlich in Richtung und Gangart, wenn er der Vorstellung folgte, in der Politik sei *Gesinnung wertvoller als Können*, das Rechte zu *wollen wichtiger, als das Richtige zu tun.*

Beileibe kein Don Quijote, doch eine Art „letzter Ritter" ist er. Er legt hohe Maßstäbe an sich und an andere. Verantwortungsbewusstsein ist eine seiner stärksten Tugenden – *noblesse oblige.* Stein ist ein analytischer Denker und großer Pragmatiker, der bei allem, was er anpackt, mit einem Minimum an Kosten, ein Maximum an Ergebnissen zu erzielen sucht – und erzielt. Mit scharfem Besen will er überflüssigen Bürokratismus aus den Amtsstuben und fauliges Fürstengewäsch aus den Regierungskabinetten fegen. Das bringt ihm nicht nur Freunde. Was jüngst über einen Politiker gesagt wurde, als er unerwartet zurücktrat, träfe noch genauer auf Stein: *Da hing einer an dem, was er meinte, und da sagte einer, was er dachte.* Und was er denkt, führt er aus, vorausgesetzt, man lässt ihn. Das ist jedes Mal dann der Fall, wenn der Staatskarren tief im Schlamm steckt. Danach geht man wieder auf Distanz. Am Ende seines Lebens wird er seine politischen Vorstellungen nur zu einem kleinen Teil durchgesetzt haben.

Auf Cappenberg fühlt Stein sich frei, hier ist er gern. Längst ist ihm der Familienbesitz in Nassau verleidet. Die Aufdringlichkeit der Emser Kurgäste. Die Enge. Vor allem liebt er *die Leute nicht, die sich dort für einen Gulden außer Atem laufen.* Katzbuckelei und Untertanengeist sind ihm in tiefster Seele zuwider. Bei *seinen* Westfalen begegnet ihm derlei nicht. Immer öfter und länger hält sich der geborene Hesse und Wahlpreuße in seinem *alten westfälischen Vaterland* auf.

Ob es der Rückzug aus der aktiven Politik ist, der ihm nun Zeit für anderes lässt, ob ihm die Geschichte des säkularisierten Prämonstratenserstiftes, das er 1818 im Tausch gegen sein Gut Birnbaum in Posen erworben hat, ein ganz besonderer Anreiz ist – er selbst will seine Tochter Therese in mittelalterlicher Geschichte unterrichten. Und weil ihm das vorhandene Lehrmaterial nicht genügt, beginnt er, ein eigenes Lehrbuch zu verfassen. Zurück zu den Quellen will er, und ihm wird klar, wie wenig brauchbares Material vorhanden ist, unzureichend jedenfalls für seine pädagogischen Absichten, noch unzureichender für jede wissenschaftliche Forschung. So konstituiert sich unter seiner Führung am 20. Januar 1819 die „Gesellschaft für ältere deutsche Geschichtskunde". Intensiv betreibt und organisiert er das Zustandekommen einer „Monumenta Germaniae Historica", die einmal die wichtigste Sammlung mittelalterlicher Quellen zur deutschen Geschichte sein wird.

Cappenberg, sagt neben mir der Graf, sei ein spiritueller Ort, sei es immer gewesen. Und meinen Blick auffangend fügt er hinzu: Spirituell im Sinne energetischer Phänomene. In allen Hochkulturen der Erde, ob in Ägypten, in Mittelamerika bei den Mayas oder in Asien, überall habe man solche Plätze im geistig-spirituellen Sinne gepflegt und sie als heilig empfunden. Auf einer Reise nach Ägypten habe er einen Ägyptologen gefragt, wer einst die Standplätze der Pyramiden und Tempelanlagen bestimmte? Gott, sei dessen Antwort gewesen.

Erst bin ich erstaunt, dann irritiert. Schließlich ist man, ganz allgemein gesehen, nicht mehr so schnell mit göttlichen Zuschreibungen.

Wochen später – zu spät, um den Grafen danach zu befragen, und an jenem Nachmittag am Balkon weist er von sich aus mit keinem Wort darauf hin – lese ich in einem jahrealten Bericht der *Westdeutschen Allgemeinen* von energetischen Phänomenen im Zusammenhang mit Cappenberg:

Nicht nur den menschlichen Körper durchziehen feine Ströme der Bio-Energie, ... auch den Planeten Erde müsse man sich als lebenden Organismus vorstellen, der von vergleichbaren Kraftlinien durchzogen und belebt wird. Ihnen ist der slowenische Bildhauer Marco Pogacnik in Cappenberg auf der Spur. In enger Zusammenarbeit mit dem Grafen Carl-Albrecht von Kanitz stellte er im östlichen Teil des Wildparks ... 1989 eine Landschaftsskulptur auf, ... die vorhandene, unsichtbare Aspekte ... wahrnehmbar macht. Der Künstler setzt ... seine Fähigkeiten zur Heilung der Natur ein. M. P. beschreibt seine Arbeit so: Die Steine bezeichnen den Fluss einer der feinstofflichen Energielinien, die man im Englischen „Ley-Linien" nennt und die Akkupunkturmeridiane der Erde darstellen ...

Auf dem begrenzten Terrain des Schlosses kreuzten gleich fünf solcher Akkupunkturlinien, mit der Setzung eines Megaliths im Zentrum der großen Wiese habe der Künstler die Kreuzung zweier Linien sichtbar gemacht. Achtzehn Steine verdeutlichten den Verlauf sich weiterer kreuzender Linien, sieben davon zeigten bildhauerisch gestaltet die sieben Planeten und träten so in Resonanz mit ihnen. Dadurch nähmen sie die Vibrationen spezifischer kosmischer Kräfte auf, die durch die kristalline Struktur verstärkt über die Steine abgegeben würden.

Mit moderner Kunst ist's wie mit des Kaisers Kleidern: Das Bemerkenswerteste an ihr ist die Zungengewandtheit ihrer Schöpfer, die phantasievoll formulieren, was kein Betrachter von sich aus in ihren Werken zu erkennen imstande wäre. Ob M. P. ein ernstzunehmender Künstler ist, kann ich nicht sagen, ein bemerkenswerter Werbestratege und ein außergewöhnliches Verkaufsgenie seiner Ideen ist er mit Sicherheit. Von Rom bis Hamburg, von Holland bis Leipzig weiß er sie geschickt an den Mann zu bringen, an den zahlungskräftigen versteht sich (oder auch an die Stadt). Wer könnte schon seine Energielinien- und Erdakkupunkturphilosophien widerlegen? In Villach, wo ich aufgewachsen bin, hat er vor nicht allzugeraumer Zeit den unschuldigen Boden genadelt, auf dass dort wieder Touristenströme flössen. Versiegt sind sie der reichsten Gemeinde Österreichs, weil allzu habgieriges Geschäfts- und Gastronomenvolk an Gäste und Einheimische miese Qualität zu Höchstpreisen verscherbelten. Vielleicht hätte man besser diesen Burschen die Ohren pieksen sollen und rechtzeitig. Kürzlich hat der Meister seine Kunst der Stadt Leipzig offeriert, um auch hier Energetisches sichtbar und nutzbar zu machen. Ob auf diese Weise den leerstehenden Büro-Neubauten endlich Mieter beschieden sein werden?

Über die Theorien des Künstlers möge man denken, was immer man wolle, versichert mir die Verfasserin des Artikels, die ich als kluge und sachlich argumentierende Frau schätze, doch seit die Steine dort stünden, habe sich der Ärger mit dem Kohleabbau unter Cappenberg wie von selber erledigt.

Cappenberg und die Kohle, ein Kapitel, das über Jahre die Gemüter erregte, die Justiz beschäftigte und die Medien mit Stoff versorgte. Als bekannt wurde, dass die Zeche Haus Aden das Nordfeld erschließen und bis 2030 insgesamt 16 Flöze abbauen wolle, liefen Umweltschützer und Bürger Sturm gegen das Vorhaben.

Wer auf Cappenberg lebt, muss sich in seine Geschichte integrieren und sich für sie verantwortlich fühlen. Der Schlossherr wehrte sich, klagte beim Verfassungsgericht – vergeblich. Von den Bergarbeitern wurde er zum Feudalherrn abgestempelt, bereit, siebenhundert Kumpel um ihre Existenz zu bringen. Und die Gewerkschaft schürte. Wie würden sie wohl reagiert haben, hätten sie gewusst, dass es just der Ahnherr des Grafen war, der als Erster eine Festsetzung der Löhne für Bergleute gefordert, für Verbesserungen des Grubenbaus gesorgt und die Wahl von Knappschafts-Ältesten empfohlen hatte, *… denn es sei der Sache angemessener, wenn die Bergleute selbst sich diejenigen wählen könnten, denen sie ihr Interesse und die Mitaufsicht über eine für sie gemeinnützige Anstalt anvertrauten …?* Das war 1784, der Siebenundzwanzigjährige eben zum Direktor der Westfälischen Bergämter und der Mindenschen Bergwerkskommission ernannt. Sie wussten es nicht. Woher auch? Und ebenso wenig wird ihnen bekannt gewesen sein, dass ausgerechnet ein Freund dieses Mannes der Erfinder der Grubenlampe war: Alexander von Humboldt. Zum Lehrstoff in den Schulen zählt heute anderes. Heimatgeschichte wird nicht mehr gelehrt, Geschichte nur in gröbsten Zusammenhängen. Wen wundert da, dass tausend Jahre deutscher Geschichte, aufgewogen gegen 700 Arbeitsplätze unter Tage, nicht zählten.

Anfang '89 wurde mit dem Abbau der Kohle begonnen.

Nicht allein Cappenberg sollte buchstäblich der Boden unter den Füßen weggezogen werden, mit ihm waren weitere 800 Objekte – Kirchen, Schlösser, Burgen, Bürgerhäuser und historische Ortskerne – vom nordwärts wandernden, auf Halde produzierenden, hauptsächlich durch Subventionen aufrechterhaltenen Ruhrbergbau bedroht.

Der Graf gab nicht auf. Mit preußischem Pflichtbewusstsein und ererbter (Stein'scher) Zähigkeit kämpfte er gegen die allgewaltige Ruhrkohle AG und ging vor Gericht. David gegen Goliath. Bürgerinitiativen unterstützten ihn. Grüne, FDP und ein großer Teil der CDU standen nun geschlossen hinter ihm, auch zunehmend SPD-Mitglieder. Zum ersten Mal stand die Glaubwürdigkeit sozialdemokratischer Umweltpolitik auf dem Prüfstand. Das Fernsehen schaltete sich ein, bezeichnete den Umgang mit einem Kulturdenkmal solchen Ranges als beschämenden Tiefpunkt deutschen Geschichtsverständnisses und als Schwabenstreich.

Im Winter 1990 lud Kanitz an die 50 Journalisten und Umweltexperten zu einem Symposion „Cappenberger Forum" aufs Schloss. „Verändern durch Bewahren" lautete das Motto. Die FAZ berichtete in Auszügen – es waren grimmige Reden, die da gehalten wurden.

Ich war Mitverlierer so vieler Kämpfe um Moore und Auwälder, Watten und Sände. Und um gemächlich dahinmäandrierende klare Bäche, deren grüne Ufer sie in Beton fassten, um sie für den schnellen Geradeauslauf zu „ertüchtigen" – zu schaumbedeckten Vorflutern. Gerade so, wie sie die Cappenberger Stiftskirche des heiligen Norbert von Xanten mit einem in die alten Mauern eingezogenen Stahlkorsett für die zu erwartenden bergbaubedingten Verwerfungen unter ihren Fundamenten „ertüchtigten" – dies ihr Wort für die technische Verfremdung eines Sakralbaues aus dem 12. Jahrhundert. (Wer so redet, dachte ich, kaltschnäuzig im Jargon der Macher, der reiht sich ein bei Leuten, die nach einem Wort Oscar Wildes den Preis von allem kennen und den Wert von nichts), schrieb Horst

Stern, der sich nach eigenen Worten zum „Bettelorden amtierender Umweltschützer“ zählt.

Und Michael Engelhard, ehemaliger Redenschreiber der Bundespräsidenten Scheel und von Weizsäcker:

Die Silhouetten einer Landschaft, einer Stadt, sie erhalten ihre tiefste Bedeutung dadurch, dass sie Gegenstand der Liebe von Menschen sind und über viele hundert Jahre waren. Das heißt nicht, dass man sie nicht verändern dürfe ... Jedes Gebäude verändert die Linien der Landschaft. Schloss Cappenberg war ursprünglich ein Prämonstratenser-Kloster. Bis heute beherrscht diese Anlage die sie umgebende Landschaft. Aber sie zerstört sie nicht, sondern sie vollendet sie.

Der Graf gewann seinen Prozess nicht. Das Verfahren wurde eingestellt, weil Ende ’97 der Kohleabbau eingestellt wurde. Nicht einmal eine Dekade hatte es gedauert, da war er *zu teuer* geworden, weil die geologischen Gegebenheiten weit weniger günstig waren als ursprünglich angenommen. Müßig die Frage im Nachhinein, ob die Experten das nicht durch die Voruntersuchungen hätten herausfinden müssen. Ein teures Narrenspiel war in Gang gesetzt, mehr als eine Milliarde Mark hatte der Aufschluss des Nordfeldes verschlungen! Wie viele Kumpel hätten mit ihrer Familie von dieser Summe *wohl*-leben können, ohne zu arbeiten! Mehr als eine Milliarde Mark in die Erde geschürft, in die Landschaft gegraben! Unter dem Schloss- und Parkbereich waren bis zur Stilllegung bereits drei Streben auf einer Länge von insgesamt 1,2 km abgebaut. Inzwischen zeigt das Hauptgebäude Risse. Im Terrassensaal sind die Wandmalereien beschädigt. Senkungen bis zu 70 cm sind aufgetreten, das Gefüge des Mauerwerks lockert sich.

Wenn die freiheitliche Demokratie Deutschlands sich auf einen

Deutschen als ihren Ahnherrn berufen kann, dann auf den Freiherrn vom Stein. Ausgerechnet an dem Ort, wo er sich der Aufgabe widmete, die Kulturdenkmäler der Nation zu sichern und zu retten, weil er um die Bedeutung der Geschichte für die Identität eines Volkes wusste, hat sich die Ignoranz unserer Wirtschaftspolitiker ihr hässliches Denkmal gesetzt.

Die Geschichte des Bergwerkspräsidenten ist eine andere als die des Staatspolitikers, und die des Gutsherrn ist eine dritte. Wo er die *Seligkeit der Einsamkeit* zu finden hofft, muss vieles auf Vordermann gebracht, müssen alte Rechte eingefordert werden. Wälder, Landwirtschaft, Schloss – alles ist heruntergekommen. Mehr ihrem Wohlleben hatten die Stiftsherren gefrönt denn der Arbeit. Die ursprünglich von den Gründern geforderte strenge Lebensweise war schon im Verlauf des 13. Jahrhunderts einer immer verschwenderischen gewichen. In einem Bericht nach Rom beklagte 1653 Bischof Christoph Bernhard von Galen: *Die Praemonstratenser von Cappenberg ... sind nachlässig in Erhaltung und Wiederherstellung der Disziplin, Kirche und Klostergebäude voll Schmutz und Unordnung, kurz, sie leben offenbar nicht so sehr für Gott und die Kirche als für die eigene Bequemlichkeit, Gelage, Jagd und dergleichen.*

Dem Waidwerk huldigt auch Stein. Die List der Füchse erinnert ihn an die Diplomaten, die Furcht der Hasen an die Franzosen. Gern lädt er Freunde zur Treibjagd. Ist die *Schlacht geschlagen,* bittet er zu Tisch. Es gibt Geflügel und Wildbret in Fülle, und Wein von den eigenen Hängen am Rhein. Ansonsten gestattet Stein sich keine unnützen Vergnügungen. Nicht im Genießen liege das Glück, sondern im Streben, so ist er erzogen, puritanisch bis ins Mark. Der Tagesablauf ist streng geregelt. Er administriert, inspiziert, Oberförster und Rentmeister erhalten genaue Anweisungen, müssen täglich Bericht erstatten, selbst wenn er auf Reisen ist. Nichts, um das er sich nicht kümmert. Die Wege lässt er in Ordnung bringen. Sie sind in einem so schandbaren Zustand, dass sie zeitweilig *nur mit Leibesgefahr und großer Beschwer zu gebrauchen sind.* Es lag ja nie im Interesse der ersten Stände Adel und Domkapitel, durch gut befahrbare Straßen im Münsterland Handel und Industrie zu fördern und dadurch die niederen Stände Bürger und Bauern zu stärken. Stein missachtet soviel Engstirnigkeit, er sieht und denkt weiter, beschließt, auch den Weg von Cappenberg nach Lünen in Ordnung zu bringen, ... *damit eine zu allen Zeiten fahrbare Verbindung mit Lünen dargestellt werde.* Freilich sollen die Bauern für die Mitbenutzung Wegegeld einbringen. Verschenkt wird nichts.

Um den Holzbestand zu heben, lässt er minderwertige Baumsorten entfernen, bessere pflanzen, Lärchen zum Beispiel, die es bisher in dieser Gegend nicht gibt. *Die Lärche ... ist schnellwüchsig und gibt ein vortreffliches Bauholz.* Nützlich ist alles, was einträglich ist. Instandsetzung und Unterhalt des Besitzes kosten Geld, viel Geld, und das will erwirtschaftet sein. Seinen überaus tüchtigen Verwalter Poock beauftragt er, eine Forstbaumschule anzulegen. Samen lässt er, wenn's sein muss, sogar aus Paris kommen. Von seinem Freund, dem Historiker Pertz, erbittet er *Pfropfreiser von Ihren amerikanischen Eichen.* Setzlinge und Samen unbekannter Baumarten aus der Neuen Welt bringt ihm Humboldt. Was in der Baumschule gezogen und nicht für den Eigenbedarf gebraucht wird, lässt der umsichtige Gutsherr der Dorfschule zukommen, *damit auch die Jugend auf diesem Gebiet unterrichtet würde.* Auf seinen Reisen beobachtet er aufmerksam Felder und Witterung. Wie steht das Getreide? Wird die Ernte gut, fallen die Preise. Dass Kriege sie in die Höhe treiben, weiß der einstige Staatsmann und spekuliert, als in Frankreich die Julirevolution ausbricht: *In Cöln war starke Nachfrage nach Waitzen für Frankreich, er ging die Mosel hinauf.* Die Welt von Angebot und Nachfrage – hier ist das Fundament: Holz, Getreide, Vieh. Holz wird gebraucht für den Krieg, Holz fürs Unnaer Gradierwerk. Holzkohle für die neue Eisenhütte Westfalia bei Lünen. Also lässt er in den Waldungen Kohle brennen. Die Entwicklung der Eisenindustrie verfolgt er mit Spannung: Durch die Senkung der englischen Einfuhrzölle für Eisen und den Bau von Eisenbahnen sind die Preise an Rhein und Mosel bis zu 30 Prozent gestiegen. *Die Eisenhütten gehen alle sehr schwunghaft, es steigen also auch die Holzpreise.* Sofort setzt er sich für die Freigabe der Rheinschifffahrt ein. *Die Freiheit der Rheinschiffahrt in das Meer ... und wird das Verkehr beleben.*

Eine Beziehung zu allen Dingen will er unterhalten, aber nicht immer zeigt er eine glückliche Hand. Eichen und Buchen als Nutzholz sind in der waldreichen Umgebung kaum abzusetzen. Stein lässt sie zu Flößen gebunden die Lippe abwärts zum Rhein und von dort nach Holland bringen. Dieses Geschäft zieht manche Unannehmlichkeit nach sich, weil er auf Händler angewiesen ist, die durch geheime Absprachen ständig den Preis zu drücken versuchen, und nicht selten sind die Käufer säumige Zahler. Ebenso unpünktlich liefern die Pächter ihre Abgaben ab. Oft muss gemahnt werden, manchmal sogar prozessiert, obschon Stein Prozesskosten vermeidet, wo immer es geht. Besonderen Ärger bereitet ihm immer wieder die Alstedder Bauernschaft, allen voran der Schulte-Alstedde. Über Jahre liegt er mit ihm wegen einer Schafhude im Streit. Einen *Chicaneur* nennt er ihn. *Die Sache mit Sch. Altstädte muss von uns mit den Kosten gewonnen werden, der Sch. hat sich gar zu nichtswürdig benommen.* Der denkt nicht daran, sich dem *Halsabschneider dort oben auf dem Schloss* so mir nichts, dir nichts zu fügen. Zwei Dickköpfe stehen einander gegenüber und keiner will nachgeben.

Viel ist geschrieben worden über den Reichsfreiherrn Heinrich Friedrich Karl vom und zum Stein, in wenige Sätze lässt sich sein Leben nicht fassen, nicht einmal in den Lexica: Geboren. Gestorben. Wann. Wo. Studium ... 1804 preußischer Finanz-, Wirtschafts- und Handelsminister. Seine finanz- und wirtschaftspolitischen Maßnahmen dienen der Vorbereitung des Kampfes gegen Napoleon. Nach der preußischen Niederlage 1806, lehnt er es ab, das Außenministerium zu übernehmen, die Kabinettsregierung sagt ihm nicht zu. Worauf ihn der König entlässt. Ein Jahr später wird er erneut zum Staatsminister berufen. Sofort beginnt er mit der Durchführung früher geplanter Reformen. Durch ein Edikt hebt er die bäuerliche Erbuntertänigkeit in Preußen auf und beseitigt alle ständischen Beschränkungen; die Städteordnung führt die Selbstverwaltung ein; ein anderes Edikt schafft ein modernes Staatsministerium mit Fachressorts. Weitere Reformgesetze werden vorbereitet, doch nicht mehr durchgeführt. Als die Franzosen einen Brief Steins abfangen, in dem er Aufstandspläne andeutet, bittet er im Interesse des preußischen Staates um seine Entlassung. Von Napoleon geächtet, lebt er für Jahre als Flüchtling in Brünn, Troppau und Prag, bis ihn Zar Alexander I. 1812 als Berater nach Russland beruft. Nach Napoleons Niederlage im russischen Feldzug überredet Stein vorausschauend den Zaren, den Kampf gegen den Usurpator über die russische Grenze hinaus fortzusetzen. Das führt schließlich zum Sieg über die Franzosen bei Leipzig.

Beim Wiener Kongress ist er zwar Vertrauter des Zaren, darf aber an den Verhandlungen selbst nicht teilnehmen. Zu vielen deutschen Fürsten sind seine Forderungen nach einem *ganzen einigen Deutschland* nicht genehm, sie sehen ihre Vorteile und Rechte gefährdet. Vor allem aber suchen die Großmächte Österreich und Russland, die Verwirklichung eines deutschen Bundesstaates zu verhindern. Enttäuscht zieht Stein sich aus der Politik zurück und widmet sich Cappenberg.

Auf dem rechten Auge sieht er nicht mehr: Schwarzer Star. Das Übel befiel ihn wenige Monate vor seinem 60. Geburtstag. Zwei Jahre später stirbt seine Frau. Er fühlt sich von Schicksalsschlägen heimgesucht und sehnt sich nach Stille und Einsamkeit. Seinen Adelsstolz pflegt er nun wie ein kostbares Erbe, dabei hat er freilich einen moralisch aufgewerteten Aristokratismus im Sinn. Nicht durch Pferde, Tabakspfeifen und starres Vornehmtun werde sich der Adel den ausgezeichneten Platz im Staat erhalten, sondern durch Bildung, Teilnahme an Großem und Edlem, unerschütterliche, treue Anhänglichkeit an Vaterland und an die Sache des Rechts. Der Gutsherr von Cappenberg beginnt zu ignorieren, was einst der Reformminister gefordert hat. Aber nach wie vor bockt er vor Bürokraten, käuflichen Fürsten und Zentralisten, nach wie vor wettert er *gegen eine sich in alles mischende, alles vorschreibende Regierungstätigkeit.*

Noch einmal kehrt er 1826 in die Politik zurück als Marschall der ersten drei westfälischen Provinziallandtage. Was er allerdings von der Teilnahme des untersten Standes im Landtag hält, zeigt folgendes Anekdötchen: Ein Unnaer Gastwirt, zum Abgeordneten aufgestiegen, fragt Stein, was er denn als solcher zu tun habe. Die Antwort: *Sich hinsetzen und zuhören, was klügere Männer sagen.*

Sein Gesundheitszustand verschlechtert sich, Ohnmachtsanfälle häufen sich. Vier Monate vor seinem 74. Geburtstag stirbt er am 29. Juni 1831 auf Cappenberg. Westfalen trauert.

Ausgangspunkt, Schnittpunkt, Zielpunkt, das alles war Cappenberg durch die Jahrhunderte. Von zwei Grafengeschlechtern ist die Rede, wenig weiß man vom *älteren* aus der frühen Phase des Mittelalters.

Seine Genealogie scheint im Lauf der Jahrhunderte ein wenig durcheinandergeraten. Auch wenn unsereins es gewohnt ist, in Bildern zu denken, in diesem Fall bleiben alle Figuren hinter Schleiern und hübsch auf Distanz zueinander, als wüssten auch sie so recht nicht, zu wem sie nun wirklich gehören. Als stimmten Komposition und Perspektive nicht überein mit dem, was sie darstellen sollen.

Über des Ersten Heinrich Gemahlin soll das Geschlecht von Widukind dem Sachsenführer abstammen und durch mindestens fünf Generationen im Besitz Cappenbergs gewesen sein, erzählt eine Version. Eine andere weiß, dass zur Zeit Ludwigs des Deutschen just jener Liudolf Herr der Burg war, der zum Stammvater des berühmten sächsischen Geschlechts gleichen Namens wurde, aus dem später die Ottonen hervorgingen. Diesem Liudolf, einem wahren Jahrhundertkopf, gelang es, die sächsischen Stämme im Kampf gegen die immer wieder aus Norden und Osten einfallenden Wikingerhorden zu vereinen. Damit leitete er einen Konsolidierungsprozess ein, der Sachsen unentbehrlich für das gesamte Ostfrankenreich machen sollte und seinen Höhepunkt mit der Erhebung seines Enkels Heinrich zum deutschen König erreichte.

Dass Heiraten einträglicher ist, als Kriege zu führen, haben ja nicht erst die Habsburger entdeckt. Wer wann, wo, wie und mit wem auch immer – durch die Nachkommen aus der Ehe Heinrichs mit Mathilden wurde ein wahres Netz verwandtschaftlicher Beziehungen über Europa gezogen, bis Frankreich und Ungarn reichte es, bis Bayern und Burgund, Lothringen und Italien, und – was mir natürlich besonders gefällt – sogar bis Kärnten. Einer der wichtigsten Herzöge in der Geschichte Kärntens ist Otto, ein Urenkel des fruchtbaren Paares.

Wie sich's doch manchmal so schickt: Schon einmal gab es einen Kärntner, der in der deutschen Geschichte Furore machte:

Arnulf, ein illegitimer Enkel Ludwigs des Deutschen. 896 in Rom zum römisch-deutschen Kaiser gekrönt, fand das fränkische Reich in ihm noch einmal einen taktisch äußerst gewandten und klugen Herrscher – seinen letzten. Seine Nachfolger blieben bedeutungslos. Erst dem Liudolfinger Heinrich I. gelang es, an Arnulfs hegemoniale Politik anzuknüpfen. – Es scheint, als liefen bei Heinrich alle Fäden zusammen, sogar die auf Cappenberg gesponnenen.

Kaum meint man, dass sich die Nebel nun lichten und klare Konturen erkennbar würden, ist alles wieder vorbei. Als hätte einer die Löschtaste gedrückt, fallen zwei Jahrhunderte ins Nichts, und so ausdauernd man sich auch durch die Programme klickt, sie tauchen nirgendwo auf. Wo aber Geschichte abhandenkommt, erblühen Geschichten:

Es starb der alte Graf Hermann auf Cappenberg und alle trauerten sehr, Mägde und Knechte, Dienstmannen und Edelfreie, am meisten seine drei Söhne. Nachdem sie ihn beigesetzt, gingen die Brüder daran, sich das Erbe zu teilen, gemäß dem Wunsche des Vaters. Sitte und Brauch verlangten, dass die neuen Herrn den Treueeid ihrer Ministerialen entgegennahmen. Als das geschehen war, lud einer der Lehensmannen, Eckerich hieß er, die Brüder mit schönen Worten nach Lünen. Doch der Jüngste, Gottfried, hatte sich einen Fuß verletzt und ritt nicht mit. Es rettete ihm das Leben, denn Eckerich, der den jungen Grafen nicht länger zu dienen gedachte, überfiel in einem Wald nahe der Lippe mit Gefolgsleuten die Brüder und tötete sie. Eckerich wurde für seine Tat enthauptet und zur Warnung für andere mit dem Kopfe nach unten an einem Baum aufgehängt. Grevenhol – Grafenholz heißt seit jener Zeit der üble Ort.

Durch diesen Meuchelmord fiel Gottfried das gesamte Erbe zu. Seiner Ehe mit Beatrix von Schweinfurt entsprossen vier Kinder,

Gottfried II., Otto, Gerberga und Beatrix. Mit ihnen erlosch dieses *jüngere* Grafengeschlecht.

Gottfried II. wurde 1097 geboren. Noch sehr jung musste er das Vermächtnis seines Vaters antreten. Er heiratete Jutta, eine Tochter des reichen Friedrich von Arnsberg, der ohne Söhne geblieben war und durch diese Verbindung die Grafschaften Arnsberg, Rietberg und Cappenberg mitsamt den Besitzungen im Paderborner Land in einer Hand vereint sehen wollte. Ein so stattliches Herrschaftsgebiet hätte auch seinen Einfluss in Westfalen erheblich gestärkt. Aber der unberechenbare Eidam machte alle schwiegerväterlichen Pläne zunichte. Die Begegnungen mit Norbert von Xanten bewogen Gottfried und seinen Bruder Otto, Cappenberg in ein Stift umzuwandeln.

Gottfrieds Ministerialen erklärten ihn für verrückt, das Gesinde schmähte, Friedrich tobte. Mit allen ihm zur Verfügung stehenden Mitteln ging er gegen den Schwiegersohn vor, der in seinen Augen einem religiös-fanatischen Schwätzer auf den Leim gegangen war. Selbst vor gerichtlichen Klagen schreckte er nicht zurück, ja nicht einmal vor Waffengewalt Auch Dietrich II., Bischof von Münster, zeigte sich wenig erfreut über den Entschluss des Grafen. Er sah in Cappenberg einen militärstrategisch wichtigen Punkt und wollte, schon zum eigenen Schutz, die Burg in diesem Sinne erhalten wissen.

Ob Gottfried ein Traumtänzer, Schlitzohr oder Narr war, ob er aus Berechnung handelte oder aus Reue – die frommen Biographen, stets göttlichen Wundern verpflichtet, wischen solche Fragen vom Tisch und reden von „Bekehrung". Es war eine friedlose Zeit, der Investiturstreit tobte. Als auf der Synode zu Reims der Papst erneut den Bann gegen den deutschen Kaiser verhängte, schlug sich der

Arnsberger auf dessen Seite, während die Cappenberger mit dem Münsteraner Bischof im päpstlichen Lager blieben. Doch Dietrich wurde vertrieben, Weihnachten 1119 besetzte der Kaiser die Stadt, im Frühjahr eroberten sie die Papstanhänger zurück. Bei den Kämpfen wurde der Stadtteil rechts der Aa mitsamt dem alten Dom vollständig zerstört, es gab zahlreiche Tote. In einem Bericht heißt es, die jugendlichen Grafen seien die Urheber dieses Desasters gewesen. Sie wurden des Hochverrats angeklagt. Die Verhängung der Reichsacht drohte und damit Enteignung und Lebensgefahr. Es gab nur einen Weg aus dieser Misere: den gesamten Besitz in eine gemeinnützige Stiftung einzubringen und einer kirchlichen Organisation beizutreten.

Der Kampf um Münster beendete den Jahrzehnte währenden Streit. Der Kaiser söhnte sich mit den deutschen Fürsten aus, das Wormser Konkordat besiegelte den Frieden zwischen Kaiser und Papst. Zu diesem Zeitpunkt bemühte sich Gottfried bereits um die kaiserliche Bestätigung seiner Stiftung, die Heinrich V. als eine Übergabe Cappenbergs an Norbert von Xanten 1123 bekräftigte und unter kaiserlichen Schutz stellte. Den Grafen wurde ausdrücklich verziehen, auf jede Forderung nach Vergeltung gegen sie verzichtet.

Wer die Welt zum Besseren hin ändern und sich für immer von ihren *kriegerischen Taten und Untaten distanzieren* will, muss bei sich selber anfangen. Genau dafür entschieden sich Gottfried und Otto. Fortan lebten sie konsequent in Armut und christlicher Demut. Die ersten Prämonstratenser Deutschlands verteilten nicht mildtätig Almosen, sie solidarisierten sich mit den Armen und suchten sie in die Gesellschaft zu reintegrieren. Gebildete und Ungebildete, Adelige und Nichtadelige hatten nun gleichberechtigt am Leben in der Gemeinschaft teil. Damit wurden alle ständischen

Schranken durchbrochen und die bisherige Gesellschaftsordnung infrage gestellt – eine soziale Revolution, ein Skandal!

Und ein Glücksfall für Norbert, dessen religiöse Vorstellungen sich ohne das Engagement der hochangesehenen und reichen Cappenberger vermutlich nie durchgesetzt hätten. Innerhalb von nur siebzig Jahren zog sich ein Netz von mehr als 500 Ordensneugründungen über Europa. Von hier aus wurde missioniert, gelehrt. Doch gegen Ende des 13. Jahrhunderts hatte sich die ursprünglich Geist und Gesellschaft verändernde Avantgarde zum gesellschaftlich zwar hochangesehenen Establishment gewandelt, mit der Idee einer wahren Nachfolge Christi hatte sie nichts mehr gemein.

Gottfried erlebte den triumphalen Aufstieg des Klosters nur noch in Ansätzen.

1127 starb er knapp dreißigjährig in Ilbenstadt.

Schön in ihrer Schlichtheit ist die Stiftskirche. Dass sie nach der Säkularisierung des Klosters den Cappenberger Katholiken erhalten blieb, verdanken sie den Bemühungen des Protestanten Stein. Bemerkenswerte Kleinode birgt sie: Das Chorgestühl ist ein Meisterwerk spätgotischer westfälischer Schnitzkunst. Der Flügelaltar von Jan Baegert, dem „Meister von Cappenberg“, stammt aus der Zeit der Reformation, aus der ersten Hälfte des 14. Jahrhunderts die Deckplatte einer Tumba, die die Brüder Gottfried und Otto darstellt. Vielleicht das wichtigste, sicherlich das beeindruckendste Werk ist das „Cappenberger Kruzifix“ aus dem frühen 13. Jahrhundert, kein Triumph-, ein Passionskreuz. Kostbarkeiten ganz besonderer Art finden sich wohlverschlossen in einem Tresor: Barbarossakopf, Taufschale, Ottos Testament. Spätestens seit der großen Stauferausstellung ist der aus Kupfer gegossene und vergoldete Kopf, AD IMPERATORIS FORMATUM EFFIGIEM – *nach dem*

Bildnis des Kaisers geformt, europaweit bekannt, fotogen zierte er Plakate, Postkarten, Broschüren. Dass das Kunstwerk untrennbar mit Cappenbergs Geschichte verbunden ist, bezeugt die lateinische Inschrift auf einer Taufschale: *Der Kaiser und Mehrer Friedrich gab diese Geschenke seinem Paten Otto, jener überreichte sie Gott.*

Von diesem Kopf, erzählt der Hausherr und stellt ihn behutsam in den Tresor zurück, habe man lange nicht gewusst, wo er geblieben sei. Wohl zur Zeit der Franzosenkriege, vielleicht aber auch schon im Dreißigjährigen, habe man ihn vor der plündernden Soldateska versteckt. Gefunden worden sei er schließlich in einem Reliquienschrein. Achtzehnachtundsiebzig. Von Vikar Hüsing. Um einiges spannender sei hingegen die Irrfahrt der silbernen Taufschale:

Auf einer gemeinsamen Rheinfahrt im Sommer 1815 unterbrachen Goethe und Stein ihre Reise in Godesberg, um den Kanonikus Pick zu besuchen. In dessen Kunstsammlung hatte eine silberne Schale Goethes besonderes Interesse geweckt. Eine Gravur in der Mitte zeigte vier Personen, die einen Täufling aus dem Taufbecken hoben. Um die Darstellung war in doppelter Reihe ein Spruchband gelegt: CESAR ET AUGUSTUS + HEC OTTONI FRIDERICUS MUNERA PATRINO + CONTULIT ILLE DEO. Und: QUEM LAVAT UNDA FORIS + HOMINIS MEMOR INTERIORIS + UT SIS QUOD NON ES + ABLUE TERGE QUOD ES.

Der Geheime Rat kaufte das Stück dem Kanonikus ab, der immer wieder versicherte, es stamme aus dem aufgelösten Stift. Just das wollte der Dichter nicht glauben. Gleich mehrere Gutachten holte er ein, die alle einander widersprachen. Das Hin und Her verleidete ihm schließlich seinen Erwerb, auch war er von dessen Wert nicht recht überzeugt. Er überließ die Schale Stein. So kam sie zurück nach Cappenberg.

Wer mit so viel Geschichte und Tradition aufgewachsen ist wie Carl-Albrecht von Kanitz, fühlt sich seinem Erbe verpflichtet. Dabei geht es nicht nur um Verwaltung der weitläufigen Stein'schen Besitzungen, zu denen auch eines der besten Weingüter Deutschlands zählt, den Graf beschäftigt die Frage, was denn die Aufgabe eines Ortes wie Cappenberg in der heutigen Zeit sei. Eine Botschaft, davon ist er überzeugt, kulturelle Impulse sollen, *müssen* von hier ausgehen, weil doch ein solcher Ort eine wichtige Funktion für die Allgemeinheit habe.

Im Gegensatz zu seinem Ahnherrn Stein, der wohl ein pragmatischer, aber bestimmt kein Mann mit musischen Neigungen war, fühlt sich der Graf durchaus den schönen Künsten zugeneigt, der Musik besonders. Mit Musik ist er aufgewachsen. Seine Mutter – sie entstammte einer alten Lüner Familie – hatte Gesang studiert, Künstler gehörten zum engeren Freundeskreis. In der langen Kanitz'schen Ahnenreihe, die bis ins 12. Jahrhundert zurückreicht, finden sich nicht nur Minister und Attachés, auch ein Dichter ist unter ihnen, bedeutend genug, dass Lexica heute noch auf ihn aufmerksam machen: Friedrich Rudolf Freiherr von Canitz (1654–1699).

Das Symposion „Cappenberger Forum" habe ihn, gesteht der Graf, auf die Idee gebracht, in ähnlicher Weise weiterzumachen und Kunst, Kultur, Wissenschaften in diesem Ambiente ein Forum zu geben. Der ehemalige Pferdestall – über sechzig Jahre diente er der evangelischen Kirchengemeinde als Gottesdienstraum – wird zu einem Theater umgebaut mit 200 Plätzen und allen bühnentechnischen Finessen. Besonderes Augenmerk wird der Akustik gewidmet, denn auch Konzerte sollen aufgeführt werden, erlesene Konzerte, das erste schon diesen Sommer. Architektonisch fügt sich der Bau. Und einzig ist der Blick auch von hier.

Carl-Albrecht vertritt, wenn man so will, das dritte Grafengeschlecht auf Cappenberg. Die weibliche Linie geht auf den Freiherrn vom und zum Stein zurück, die männliche, 1178 zum ersten Mal urkundlich erwähnt, entstammt sächsischem Ur-Adel und hatte ihren Stammsitz in Canitz nahe Riesa. Ein Zweig der Familie zog nach Ostpreußen und wurde dort, vermutlich im 16. Jahrhundert, in den Grafenstand erhoben.

Kürzlich habe er auf der Fahrt von Dresden nach Bautzen ein Hinweisschild gesehen, das die Richtung nach Canitz wies, und einen Augenblick, sagt der Graf, habe er gezögert, aber dann sei er doch nicht abgebogen.

Abgebogen bin ich. An einem Vorfrühlingstag:

Salzgrau das Dorf
salzgrau die Sonne
die Straße ein Wellental.
Hinter den Häusern der Wind
pfeift die Ballade des Elends. Zweimal
sterben die Lebenden hier, und die Toten
die Hände gefaltet
ziehn fort. Aus geborstenen Schädeln
türmen sich Mauern
unüberwindbar.

Nein, nie sei er in Canitz gewesen ...

Warum nicht wie früher noch einmal den Weg gehen, den Stein immer ging, sonntags, zur Stadtkirche nach Lünen? (Sie wenigstens trutzt seit Jahrhunderten jedweder Veränderung, auch wenn ihr

Gartenzwerg-Mentalität ein bronzenes Brünnlein vors Tor gesetzt hat: St. Georg, den Namenspatron.) Geteilt ist der Baumschatten durch die *zu allen Zeiten fahrbare Verbindung mit Cappenberg.* Laue Luft, nicht von den Wipfeln herunter, vielmehr von den Auspuffrohren der vorüberbrausenden Autos. Also kein Bücken nach Erdbeeren, keine Buchenhallenschritte, auch wenn die Bäume hoch stehen wie die Säulen eines Doms, und keine Rast auf der Bank, auf der sich der alte Herr ausgeruht haben soll, später, als ihm das Gehen von Mal zu Mal beschwerlicher geworden.

Der Friedhof, die ersten Häuser, Verdichtung zum Ort.

In Dekaden misst die Erinnerung. Wo nicht einmal drei Jahrzehnte zurück Koppeln und Felder grünten, blüht es bunt um Häuschen hinter sauber beschnittenen Hecken. Aus Schösslingen wurden Bäume. Gesichter, die Kindern gehörten, gehören nun Leuten mit Kindern. Geschichten von einst, zusammengesponnen in Schatten und Licht. Und alles hat seine Ordnung: Die Fußgängerbrücke einen Zebrastreifen. Der „Lippstrom" sein künstliches Bett. Die Fahrradfahrer den Lippedamm. Das Zentrum eine Fußgängerzone. Die Fußgängerzone Deichmann, Tchibo und ein Straßencafé. Das „höchste Rathaus des Landes" ist aus Altersgründen geschrumpft.

Ist die Stadt schöner geworden seither? Grüner bestimmt, bekehren wird sie mich nicht. Zwanzig Jahre, länger als sonstwo, habe ich hier gelebt, ein Haus gebaut, Kinder großgezogen, Freundschaften gepflegt – und doch spürt mir nichts nach. Alles was ich hatte und war, trug ich vor langer Zeit fort in einer Wunde.

„Der Friede ist unsere Arbeit, Gerechtes zu tun …“

Die Causa Knoll

gesendet im Deutschlandfunk am 26.06.2001

Personen:

M. B. – Michael Bünker (evang. Theologe und Bischof)
H. D. – Helga Duffek (Autorin))
K. F. – Klaus Fischl (FPÖ)
A. H. – André Heller (Multimediakünstler)
S. H. – Susanne Heine (Theologie-Dozentin)
G. K. – Gertraud Knoll (evang. Superintendentin, Burgenland))
K. R. – Karlheinz Radtke (evang. Superintendent, Kärnten)
F. V. – Franz Vranitzky (österreichischer Bundeskanzler 1986–1997)

„Erklärung gegen Fremdenhass und Rassismus.
Unser Bekenntnis zu Jesus Christus und der ganzen Heiligen Schrift ist mit jeder Form des Antisemitismus, des Rassismus und der Diskriminierung von Fremden unvereinbar.
Die Evangelischen Kirchen in Österreich sind verpflichtet:
Jeder Form des Fremdenhasses und des Rassismus zu wehren. In Gedanken, Worten, und Werken.
Menschen auf der Flucht zu schützen. Integration zu fördern. Kompromisslos für die Menschenrechte einzutreten.
Einen Prozess der Bewusstseinsbildung einzuleiten, damit Fremdenfeindlichkeit und Rassismus als simple Antworten auf die komplexen Fragen der Zeit unmöglich werden.
Wir werden damit bei uns selbst beginnen.

Innsbruck, 11. November 1999, die Generalsynode der Evangelischen Kirchen Österreichs."

*

„Für mich gibt es nichts Verhängnisvolleres als die Idylle."

Auf Ansichtskarten zeigt sich das Panorama ungetrübt, das Städtchen, an den Hang einer sanftgezogenen Hügelkette geschmiegt, ist umrahmt von Streifen goldenen Grüns: Laubwald, Weinberge, Wiesen. Kaisergelb leuchten die meisten Gebäude, sieht man vom trutzigen Dom zu St. Martin ab, einer Wehrkirche aus dem 15. Jahrhundert, kaisergelb auch Schloss Esterhazy mit seinen eckigen Türmen: Von weitem wirkt es mächtiger, als es in Wirklichkeit ist. Darüber spannt sich tiefdunkelblau der pannonische Himmel.
Eisenstadt – Kismarton, knapp 13.000 Einwohner, Freistadt seit 1648, im selben Jahr zur Residenz der Fürsten Esterhazy erhoben. Kulturliebende Herren, der Musik besonders zugetan – fast dreißig Jahre leistete Joseph Haydn als Kapellmeister Fronarbeit am fürstlichen Hof. Landeshauptstadt wurde sie 1925 und blieb es bis heute.
Die kleinste Österreichs, geschichtsträchtiger freilich als manche der größeren Schwestern. Hier hatten die Römer gelagert und wer weiß, wer vor ihnen, barbarische Völker später, bis die magyarische Landnahme eine auch mit Juden gemischte Bevölkerung heranspülte.
In Grenzstreitigkeiten zwischen Ungarn und Österreich wechselte sie immer wieder die Zugehörigkeit. Noch heute finden sich Hochbetagte, die bis 1945 viermal die Staatsbürgerschaft wechselten, ohne den Ort je verlassen zu haben.

Beschaulich, heißt es in Reiseführern, sei das Städtchen, eine Idylle.
Wie lebt es sich in einer Idylle, möchte ich die zierliche blonde Frau fragen, die mir Tee eingießt, schwarzen, von ihr in der Küche nebenan aufgebrüht. Ich frage nicht, ich kenne die Antwort: Jede Idylle ist eine Lüge und manche die Hölle.
Das Haus ist still. Nichts und niemand stört unser Gespräch. Die Kinder sind zu einem Kindergeburtstag geladen. Zufall? Absicht? Schöne Namen haben sie, biblische. Esther-Naomi ist zehn, Eleni-Ruth acht, und Lewy-Simeon, der Jüngste, vier.
Von ihren Kindern berichtet die Bischöfin gern. Wie jede Mutter. Sie gäben ihr Kraft. Sie habe sie relativ spät bekommen, weil sie zunächst eine Mutterschaft für unvereinbar hielt mit ihrem Amt als Pfarrerin. Schon immer sei sie ein Mensch gewesen, der glaubte, alles hundertprozentig machen zu müssen, um mindestens so gut zu sein wie ein Mann, wenn nicht besser.

G. K.: Die Kinder haben mich dann eines Besseren belehrt und haben mich auch viel direkter, viel barmherziger auch mir selbst gegenüber gemacht.

Die Karriere der Pfarrerin der kleinen burgenländischen Gemeinde Weppersdorf beginnt 1994 mit ihrer auch für sie überraschenden Wahl zur Superintendentin. Sechsunddreißig ist sie, nicht nur ausnehmend jung für dieses Amt, sie ist auch die erste Frau Österreichs, der es übertragen wird.

S. H.: Es hat ja lange Zeit gebraucht, bis Frauen in Österreich Pfarrerinnen werden konnten, und erst 1980 ist bei uns dieser sogenannte Zölibatparagraph gefallen, der besagt hat, dass Frauen mit der Eheschließung automatisch aus dem kirchlichen Dienst ausscheiden. Und es hat dann eine Weile gebraucht, bis Frauen als Pfarrerinnen von den Gemeinden akzeptiert waren.

Susanne Heine lehrt an der evangelisch-theologischen Fakultät Wien praktische Theologie und Religionspsychologie.
Bei der Amtseinführung Gertraud Knolls ist die ältere der beiden Töchter zwei Jahre alt, acht Monate die jüngere.

G. K.: Es war auch familiär so eine glückliche, geborgene Phase, wo's also keinen Grund gegeben hätte, eine Veränderung zu suchen oder unbedingt zu wollen.

Nicht nur evangelische Burgenländer, etwa 35.000 gehören der Diözese an, sind stolz auf ihre junge, flotte und obendrein hübsche Superintendentin. Das angeblich rückständigste Bundesland Österreichs hat sich als das progressivste bewiesen.

M. B.: Das hängt wohl auch mit der Dynamik zusammen, die in unserem Land stattgefunden hat in gesellschaftlicher und sozialer und überhaupt politischer Hinsicht. '94 der EU-Beitritt, Volksabstimmung, gerade im Burgenland große, überzeugende Mehrheit dafür. Und da wird dann, ist dann eine Frau Superintendentin.

Wie Gertraud Knoll, ist auch Oberkirchenrat Michael Bünker ein Schüler Johannes Dantines gewesen. Der Professor für systematische Theologie galt als herausragende moralische Instanz in der evangelischen Kirche Österreichs.

Das österreichische Burgenland! Seinen Namen leitet es her von den zahlreichen mittelalterlichen Burgen, die im Südwesten seine Höhen krönen. Es ist die jüngste und in mancher Beziehung merkwürdigste Provinz Österreichs.

„Es ist ein typisches Grenzland, wo Ungarn, die Slowakei, Jugoslawien und Österreich einander begegnen. Dem gemäß wird es auch von einem bunten Völkergemisch bewohnt, von ungarischen Gutsbesitzern, österreichischen Bauern, slowakischen Erntearbeitern, jüdischen Handelsleuten, kroatischen Handwerkern, Zigeunern und schließlich von dem undefinierbaren Stamm der Kumanen, die durch die türkischen Invasionen des siebzehnten Jahrhunderts nach Westen gespült wurden."

Schrieb Franz Werfel in seinem „Cella"-Fragment, der unvollendet gebliebenen Romantrilogie, in der er sich mit dem Nationalsozialismus in Österreich auseinandersetzte.

*

G. K.: Diese untrennbare Einheit von Wort und Tat ist für mich ein ganz einschneidendes markantes Jesusbild und einfach unverzichtbar.

Gelobt, bewundert geliebt.
Kritisiert, umstritten – und später gehasst.
Von Anfang an macht Gertraud Knoll klar: Glauben heißt nicht schweigen, Glauben heißt handeln.

G. K.: Die Hände nicht in den Schoß legen, nicht zum Lieben Gott in den Wolken schauen, sondern zu den Menschen auf der Erde.

Dass dies oft recht mühevoll ist, weiß sie aus Erfahrung: Zwei Jahre lebten sechs afghanische Flüchtlinge mit in der Familie, elternlose Brüder im Alter von sieben bis zwanzig Jahren. Moslems. Für die Knoll-Kinder sind sie bis heute die größeren Geschwister geblieben.

G. K.: Ein klassischer Fall dieser unmenschlichen Tragödie, dass Flüchtlinge zwar kein Asyl bekommen, aber auch nicht abgeschoben werden können und legal keinerlei Möglichkeit haben, sich im Land ein Leben zu organisieren.

Eine Betreuerin des Jugendamtes hatte um Hilfe gebeten, die Bischöfin setzte alle Hebel in Bewegung, vergeblich. Beim Abendessen fragte die Älteste, Esther, die Mutter nach dem Grund ihrer Niedergeschlagenheit.

G. K.: Dann hat sie g'sagt: „Ja, aber Mutti, irgendjemand muss sie doch nehmen. Dann soll halt der Papa einfach fahren morgen und sie holen", und ist aufgestanden und wieder in die Sandkiste gegangen. Mein Mann und ich haben uns ziemlich betroppst angeschaut, und er hat dann kurz und bündig gemeint: „So einfach ist das also."

Die Kärntner Superintendentialkuratorin Helga Duffek: „Es ist ihr vorgeworfen worden, dass sie das Pflegegeld kassiert. Also es ist alles, was irgendwie unterstellbar ist, ist ihr unterstellt worden."

G. K.: Zu dem Zeitpunkt war mein Sohn noch nicht geboren, und ... ja, es war also auch eine hoffnungslose Überforderung, allein das Einkaufen war wie für ein kleines Kinderheim, und auch die ganze Einrichtung war ja nicht für so viele Personen, vom Geschirr ang'fangen bis zu den Betten. Der Lernprozess war auch für mich in die Richtung, wie doch das Wörtlein Toleranz leicht und schnell über die Lippen geht.

Der Österreicher, wir wissen es von Helmut Qualtingers „Herrn Karl", redet gern und viel, auch wenn er nicht immer etwas sagt, und vor lauter Reden vergisst er zu handeln. Wenn dann jemand kommt und zeigt, dass es anders auch geht, ist er beleidigt.

G. K.: Es hat so einige Herren gegeben, die mir damals deutlich zu verstehen gegeben haben: Tu uns so was ja nicht noch einmal an.

*

„Tiefer Glaube ist nie unpolitisch."

*

„Anwältin für die Vergessenen in unserer Mitte." Nicht allen behagte dieses Knoll-Image, das sich da kontinuierlich vor aller Augen aufbaute. Begonnen hatte das alles ..., ja, *wann* hat es eigentlich begonnen? Mit der kitschigen Inszenierung etwa, die sich Anfang der neunziger Jahre ein Magazin für seine Weihnachtsnummer einfallen ließ: Hochschwangere Frau und ihr Mann, Flüchtlinge angeblich, suchen nach einer Bleibe und werden überall abgewiesen, bei amtlichen Stellen ebenso wie bei der Caritas. Schließlich findet das Paar doch noch Aufnahme – im evangelischen Pfarrhaus ...

M. B.: Wann beginnt etwas? Das ist immer eine sehr schwierige Frage. Als eindeutiges Datum ist die Trauerfeier für die fünf ermordeten Roma in Oberwart im Jahr '95 zu sehen, das ist klar.

Dort hält auch Gertraud Knoll eine Rede. Der Kärntner Superintendent Karlheinz Radtke erinnert sich:

K. R.: Da hat sie darin gesagt, ich weiß nicht mehr genau das Zitat, ... dieser Hass auf die anderen, auf die Fremden, der steckt in unseren Köpfen und Herzen, und der muss heraus, dort muss er weg.

G. K.: Diese Tragödie von Oberwart, die einfach der erste politisch motivierte Mord an Menschen der Zweiten Republik war, war nur im Zusammenhang eines Umfelds zu verstehen, wo es eben wieder mehr und mehr salonfähig geworden ist, gegen Ausländer, gegen Juden, gegen Menschen, die anders aussehen, als sich das in manchen genormten Köpfen gewünscht wird, dass gegen die in menschenverachtender Weise geredet und sogar gehetzt wird ... Worte stiften das Klima, Worte können heilend wirken, sie können aber auch zerstörerisch wirken, und das auf eine sehr mächtige, zähe, kontinuierliche Weise.

H. D.: Es ist noch was anderes: Gertraud Knoll ist natürlich ein Feindbild in gewissen Kreisen schon dadurch, dass sie sich um die Position des Bundespräsidenten hat aufstellen lassen.

1998. Knapp sechs Wochen vor der Bundespräsidentenwahl entscheidet sich die Bischöfin überraschend, für das höchste Amt des Staates zu kandidieren. Die Ersten, die ihr eine Kandidatur nahelegten, waren die Grünen, aber bald spannte sich die Knoll'sche

Regenbogenkoalition vom konservativen Bürgerlichen zum Altachtundsechziger, von der Bäuerin zur Studentin, vom städtischen Linksaußen zum katholischen Reformkreis.

G. K.: Das war einfach ein wichtiges Anliegen, gezielt aus einer christlichen Ethik heraus Neuverantwortung in der Politik einzufordern, es einfach zu versuchen, diesem Klima der Verhaiderung eine Alternative gegenüberzustellen. Und das war eigentlich das Ziel, dass es vielleicht eine Million ist, die sagt: Die Töne der Gertraud Knoll sollen dieses Land prägen und nicht die des Jörg Haider.

Der höhnt: „Wir brauchen keine Knollenblätterpilze!"
Der sarkastische Kommentar eines österreichischen Christdemokraten zielt und trifft hingegen buchstäblich ins Schwarze: „Gertraud Knoll ist Gustav Adolfs späte Rache an der Gegenreformation."
Ihre Positionen seien von keiner Partei vorgegeben, sie habe sie sich in theologischen Auseinandersetzungen erarbeitet. Noch nicht vertraut mit den Spielregeln eines Wahlkampfes, sagt sie, was sie meint, und meint, was sie sagt, zum Beispiel, dass sie mehr Wärme in die Politik bringen wolle. Das wird mit Häme quittiert und als Naivität gewertet. Nur ihre Anhänger sehen in ihrer Haltung das große Atout einer „Präsidentin des Volkes". Für Aufruhr sorgt ihre Kritik an der „machtzentrierten römisch-katholischen Männerkirche". Gleich bei ihrem ersten Wahlauftritt bescheinigt sie, die Sprache Jörg Haiders ekele sie an. Einem Politiker, der das Land derart polarisiere, würde sie als Bundespräsidentin keinen Regierungsauftrag erteilen.

G. K.: Ich glaube, ich könnte heute noch dazu stehen, was ich auch damals auf diese Frage geantwortet habe. Falls die FPÖ tatsächlich zum Beispiel die absolute Mehrheit bekäme, wäre es aus meiner Sicht sehr undemokratisch, wenn ein Bundespräsident einen solchen Willen der Wählerinnen und Wähler nicht zur Kenntnis nehmen würde. Dann wär's meine Gewissensfrage, ob ich das dann als Bundespräsidentin tun würde, und dann müsste ich sagen, wenn ich es nicht kann, mit meinem Gewissen vereinbaren kann, dann müsste ich zurücktreten.

Trotz extrem kurzer Wahlkampfzeit erhielt die Quereinsteigerin 14 Prozent der abgegebenen Stimmen und stand damit an zweiter Stelle hinter Thomas Klestil. Das war mehr als nur ein Achtungserfolg. *Ihr* hatte keine Partei stützend zur Seite gestanden und keine Geldlobby, nicht einmal auf Freunderlwirtschaft konnte sie bauen wie jeder beliebige Provinzakteur, schließlich war sie „nur" eine Frau.

Am Ende der Wahlkampfzeit begann sich an ihren Händen die Haut zu schälen.

Thomas Klestil gewann vor allem *auch* mit den Stimmen der FPÖ, die er im Nationalratswahlkampf mit keiner Silbe für ihre fremdenfeindlichen Parolen gerügt hatte, was seine Pflicht gewesen wäre. Der Diplomat Klestil ist ein Taktierer. Als er ihre Stimmen für die Wiederwahl brauchte, erklärte er die FPÖ für regierungsfähig, danach änderte er seine Meinung. So viel ist klar: Eine schwarz-blaue Koalition wünschte er nicht, doch das monatelange Spektakel des Sondierens und Hinhaltens genoss er, es stellte ihn für eine Weile in den Blickpunkt öffentlichen Interesses. Nur verpasste er dabei den Augenblick zu handeln, und Wolfgang Schüssel und Jörg Hai-

der demonstrierten, dass man in Österreich auch ohne Zutun des Präsidenten eine Regierung bilden kann.
Gertraud Knoll habe Hoffnungen geweckt, die sich so schnell nicht wieder dämpfen ließen, schrieb die Presse, als alles vorbei war, sie habe Strömungen unterschiedlichster Art gebündelt.
Doch ein Teil der Gemeinden reagierte verstimmt auf den „Seitensprung" ihrer Bischöfin in die Politik.

M. B.: Es scheint jetzt dann so zu sein, dass durch die Kandidatur zur Bundespräsidentschaft im Jahr '98 ein gewisser Vertrauensbruch in der Diözese eingetreten ist. Das hat sich bei vielen Gesprächen geäußert. Auf der einen Seite gibt es so eine gewisse depressive Verstimmung: Sie mag uns nicht, sie sucht was anderes und mag uns nicht, auf der anderen Seite auch eine aggressive Verstimmung: Sie verwendet uns als Sprungbrett, sie will eigentlich was anderes.

Es fielen Begriffe wie Karrieregeilheit, ungezügelter Ehrgeiz, und es waren nicht nur Männer, die so redeten.

S. H.: Aber wenn das so wäre, dann ist das ein Argument, das kein Mensch gegenüber einem Mann vorbringen würde. Im Gegenteil, bei Männern wird Ehrgeiz geschätzt, bei Frauen wird er diffamiert. Was die politische Erfahrung anbelangt, lässt sich das schwer sagen, aber auch da gilt, jedes Amt hat seine Aufgaben und bedeutet, dass Menschen etwas dazulernen müssen und hineinwachsen müssen, und ich könnte mir vorstellen, dass ihr das gelungen wäre. Wäre es ihr nicht gelungen, hätte es sich gezeigt. Dasselbe gilt aber für jeden Mann auch.

Jeder Mensch muss seine eigene Haltung, vor Gott und vor anderen, aber zunächst mit sich selbst vertreten und auch verantworten.
3. Oktober 1999: Nationalratswahl: Mit den Stimmen auch vieler Protestwähler wird die FPÖ zweitstärkste Partei.

11. November 1999: Die Generalsynode der Evangelischen Kirchen Österreichs verfasst die Erklärung „Gegen Fremdenhass und Rassismus". Grund: Die wiederholt fremdenfeindlichen und rassistischen Äußerungen der FPÖ während des Wahlkampfes und die Sorge, sie könnte nicht zuletzt *wegen* dieser Parolen einen so hohen Stimmenanteil errungen haben.

12. November 1999: Großkundgebung auf dem Stock-im-Eisen-Platz und vor dem Stephansdom in Wien. „Keine Koalition mit dem Rassismus", lautet die Parole. Organisatoren und Demonstranten begreifen sich als „überparteilichen Widerstand gegen ein drohendes autoritäres Regime".
Eine überspitzte, zumindest eine unbedachte Formulierung. Prompt rief sie den Unmut *derer* hervor, die während der Nazizeit unter Einsatz ihres Lebens wirklichen Widerstand geleistet hatten. Anmaßend sei sie, schrieb der Verleger Fritz Molden, gemessen an der aktuellen Situation. Unbehaglich war aber auch jenen, die sich der Entbehrungen bis hin zu langjährigen Gefängnisstrafen erinnerten, welche die Dissidenten des Ostblocks auf sich hatten nehmen müssen.

4. Februar 2000: Vereidigung des Kabinetts durch den Bundespräsidenten in der Hofburg.

19. Februar 2000: 200.000 Menschen versammeln sich in der Wiener Innenstadt, Anhänger *aller* Parteien, Katholiken und Protestanten, Schauspieler, Künstler und Schriftsteller, Prominente und einfache Bürger, um gegen Schwarz-Blau zu demonstrieren.

„Die Inszenierung der Regierungsgegner als das ‚andere', das ‚demokratische' Österreich, die ihren Höhepunkt in der Anti-Rassismus-Kundgebung am 19. Februar auf dem Heldenplatz fand, hatte für den distanzierten Beobachter ihre Schwächen. Zum einen schwankten die Redebeiträge zwischen antifaschistischen Gemeinplätzen, aggressiver Kampfrhetorik und schlichter Parteipropaganda, zum anderen hinterließen vor allem die Beiträge der aus dem Ausland herbeigeeilten Unterstützer des ‚Widerstands' einen seltsam schalen Nachgeschmack: Sie vermittelten allen Ernstes den Eindruck, hier gehe es darum, den unmittelbar bevorstehenden Untergang eines demokratischen Landes in einer faschistischen Diktatur zu verhindern ..."
So formuliert der Publizist Michael Fleischhacker in seinem jüngst erschienenen Essay „Wien, 4. Februar 2000 oder die Wende zur Hysterie" seine Kritik an den Ereignissen; in deren Verlauf ein für Demokratien selbstverständlicher Vorgang, Regierungswechsel durch demokratische Wahl, plötzlich zum krisenhaften Weltereignis wird. Fleischhacker ist Chefredakteur des Wiener *Standard*, einer Tageszeitung, die über *jeden* Verdacht erhaben ist, mit der FPÖ oder gar Jörg Haider zu sympathisieren.
Zu den dissidenten Stimmen – und er bezog dafür gehörig Prügel – gehörte auch der Schriftsteller Robert Menasse, der für die Demonstranten den Begriff „gefahrlose Angstlust" kreierte. In diesem Lande wähle man immer die große Geste:

„Täglich wird in Österreich viermal emigriert und fünfmal dageblieben, um den Kampf gegen den Faschismus aufzunehmen, zufällig immer in Anwesenheit der gesamten Presse.“

Dass bei einer demokratischen Wahl eine Partei ihre Mehrheit verliert, in diesem Fall die SPÖ, ist das Normalste überhaupt. Nur war den Österreichern diese Normalität nicht mehr geläufig. Ein Großteil der noch jüngeren Demonstranten gegen Schwarz-Blau hat nie andere als SPÖ-Bundeskanzler erlebt. Im Nationalratsklub dieser Partei sitzt niemand, der auch nur annähernd Erfahrung hätte, was Opposition bedeutet. Sich nun von einem auf den anderen Tag in der 2. Liga, sprich auf der Oppositionsbank, wiederzufinden, war kein geringer Schock.

Aufarbeitung von Geschichte endet in Österreich in der Regel in Trachtenumzügen: Die Kriege gegen Preußen, Andreas Hofer und die Franzosen, die Schlacht von Solferino, der Kärntner Abwehrkampf. Trachtenumzüge sind Schlusspunkt, nicht Auftakt. Sie sind „Ausdruck von Traditionsbewusstsein“, und das wird dem Alpenländer, wenn schon nicht in die Wiege, dann garantiert in den Schulranzen gelegt.

Seit Jahren wird den Österreichern vorgeworfen, statt ihre Vergangenheit aufzuarbeiten, hätten sie es sich kommod in der Opferrolle eingerichtet. Das stimmt, was den Nationalsozialismus angeht, in Grenzen. Immer ist ja eins die Folge des anderen. Eindeutig *nicht* aufgearbeitet hat die Alpenrepublik die Jahre davor: Zusammenbruch der Monarchie, Austromarxismus und, als Reaktion darauf, den sich nahtlos anschließenden Austrofaschismus des „klerikalen Ständestaats“ in den dreißiger Jahren. Die Namen Seipel, Dollfuss, Schuschnigg stehen für einen reaktionären Katholizismus, der in seinem Radikalismus der Gegenreformation bedenklich nahe kam.

Putschversuche, gewaltsame Ausschreitungen, Morde schürten einen abgrundtiefen Hass zwischen den mittlerweile ausgebooteten, überwiegend „deutschgläubigen“ Sozialdemokraten und den „schwarzen jesuitischen Vaterländischen“. Er dominierte die Erste Republik und führte schließlich zu ihrem Untergang. Angst und Misstrauen voreinander hatten *beide Seiten* die Gefahr des Nationalsozialismus ignorieren lassen und einen Schulterschluss gegen Hitler verwehrt. Kein Wunder, dass nach dem Krieg den Nachfolgeparteien ÖVP und SPÖ wenig daran lag, ihre Mitschuld für den Anschluss einzuräumen.
Österreich hatte Jahrhunderte auf dem Buckel, da kam es auf ein paar Jährchen nicht an, sie wurden fix unter den Teppich gekehrt. *Verdrängung* sicherte den beiden großen Parteien das friedliche *Mit*einander in der Zweiten Republik. Nicht wachgeküsst, eher wachgerüttelt wurde Dornröschen-Austria endlich Mitte der achtziger Jahre: Waldheim-Affäre, Wegfallen des Eisernen Vorhangs durch den Zusammenbruch des Ostblocks, Beitritt zur EU und damit der Verlust der Neutralität, auf die Österreich so stolz war, und – parallel zu allem – der Aufstieg Jörg Haiders. Und, weil nach so langem Schlummer doch noch ein wenig benommen, hielten ihn die einen für den erlösenden Prinzen, die anderen, recht verstört, für den nationalsozialistischen Wiedergänger.
Doch unter Haiders Führung entwickelte sich die FPÖ keineswegs zurück zu deutschnationalen Wurzeln. Im Gegenteil: Die alten Nazis, unter ihnen SS-Leute, die noch unter Bruno Kreisky auf der Regierungsbank gesessen hatten, höhnte und spottete er samt und sonders hinaus aus der Partei und propagierte mit allen Mitteln einen aggressiv operierenden Österreich-Populismus. Und der erinnert weit schärfer an das Österreich der dreißiger als an das der vierziger Jahre.

M. B.: Jetzt kommt die Regierungsbildung, jetzt kommt der 19. Februar. Am 19. Februar passiert, dass zwei Vertreter der Evangelischen Kirche, wenn man so will, auftreten und sprechen, teilgenommen an der Demonstration haben ja viel mehr. Das eine ist der Direktor der Diakonie, Michael Chalupka, und das andere ist die Superintendentin Gertraud Knoll. Sein Auftritt und seine Rede bleiben beachtet, aber sind nicht Anlass für irgendwelche Kampagnen, und bei ihr ist das Gegenteil der Fall.

G. K.: „Noch schlimmer als das pauschale Urteil, Österreich sei ein Naziland, schmerzt es mich, dass in meiner Heimat tatsächlich ein Damm gebrochen ist. Es hat sich eine derartige Flut aus menschenverachtender Sprache über uns ergossen, dass es wieder ‚schrecklich normal' geworden ist, nur alles Verbotene über Juden, Schwarze und Ausländer zu sagen ...
Der Friede ist kein ruhiger Dornröschenschlaf in aller Unschuld. Der Friede ist unsere Arbeit, Gerechtes zu tun und mit aller Kraft dagegen aufzutreten, wenn Menschen gegen Menschen hetzen! ...
Martin Niemöller, evangelischer Pfarrer, im KZ von 1938 bis 1945, hat als moralisches Erbe hinterlassen, was es bis heute heißt, ‚Nie wieder' zu sagen. ‚Als die Nazis die Kommunisten holten, habe ich geschwiegen; ich war ja kein Kommunist. Als sie die Sozialdemokraten einsperrten, habe ich geschwiegen; ich war ja kein Sozialdemokrat. Als sie die Katholiken holten, habe ich nicht protestiert; ich war ja kein Katholik. Als sie mich holten, gab es keinen mehr, der protestieren konnte.'
So weit darf es nie wieder kommen!"

Eine umstrittene Rede an einem unumstrittenen Ort.
Für Gertraud Knolls Gegner ist es eine Rede zu viel.

H. D.: Ihr Text ist bekannt gewesen, ihre Rede ist bekannt gewesen, ist veröffentlicht worden, und es ist ein Sturm der Entrüstung dann gegen sie, ganz besonders gegen sie, ausgebrochen.

Das erkläre sich auch aus der antifeministischen Haltung, die noch immer, die ganz besonders in Österreich herrsche.

M. B.: Es ist Gertraud Knoll beschimpft worden für eine Rede, von der die Leute, die sie beschimpft haben, sicher nix g'lesen hab'n. Die haben Fernsehbilder gesehn, die zum Teil Zusammenschnitte der gesamten Demonstration waren, und haben behauptet, sie hätte also da mitten unter steinewerfenden Chaoten und gewaltbereiten Demonstranten, vermummt im Talar, auch diese Meinung ist vertreten worden, gegenüber von Transparenten, auf denen stand, „Haider, Schüssel an die Wand", ihre Brandrede gehalten. Alles falsch! Alles falsch! Aber das Bild hat sich eingeprägt, das Bild ist transportiert worden und dagegen nachträglich was zu machen war unmöglich.

Hysterie der Wende 2000 – in diesen Kontext ordnen sich auch alle Reaktionen auf das Auftreten Gertraud Knolls ein.

*

„In jedem von uns steckt ein Faschist."

*

„Ja, glotzt nur so, wir leben noch!", ruft die kleine Eleni in der Eisenstädter Fußgängerzone den Passanten zu und bringt die

Mutter, deren Nerven zum Zerreißen gespannt sind, hellauf zum Lachen.

Seit Tagen wird jeder Gang aus dem Haus für die Familie zum Spießrutenlauf. Einmal spuckt eine Frau vor den Kindern aus und fordert sie auf, diese „Botschaft" an ihre „dreckige Mama" weiterzugeben. Innerhalb weniger Tage ist Gertraud Knoll zur Zielscheibe einer Hetzkampagne geworden, wie die Zweite Republik sie bis dahin nicht erlebt hat.

Eine „Unabhängige Plattform Evangelischer Christen im Burgenland" fordert den Rücktritt der Bischöfin wegen „wiederholter parteipolitischer Agitation" und „Kirchenspaltung" und startet eine Unterschriftenaktion. Ihre Mitglieder werben nicht nur in Kirchen, sie stehen an Tankstellen, in der Fußgängerzone, am Eingang von Geschäften und Supermärkten.

Initiatoren der Plattform sind unter anderem Eduard Nicka, Landtagsabgeordneter der FPÖ, Leopold Schöggl, vormals Nationalratsabgeordneter der FPÖ, heute Landeshauptmannstellvertreter der Steiermark. Sprecher der Aktion ist der Tierarzt Klaus Fischl, Mitglied der FPÖ und lange Zeit auch Funktionär in dieser Partei.

Ein Schelm, wer da auf die Idee käme, die Freiheitliche Partei könnte ihre Finger im Spiel haben, womöglich um Einfluss zu nehmen auf die Besetzung eines hohen kirchlichen Amtes!

K. F.: Evangelische des Burgenlandes, die teilweise auch Funktionen in der FPÖ haben, haben Unterschriften gesammelt, das wird nicht geleugnet. Wir haben das beim Treffen mit dem Herrn Bischof klipp und klar gesagt, dass die Plattform ihre Aktivitäten erst dann einstellen wird, wenn die Superintendentin zurückgetreten ist.

Dass Gertraud Knoll zusammen mit Politikern und Künstlern wie Helmut Zilk, Caspar von Einem und André Heller als Feinde der Freiheitlichen eingestuft und deshalb bespitzelt worden sein soll, ist zu diesem Zeitpunkt noch nicht bekannt.
Sudelpost kommt eimerweise, in den Briefen stehen Sätze wie:

G. K.: Dass ich eine unglaubliche Schande sei als Amtsträgerin dieser Kirche, also ich möchte jetzt wirklich nicht diesen Fäkalbereich berühren, in dem sich das dann sprachlich bewegt hat, bis dahin, und das sind immer dann die Ebenen, die mir sehr tief und sehr nahegehen, von Menschen, die auch ihren Namen darunterschreiben, dass sich eben meine Kinder für ihre Mutter schämen müssen.

Sie bekommt gesagt, eine wie sie hätte man früher als Hexe verbrannt, unter Hitler vergast, nur schade, dass es ihn nicht mehr gebe.
Obszöne und terrorisierende Anrufe in der Superintendentur sind mittlerweile Alltäglichkeit.
In der *Oberwarter Zeitung* erscheinen Artikel von besonderer „Qualität“: Gertraud Knoll, die sich bekanntlich mit Vorliebe in schwarzes Leder kleide, reiche ihren Anhängern den neuen Eurokommunismus als Hostie.
Auf dem Höhepunkt der Hatz verteidigt Altbundeskanzler Vranitzky die verfemte Theologin in einem offenen Brief an den *Standard*.

F. V.: Das hat mich eben dazu bewogen, auch in der Öffentlichkeit das Wort zu ergreifen und die Frage zu stellen: Was hat Frau Knoll überhaupt angestellt? Und die Antwort ist: Sie hat nichts angestellt, außer dass sie sich einer politischen Verantwortung zu stellen bereit war.

Man hat von denen, die Frau Knoll kritisierten, diese Kandidatur überhaupt auf sich genommen zu haben, gemeint, man solle eigentlich sich heraushalten und man solle, und das hab ich besonders bemerkenswert gefunden, zu politischen Meinungen als Geistliche Äquidistanz haben. Nun, wenn man zu politischen Meinungen, insbesondere zu Extremmeinungen Äquidistanz hat, dann hat man ja per Saldo überhaupt gar keine Meinung. Und das hat mich an dieser Diskussion sehr gestört.
Aber man muss der Wahrheit auch Platz verschaffen und sagen, es haben auch viele Stimmen in der evangelischen Kirche sich hinter Gertraud Knoll gestellt und das, was eben von der kritischen Seite kam, verurteilt.

> Als mit Kindesentführung und Bombenanschlägen gedroht wird, stellt die Polizei die Familie unter Schutz. Gertraud Knoll nimmt Sonderurlaub.

G. K.: Erschrocken bin ich zuerst darüber, wie mir klar geworden ist, wie im Kopf meiner ältesten Tochter alle polizeilichen Anweisungen im Umgang persönlicher Sicherheit wie von selbst abgerufen worden sind. Sie hat zum Beispiel einmal vor unserem Haus im Vorgarten ihren kleinen Bruder, der sich bücken wollte, um ein Plastiksackerl aufzuheben, hinten bei der Kapuze gepackt und g'sagt: Das darfst du nicht, da kann eine Bombe drin sein. Und da bin i reingangen und hab einfach so heulen müssen und hab gedacht, Menschenskind, es ist traurig, dass Kinder mit einem solchen Wissen aufwachsen.

A. H.: Gertraud Knoll zählt in vielfacher Weise zu einer Minderheit. Also da bündelt sich alles, was man gerne aus dem Land draußen hätte, in dieser Person Gertraud Knoll, und ich find's beinah logisch in unübertrefflicher Weise, dass sie die Erste war, die so gemobbt wurde.

G. K.: Offenbar werden meine Predigten gehört und auch verstanden.

*

„Nicht wenige treten leise aus Angst vor möglichen Nachteilen."

*

Die protestantische ist *eine* der Minderheiten, zu denen André Heller Gertraud Knoll zählt. Nicht einmal sechs Prozent aller Österreicher sind evangelisch. In Kärnten findet sich mit etwa 40.000 Protestanten die stärkste Diaspora, ihm folgt das Burgenland, der Rest verteilt sich. Zu Beginn der Gegenreformation war das Verhältnis umgekehrt, 95 Prozent bekannten sich damals zum evangelischen Glauben. Dann sorgten die drei Ferdinande für eine so gewaltsame und gründliche Rekatholisierung, dass sich der Protestantismus in Österreich davon nie wieder erholte.

Der Erste der drei, der gegen die Abtrünnigen vorging – wenn auch nur gegen die Bürger, nicht gegen die Stände, die brauchte er –, war der junge Erzherzog von Steiermark, der spätere Kaiser Ferdinand II. Kaum an der Regierung in seinem Steirerland, ließ er die protestantischen Prediger vertreiben, die Kirchen schließen, vor dem Grazer Stadttor Bibeln und Schriften verbrennen, wohl an die zehntausend. Diesem Vorgehen folgte auf dem Fuße der Befehl, alle Bürger hätten sich vom Tag des Aufrufs an bis spätestens zum dritten Sonntag ihrem ortszuständigen Priester vorzustellen und sich zum Messebesuch einschreiben zu lassen – oder das Land zu verlassen. Recht wenige wanderten aus, die meisten fügten sich. Sich aufzulehnen, kam ihnen nicht in den Sinn, obschon es sie gar so schwer nicht angekommen wäre, denn Ferdinand verfügte kaum über Soldaten, geschweige denn Geld.

Untertanengeist? Pragmatismus? Kein anderes Bundesland war danach – und blieb es bis heute – katholischer als die Steiermark. Und habsburgischer.

Golo Mann in seinem „Wallenstein":

Der schier mühelose Erfolg war lehrreich, für den jungen Erzherzog wie für seine Verwandtschaft in Österreich und Böhmen, die katholische Partei griff mit erhöhtem Mut an.

Und mit erhöhter Grausamkeit.

Die katholische Partei! Vereinfacht für Österreich hieß das: Das Haus Habsburg und die mit ihm Verbündeten. Der Wille, zu herrschen, verband sich seit jeher besser mit dem katholischen Prinzip als dem protestantischen. Und Habsburg, in dessen Reich die Sonne nicht unterging, wollte, *musste* herrschen, um seine Vormachtstellung zu halten. Der Katholizismus erhielt ein politisches Profil.

S. H.: Katholisch ist ein Mensch in Österreich, weil er oder sie Österreicherin oder Österreicher ist, das heißt, es sind nicht im wesentlichen Fragen des Glaubens im Mittelpunkt gestanden, sondern das waren politische Aktionen mit politischen Reaktionen.

Ein kleines Beispiel dazu: Als der Papst 1983 zum ersten Mal Österreich besucht hat, wurde ein riesiges Medienspektakel aufgeführt, und der damalige Generalintendant des ORF wurde gefragt, weshalb er, nämlich Herr Pacher, wo er doch bekanntlich ein Agnostiker sei, sich so für den Papstbesuch eingesetzt habe mit allen medialen Mitteln. Und seine Antwort war: Ja, es stimmt schon, ich bin kein Christ aber ich bin katholisch.

Die Geschichte des Protestantismus in Österreich hat eine grundlegend andere Entwicklung genommen als die des Protestantismus in Deutschland. Es ist eine Geschichte jahrhundertelanger Unterdrückung mit Auswirkungen bis heute. Mit dem Ende der Gegenreformation konnte die Anerkennung als Religionsgemeinschaft nicht mehr erkämpft werden, sie wurde von der Obrigkeit *gewährt* oder auch nicht.
So blieben die österreichischen Evangelischen auf Deutschland angewiesen. Über Generationen kamen von dort ihre Prädikanten, eigene Ausbildungsstätten waren ihnen verwehrt. Das Mutterland der Reformation wurde in vielerlei Hinsicht zum Vorbild.

S. H.: Und das hat sich verbunden in Österreich dann Anfang des 20. Jahrhunderts mit den nationalen Tendenzen, sodass sich eine Verbindung ergeben hat zwischen Evangelischsein und gewissen deutschnationalen Tendenzen. De facto hat sich daraus auch eine Verbindung mit dem Nationalismus ergeben und letztlich auch eine enge Verbindung zum Nationalsozialismus, den die evangelische Kirche in Österreich ohne Zweifel gehabt hat. Inzwischen wurde sehr viel kritisch aufgearbeitet und ist das Problem auch bewusst, aber trotzdem gibt es ja so etwas wie das Überdauern von Mentalitäten.

So darf auch nicht verwundern, dass sich der größere Teil der FPÖ-Stammwähler in der evangelischen Diaspora findet: in Kärnten und im Burgenland. Das heißt nicht, dass jeder Protestant FPÖ wählt. Im Gegenteil, die Heimatpartei der Evangelischen ist nach wie vor die SPÖ, auch das beweist sich in Kärnten. Bis zur Epoche Haider regierten seit 1945 hier die Sozialdemokraten.

S. H.: Die Konfliktlinie geht also nicht zwischen Evangelisch und Evangelisch, also jetzt in Lagern sozusagen innerhalb der evangelischen Kirche aus Glaubensgründen und evangelischen Gründen, sondern die Konfliktlinie geht zwischen der Grundtendenz und der Einstellung der Gesamtkirche und bestimmten politisch orientierten Evangelischen innerhalb der Gesamtkirche. Und da ist der sogenannte Fall Knoll ja nur sozusagen die Expositur, also nur das, was jetzt im Manifest herausgekommen ist und sich an einer Frau kristallisieren konnte, sodass man auch noch mit antifeministischen Argumenten kommen konnte.

F. V.: Das ist die eine Seite. Die andere Seite ist: Jemand, der für die Multikulturalität eintritt, jemand, der für eine offene Gesellschaft, etwa der im Rahmen der europäischen Integration eintritt, jemand, der es nicht für richtig hält, eine überaus restriktive Ausländerpolitik zu verfolgen, der wird mit dem Schmähwort „Gutmensch" bedacht. Und die „Gutmenschen" notieren an den Börsen ihrer Gegner sehr tief unten.

Eine merkwürdige Spezies sind sie, diese „Gutmenschen", und was am meisten an ihnen stört: Sie haben nicht nur Rückgrat, sie zeigen es.
Am 27. November 2000 wurde die evangelische Bischöfin von der Israelitischen Kultusgemeinde in Wien für ihre Haltung und ihren Mut mit der Friedrich-Torberg-Medaille ausgezeichnet. Die Laudatio hielt Altbundeskanzler Franz Vranitzky.

(Gertraud Knoll trat am 13. November 2008 aus der evangelischen Kirche aus, als „Ausdruck ihrer protestantischen Identität". Grund war der „Hirtenbrief" des damaligen Kärntner Superintendenten Manfred Sauer zum Todestag Jörg Haiders, der in sämtlichen evangelischen Kirchen verlesen werden musste. In ihm wurde Jörg Haider als charismatischer und leidenschaftlicher Politiker mit Leib und Seele gepriesen, der wie kein anderer das politische Geschehen der Zweiten Republik mitgeprägt und mitgestaltet habe).

Die Schulbank der Roten Dichter oder: Die Realität ist an den Rändern offen

Die Gründungsjahre des Instituts für Literatur in Leipzig

gesendet im Deutschlandfunk 2004

Personen
H. B. – Helmut Baierl
A. E. – Adolf Endler
F. W. – Fred Wander
R. G. – Ralph Giordano
L. K. – Leo Kossuth
E. L. – Erich Loest

„Man schreibt nicht für Sklaven. Die Kunst der Prosa ist mit dem einzigen System solidarisch, wo die Prosa einen Sinn behält: mit der Demokratie. Wenn die eine bedroht ist, ist es auch die andere."
(Jean-Paul Sartre)

Glückwunschtelegramm an das Institut für Literatur, Schwaegrichenstraße 3, Leipzig 1, aufgegeben am 05.07.1956,12 Uhr 42:

„An die Dozenten und Teilnehmer des 1. Lehrganges am Institut für Literatur:
Ich beglückwünsche Sie im Namen der Leitung des Ministeriums für Kultur zum erfolgreichen Abschluss des 1. Lehrgangs am Institut für Literatur. Möge der Lehrgang Ihnen für die Zukunft Anregung und Hilfe für ein reiches und vielseitiges literarisches

Schaffen im Dienste der sozialistischen Kultur sein. Ich begrüße Sie aufrichtig und wünsche Ihnen erfolgreiches Wirken sowie persönliches Wohlergehen – Professor Pischner, Stellvertreter des Ministers."

Hier gratulierte die zweite Garnitur. Zur Abschlussfeier eingeladen war neben den Kulturfunktionären der gesamte Vorstand des Schriftstellerverbandes der Deutschen Demokratischen Republik, auch seine Präsidentin Anna Seghers – sie kam nicht.
Legendär nennt der Schriftsteller Erich Loest den ersten Lehrgang, denn im Verhältnis zu späteren, brachte es dieser auf eine stattliche Zahl von Teilnehmern, die zu literarischem Ansehen über die DDR hinaus gelangten: Ralph Giordano aus Hamburg gehörte dazu und Adolf Endler, den es kurz zuvor aus politischen Gründen von Westdeutschland in die DDR verschlagen hatte, Fred Wander aus Wien mit seinem erschütternden KZ-Roman „Der siebente Brunnen", der gebürtige Hesse Gotthold Gloger, und last, not least, Loest selber.

A. E.: Es war eigentlich im Großen und Ganzen der Jahrgang der Landser, der jungen Soldaten, die nun durch Kurella, und aufgrund von Kurellas Theorie, die Bildung bekommen sollten, die ihnen durch die Nazis vorenthalten worden war, also russische Literatur, internationale Literatur, eine Art von Vorträgen, die nicht ungeheuer tiefgründig waren meiner Meinung nach, wie ich heute weiß.
Ich würde zunächst einmal immer mal feststellen, dass ich es nicht als eine Art richtiges Studium empfunden habe, sondern die verschiedenen Vorlesungen am Institut für Literatur als ein Konglomerat von so einer Art von Volkshochschulvorträgen.

Adolf Endler fühlte sich fremd unter diesen „Landsern". Neben Ralph Giordano und Fred Wander, beide jüdischer Herkunft, war er der einzige Studierende, der nicht Soldat gewesen war.
Aus ganz anderem Grund empfand sich auch Wander als Außenseiter:

F. W.: Ich muss vorausschicken, dass meine Erinnerung an das Literaturinstitut nur noch schemenhaft existiert. Sowohl damals, zehn Jahre nach der Befreiung aus der Hölle, als auch heute im Alter steht für mich das Leben unter der Extremsituation des KZ im Vordergrund all meiner Gedanken. Und das ist es auch, was mich immer separierte von allen anderen, auch von Freunden – man gehört nicht mehr wirklich zu den Lebenden. Der große Jorge Semprun hat das so treffend formuliert in seinem „Schreiben oder Leben": *Wir sind keine Davongekommenen, sondern Wiedergänger, (wir) werden die Erfahrung des Todes als eine kollektive, überdies brüderliche Erfahrung gemacht haben, die unser Zusammensein begründet wie ein Mit-Sein-Zum-Tode.*

Die Einladung, am ersten Lehrgang in Leipzig teilzunehmen, erhielt er als Parteimitglied und freier Mitarbeiter der kommunistischen Boulevardzeitung „Der Abend". Einen Roman hatte er begonnen, ein Jugendbuch war fertig, aber kein österreichischer Verlag interessierte sich dafür. Nun hoffte er, einen in der DDR zu finden.
Aus denselben Beweggründen wie Ralph Giordano, der die Nazizeit versteckt in einem Hamburger Keller überlebt hatte, war 1947 auch Fred Wander Kommunist geworden.

F. W.: … aus meinen Erfahrungen im KZ, wo die stärksten Impulse des Widerstands gegen Hitler und Nazideutschland von den Kommunisten ausgegangen waren. Die Rote Armee hatte die entscheidenden Schlachten unter ungeheuren Verlusten geschlagen. Ohne die Sowjetunion hätte Hitler wohl ganz Europa erobert. Aber ich sehe mich rückblickend nicht als politischen Menschen, der als geeichter Marxist nach Leipzig gegangen ist, um etwa den Sozialismus zu studieren.
Meine jüdische Herkunft spielte in der DDR überhaupt keine Rolle, ich war „der Genosse aus Wien". Ich glaube bis heute, dass der Antisemitismus in der Bevölkerung Deutschlands niemals so stark ausgeprägt war wie in Österreich oder auch in anderen zutiefst katholischen Ländern.
Aus literarischer Sicht hat das Institut mir wenig gebracht. Das Handwerk des Schreibens zu erlernen, verstand ich eher im Sinne von Gorki, der seine Universität in der Landstraße sah. Auch ich lebte mit ganz einfachen Menschen auf der Straße, und von ihnen lernte ich, was ich heute als wesentlich für mein Leben betrachte, und was mir kein Dozent und keine Schule bieten konnten.

E. L.: Das Literaturinstitut in Leipzig wäre nicht gegründet worden, wenn Alfred Kurella nicht später als seine Genossen aus der Sowjetunion zurückgekehrt wäre. Es war dann '52, '53, als er kam, ein erfahrener Literat, ein erfahrener Parteiarbeiter, er war einmal Sekretär von Dimitroff gewesen, nachdem er dem Hitler-Deutschland entronnen war, und nun fand er die Posten besetzt, die für ihn infrage gekommen wären.

Walther Ulbricht unterstützte das Vorhaben, der damalige Kulturminister der DDR, Johannes R. Becher, war entschieden dagegen. Wie Bert Brecht war er Intimfeind Kurellas noch aus Moskauer Tagen. Es entbehrt nicht einer gewissen Ironie, dass das Institut nach seinem Tode ausgerechnet seinen Namen erhalten sollte.
Über die Gründung des Instituts und die ersten Jahre gibt es fast keine Unterlagen. Ob sie in den Wendewirren vernichtet wurden, lässt sich heute nicht mehr nachweisen. Aus dem spärlich Vorhandenen geht hervor, dass schon 1953 die Dresdner Schriftstellerin Annemarie Reinhard eine Einrichtung nach dem Vorbild des Maxim-Gorki-Instituts in Moskau vorschlug und bereits exakt ausgearbeitete Vorlesungspläne vorlegte. Als Standort empfahl sie Weimar.

E. L.: Nun war das Gorki-Institut für die vielen, vielen Völkerschaften des großen Landes zuständig, die zum Teil gar keine Schriftsprache hatten. Ihre Sagenerzähler, ihre Seher kamen nach Moskau, studierten, lernten Russisch, lernten Schreiben, lernten, mit Bibliotheken umzugehen, sie schufen Alphabete für ihre kleinen Volkssprachen. Alles das war für das kleine Land DDR nicht zutreffend. Mit unseren wenigen Sorben kamen wir in Sprache und Literatur hervorragend aus, also was sollte dieses Institut?

Offiziell und den Statuten nach sollte es: „Schriftsteller und Literaturkritiker ausbilden, wissenschaftliche Hilfe für theoretische Arbeiten über Probleme und Werke zeitgenössischer Literatur leisten, der Forschungsarbeit auf dem Gebiet der deutschen Literatur, besonders der Gegenwartsliteratur dienen, und ständigen internationalen Erfahrungsaustausch führen."
Die Gründungsurkunde wurde am 1. Januar 1955 unterzeichnet,

Sitz des Instituts wurde Leipzig, nicht Weimar. Es war dem Ministerium für Kultur untergeordnet, sein erster Direktor hieß Alfred Kurella. Er blieb es bis 1957.
Studenten literarisches *Know-how* beizubringen, war dessen oberstes Anliegen allerdings nicht.

E. L.: Einmal ist's dann gesagt worden in einer Parteisitzung: „Eines sollen Sie hier lernen und das ist die Hauptsache: Sie sollen lernen, den Marxismus, die Beschlüsse der Partei, das Vorhaben der DDR-Führung mit den Mitteln der Literatur den Massen nahezubringen. Das ist das Ziel." Das Ziel war also, aus den Studenten Parteidichter zu machen.

Das erste Jahr des ersten Lehrgangs lässt sich im Nachhinein als eine Art Probedurchgang beschreiben. Anwesenheitslisten wurden noch keine geführt, es gab weder Prüfungen noch Abschlussarbeiten. Wer wollte, konnte nach Beendigung ein zweites Studienjahr anschließen. Diese Möglichkeit nahm gerade ein Viertel der Teilnehmer wahr, unter ihnen Adolf Endler und Helmut Preißler.
Später wurde das Direktstudium auf drei Jahre ausgedehnt und endete nach positiver Beurteilung einer Abschlussarbeit mit dem Hochschulabschluss als „Absolvent des Institutes für Literatur Johannes R. Becher". Vor Abschluss ihres Studiums mussten die Studenten einige Wochen in der Produktion arbeiten und darüber schreiben. Diese Arbeit konnte als Prüfungsarbeit vorgelegt werden, musste aber nicht. Ab 1969 gab es auch die Möglichkeit eines dreijährigen Fernstudiums mit einem Teilhochschulabschluss.
Mit Vorliebe wurde nach seinem Erscheinen Kants Roman „Die Aula" zitiert, in dem die Atmosphäre dieser Epoche gerühmt wird

und der Schwung, mit der nun eine wissensdurstige Generation einer bisher zurückgesetzten Klasse die Höhen der Kultur erstürmte.
In Wahrheit ging die Arbeit am Institut zäh und dilettantisch los. Bis ihr endgültiges Domizil feststand, hatte die kleinste Hochschule der DDR ihren Unterstand in einem Flügel der Theaterhochschule aufgeschlagen.
Die Eröffnungsfeier musste gleich mehrmals verschoben werden, vom August auf den September und schließlich auf den Oktober: Die Finanzierung war nicht geklärt, das Mobiliar nicht rechtzeitig geliefert; Ende September fehlten noch immer die nötigen Bretter für die Bibliotheksregale, gab es noch immer nicht genügend Unterkunftsmöglichkeiten für die Studenten.

„Liebe Genossin Wernecke!
Bezüglich der Unterbringung der Studenten sind wir noch keinen Schritt weiter. Auch Kollegin Mende scheint jetzt keinen Ausweg mehr zu wissen. Ich hatte mich an die Bezirksleitung gewandt und Gen. Wagner um eine Unterredung gebeten, damit eventuell die Partei helfend eingreifen kann. Denn die Eröffnung unseres Instituts darf doch keinesfalls an der Unterbringung der Studierenden scheitern!“

„Aufstellung über noch dringend benötigte Anschaffungen:
1 Stuhl mit Armlehne, 1 Schreibtischlampe, 2 Stehlampen, 9 kleine runde Tische, 35 Halbsessel, 1 Radio, 1 Ofen, 1 kleiner Rollschrank, 3 Papierkörbe, 1 Panzerschrank, 2 Kleiderschränke, 2 Kleiderständer …“

*

„Sehr geehrter Herr Loest!
Durch besondere Umstände musste die Eröffnung unseres Instituts um 10 Tage verlegt werden und findet nunmehr endgültig am 30. September 1955 statt. Das Stipendium läuft jedoch in der geforderten Höhe bereits ab 20. September, da ja an diesem Tag ursprünglich die Eröffnung geplant war...
Gezeichnet: A. Kurella“

Alles trug den Stempel der Improvisation. Dozenten, zu kurzfristig für Vorlesungen eingeladen, sagten ab, weil sie sich schon anderweitig verpflichtet sahen. Andere wie der Chefredakteur des Wilhelm Knapp Verlages, H. Grunewald, bekamen auf ihre Zusage keine Bestätigung, wurden aber ohne ihr Wissen im Vorlesungsplan aufgenommen. Erst als Grunewald zum ersten seiner Seminare über die „Klassik“ nicht erschien, wurde nachgehakt. Er antwortete am 17.11.:

„Da zwischen meinen letzten Verhandlungen kurz vor Eröffnung Ihres Instituts bis heute von Ihnen keine Nachricht eingegangen war, habe ich annehmen müssen, dass Ihnen an meiner nebenberuflichen Mitarbeit weniger gelegen sei, und daher für meinen Verlag einige Arbeiten übernommen, die mich so stark in Anspruch nehmen, dass es mir beim besten Willen aus zeitlichen Gründen nicht möglich ist, die geplanten Vorlesungen zu übernehmen.“

Sogar der große Hans Mayer wurde spät, am 27. September erst, von Alfred Kurella gebeten, den Eröffnungsvortrag zu halten. Mayer bestätigte:

„Lieber Freund,
ich werde also bei Euch am Montag, 3. Oktober, eine zweistündige Einführungsvorlesung in das Studium der deutschen Literaturgeschichte halten. Es wäre mir aber lieb, wenn wir als Zeitpunkt 15 bis 17 Uhr ansetzen könnten, den Vormittag habe ich um elf eine Vorlesung ganz anderer Art in der Universität und brauche immerhin ein paar Stunden Zeit, um mich auf die ganz andere Materie umzustellen.
Mit besten Grüßen, Dein Hans Mayer."

E. L.: Ich besinne mich noch, dass Hans Mayer mir hinterher sagte, er hätte nie ein so unaufmerksames liederliches Publikum vor sich gehabt wie wir, diese Studenten des Literaturinstituts – er muss wohl recht gehabt haben.

Loest, der Shooting Star unter den jungen DDR-Literaten, hielt die Eröffnungsrede für die Studenten:
„... Das strategische Ziel der sozialistischen Kulturpolitik besteht in der Herausbildung der sozialistischen Menschengemeinschaft und in der Schaffung der gebildeten sozialistischen Nation, die zugleich als Vorbild auf Westdeutschland und andere kapitalistische Länder ausstrahlt."

Viele Gegner hatte es im Vorfeld gegeben, nun galt es für Kurella, die Notwendigkeit „seiner" Einrichtung zu beweisen. Für den ersten Lehrgang wollte er Studenten ans Institut holen, die literarisch schon auf sich aufmerksam gemacht hatten. Rundschreiben gingen an ausgesuchte Kandidaten. Hohe Stipendien wurden in Aussicht gestellt. Trotzdem scheint es schwierig gewesen zu sein, ausreichend Bewerber zu finden. Die einen waren bereits anderwärts verpflichtet, andere versteckten sich hinter gesundheitlichen Beschwernissen. Eine Autorin plante just für dieses erste Jahr ein Buch, und eine Schwangerschaft obendrein.

Wolfgang Schreyer am 02.07.55:
„Ich verspüre im Augenblick nicht das Bedürfnis, eine solche Schule zu besuchen ... Ich möchte mehr die Wirklichkeit studieren – und erst in zweiter Linie die Theorie."

Das wollte auch Erich Loest. Er hatte bereits drei Erzählbände und drei Romane veröffentlicht, von denen einer ein Bestseller wurde – was sollte er auf der Schulbank? Kurzerhand wurde er zum Verband nach Berlin beordert. Danach fügte er sich. Seit einer Parteirüge anderthalb Jahre zuvor blieb ihm wenig Spielraum.

Der Weimarer Schriftsteller Armin Müller bündelte gleich eine ganze Reihe von Fragen zu einer Absage ans Ministerium für Kultur:
„04.07.55.
Lieber Peter Noll, leider muss ich Dir sagen, dass sich an meiner Antwort nichts geändert hat. Nach wie vor weiß die Öffentlichkeit kaum etwas über Inhalt, Form und Ziel des Instituts. Bekannt ist lediglich der Name des Leiters. Wie aber sieht der Lehrplan aus? Welche Dozenten werden lesen? Welcher methodische Weg soll eingeschlagen werden? Hundert Fragen gibt es. Gestatte mir, eine herauszugreifen: Wer wird im ersten Jahr das Institut besuchen? Um konkret zu werden: Sind solche Schriftsteller wie Paul Wiens, Erich Loest, Gotthold Gloger, Hans Czibulka mit von der Partie? Oder werden, wie ich kürzlich hörte, Leute den Lehrgang besuchen, die gerade ihre ersten Artikel und Reportagen in der Zeitung

untergebracht haben? Du wirst einsehen, dass mir an der Beantwortung gerade dieser Frage sehr gelegen ist. Ein Jahr ist immerhin ein Jahr, niemand will eine Katze im Sack kaufen.
Mit freundlichen Grüßen …"

Trotz aller Schwierigkeiten im Vorfeld – am Eröffnungstag verpflichteten sich 28 Hörer zwischen 25 und 50, darunter zwei Frauen, feierlich zum „vollen Einsatz ihrer Kräfte dem werktätigen Volk gegenüber, und … sich der Studiendisziplin zu unterwerfen".
Das freilich sah während des ersten Jahres so aus:

A. E.: Ich weiß zum Beispiel, dass in dem Vorraum dieses Instituts immer ausgewürfelt wurde, wer von den 24 oder 25 Studenten in den und jenen Vortrag geschickt wurde, damit überhaupt jemand da hin ging. Also in die ziemlich öde Darlegung der russischen Literatur oder der sowjetischen Literatur.

L. K.: Ich gehörte sicher nicht zu den Leuten, die Begeisterung unter den Studenten hervorriefen. Es war für mich selbst eine sehr schwierige Erfahrung, über die Geschichte der Sowjetliteratur, einzelne Autoren und so weiter so zu sprechen, dass es Schriftsteller, die ja vor mir saßen, für sich als einen Gewinn ansahen.

Der Literaturwissenschaftler und Übersetzer Leo Kossuth war Sohn einer ukrainischen Mutter und eines österreichischen Vaters. Seine frühen Kinderjahre verbrachte er in der Ukraine, die Schulen besuchte er in Wien. Nach der Matura studierte er Slawistik und Anglistik an der Martin-Luther-Universität in Halle und blieb dort als wissenschaftlicher Assistent. Er übersetzte und verfasste Nachdichtungen – Lermontow, Majakowski –, durch sie war Kurella wohl auf ihn aufmerksam geworden und holte ihn ans Institut.

E. L.: ... Ein sehr redlicher Mann, beliebt bei uns allen. Mir gefiel das schon, was er uns erzählte über klassische russische Literatur. Ich glaube nicht, dass er so brutal auf die Gegenwart, die sowjetische Literatur der Gegenwart, die ja nun auch fragwürdig war in ihrer politischen Brutalität, auf die ist er nicht so viel eingegangen.

H. B.: Wir waren so grausam zu unseren Lehrern, mit Ausnahme von Kurella, dass die sich gar nicht ins Klassenzimmer trauten. Der arme Leo Kossuth, der bei uns russische Literatur unterrichtete, ein sehr netter Mensch, den empfing Loest mit ungeschliffenem Lausbubengeschrei: Kossuth raus, Kossuth raus. Also unbarmherzig, nicht? Wir fanden das alle prima. Ich hab mich entschuldigt bei Kossuth, später mal.

So viel zu den Erinnerungen der einstigen Studenten Erich Loest und Helmut Baierl, dem späteren Dramatiker und Filmemacher.
Alfred Kurella verpflichtete sich zu keiner regelmäßigen Vorlesungsreihe, er kümmerte sich um die große Linie, alles andere überließ er seinem Stellvertreter Dr. Dieter Herrde, einem jener jungen Funktionäre, die durch eifriges und demonstratives Eintreten für den Kommunismus rasch Karriere gemacht hatten.
Nur wenn es ihm nötig und seinem Vorhaben förderlich schien, setzte er Schlaglichter. Für ihn blieb das Institut in erster Linie Sprungbrett nach Berlin. Er war nun knapp 60, viel Zeit blieb ihm nicht mehr, noch einmal die Erfolgsleiter kräftig hochzuklettern.

E. L.: Wir achteten ihn sehr, es wurden keine Witze über ihn gemacht. Er stotterte. Er stotterte schrecklich, aber wenn er ins Reden kam, ins feurige, aufgeregte Reden, dann merkte man das nach einer Weile gar nicht mehr. Er stotterte weiterhin, nun ja, aber er riss dann noch so mit.

Kurella, groß, hager, von umfassender Bildung, *umgab rotes Charisma*. Er entstammte einer rheinischen Fabrikantenfamilie, sein Vater war Arzt.
Die Teilnahme am Ersten Weltkrieg hatte den Dreiundzwanzigjährigen von Grund auf verändert. Er schwor seiner großbürgerlichen Herkunft ab und wurde Mitglied der Kommunistischen Partei und Mitbegründer der Kommunistischen Jugendinternationale. In Moskau begegnete er Lenin, hier begann seine steile politische Karriere. 1927 wurde er Leiter der Abteilung bildende Kunst des Volkskommissariats für Bildungswesen der Russischen Föderation. Bereits da galt für ihn: „Die Intelligenz der Bourgeoisie ideologisch zu entreißen und der Revolution in den Dienst zu stellen."

R. G.: Kurella war ein Erzstalinist. Dieser Mann hatte seine Seele vollkommen verkauft an die Partei, immer in dem Bemühen, seine bürgerliche Herkunft rechtfertigen zu müssen.

Die Liste seiner Übersetzungen, Essays und kulturpolitischen Schriften ist lang, die seines epischen Schaffens blieb unbedeutend. Höhen und Tiefen seines politischen Lebens wechselten zuweilen krass. Er war Dimitroffs Sekretär, doch trotz lupenreiner Gesinnung wurde er später für Jahre in den Kaukasus verbannt.
Anlässlich des 5. Jahrestages der Institutsgründung, zu einem

Zeitpunkt, da Kurella dem Institut bereits den Rücken gekehrt hatte und Kandidat des Politbüros und Volkskammerabgeordneter war, hielt der stellvertretende Direktor, Dieter Herrde, Rückschau: „Schon während der wenigen Stunden unserer ersten Begegnung tat sich mir eine neue Welt auf. Ich spürte bereits deutlich den Unterschied zu der akademisch-kleinbürgerlichen Atmosphäre meines bisherigen Wirkungskreises. Er, Genosse Kurella, der uns die Lenin'schen Worte von der Epoche der Revolutionen und Kriege wirklich begreifen lehrte, wurde für uns junge Wissenschaftler des Instituts zum ersten bedeutenden Bildungserlebnis.

Geleitet von diesem erfahrenen Genossen, begann unser kleines und junges Lehrerkollektiv im Juli 1955 mit dem Aufbau des Instituts. Wir hatten keinerlei Erfahrungen. Allmählich wurden jedoch die ersten Erfolge sichtbar: Helmut Baierl schrieb sein Lehrstück ‚Die Feststellung', unsere jungen Lyriker Helmut Preißler, Werner Lindemann, Walter Werner und Kurt Steiniger machten sich einen Namen ..."

Helmut Preißler avancierte sogar zum „Staatsdichter", als IMS „Anton" arbeitete er Jahre für die Staatssicherheit.

Und Helmut Baierl?

H. B.: Mit der „Feststellung" betrat ich sozusagen als ein neuer Autor die Szene.

Helene Weigel sah das Stück in Leipzig und holte Baierl nach Berlin. Dort schrieb er die Komödie „Frau Flinz", in deren Hauptrolle sie agierte. Auch zur Filmarbeit fand er. Zusammen mit einem russischen Kollegen drehte er einen Film über Alfred Kurella, dafür wurde er mit dem Nationalpreis ausgezeichnet. Ende der sechziger Jahre war Baierl Dramaturg am Berliner Ensemble.

Auch andere Absolventen des ersten Lehrganges wurden in Herrdes Rede gerühmt. Die Namen Giordano und Loest fielen nicht. Der eine galt als Abtrünniger, als Renegat, der andere saß im Bautzener Gefängnis.

Es versteht sich, dass Kurella nur Dozenten ans Institut holte, die sich ideologisch bewährt hatten. Leo Kossuth gehörte dazu, Wieland Herzfelde, der sich als Gründer des Malik-Verlages einen Namen gemacht hatte und nun Vorträge über Weltliteratur halten sollte, der Lyriker Georg Maurer, vor allem aber Nicolai Janzen, den er für die Anfangsjahre, genauer, für die Zeit seiner Institutsleitung aus Moskau hatte nachkommen lassen. Janzen war ein Mann Mitte fünfzig, untersetzt, unerschütterlich in seinem Glauben an den Sozialismus. In sowjetischen Gefangenenlagern hatte er Vorträge gehalten mit dem Ziel, deutsche Kriegsgefangene wenigstens zu Antifaschisten umzuerziehen, wenn schon nicht zu Kommunisten. Dort hatte ihn auch der Schriftsteller Franz Fühmann erlebt.

Nun sollte er hier marxistische Philosophie lehren und wurde hofiert wie kein anderer: Eine repräsentative Wohnung, eine ständige Haushaltshilfe standen auf der Liste seiner Forderungen, und der Fahrer des Instituts musste dem Ehepaar Janzen jederzeit zur Verfügung stehen. Kurz: Der Genosse aus Moskau ließ es sich wohl sein in Leipzig.

H. B.: Er konnte nur eine Philosophie ohne Hegel erzählen. Hegel kannte er gar nicht. Und wenn man den Marx erkennen will, braucht man Hegel mindestens, wenn nicht Kant und andere große Geister. Er war immer sehr überzeugt und duldete keinen Widerspruch. Wir haben ihn nicht gemocht.

A. E.: Der schrieb sich immer alles so auf sein Hemd und las dann ab, was er da über Marx oder Lenin oder Stalin erzählen wollte.

E. L.: Und er kam zu uns und brachte uns nun einen gewissen Schmalspurmarxismus bei, Grundzüge der Dialektik: Warum ist der Hase im Winter weiß und warum ist er im Sommer braun. So ist das in Sibirien. Wir hätten uns schon ein gründlicheres Studium des Marxismus vorgestellt.
Der Beste, der Einzige, der Schule gemacht hat, der dann lange Zeit geblieben ist, war Georg Maurer, der das Lyrik-Seminar leitete. Er hat in den Jahren danach eine Schule um sich geschart, die Leipziger Schule.

A. E.: Wenn man heute die Essays von Georg Maurer liest, die damals viel beachtet waren noch von uns, stellt man schon fest, dass er auch gewisse dogmatische Grundtöne vermittelt hat. Aber das Wesentliche war, glaub ich, die Art und Weise, wie er sich selber als Suchenden zwischen die Studenten gesetzt hatte. Man brauchte auch die Studenten, das waren ja meistens die sogenannten Lyriker, nicht zu zwingen, an den Vorträgen von Georg Maurer teilzunehmen. Die kamen schon.

Von ehemaligen Dozenten und Absolventen kann man immer wieder hören, am Institut habe schon immer Gedankenfreiheit geherrscht, und dabei wird auf Georg Maurer und seine Garde junger Lyriker verwiesen, die er in ihrer Renitenz gestärkt habe. Sofort fallen Namen: Sarah Kirsch, Rainer Kirsch, Andreas Reimann, Heinz Czechowski, Kerstin Hensel. Inflationär klingt das inzwischen, nach schalem Rechtfertigungszwang.

Wahr ist: Er lehrte seine Studenten fragen, hinterfragen, suchen – in der Lyrik, nicht in der Politik.
Von der Staatssicherheit wurde er als *einseitig ästhetisch orientiert und politisch weltfremd* eingeschätzt. Man kreidete ihm auch an, dass er sich *in der Vergangenheit für so negative Personen wie Wolf Biermann eingesetzt* habe.
Fünfzehn Jahre leitete er das Leipziger Lyrik-Seminar. Am 1. Juli 1970 verließ Georg Maurer das Institut aus gesundheitlichen Gründen und auf eigenen Wunsch.

*

Wenn es ums Ausbildungsethos am Institut geht, wird auch die Bibliothek ins Feld geführt.

A. E.: Es gab einige seltsame Widersprüche an diesem Institut, die mir erst später so zum Bewusstsein gekommen sind, das war etwa der Widerspruch zwischen den Vorträgen, die da gehalten wurden von unterschiedlichen Leuten, unter anderen auch von Wieland Herzfelde, das war so ungefähr das Langweiligste, was man sich ja kaum denken kann – über amerikanische Literatur, und dem Inhalt der Bibliothek. Das war die ungeheurlichste Bibliothek, die man sich denken konnte.
Und das war das Eigentümliche an dieser Bibliothek, dass sie nicht eine extrem sozialistische Bibliothek war, sondern dass sie den ganzen Expressionismus, sofern er verfügbar war, repräsentiert hat. Es war einfach alles da, alles was feindlich war, was gegen die Ästhetik des sozialistischen Realismus verstieß, und es gab einen Bibliothekar, der das zum großen Teil wohl zusammengeholt hatte, ein gewisser Herr Löwe.

Und der, sicher auch der Kurella, hatte großen Anteil an der Entstehung dieser Bibliothek.

Für Kurella war Karl Hans Löwe der rechte Mann zur rechten Zeit für den rechten Ort. Bibliothekar, Wissenschaftler und Schriftsteller in einer Person, schien er alle Voraussetzungen für diesen Posten mitzubringen. Nach Kriegsende hatte er als *Sachbearbeiter des Buch- und Bibliothekswesens beim Rat der Stadt Leipzig* gearbeitet, danach als Bibliothekar der Stadtbibliothek Taucha. Er hatte Erzählungen veröffentlicht und Bücher herausgegeben und war seit 1953 Mitglied des Deutschen Schriftstellerverbandes. Vor allem verfügte er über eine überdurchschnittliche Kenntnis der Weltliteratur.

Das betonte ein knappes Jahr später Alfred Kurella, als er sich bei der Stellenplankommission und dem Sekretariat für Hochschulwesen in Berlin für die Anerkennung seines Büchereiverwalters als *Wissenschaftlicher Bibliothekar* einsetzte. Des Lobes voll hob er hervor, dass unter dessen Regie der Bibliotheksbestand in nicht einmal zwei Jahren auf über 12.000 Bände angewachsen sei: „Über die bibliothekarische Arbeit an unserem Institut hinaus hat sich unser Bibliothekar auch bei der Rückkehr der Schätze der Landesbibliothek Gotha und den dabei notwendig werdenden Archiven aktiv eingesetzt."

Ähnliches hatte Löwe schon als Sachbearbeiter nach Kriegsende in Leipzig praktiziert: „Von 1939 bis 1945 war ich bei der Wehrmacht. Nach meiner Rückkehr beteiligte ich mich am Wiederaufbau des Leipziger Buchwesens im Rahmen der Bibliothekskommission für die Bodenreform durch Sicherstellung herrenlos gewordener Bibliotheken in den ehemaligen Guts- und Herrenhäusern. Von 1945 bis 1950 sind nachweislich mehr als 50.000 Bände von oft recht

erheblichem Werte durch mich den Leipziger Bibliotheken zugeführt worden."
Verlage hatten auf Bitten Kurellas dem Institut Bücher zukommen lassen, verbilligt, aus Altbeständen, manchmal sogar gratis, den Zukauf von Neuerscheinungen dirigierte der Geldmangel. So darf man annehmen, dieser auffallend rasch gewachsene Bestand vor allem an *dekadenter westlicher und amerikanischer Literatur*, stammte zu großen Teilen aus jenen schon zitierten *herrenlos gewordenen Bibliotheken*. Auch privat schien sich Löwe dabei eine beachtliche Büchersammlung zugelegt zu haben.

A. E.: In der Bibliothek oder in einem Randbezirk der Bibliothek des Instituts stand tatsächlich Hitlers „Mein Kampf". Man konnte sich also durchaus auch in dieser Weise informieren, und ich hab damals zum ersten Mal „Mein Kampf" gelesen am Institut für Literatur und herausgezogen alles, was mit Antisemitismus zusammenhing.

Zum Missfallen Dr. Herrdes arbeitete der kriegsversehrte Löwe am Institut recht eigenständig; er akzeptierte nur Alfred Kurella als übergeordnete Instanz.
Dann, am 04.12.56, erhielt Herrde eine vertrauliche Mitteilung des Ministeriums für Kultur, Hauptabteilung „Schöne Literatur". Löwe, heißt es darin, entfalte Aktivitäten, die nicht im Sinne sozialistischer Kulturpolitik lägen: „Bitte, teile doch mit; ob Ihr Maßnahmen vorbereitet und in welcher Weise. Mit freundlichen Grüßen! Gez. Werner Baum."
Herrde verfügte eine unangemeldete Revision, das Ergebnis blieb mager. Er ließ auch bei jenen Verlagen nachforschen, von denen das Institut Bücher bezog. Auf vergilbtem Durchschlagspapier

findet sich die maschinengeschriebene Durchschrift eines Briefes an Herrde – ohne Unterschrift:

„Berlin, 06.11.57.
Mein lieber Dieter!
Im Einzelnen war meine Mission nicht sonderlich angenehm. Bei Kütten und Löning haben sie sich wie die Aale gewunden. Als ich kam, bestätigte mir die Sekretärin, dass er persönlich am 02.10. bei ihr gewesen ist und Bücher bestellt hat; aber als ich eine schriftliche Bestätigung wollte, zog sie sich mit der Bemerkung zurück, dass sie nicht möchte, weil sich das doch gegen einen Kollegen richten würde und das wäre nicht schön. Es ist zu prüfen, warum Löwe direkt bei den Verlagen einkaufte. Aufzuklären ist, ob diese ‚Dienstreisen' nicht Vorwand für private Angelegenheiten sind.
Du solltest die Angelegenheit sehr energisch verfolgen. Ich glaube, dass die angeführten Gründe zu einem soliden Rausschmiss, mindestens aber zu einem gesalzenen Disziplinarverfahren ausreichen. Hinzu kommt ja noch, dass Kollege Löwe als ‚Chef' nur Professor Kurella anerkennt und nicht den von ihm beauftragten Geschäftsführer.
Aber lassen wir das Thema. Ich hab mit dem Stricken meines Kopftuches begonnen. Hoffentlich hast du an meine Wolle in der großen HO gedacht, sonst kann ich mein begonnenes Werk nicht fortsetzen ...
Viele liebe Grüße und auf Wiedersehen am Sonnabend sagt Dir ...“

Das Treiben gegen ihn blieb Löwe nicht verborgen, am 27.03.58 verließ er die DDR. Eine Woche später löste die Institutsleitung das Arbeitsverhältnis mit der Begründung, Mängel seien vor allem in Löwes kulturpolitisch schädigender Arbeit zu sehen. Er habe nach Gegenzeichnung durch die Direktion Buchrechnungen geändert und erhebliche Buchbestände unterschlagen. Der Zentralen Kaderabteilung beim MfK teilte das Institut am 03.04.58 mit: „Der uns zugefügte Materialschaden ist dadurch gesichert, dass die Staatsorgane die umfangreiche Privatbibliothek Löwes, ca. 12.000 Bände, beschlagnahmten. Mit sozialistischem Gruß, Dr. Dieter Herrde."

Drei Wochen später bezeichnet Herrde in seiner abschließenden Beurteilung den Bibliothekar als „durchtriebene Untertanenfigur" und hält fest: „Löwe hat gegen die sozialistische Linie des Kulturbundes und gegen unsere demokratische Gesetzlichkeit opponiert und vor allem versucht, den Arbeitskreis für Literatur zu einem Asyl der ideologischen Koexistenz zu organisieren. Joyce, Kafka, Hemingway, Sartre waren ihm wichtiger als Werke des sozialistischen Realismus; Genossen, die ihm widersprachen, wurden der Engstirnigkeit beschuldigt.

Statt unsere Macht sinnvoll zu gebrauchen und ihn sofort ohne Rücksicht fristlos zu entlassen, hielten wir uns streng an die Gesetzlichkeit. Löwe entzog sich kurz nach Beginn der Überprüfung seiner Verantwortlichkeit durch Republikflucht. Gez. Dr. Herrde, stellvertr. Direktor."

Noch im Westen blieb die Staatssicherheit Löwe auf den Fersen. Einem Bericht vom 19.02.1963 ist zu entnehmen: „Hans Löwe ist gegenwärtig an einem Gymnasium in Hanau als Studienrat tätig. Er unternimmt mit seinen Primanern provokatorische Reisen an die Staatsgrenze, besucht mit den Schülern Kasernen des Bundesgrenzschutzes und lässt dort die Halbwüchsigen mit Platzpatronen schießen. Auch sonst betätigt sich Löwe am Hanauer Gymnasium und in der Öffentlichkeit in starkem Maße kriegshetzerisch."

*

Zweimal war er schon verschoben worden, nun endlich sollte der IV. Schriftstellerkongress doch noch stattfinden, 28 Studenten, der Direktor und sechs Angehörige des Instituts machten sich auf den Weg nach Berlin. Für die jungen Autoren war es die erste Teilnahme an einem solchen Kongress, die erste persönliche Begegnung mit berühmten Kollegen wie Bert Brecht oder Stefan Heym. Noch war ihnen der Besuch Ernst Blochs in lebhafter Erinnerung, heftigste Diskussionen hatte er aufflammen lassen. Ralph Giordano berichtet darüber in seinem Buch „Die Partei hat immer recht“:

„Er durchschritt den Studiensaal, musterte uns durch die dicken Brillengläser und begann: Er spreche ja wohl zu Schriftstellern. Also – wie sehe es aus mit der Gegenwartsliteratur? Betrüblich sehe es aus, denn was sich darin abspiele, das sei nicht die Wahrheit, sondern die Diktatur des Kleinbürgertums im Namen des Proletariats! Sei es nicht ein Verbrechen, die herrlichste Sache von der Welt, den Sozialismus, durch pedantisches Umgehen der wahren gesellschaftlichen Konflikte zur todlangweiligsten zu machen? Nur so sei zu erklären, dass in der bürgerlichen Literatur ein verfaulender Heringskopf luziferisch wirke, der Brand der Zukunft aber, den wir schürten, wie ein bengalisches Feuer. Weg mit der Schulbubenexaktheit! Weg mit den fixen Kategorien. Die Realität ist an den Rändern offen!“

Nach diesem Kampfruf gegen die Befürworter von *mehr Ideologie* und *mehr sozialistischem Realismus* in der Literatur, erhofften die Leipziger Literaturstudenten jetzt gültige Antworten. Monatelang war nicht nur unter ihnen über die Rolle des Schriftstellers in dieser Zeit diskutiert, über das Gewicht von politischem Engagement und künstlerischer Meisterschaft gestritten worden.

F. W.: Die Engstirnigkeit der Literaturfunktionäre, auch aller anderen Funktionäre war ein tägliches Thema in unserem Kreis, einer kleinen Gruppe von kritisch Denkenden. Da ich nicht in dem Maß politisch geschult, gebildet und interessiert war wie etwa Ralph Giordano oder Erich Loest, blieb ich noch lange unsicher und abwartend in dem damals herrschenden Glauben, Mängel, Fehler und Dogmen der Partei wären „Kinderkrankheiten des Sozialismus“ und die klugen, ehrlichen und wirklich intelligenten Politiker würden sich mit der Zeit durchsetzen. So naiv war ich, und bitte bedenken Sie, ich war ein geladener Gast, dem von allen Seiten mit Sympathie und Wärme begegnet wurde – da übt man natürlich mit Kritik Zurückhaltung.

Erinnert sich Fred Wander jener spannungsgeladenen Tage.
Die festliche Eröffnung fand im Deutschen Theater statt. Nachdem das Auditorium versammelt war, öffnete sich der Vorhang. Auf dem Podium saß die gesamte Phalanx der Kulturfunktionäre – Willi Bredel, Hans Marchwitza, Otto Gottsche, Alfred Kurella, Eduard Claudius –, alle im dunklen Anzug, behangen mit ihren sämtlichen Orden.
Johannes R. Becher hielt die Eröffnungsrede. Sie trug den Titel: „Von der Größe unserer Literatur“.

R. G.: Becher stand hinter einem Rednerpult und hob dann und wann mit abgewogener Bewegung die Hand. Es hieß, er übe Posen wie diese ausdauernd vor dem Spiegel. Sein Referat war auf einer Anmaßung aufgebaut. Er beschwor die Größe jener Literatur, die

1933 den Flammen der Goebbels'schen *Bücherverbrennung zum Opfer fiel, und behauptete, ihre künstlerische Tradition sei nach 1945 von der* Literatur in der DDR fortgesetzt worden. Innerhalb ihrer Grenzen sei der deutschen Misere, der deutschen Tragödie ein Ende bereitet.

Der Kongress selber fand im Haus der Ministerien statt. Alle, alle waren gekommen und wechselten einander am Rednerpult ab: Georg Lukács aus Budapest und Konstantin Fedin, der stellvertretende Vorsitzende des sowjetischen Schriftstellerverbandes, Arnold Zweig und Bert Brecht, Stefan Heym und Ernst Bloch. Von der schwerkranken Anna Seghers wurde ein Referat verlesen.
Langanhaltend von der stehenden Versammlung begrüßt, bestieg schließlich auch Walter Ulbricht das Podium: Es sei hier die Rede gewesen davon, dass der Schriftsteller in der DDR persönlichen Mut benötige. Aber Mut wofür, wogegen? Gegen kleinbürgerliche Ideologien selbstverständlich, aber nicht um Kritik zu üben gegen den Staat.
Wiederum erhoben sich alle und applaudierten. Sie applaudierten dem Mann, der die Künstler hemmte wie kein anderer.
So viel offizielles Duckmäusertum, so viel Leisetreterei, vor allem so viel Resignation empörten Giordano.

R. G.: Ich merkte, dass da eine Macht war über den Kolleginnen und Kollegen, die ihr Sein auf eine Weise bestimmt hat, wie ich mir das vorher gar nicht vorstellen konnte. Und da ist etwas in mir angerührt worden, was unantastbar war.

Noch in der Nacht brachte er seine maßlose Enttäuschung zu Papier. Am nächsten Tag trat er ans Rednerpult.

R. G.: Da war ich schon nicht mehr in Übereinstimmung und wollte meine schriftstellerische Freiheit gewahrt wissen und habe hier eine Philippika gegen das Amt für Literatur geführt. Das war ja revolutionär, mir wird heute noch ganz schlecht, wenn ich daran denke, was ich da gewagt habe, ja. Ich meine, sie hätten mir nichts tun können, aber immerhin, es war ja doch ganz schön tollkühn.

In dieser Rede hieß es unter anderem: „*Wir wunderten uns, dass noch keine echte literarische Diskussion in Gang gekommen ist und dass keine kämpferischen Auseinandersetzungen mit polemischem Schneid ausgefochten werden. Aber woher sollten diese Diskussionen kommen, wenn nur das Richtige, das gänzlich und ohne Zweifel Richtige, mit einem Wort das schrecklich Richtige veröffentlicht werden darf?*"
Mit seinem Beitrag handelte Giordano sich eine Menge Ärger ein. Der Gegenangriff kam am nächsten Nachmittag. Eine Dresdner Literaturkritikerin verwies seine Ausführungen in den Bereich persönlicher Überempfindlichkeiten und fälschte sie in einen Angriff gegen Kubas Person um, einem orthodoxen Scharfmacher par excellence und bis vor kurzem Sekretär des Verbandes. Kurt Barthel war sein richtiger Name.
Ein Mitglied der Berliner Autorengemeinschaft fühlte sich prompt zu einem Bekenntnis der jungen Schriftsteller zu Partei und Staat und dem Sozialismus aufgerufen.
Kurella versetzte den rhetorischen Dolchstoß.

R. G.: Aber es tat kaum noch weh. Weh tat etwas anderes. Keiner war nach oben gestiegen und hatte den Faden aufgenommen. Viele hatten mir die Hand gedrückt – und geschwiegen. Auch Loest hatte mir die Hand gedrückt – und geschwiegen. Warum?

E. L.: Er hat damals erwartet, ich helfe ihm. Ich habe ihm nicht helfen können, habe ihm nicht geholfen.

R. G.: Aber es war noch nicht der Bruch.

*

Kurella war immer bemüht, profunde Persönlichkeiten für Gastvorträge zu gewinnen.

E. L.: Aus Polen kam einmal ein Germanist, der hieß Reich-Ranicki. Niemand kannte ihn. Er war ein Kritiker dort, sprach hervorragend Deutsch. Ich weiß noch, dass wir mit ihm einen ganzen Abend zugebracht haben.

R. G.: Es kam dann zu uns Viktor Klemperer. Und der hat uns tief beeindruckt – lingua tertii imperii, die Sprache des Dritten Reiches, die Sprache des Unmenschen –, der hat uns sehr, sehr beeindruckt.
Man merkte sofort, hier war auch eine ungeheuer hohe Bildung im Spiele, und wir wussten, dass er Jude war, dass er ein ganz schreckliches Schicksal gehabt hat.

E. L.: Und wenn ich an ihn denke, dann mit Dankbarkeit für das, was er uns gesagt hat, und mit Rührung gegenüber seinem Auftreten und seinem Verhalten gegen uns Jungs, die wir ja nun alle Hitlerjugendführer gewesen waren, Soldaten, mit Ausnahme von Giordano und Wander, nun eben alle kleine Nazis. Er hat es uns nicht merken lassen.

Über seinen ersten Vortrag hält Klemperer in seinen Tagesnotizen fest:
„Das Literatur Institut in Leipzig ... Ich bin skeptisch. Die Universitätsprominenz ist für Ausbildung eingesetzt. Meine Aufgabe am 11. und 18. November je Doppelstunde (90 Minuten) über die tre corone ..., dann im Februar eine Doppellektion über Rousseaus Confessionen. Ich sprach nicht anders als im KB oder einer Volkshochschule. – Kurzer Händedruck mit dem Leiter Alfred Kurella (schlank, grauhaarig, als Autor mir unbekannt ...).“

*

Im Anschluss an den Kongress besuchte Konstantin Fedin das Institut. Seinetwegen wurde im Rahmen der Prosaseminare Wieland Herzfeldes am 17. Januar ein Sonderseminar anberaumt.
Herzfelde war der einzige Dozent, der penibel Protokoll führen ließ über seine Lektionen. Dazu brachte er eigens seine Privatsekretärin mit.
Zunächst wollte der sowjetische Gast wissen, welchen Eindruck der Kongress auf die jungen Schriftsteller gemacht habe, auf ihn jedenfalls sei er ein bleibender gewesen. Dann leitete er geschickt zu dem Thema über, was denn der eigentliche Auftrag eines Schriftstellers im Sozialismus sei, und fragte, für welche Tradition der Literatur sie sich entscheiden wollten, die bürgerliche oder die revolutionäre? „Ich stamme aus kleinbürgerlichem Milieu. Ich wurde vor revolutionäre Tatsachen gestellt. Ich musste wählen, entweder emigrieren oder im revolutionären Russland bleiben. Suchen Sie doch Ähnliches bei sich. Ihre Geschichte hat Ihnen den Faschismus vorgelegt, das ist eine aggressive Art der kapitalistischen Denkungsart. Aber der Kapitalismus wird von der

Revolution belehrt. Auch Sie werden wählen müssen. Das ist jetzt das Material Ihres Lebens, die Spaltung Deutschlands. Das ist das Thema, das eine große Literatur machen kann. Schreiben Sie davon."
Zur selben Zeit vermerkte Victor Klemperer in seinem Tagebuch: *„Die Reden vom Schriftsteller-Congress lese ich nicht. Semper idem. Wenn die älteste Banalität als eine Freiheit angepriesen wird – écourant, dies ganze Schriftsteller-Züchten und -Uniformieren."*

*

R. G.: Der innere Bruch kam durch den XX. Parteitag der KPdSU, als Chruschtschow die Tür so ein bisschen öffnete. Denn es zeigte sich, dass, was der sogenannte Klassenfeind gesagt hat über dieses System, stimmte. Da müssen schreckliche Dinge passiert sein und wo waren wir? Wie blind waren wir, dass wir das nicht gesehen haben und nicht sehen wollten?

Dieser XX. Parteitag fand bald nach dem Kongress, im Februar '56, in Moskau statt. Was dort offenbar wurde, löste unter den Jung-Autoren des Instituts tiefe Bestürzung aus.

E. L.: Wir waren alle sehr aufgeregt, redeten auf unseren sowjetischen Professor Janzen ein, der uns Gesellschaftswissenschaften beibringen sollte: Was ist da nun geschehen? Und Kurella merkte, hier ist jetzt Dampf und hier kannst du nicht weiter drüber weggehen, hier musst du sprechen.
Und er erzählte dann, sehr ernst, über die schlimmen Zeiten, durch die die Sowjetunion hindurchgehen musste, über den weißen Terror, dem nur mit rotem Terror zu begegnen gewesen sei. Und er

erzählte etwas, was er vorher und später nie jemandem mitgeteilt hat, nicht in der Öffentlichkeit, dass sein Bruder, Heiner Kurella, Emigrant wie er in Moskau, in der Zeit der großen Prozesse verschwunden ist und später hat er dann erfahren, er ist hingerichtet worden.

Und dann brachte Kurella ein sehr schlimmes Wort, einen Vergleich. Er sagte, wenn man ein Krebsgeschwür ausschneiden will, muss man im gesunden Fleisch schneiden. So ist die Revolution, so ist die Härte.

Und dann appellierte er an uns in einer ruhigen, vernünftigen Weise – sonst wäre ja mit uns auch gar nichts zu machen gewesen, darüber nachzudenken, um uns diese Erkenntnisse zu eigen zu machen: Gute Genossen müssen zur Partei stehen. Wenn es mal eine Kluft gibt zwischen der Partei und ihrer Meinung und einem Genossen, dann muss der Genosse diese Kluft schließen. Es ist nicht die Aufgabe der Partei, auf den Genossen zuzugehen, der Genosse muss auf die Partei zugehen.

A. E.: Das war das andere Gesicht, das vollkommen dogmatische.

Viktor Klemperer:
„Der tote Caesar, Staub und Rasen geworden – der Tritt in den Hintern des toten Löwen. Wie mussten wir in der Kammer bei jeder Nennung des Namens Stalin aufstehen! Es war ein völliger Kasernendrill: Hinlegen – Aufstehen! – Wie wenig, oder gar nichts wissen wir von dem, was um uns geschieht. ... Was wird nun? Ständiges Discutieren ... Mir selber ist peinlich, dass Stalin so ganz zum toten Hund geworden. Etwas muss er doch gekonnt haben. Aber was? Diese plötzliche Entgötterung, dieses Totschweigen ist ziemlich widerwärtig."

R. G.: Der XX. Parteitag war in meinem Leben eine große Zäsur gewesen und hat zu meiner totalen Emanzipation und Loslösung von der Partei entscheidend beigetragen. Mir war klar, du musst mit dieser Partei brechen. Sie ist nicht die Organisation, von der du geglaubt hast, dass sie die Welt bewohnbarer machen würde.

„Letzte Weisheit jeden Tages: Stur weiterarbeiten, nicht denken. Tiefste politische Enttäuschung. Von der Begeisterung ist nur geblieben: wir sind das kleinere Übel. Und: der Marxismus ist a) besser als unsere SED-*Regierung b) eine Religion wie andere Religionen – und ich kann nicht glauben", notiert Klemperer ins Tagebuch.*

*

Gleichgültig, hinter welcher heilsversprechenden Maske sie sich versteckt, ob sie das Paradies auf Erden oder im Himmel, in nicht datierbarer Zukunft oder im Jenseits verheißt, von ihrem Wesen her ist jede Macht zutiefst paranoid und menschenverachtend. *„In jedem paranoiden System wird jeder, der etwas weiß, von einem anderen bewacht, der aber nie erfährt, was es eigentlich ist, das er in dem anderen bewacht. Er hat jedes Wort und jede Bewegung des ihm Zugewiesenen zu verzeichnen; indem er über sie berichtet, vermittelt er dem Herrscher ein Bild von der Gesinnung des Überwachten",* schreibt Elias Canetti in „Masse und Macht". Dieses Hauptwerk des großen Europäers jüdischer Herkunft, eine der profundesten Analysen über menschliche Verhaltensweisen und deren Auswirkungen auf Gesellschaften und Geschichte, erschien 1960 und war gewiss in keinem DDR-Buchladen zu finden und sicherlich auch nicht in der Institutsbibliothek.

Anfang der fünfziger Jahre sahen SED und MfS in Künstlern und Schriftstellern noch kein allzu großes Gefahrenpotenzial für sich. Der Arbeiteraufstand vom 17. Juni 1953 war niedergeschlagen und als faschistische Machenschaft beiseite geschoben. Zu den wenigen, die öffentliche Kritik gewagt hatten, gehörte der junge Schriftsteller Erich Loest. Dafür war er zur Rechenschaft gezogen worden.

Mit den Reden Chruschtschows und Mikojans auf dem XX. Parteitag 1956 in Moskau und Stalins Sturz aus dem hohen Sozialistischen Olymp, mit den schon bald einsetzenden Unruhen in Polen und dem Ungarnaufstand änderte sich das Verhalten der Partei den Intellektuellen gegenüber. Sie fürchtete, Ähnliches könnte auch hierzulande geschehen. Wohl wissend um *die Kraft des Wortes* und ihr zutiefst misstrauend, suchte sie durch intensivere Überwachung, besonders der Schriftsteller, jeder Art des Aufbegehrens vorzubeugen.

In einer *streng geheimen Information* des MfS, Nr. 337 (an verschiedene Abteilungen) *über einige Gesichtspunkte zur Charakterisierung der Situation*, wird nun auch die Arbeit am Literaturinstitut scharf unter die Lupe genommen:

„... es wird auf Kosten der klassenmäßigen Erziehung sich zu einseitig auf die schriftstellerische Ausbildung der Studenten orientiert.

... Die Immatrikulation sollte in Abhängigkeit vom bisherigen aktiven, positiven gesellschaftlichen Engagement des Kandidaten und *nicht* in erster Linie abhängig vom Talent erfolgen."

1942 hatte der Lyriker Johannes R. Becher gefordert: „Die Literatur soll die ganze Wahrheit aufdecken, sie soll Ankläger, Zeuge und Richter sein ..."

1956 ist er Minister für Kultur der Deutschen Demokratischen

Republik, wo keinerlei freie Kritik mehr zugelassen ist. Was er in einem Gedicht auf ein anderes totalitäres Regime gemünzt wissen wollte, zeigt sich plötzlich als erschreckendes Spiegelbild. Aber niemand nimmt ihn beim Wort, bei *seinem* Wort:

O Deutschland! – Sagt, was habt ihr aus Deutschland gemacht!
... Dein Denken ist missraten.
Dein Wort ward Lug und Trug. Was ist noch wahr und echt?!
Was Lüge noch verdeckt, entblößt sich in den Taten ...
O, wie viel neues Leid zu all dem alten Leide!

Als 1959 nach seinem Tod das Literaturinstitut nach ihm, dem Staatsdichter, umbenannt wird, ist das Anlass, auch die Statuten verschärfend zu ändern. Hieß es bei der Gründung noch schnörkellos:

„*... Bewerber aus der Arbeiterklasse und der Bauernschaft erhalten bei gleicher Eignung den Vorrang.*

... Jeder Studierende ist dem werktätigen Volk gegenüber zum vollen Einsatz seiner Kräfte verpflichtet und der Studiendisziplin unterworfen ...“,

wird nun – ganz im Kurella'schen Sinne – in den neuen Statuten gefordert:

„*Das Institut hat die Aufgabe, Schriftsteller mit festem sozialistischen Klassenbewusstsein zu erziehen, aus- und weiterzubilden, die auf der Grundlage des Marxismus-Leninismus in fester Verbundenheit mit der Arbeiterklasse und ihrer marxistisch-leninistischen Partei bereit und fähig sind, vermittels ihres literarischen Schaffens im Sinne des sozialistischen Realismus an der weiteren Gestaltung der entwickelten sozialistischen Gesellschaft aktiv mitzuwirken ...*“

Noch einmal Canetti: *Die extremste Tendenz der Paranoia ist die zu einem kompletten Ergreifen der Welt durch Worte, so als wäre die Sprache eine Faust und die Welt läge darin. Es ist eine Faust, die sich nie wieder öffnet. Dabei wird das Begründen zur Passion.*

Für Stasi-Tätigkeiten am Institut während der ersten beiden Jahrgänge gibt es so gut wie keine Unterlagen. Das änderte sich nach 1956. Jetzt pfiff der Wind aus eisiger Richtung. Nichts durfte ins Ungewisse abdriften. Es waren Absolventen des ersten Lehrgangs, die ihn bald heftigst zu spüren bekamen. Erich Loest wurde wegen angeblicher konterrevolutionärer Gruppenbildung der Prozess gemacht. Ohne Urteil kam er für 7 ½ Jahre hinter Gitter.

Am 01.02.58 ging ein Schreiben an den Schriftstellerverband in Berlin, der Student Hans Buchmayer sei am 30.01.1958 des Instituts verwiesen worden, weil „... sich sein kleinbürgerlich-verspießerter Standpunkt naturgemäß auch in seinem Schaffen ausdrückt. Wir haben ihm empfohlen, in der Produktion zu arbeiten. Er soll erst wieder schreiben, wenn sein ernsthaftes Bemühen zu spüren ist, wirklich sozialistische Literatur zu gestalten."

Gegen andere des ersten Lehrgangs eröffnete das MfS zunächst ein *Gruppen-Vorlauf-Operativ*. Werner Lindemann und Rudolf Bartsch standen im Fokus. Bartsch, nach dem Studium Parteisekretär des Bezirksverbandes Leipzig des Deutschen Schriftstellerverbandes, wurde aufgrund angeblich massiver staatsfeindlicher Äußerungen aus der Partei ausgeschlossen. Selbstverständlich wurde ihm auch seine Mitgliedschaft im Schriftstellerverband entzogen. – Nichts verträgt eine Diktatur weniger als Kritik oder zweifelnde Fragen.

„Na klar siegt der Sozialismus, aber wir haben zu viele Arschlöcher", hatte sich Lindemann im Kreise von Freunden geäußert. Freunde? Der Satz genügte, um gleich mehrere IMs auf ihn anzusetzen.

In der Sammelakte 2923/63 Vorgang-Vorlauf-Operativ wird durch IM „Irene“ berichtet: „Giordano ... ergeht sich in antikommunistischen Ausfällen und produziert übelste Hetzliteratur. Eines seiner Pamphlete, betitelt: ‚Die Partei hat immer recht‘, richtete er als Postsendung an den Lindemann. Im Brief des G. an den Lindemann heißt es u. a. ‚... Da sich das System, für das zu dichten Du noch immer nicht aufgehört hast, also auf hoffnungslosem Kriegsfuß mit der Wahrheit befindet, möchte ich betonen, dass ich mein Buch ›Die Partei hat immer recht‹ auf Deine Bitte nicht als Konterbande in die DDR schicke. Lass es Dir gut gehen – so gut, wie die Koexistenz mit der Lüge es eben zulässt. Freundliche Grüße Deines Ralph Giordano.‘“
Überraschend wird die Akte Lindemann etliche Monate später mit dem lapidaren Vermerk geschlossen: „Der Beschuldigte Lindemann wurde am 15.05.1963 als IM geworben.“

Erich Loest – „Der Zorn des Schafes“

erschienen in: „Brigitte Dossier“, Nr. 5/1990, 03.10.1990

Der Zufall spielte ihm im Frühjahr seine Stasi-Akten in die Hände: 31 Bände zu je 300 Seiten allein von 1975 bis 1981, bis er in den Westen gegangen war, sieben Jahre Haft in Bautzen im Rücken. Damit konnte Erich Loest die schon fast fertige Autobiographie – genauer, deren zweiten Band – auffüllen; zusammen mit dem ersten, „Durch die Erde ein Riss“, ist es die genaue und beeindruckende Dokumentation eines deutschen Schicksals vom Faschismus über den Sozialismus in die Gegenwart. Freunde und Feinde werden mit Namen genannt, ob sie Kant, Keller oder Engelmann heißen. Fast von selbst entwickelt das Buch eine Dramaturgie wie im schrillsten Spionage-Thriller.

Grenzgänger zwischen Ost und West: Erich Loest

Linde Rotta und Erich Loest

erschienen in: „Brigitte Dossier“, Nr. 22 1989, 18.10.1989

[Redaktionelle Einleitung:] Erich Loest, 1981 aus der DDR übergesiedelt, blickt in seinem neuen Roman „Fallhöhe“ hinter die Kulissen der beiden deutschen Staaten – spannend, unterhaltsam und mit einem Schuss Satire. Linde Rotta hat ihn dazu interviewt. [Ende redaktionelle Einleitung]

Dein neuer Roman ist wieder typisch Loest: Intelligent und ironisch. Dein Held Köhler lässt nach zwei Jahren Knast und acht Jahren auf aussichtslosem Posten in einem DDR-Literaturinstitut seinem Zorn freien Lauf. Arbeitest du damit deine eigene Geschichte auf? Ist dein Roman autobiographisch?

In Zügen. Ich habe erzählt, was ich erlebt und gehört habe. Bei allem, was drin steht, gibt es einen wahren Kern.

Es werden Schriftsteller wie Günter Kunert, Gerhard Zwerenz und Wolf Biermann zitiert.

Ich schildere kurz zum Beispiel eine Szene, in der Köhler mit Biermann auf einem Schiff auf der Elbe fährt. Ich bin mit Biermann und Fritz Pleitgen, dem ARD-Korrespondenten, gefahren, und was ich gesehen und gehört habe, lasse ich meinen Köhler erleben.

Du teilst ganz hübsch Seitenhiebe aus!

Nun ja, aber ich schreibe über Freunde so, dass sie ihren Spaß daran haben können und sich nicht beleidigt fühlen müssen.

Du neigst zur Satire. In Reinform hast du dieser literarischen Gattung in DIE MÄUSE DES DR. LEY gefrönt, dem Roman über einen Nazi-Mitläufer. In FALLHÖHE bringst du eher eine Mischform.

Ja, früher habe ich Satirisches und Ernstes getrennt. Jetzt möchte ich beides verbinden. Unterhaltsam zu schreiben, ohne oberflächlich zu sein, ist eine schwierige Kunst. Hier hat jahrelang das Elitäre mehr gegolten und Preise bekommen. Eine Ausnahme ist der jetzt auch an Ralph Giordano vergebene Hans-Fallada-Reis, der Bücher berücksichtigt, die engagiert und lesbar sind.

Auch du hast den Preis bekommen. Was macht deiner Meinung nach einen guten Roman aus?

Gesellschaftliches Engagement, das Aufdecken von Widersprüchen und eine spannende Fabel.

Deine Helden sind immer Figuren, die das Leben ganz schön beutelt.

Ja, sie sind keine Lichtgestalten. Mein Interesse gilt Leuten, die sich durchwursteln müssen. Ihre Schwächen und Mühseligkeiten haben mich immer interessiert.

Acht Jahre Bundesrepublik – ist sie dir zur Heimat geworden?

Ich war 55, als ich hier ankam, da schlägt man nicht mehr so tiefe Wurzeln. Aber Deutschland ist auf beiden Seiten ein schönes, vielgestaltiges Land. Ich wohne wunderschön und ruhig am Rhein, blicke auf den Drachenfels und sehne mich nicht, wieder in Leipzig an der stinkigen Pleiße zu leben, aber ich möchte wieder hinfahren können, um Freunde zu treffen, um dort zu lesen. Danach aber würde ich mich wieder an den Rhein davonmachen.

Du handelst in deinem Roman Konflikte ab, die hier und heute in der DDR und bei uns passieren. Was liegt dir näher: Ost oder West?

Nachdem ich in den Westen kam, habe ich ein paar Jahre lang Themen behandelt, über die ich drüben nicht schreiben konnte: VÖLKERSSCHLACHTDENKMAL, ZWIEBELMUSTER, DURCH DIE ERDE EIN RISS. Danach hab' ich gemeint, ich müsste nun versuchen, über etwas zu schreiben, was hier spielt. Das ist im Wesentlichen mit FROSCHKONZERT geschehen. Doch hat jetzt meine Leipzig-Reise, die erste nach all den Jahren, wieder eine Rückbesinnung gebracht. FALLHÖHE spielt zur Hälfte hier und zur Hälfte dort. Ich habe wieder Sicherheit gewonnen, das zu erkennen und zu begreifen, was sich in der DDR abspielt.

Wie war für dich das Wiedersehen mit Leipzig?

Das Hauptgefühl war Trauer. Der Zustand der meisten Gebäude ist schrecklich. Das Haus, in dem ich 25 Jahre lang gewohnt habe, in dem meine Kinder aufgewachsen sind, steht kurz vorm Zusammenbruch. Ich bin in den Hausflur hineingegangen, in den Garten, in dem sie gespielt haben. Ich habe zu dem Fenster hinaufgeschaut, hinter dem mein Schreibtisch gestanden hat. Das Fenster ist blind und dreckig, in dem Raum wohnt niemand mehr, er ist nun kaputt und kalt.

Wärst du aus der DDR weggegangen, wenn man dich nicht solchen Repressalien ausgesetzt hätte?

O nein! Ich bin sehr schweren Herzens ausgereist und nur – was heißt nur – weil das, was ich schreiben wollte, keine Chance hatte, veröffentlicht zu werden. Zu warten, dass sich in der DDR etwas ändert, dazu waren meine Jahre zu weit fortgeschritten. Wenn man sein Leben in einer ganz neuen Welt aufbauen will, dann hat man mit 55 die letzte Chance.

Du musstest dein Leben nach deiner Entlassung aus dem Gefängnis schon einmal neu aufbauen. Die sieben Jahre Bautzen hast du einprägsam in DURCH DIE ERDE EIN RISS geschildert, für mich ein starkes Buch, weil es ehrlich, ohne Ressentiments und ohne Larmoyanz geschrieben ist und auch die Gegenseite zu Wort kommen lässt.

Ich habe mit dem Schreiben dieses Buches zwölf Jahre gewartet, ich wusste, warum. Böse Gefühle sollten sich setzen. Ich kenne Kollegen, die schlugen sofort zu und hassen noch heute. Aber Hass ist keine produktive Kraft.

Du bist nicht rachsüchtig?

Lass mich das mal so sagen: Natürlich bin ich intelligent genug, um zu wissen, dass Rache eine böse Sache ist. Ich bemühe mich, nicht rachsüchtig zu sein. Ich poche nur auf eines: Die DDR muss mich politisch und juristisch rehabilitieren, das habe ich von Anfang an gesagt, darauf bestehe ich auch weiterhin.

Das wird so schnell wohl nicht geschehen.

Nein. Nicht in dieser DDR. Da müsste schon so etwas kommen wie in der Sowjetunion, und das ist nicht in Sicht. Es ist aber eine moralische Forderung, von der ich nicht abgehe.

Fühlst du dich als eine Art „moralische Instanz" im Zusammenhang mit deinem Thema?

„Instanz" ist ganz gewiss zu hoch. Dass das, was ich schreibe, eine politische und damit auch moralische Bedeutung hat, ist keine Frage. Stefan Heym hat in großartiger Weise von der DDR aus herübergewirkt. Es könnte ja sein, dass es mir gelingt, nun von der Bundesrepublik aus, durch das was ich schreibe, was gesendet wird im Radio, manchmal auch im Fernsehen, hinüberzuwirken.

Wie sähest du Deutschland im Ganzen gern? Hast du eine Utopie?

Nein. Niemand weiß, wann und unter welchen Umständen große Änderungen kommen werden. Eine begründete Aussicht auf eine Wiedervereinigung, auf ein Aufgehen in einem europäischen Haus, gibt es zurzeit nicht.

Die Mauer kann ja nicht ewig stehen ...

Nichts ist ewig. Aber niemand weiß, wann sie fallen wird. Honecker hat kürzlich gesagt, es könnte 100 Jahre dauern, wenn die Bedingungen nicht geändert werden. Nun meint er natürlich die Bedingungen im Westen, aber da müssen sich ja vor allem erst mal die Bedingungen im Osten ändern, damit sie fallen kann.

Könntest du dich als Vermittler, als Brücke zwischen hüben und drüben sehen?

Wenn das möglich wäre, würde ich sehr froh sein. Man kann aber nur „Brücke" sein, wenn man auch Pfeiler auf dem anderen Ufer hat. Der DDR-Verband hatte zwei Vertreter des hiesigen Schriftstellerverbandes zu einem Kongress geladen. Unser Verband hat entschieden, dass ich einer der beiden sein sollte. Aber der DDR-Verband hat brüsk abgelehnt: Nein, den Loest wollen wir nicht.

Keine Aussicht, dass der Pfeiler doch einmal errichtet wird?

In Bautzen pflegten wir zu sagen: Wir haben warten gelernt.

Rosa Montero – „Geliebter Gebieter“

Roman, Peter Hammer Verlag, 1989

Cesar, Art-Direktor einer großen Madrider Werbeagentur, steht auf der Abschussliste seiner Firma. Ihm, einem bekannten Pop-Art-Künstler, mangelt es in letzter Zeit an Einfällen, seine Kreativität ist ausgebrannt, längst kopiert er sich selbst. Jüngere versuchen mit skrupelloser Härte, ihn von seiner Position zu verdrängen. Denn einmal in diesem System integriert, kann sich keiner dem Sog von Karriere und Macht entziehen. Auch Cesar nicht. Um seine Stellung zu behalten, ist er schließlich sogar bereit, seine Geliebte zu verraten.

Das Thema, an sich nicht neu, könnte genauso gut jedem anderen kapitalistischen Land zugeordnet werden. Dass sich ausgerechnet eine spanische Autorin dessen annimmt, erstaunt immerhin. Oder doch nicht? In keinem anderen europäischen Staat vollzog sich der Wechsel vom Faschismus zum Kapitalismus so abrupt. Hierarchie und Machtanspruch des einen gingen nahezu nahtlos in Hierarchie und Machanspruch des anderen über.

Rosa Montero, heute eine der wichtigsten Journalistinnen und Schriftstellerinnen ihres Landes, kennt innere Strukturen und Handlungsgesetze der oberen Managerebenen aus eigener Erfahrung und entlarvt sie unbarmherzig. Ihr Buch spiegelt die Bitterkeit einer Sicht wieder, die wohl nötig ist, um Ängste und Zwänge der Betroffenen, die ganze Absurdität eines Systems zu durchschauen, in dem Aufstieg als Tugend gilt und Konsum als moralischer Wert. So gibt es weder Schuldige, noch Unschuldige, nur Sieger und Besiegte. Wer beherrscht wird, beherrscht wieder, die Täter von heute, sind zwangsläufig die Opfer von morgen. Mit bitterer Konsequenz zeichnet sie ihre Figuren und stattet alle mit den gleichen Charaktereigenschaften aus: Sie sind oberflächlich, konsumbesessen, widerspruchslos gegenüber Befehlen und unfähig zu lieben. In ihrer Identitätslosigkeit sind sie austauschbar. Überall und jederzeit.

Rose Montero, 1951 in Madrid geboren, Journalistin *(El Pais)* und mehrfach ausgezeichnete Autorin, studierte Zeitungswissenschaft und Psychologie. „Geliebter Gebieter" ist ihr dritter Roman und der erste, der ins Deutsche übersetzt wurde.

Loslassen

Der in seinem Auftrag von mir verfasste Schlusstext zu Erich Loests Tagebuch „Gelindes Grausen", Mitteldeutscher Verlag, 2014

„Was anderes ist unser Leben als eine Reihenfolge von Präludien zu jenem unbekannten Gesange, dessen erste und feierlichste Note der Tod anstimmt?"

Lamartine

12. September 2013

Mit einem Taxi fahre ich nach Hause, müde von dem langen Kliniktag, dennoch erleichtert und froh, Erich geht es erheblich besser als gestern. Mit wacher Aufmerksamkeit hat er mir zugehört, wenngleich noch immer rasch ermüdend. Kein Wunder bei der hohen Dosierung von Medikamenten.

Jetzt habe ich nur einen Wunsch: Einen strammen Waldmarsch, danach den Tag ausklingen lassen. Seit drei Wochen bin ich kaum an die Luft gekommen, Herzschmerzen melden sich fast täglich: Stress, Anspannung. Den morgigen Vormittag werde ich Zeit haben, in Ruhe die Notizen für sein Tagebuch zu vervollständigen, zum ersten Mal seit zwei Wochen hat Erich keinen Auftrag für mich. Sie werden ihm, wenn er erst wieder zu Hause ist, und seien es in der Woche nur wenige Stunden, brauchbare Gedächtnisstütze sein.

Ich ziehe mich um, stecke das Handy in die Jogginghose – ab ins Rosenthal. Drei Minuten Straße, drei Minuten Schrebergärten, die kleine Holzbrücke, der Wald. Spätsommerliche Abendstimmung umfängt mich. Einmal rund um den Teich, an jener Bank vorüber, auf der Erich so gerne ausruht, wenn wir gemeinsam die gleiche Strecke gehen, nur gemächlicher, viel gemächlicher. Frühestens in sechs Wochen wieder, aber dann ist November, grauer Herbst.

Quick gehen, durchatmen, tief, tief durchatmen ...!

Zu Hause räume ich den Briefkasten leer. Nach dem Abendessen ist die Post durchzusehen, zu sortieren: Was kann ich erledigen, was muss morgen ins Krankenhaus mitgenommen werden? Das Telefon klingelt. Frau Niederwieser bittet mich, sofort Ihren Mann anzurufen. Der gesamte Packen Briefe fällt auf den Teppich.

Professor Dietger Niederwieser, Hämatologe am Universitätsklinikum Leipzig, erreiche ich irgendwo auf der Autobahn zwischen Dresden und Leipzig. Die Erkenntnis blitzt auf, setzt sich fest: Erich hat losgelassen!

„Was ist geschehen, geht es meinem Mann schlechter? Ist er ...?"

Schweigen. Schließlich: „Ja. Er hat es so gewollt. Die Klinik hat Sie telefonisch nicht erreicht. Meine Frau holt Sie gleich ab."

Was ... was hat er so gewollt? Und wieso hat mich die Klinik nicht erreicht? Mein Handy hat kein einziges Mal geklingelt.

Frau Niederwieser beantwortet keine meiner Fragen, geht auf mein Gestammel nicht ein: Als ich ihn vor nicht einmal zwei Stunden verließ, ging es ihm noch gut. Er hat mich weggeschickt, weil er müde war wie so oft in letzter Zeit. War da schon ..., habe ich das alles falsch eingeordnet? Aber es hat doch nichts darauf hingedeutet, nichts. Gestern, ja, da hätte es mich nicht wirklich überrascht. Die Sätze verheddern sich. Ich kämpfe um Fassung. Spüre, sie weiß alles. Nur – was soll sie mir schon antworten?

Vor dem Hauptportal in der Liebigstraße steht die Feuerwehr mit ausgefahrenem Kran. Ein Brand, eine Übung? Frau Niederwieser beantwortet auch diese Frage nicht, konzentriert sich vielmehr darauf, eine Parklücke zu entdecken, wird hinter dem Taxistandplatz fündig. Die wenigen Meter laufen wir.

Die Belegschaft auf der Station ist verstört, Schwestern drücken mir die Hand, einen Moment lang habe ich das Gefühl, die diensthabende Ärztin, Frau Dr. B., will mich umarmen. Ehe ich Fragen stellen kann, kommt ein Polizist in Zivil auf mich zu: Mein Mann habe sich kurz vor 18 Uhr aus dem Fenster gestürzt. Beileid.

Aus dem Fenster gestürzt? Erich?

Mit professionell mitfühlender Stimme erkundigt er sich nach weiteren Angehörigen, Telefonnummern, Adressen. Ich weiß sie nicht aus dem Kopf, nenne ihm die Namen von Erichs Kindern, Thomas Loests Anschrift. Der könne ihm über seine Geschwister genaue Informationen geben, ich nicht, nicht hier, nicht in diesem Augenblick.

Chaos in meinem Kopf, wie aufgescheuchte Vögel flattern die Gedanken durcheinander, was der Beamte behauptet, kann nur ein Irrtum sein, Erich litt an schier hysterischer Höhenangst. Und wie, wie sollte er aufs Fensterbrett gekommen sein, geschwächt wie er war?

Alles verschwimmt. Ob er einen Arzt rufen solle, fragt der Beamte. Das kommt mir fast komisch vor – hier im Krankenhaus. Ob zu Hause jemand auf mich warte? Nein. Ob Familienangehörige sich um mich kümmern könnten? Nein. Ob mir jemand von der Krisenintervention beistehen solle? Ja bitte, oh ja! Er telefoniert. Eine Dame sei verständigt, sie werde vor meiner Haustüre auf mich warten. Danke.

Frau Niederwieser hilft mir, Erichs Sachen zu packen. Auf dem Tisch steht noch das Abendbrottablett mit der halben Brotschnitte, die er nicht mehr angerührt hat. Das Fenster ist geschlossen, ich habe nicht den Mut hinauszuschauen. Auf dem Nachttisch liegt das erste Exemplar seiner vor wenigen Tagen erschienenen Erzählung

„Lieber hundertmal irren". Wieso *auf* dem Nachttisch, ich habe es *in* die Schublade gelegt? Einen Stift dazu. Den finde ich jetzt neben dem Buch.

Ich schlage auf: „12.09. September. 17.46. Meine geliebte Linde, dieses Buch widme ich mit Dir. Dank für wunderbare Jahre, Dein Erich."

Der Rest des Abends: Dunkelheit, nichts als Dunkelheit.

28. August 2013

Glashalle Mediencampus in Leipzig. Der Filmemacher René Römer mit Erich Loest vor dem Minkewitzbild „Aufrecht stehen", die zweite Version. Die Kamera ist auf den Schriftsteller gerichtet. Er erläutert das Bildprojekt, dessen Aussage und deren Wichtigkeit für ihn und, seiner Überzeugung nach, auch für Leipzig. Kurz vor Beginn der Dreharbeiten war das Schreiben der Rektorin Schücking an Stephan Seeger, Direktor der Medienstiftungen, via Mail auf unserer Internetseite gelandet (abgedruckt in der LVZ). Erichs erste Reaktion darauf mir gegenüber: „Nun hat sich das alte Stalinistenpack an der Uni doch durchgesetzt." Nicht der Rektorin schiebt er die Schuld zu, vielmehr jenen, die hinter ihrem Rücken rühren und bändeln, wer immer das sein mag – einen konkreten Verdacht hat er freilich. Aus seiner grundtiefen Enttäuschung über den Inhalt des Briefes und die Haltung der Universität macht er auch dem Filmemacher gegenüber keinen Hehl. Deren nicht zu überbietende Hinhaltetaktik prangert er an, die keinesfalls mit Beamtenträgheit oder Institutionsdschungel zu entschuldigen sei, doch selbst wenn, beides sei gleichermaßen ignorant, beschämend.
Letzte Drehszene: Erich Loest allein vor dem Bild, ein müder alter Mann, der seinen Kampf, vor mehr als acht Jahren begonnen, nunmehr verloren glaubt und aufgibt. Endgültig aufgibt.

Abschied, Händedruck: „Machen Sie was Gutes aus dem Material!" Die Einstellungen vorm Roten Ochsen in Halle muss das Team morgen ohne seinen Hauptdarsteller drehen, das ist inzwischen beschlossene Sache.

Wir fahren sofort nach Hause. Im Auto scherzt er: „Jetzt kommen die lustigen Tage, Schätzel. In einer Woche geht's ab nach Bayern zur Kur. Dort lassen wir's uns wohl sein." Galgenhumor?

Er hat seine Kräfte überschätzt, die herbe Enttäuschung plus eine Woche Filmerei – die Erschöpfung ist ihm ins Gesicht graviert.

„Wenn nicht jetzt", sagte er am Anfang der Dreharbeiten, deren Planung vor drei Jahren begann, sich der Finanzierung wegen aber so lange hinzog, „wenn nicht jetzt, dann nie mehr. Also los!"

Ein paar Bissen zum Abendessen, zwei Tassen heißen Kräutertees, das „heute journal" wartet er nicht mehr ab, er geht zu Bett.

29. August

Die lustigen Tage? Am frühen Morgen, draußen ist es noch dunkel, ruft er aus seinem Zimmer. Er muss zur Toilette, kann aber nicht aufstehen. „Hilf mir!" Er zittert. Sein Gesicht gelblich grau, seine Hände gelblich grau, eiseskalt. Er stützt sich auf mich, Zentner hängen auf meiner Schulter, ich vermag ihn kaum zu halten. Irgendwie schaffen wir den Weg dann doch. Danach packe ich ihn in seine Schafwolldecke, schiebe ihm das Heizkissen unter den Rücken, bereite heißen Tee, massiere ihm Hände, Füße, Beine. Allmählich kehren Farbe und Wärme zurück, er schläft ein. Nach mehrmaligen Versuchen erreiche ich halb acht die Hausärztin am Telefon.

„Ich vermute auch Dehydrierung", schildere ich seinen Zustand, „wahrscheinlich hat er die letzten Tage während der Filmerei zu wenig getrunken. Überhaupt war das alles zu viel." Sie gibt Anweisungen, wir verabreden, in kurzen Abständen miteinander zu telefonieren, sollte sich sein Zustand auch nur ein Quäntchen verschlimmern, müsse ich sofort den Notarzt rufen.

Doch im Laufe des Vormittags erholt er sich zusehends, verlangt sogar ein leichtes Frühstück, vor allem achte ich darauf, dass er trinkt, trinkt, trinkt. Gegen Mittag steht er ein halbes Stündchen auf, isst eine Gabel Gemüse, ein Stückchen gedünsteten Fisch, ein leichtes Kompott. Er blättert in der Zeitung, geht wieder zu Bett, schläft gute zwei Stunden tief und fest.

Als ich abermals nach ihm sehe, blinzelt er mir mit jenem Ausdruck zu, dem immer seine schelmische Frage folgt: Können diese Augen lügen? Mit stark gelispeltem „s“. Prompt wage ich unser Späßlein in biedermeierlichem Krankenschwesterntonfall: „Na, wie geht’s uns denn heute?“

„Willst du mich glücklich machen? Ein Glas Bier, das wär’s“, sagt er, „Tee kann ich nicht mehr sehen, Wasser noch weniger. Also um fünf. Abgemacht?“ Das gehört zu seiner Arbeitsdisziplin: Kein Tropfen Alkohol vor 17 Uhr! Die Zeit bis dahin überbrücken wir heute mit Johannisbeersaft.

Er kleidet sich an, sitzt eine Viertelstunde später an seinem PC, arbeitet an seinem Tagebuch. Ich mahne, nicht gleich zu übertreiben. Das Abendbrot schmeckt, noch besser das Bier – na also! Während ich den Tisch abräume, setzt er sich in seinen Lesestuhl, blättert im zweiten Band der Hölderlin-Werke. In seinem Bücherregal steht die gesamte Bibliothek deutscher Klassiker. In meinem ebenfalls, etliche Literatur haben wir aus unseren früheren Leben doppelt. Schon vor Wochen nahm er sich vor, vieles, nicht alles, noch einmal zu lesen, jetzt habe er endlich Ruhe, Zeit, kein Termin dränge – mit einem Wort: Rentnerleben. „Solange die Augen es schaffen.“ Bände, die er „durch“ hat, wandern in einen Karton für Sohn

Robert, dem Antiquar. Novalis weiß er nur wenig abzugewinnen, Büchner umso mehr, Droste-Hülshoffs Erzählung „Bilder aus Westfalen" überrascht ihn positiv. Wir kennen sämtliche Schauplätze.

Das Buch poltert zu Boden, ich laufe ins Wohnzimmer. Erich steht schwankend, stützt sich auf die Couch, gelbgrau das Gesicht, gelbgrau die Hände: „Ins Bett!" Wieder zittert er am ganzen Körper, ist eiskalt. Ich entkleide ihn, packe ihn in seine Schafwolldecke, schalte das Heizkissen ein, rufe die Hausärztin an. Knapp zwanzig Minuten später sitzt sie an seinem Bett. Wie am Morgen hat er das Gefühl, auf die Toilette zu müssen. Trotz vereinter Kräfte schaffen wir es dieses Mal keine zwei Meter, er sinkt zurück ins Bett. Frau Bigalke fühlt, misst, tastet, drückt – Schmerzen hat er nicht, Fieber ebenso wenig. Trotzdem ist sie überzeugt: „Sieht nach akuter Harnweginfektion aus." Sie ruft den Notarzt. Erich will in die Uniklinik gebracht werden, auf keinen Fall ins St. Georg.

Ich darf nicht mitkommen, es mache keinen Sinn. Auch Frau Bigalke beruhigt mich, besser, ich riefe in vier Stunden an, tun könne ich nichts und bei meinem Mann bleiben ohnehin nicht. Der Notarzt gibt mir die Nummer.

Im Wohnzimmer hebe ich den Hölderlin-Band vom Boden. Noch ist er aufgeschlagen.

„Liebste Mutter!", lese ich, „eben habe ich das Geld und Ihren schätzbaren Brief ... erhalten. Diese gütige Hülfe, und der Muttersegen, womit sie begleitet ist, wird wohl nicht ohne Früchte sein; und ich kann Ihnen keinen besseren Dank sagen, als dass ich das Empfangene dazu verwenden werde, um noch einige Zeit in täglichem Fleiße zu leben, besonders dem Werke, das ich unter den Händen habe, noch alle Vollkommenheit zu geben, die in meinen Kräften liegt ..."

„Um noch einige Zeit in täglichem Fleiße zu leben …" Behutsam lege ich das Seidenbändchen zwischen die Seiten und schließe das Buch.

Nach vier Stunden rufe ich an, nach sechs, schließlich noch einmal um zwei Uhr früh – vergebens. Ich möge mich doch bitte früh gegen acht melden.

Ich stelle den Wecker, lege beide Telefonhörer an mein Bett und nehme eine halbe Schlaftablette.

30. August

Um 7.30 Uhr bin ich am Apparat. „Ihr Mann liegt auf Station F 21", die Stimme klingt aufmunternd. Netterweise werde ich gleich weiterverbunden. Schwester Simone meldet sich. Ja, es gehe ihm gut, soweit, allerdings stünden in dieser Woche noch allerlei Untersuchungen an. Nach baldiger Entlassung klingt das nicht. Ich packe die nötigen Sachen für einen Krankenhausaufenthalt in seine Reisetasche und fahre los.

„Alles ist gut", begrüßt er mich. Er liegt in einem Doppelzimmer, das zweite Bett ist leer. Man hat ihm einen Katheter und eine Kanüle angelegt, aus einer Flasche tropft rötliche Flüssigkeit. Das soll rund um die Uhr so bleiben, vorläufig. Beide Handrücken sind dunkelblau. Wieder hat eine Pflegerin die Venen nicht richtig getroffen – wie so oft.

Er habe lange in der Notaufnahme zugebracht, gefroren; nein, Schmerzen habe er nicht; nein, Telefonanschluss wolle er keinen, nur Ruhe, Ruhe.

Während ich seine Sachen in den Schrank räume, wird er von einem Pfleger abgeholt. „Der Zahnarzt wartet auf Sie."

„Wie lange kann das dauern?" Achselzucken: „Ein, zwei Stunden."

Erichs Zähne – da steht ihm in diesem Herbst Dauerstress bevor. Einer nach dem anderen bricht ab, im Oberkiefer wird ein Großteil gezogen werden müssen, das ist seit Wochen bekannt, bedeutet langwierige Umstellung der Medikation im Vorfeld (seit seinem ersten Herz-Stent schluckt er täglich zwölf verschiedene Medikamente), bedeutet Schmerzen und monatelangen Heilungsprozess. Kauen kann er schon jetzt nur noch mit den Vorderzähnen, Schwerstarbeit, die ihm die Freude am Essen vergällt.

Von der Stationsärztin erfahre ich, er habe in der Nacht fast vierzig Fieber gehabt. Sie bestätigt die Harnweginfektion, die sei jedoch, weil noch im Anfangsstadium, leicht in den Griff zu kriegen. Bedenklicher: Im Körper befinde sich ein zweiter Infektionsherd, wo, das müsse jetzt dringlich herausgefunden werden. Außerdem vermute sie ein, zwei kleine Schlaganfälle, auch da sei nachzuhaken. „Hatte er in den letzten Tagen Schwierigkeiten beim Sprechen, beim Formulieren?"

„Nichts dergleichen."

„Bitte beobachten Sie das!"

Nach Stunden wieder zu Hause, sage ich sämtliche Termine für die nächsten drei Wochen ab, storniere unsere Kur. Selbst wenn Erich bis zum Wochenende aus der Klinik entlassen würde, eine mehrstündige Autofahrt ist in seinem derzeitigen Zustand auf keinen Fall zu verantworten.

Herbert Staffa rufe ich ebenfalls an und bitte ihn, Professor Niederwieser zu informieren: Niederwiesers haben wir vor Jahren beim Österreicher-Stammtisch kennengelernt und später immer wieder im Hause Staffa getroffen. Auf den Rückruf des Professors muss ich nicht lange warten. Ja, er wolle sich gerne um meinen Mann kümmern und sich mit seinem Kollegen in Verbindung setzen, wenn irgendwas sei, möge ich mich bei ihm melden, bitte jederzeit. Er gibt mir seine Mobilnummer. Von Dank will er nichts wissen. Das sei doch das Geringste und selbstverständlich, sagt der Südtiroler und Wahl-Leipziger, dass man als Bürger dieser Stadt etwas für *den* Menschen tue, der sich in so herausragender Weise für sie eingesetzt habe.

Nicht alle Leipziger denken so.

Als ich Erich anderntags die Worte des Professors wiederhole, zuckt es in seinem Gesicht, er dreht den Kopf zur Seite.

31. August

Das Wochenende verläuft zufriedenstellend, es gibt keine Untersuchungen, Erich erholt sich und will über alles informiert werden. Ich bringe ihm die Post, soweit sie wichtig ist, die Wochenendausgabe der LVZ, und, um ihn aufzumuntern, sein Lieblingsblatt, die *Süddeutsche.*

Fieber hat er nicht mehr, sein Blick ist klar, Schwierigkeiten bei Artikulation und Aussprache sind nicht zu erkennen, Dr. B. muss sich geirrt haben.

„Vergiss nicht, morgen Käthe anzurufen." Seit Jahren telefonieren die Geschwister jeden Sonntag pünktlich um zehn Uhr. An diesem Ritual wird nicht gerüttelt. „Sie soll sich keine Sorgen machen, wird schon wieder, ist ja immer geworden. Und wenn du nach Hause kommst, kopierst du den Rest des Tagebuchs auf zwei Silberscheiben. Eine bringst du noch morgen zur *LVZ*, die andere ist für den Mitteldeutschen."

Es sind die ersten einer Reihe von Aufträgen, die er mir von nun an täglich auf den Nachhauseweg mitgibt.

Dann lässt er sich die Bedienung des Fernsehers erklären, Abende im Krankenhaus können endlos sein. Ich besorge Kopfhörer.

Reden strengt ihn an, das Tageslicht schmerzt, er schließt die

Augen. Nach einer Weile: „Hör mir jetzt gut zu! Notiere bitte täglich alles, was passiert, hier und überhaupt, man vergisst so schnell. Wenn ich wieder nach Hause komme, brauche ich die Notizen. Und sollte ich länger hierbleiben müssen, wirst du das Tagebuch solange weiterführen. Sag es den beiden."

Gemeint sind *LVZ*-Chefredakteur Emendörfer und Herr Pliske, Leiter des Mitteldeutschen Verlages.

„Das ist doch wohl nicht dein Ernst? Nein, das geht nicht!"

Er drückt meine Hand: „Mir ist das hochwichtig. Also versprochen? Ruf beide gleich Montag an. Und jetzt geh bitte, ich muss schlafen. Ach ja, vielleicht bringst du mir morgen ein Buch, nicht allzu anstrengend, du weißt schon."

1. September

Auch der Sonntag lässt sich brauchbar an. Erich sitzt an dem kleinen Tisch am Fenster, liest seine Zeitung. Sein tägliches Gehirntraining, die Lösung eines Sudoko, ist offensichtlich zu seiner Zufriedenheit ausgefallen, das hebt seine Stimmung. Ebenso die Entfernung des Katheters. „Sind die Silberscheiben fertig?"

„Und auf den Weg gebracht!"

„Morgen", berichtet er, „wollen sie ein MRT machen, schau'n, ob der Kopf in Ordnung ist. Ist das schmerzhaft?"

„Nein, nur lästig. In der Röhre ist es zeitweilig unangenehm laut, kühl obendrein, und es dauert eine Weile."

Vor knapp vier Wochen musste ich selber diese Prozedur über mich ergehen lassen, Routineuntersuchung. Das Ergebnis war für uns beide dann doch ein gelinder Schock: In der rechten Gehirnhälfte versucht ein, wenn auch noch kleines Meningeom, es sich gemütlich zu machen. Das könne rasch, das könne langsam wachsen, bei ein wenig Glück auch gar nicht – kurz: abwarten, beobachten! *The same procedure ...*, das kenne ich hinlänglich. Fünf Jahre zuvor war es ein kompliziert sitzendes Hirnaneurysma, das mir in einer vielstündigen Operation entfernt werden musste, dank der Meisterleistung Professor Meixensbergers von der Uniklinik für Neurochirugie ohne negative Folgen für mich. Das Leben danach war neu geschenktes Leben, Grund genug, von nun an jede Sekunde, jeden Tag dankbar zu genießen. Allzu viel Zeit blieb nicht dafür, ein halbes Jahr später erlitt Erich eine erste schwere Herzattacke. In der Herzklinik wurde ihm ein Stent gesetzt.

Die bevorstehende Kopfoperation zwang mich damals darüber nachzudenken, was wäre wenn. Die Chancen, das Krankenhaus gesund auf eigenen Beinen oder gelähmt im Rollstuhl als Pflegefall zu verlassen, standen fünfzig zu fünfzig. Wie hätte Erich mit seinen damals 82 Jahren mit dieser Situation fertig werden sollen? Für mich stand fest: Ein Leben in einem Pflegeheim kam nicht infrage. Also traf ich entsprechende Vorsorge. Natürlich erörterten wir die Situation – offen und ausführlich. Nie wieder sprachen wir später eindringlicher über Sterben – mein Sterben.

Ich ziehe Meir Shalevs Roman „Fontanelle“ aus der Tasche, mir vor Jahren kurzweilige Reiselektüre in Spanien. Diesen Autor lieben wir beide, schätzen dessen intelligenten ironischen Stil, seinen Witz, die Raffinesse seiner Handlungskonstruktionen. Erich kennt dieses Buch noch nicht. Er überfliegt den Klappentext, nickt, blättert herum. Ein Flyer segelt zu Boden – ein Programmzettel mit einem spanischen Gedicht auf der Vorderseite. „Sieh an, unser Besuch bei Federico García Lorca“, sage ich, „erinnerst du dich?“

„Sí, sí, Baby, das waren noch Zeiten!“

Anfang Juni. Mit dem Linienbus fuhren wir zur Huerta de San Vicente bei Granada, dem Haus, in dem der Dichter dereinst seine Kindheit verbrachte, heute ein kleines Museum. Zur Erinnerung an seinen Geburtstag war für den Nachmittag im Park ein Klavierkonzert angesetzt. Wir blieben. Granados stand auf dem Programm und, wie konnte es bei Lorca anders sein, Manuel de Falla; Lorca-Gedichte wurden rezitiert, auch dieses auf dem Flyer:

... Yo vuelvo
por mis alas.
Dejadme volver!
Quiero morirme siendo
amanecer!
Quiero morirme siendo
ayer! ...

(... Auf meinen Flügeln
Kehre ich zurück.
Lasst mich heimkehren!
Sterben will ich
als Morgendämmerung!
Sterben
Seiend das Gestern! ...)

Die Musik, der schwere Blütenduft, die durchscheinende Silhouette der schneebedeckten Sierra im tiefdunklen Blau des andalusischen Nachmittags – uns wurde es romantisch ums Herz, mir zumindest. Auf der Rückfahrt im Bus klaute ein geschickter Taschendieb das Portemonnaie aus Erichs Gesäßtasche – daran ließ er sich später nur ungern erinnern.

Dieser Besuch in der Huerta war der Ausgangspunkt für die Idee, aus seinem Elternhaus in Mittweida ein kleines Loest-Museum zu machen.

Ehe ich aufbreche, trägt er mir auf zu erkunden, ob für Patienten eine Möglichkeit bestehe, in der Klinik ihre Stimme für die Bundestagswahl abzugeben, wenn nicht, solle ich sofort für ihn Briefwahl beantragen. Und: Ob ich Thosts schon angerufen habe (Marlis Thost war erst kürzlich operiert worden), ob Hinrich (Lehmann-Grube) inzwischen in die Klinik eingerückt sei? Ihnen könne ich Bescheid geben.

Und wem noch?

Niemandem!

2. September

An diesem Tag komme ich eine Stunde eher, weil ich um 16.30 Uhr einen Termin bei der Physiotherapie habe. Ein Zettel hängt an der Zimmertür: „BITTE, NUR EIN BETT BELEGEN!" Erichs Bett ist leer.

Während ich noch überlege, ob ich warten oder später wiederkommen soll, wird er in einem Rollstuhl hereingefahren. Ihm ist kalt, also schleunigst ab ins Bett. Ich hole heißen Tee.

Es ist ihm in letzter Zeit so oft kalt. Zu oft.

Er ist mürrisch. Als der junge Pfleger aus dem Zimmer ist, poltert er los, man habe gestern einen zweiten Patienten bei ihm einquartiert, laut, störend, ein schrecklicher Schnarcher. Die ganze Nacht habe er kein Auge zugetan. Eine fremde Person mit ihm in einem Zimmer – das halte er nicht mehr aus.

3. September

Auf dem Flur fängt mich eine Pflegerin ab. Herr Loest liege auf der Intensivstation. Dort könne ich ihn ab 16.30 Uhr besuchen.

Was ist passiert? Achselzucken. Personal darf keine Auskunft geben, nur die Stationsärztin. Ich warte auf ein Gespräch. Die Untersuchungen hätten ihn so mitgenommen, erst das MRT gestern, heute die Ultraschalluntersuchung des Herzens durch die Speiseröhre, an sich harmlos, aber in seinem Falle ... sein Blutdruck spiele verrückt, es sei immer noch nicht klar warum.

Seine Phantasie, denke ich. Für einen kreativen Menschen wie ihn ist sie ein Gottesgeschenk, aber sie wird ihm zum Fluch in Zeiten der Krankheit. Alles Schwarze sieht er dann noch schwärzer, sie steigert sich zur Angst.

Um die Zeit totzuschlagen, erkunde ich das Klinikum, laufe um den riesigen Gebäudekomplex, quere die wenigen Grünanlagen und marschiere durch sämtliche Gebäude, soweit sie miteinander verbunden sind. In dem kleinen Park hinter der Geburtsstation stoße ich auf eine schlichte Gedenktafel, Sir Bernard Katz gewidmet, 1911 in Leipzig geboren, gestorben 2003 in London. Katz erhielt 1970 den Nobelpreis für Physiologie und Medizin. Der Nazis wegen emigrierte er nach seinem Studium in Leipzig nach England.

Erich hat nie von ihm gehört, das gesteht er mir einen Tag später. Kurios für mich: Loest, so stolz auf seine Stadt und ihre Bürger, Loest, der sonst alles weiß, weiß nicht, dass Leipzig einen Nobelpreisträger hervorgebracht hat. Wie es scheint, wurde der Wissenschaftler von der DDR nie auf einen Podest gehoben.

Endlich kann ich mich auf der Station melden. Eine Stunde Besuchszeit ist erlaubt, weniger sei vernünftiger. Wieder hängt er an Schläuchen, sichtlich geschwächt, gedrückter Stimmung ist er ebenfalls: Der Patient im Bett nebenan stöhne und röchele unentwegt, das baue nicht auf, beklagt er.

Keinerlei Grund zur Sorge, wird mir mitgeteilt, mein Mann sei lediglich zur Beobachtung hier, schon morgen liege er wieder in seinem Bettchen.

Die Frage nach Leipziger Nobelpreisträgern stelle ich ihm heute nicht.

****

Vor Monaten kaufte ich Karten für das Argerich-Vallina-Konzert, beste Plätze, beide freuten wir uns auf einen musikalischen Höhepunkt der Extraklasse. Jetzt nimmt Erichs Platz eine Freundin ein. Das Programm, Rachmaninow, Busoni, Liszt (wann hört man in Leipzig schon Liszt, Busoni gar?) auf zwei Flügeln so meisterhaft vorgetragen, perlt an mir ebenso ab wie der tosende Applaus und sämtliche Zugaben. Wann hören die Leute endlich auf, Beifall zu klatschen?

4. September

An diesem Mittwoch bringt der Postbote ein Päckchen, rechtzeitig genug, dass ich es ins Krankenhaus mitnehmen kann: Dazu einen Brief: „Lieber Erich Loest", schreibt Melanie Hensel, seine Lektorin beim Steidl Verlag, „gestern erfuhr ich erst von Ihrer Erkrankung und umso mehr freut es mich, Ihnen heute zu meinen Genesungswünschen gleich noch ›Lieber hundertmal irren‹ beilegen zu können. In der Hoffnung, Sie bald zu sprechen, verbleibe ich mit herzlichen Grüßen ..."

Abermals finde ich Erichs Krankenzimmer leer, schlimmer: Seine Sachen sind fortgeräumt. Verstört erkundige ich mich. Erich sei auf ein Einzelzimmer verlegt worden, beruhigt man mich.

Überrascht, geradezu entzückt, nimmt er das Buch, betastet liebevoll das Papier, blättert: „Ist das eine Freude!" Seine Stimmung hebt sich um Stufen. Sofort erklärt er sich bereit zu einem Spaziergang auf dem Flur. Es wäre zu schön, verliefen alle Tage so positiv.

An seinen „guten" Tagen hält er mich auf Trab: Termine müssen abgesagt, andere neu beordert, Post erledigt, diverse Auskünfte eingeholt werden. „Ruf beim Verlag an. Pliske soll kommen und die Fotos für das Buch nach eigenem Gutdünken aussuchen." Die Fortsetzung des Loest-Tagebuchs soll im Dezember in Druck gehen.

„Und was ist mit dem Vertrag?"

„Soll er machen, wie es üblich ist."

Und: „Minke kann das geforderte Geld fürs Atelier haben, ja klar, aber er muss mir zusagen, schriftlich zusagen, dass er sich weder von der Uni noch sonst wem breitschlagen lässt, Hans Mayer und Ernst Bloch von dem Bild zu entfernen. Sie *müssen* draufbleiben!" Hans Mayer, Ernst Bloch – seit Kurzem ein weiterer Streitpunkt mit der Uni.

Ich telefoniere, fahre dahin, fahre dorthin, zwischendurch muss ich zur Physiotherapie, so verfliegen die Vormittage. Ein paar Bissen zu Mittag, danach ab zur Klinik – in zehn Tagen verliere ich zwei Kilo.

Einen Telefonanschluss am Bett lehnt Erich weiterhin ab, ebenso Besuche, er will, muss Ruhe haben. Striktes Verbot, die Kinder zu informieren.

„Wozu?"

Ja, wozu? Nach erheblichem Zwist, der sie mehrmals gegeneinander vor Gericht brachte (E. L. berichtete in seinem Tagebuch „Man ist ja keine Achtzig mehr" ausführlich darüber), lastet seit Jahren Funkstille zwischen Vater und Sohn Thomas, Vermittlungsversuche von Bekannten scheiterten. Auch von der Tochter in Köln gibt es seit Beginn dieses Streits kein Lebenszeichen. Erich zieht daraus seine Schlüsse. Über beide wird nie wieder gesprochen, sie bleiben Tabuthema für ihn. Lediglich Robert, der Jüngste, hält sich aus allem heraus. Ab und an meldet er sich per Fax, besucht für ein Stündchen oder auch zwei den Vater, wenn er zufällig in Leipzig zu tun hat – drei Mal im Jahr glückliche Momente für Erich.

5. September
Ein Rundfunkinterview, für diesen Tag geplant, musste abgesagt werden.

Erichs Befinden gleicht den Gezeiten, gute und schlechte Tage wechseln einander in bestürzender Regelmäßigkeit ab. An schlechten, die ich für mich als „dunkle" bezeichne, reicht seine Kraft gerade für das Notwendigste. Das Unmaß an Antibiotika zeigt nicht nur heilende Wirkung. Als grausamen Rückschlag empfindet er seinen derzeitigen Zustand, der Abbau seiner physischen Kräfte ist ihm schmerzhaft bewusst, nachdem es ein halbes Jahr nach seiner Bypass-OP schon so hoffnungsvoll aufwärtsgegangen ist. Das Alter, hatte er vor nicht allzu langer Zeit in seinen Aufzeichnungen vermerkt, sei ein Massaker, eine von vornherein verlorene Schlacht, eine Strafe. Über Stunden sitze ich an seinem Bett, halte seine Hand, spüre, es lässt ihn ruhiger werden. Oft dämmert er vor sich hin, fällt unversehens in kurzen, tiefen Schlaf, die Grenzen sind fließend. Schlägt er die Augen auf, huscht ungetrübte Erleichterung über sein Gesicht: „Du bist da!"

Der MRT-Befund zeigt, Erich hatte in der Tat zwei kleine Schlaganfälle – zum Glück ohne ersichtliche Folgen, eine Warnung allemal.

Immer wieder klagt er über heftige Hustenanfälle, quälend und schmerzhaft, Erstickungsnot im Gefolge, ja Todesangst. Der Stationsarzt erklärt: Das rühre von seinem unkontrolliert hochschießenden Blutdruck her. Die nicht schließende Herzklappe könne den plötzlichen Blutandrang nicht verkraften. Dabei sammle sich auch Wasser in der Lunge.

Erich berichtet über häufig wiederkehrende diffuse Träume (Gefängnisträume?), nicht gerade Albträume, seltsam eben doch, immer von einer Grundstimmung getragen, auszubrechen, fortzufliegen.

7. und 8. September

Das zweite Wochenende in der Klinik. Wieder spätsommerliches Wetter. Dem Patienten geht es geradezu hervorragend. Seit wenigen Tagen liegt unser Freund Hinrich Lehmann-Grube nach geglückter Stenose-OP ebenfalls in der Klinik. „Jetzt beherbergt ihr beide Leipziger Ehrenbürger gleichzeitig unter eurem Dach", sage ich scherzend zur Ärztin. Sie zieht erstaunt die Augenbrauen hoch, erwidert: „Wir behandeln alle Patienten gleich."

Während Erichs Mittagsschläfchen mache ich eine Stippvisite beim einstigen OB und freue mich, ihn so kurze Zeit nach seiner Operation wieder „fit wie ein Turnschuh" anzutreffen, wie seine Enkel so oder ähnlich sich ausdrücken würden. Grüße und Genesungswünsche von Station zu Station. Besuchen können die beiden Patienten einander nicht.

10. September

Der übliche Weg vom Parkhaus zur Klinik. Immer noch Altweibersommer wie im Bilderbuch. Zauberhaft wäre heute ein Spaziergang durch das Rosenthal oder den Clarapark, wie wir es sonst täglich gehalten haben; sein Blick in die leuchtenden Baumkronen, ein In-sich-Hineinsaugen des herbstlichen Bildes war das ein ums andere Mal, er konnte nicht genug davon kriegen: „Wie schön! *Wie* schön!"

Nach der Herz-OP im Februar hat er seine Gesundung auf bewundernswerte Weise geschafft. Doppelter Bypass. Das war schon ein Quäntchen mehr als eine Entzündung. Den 87. Geburtstag „feierten" wir zusammen mit dem Ehepaar Lehmann-Grube in der

Herzklinik bei Kräutertee und selbst gebackenem Apfelkuchen. Da zeigte sich der Jubilar noch ziemlich kleinmütig.

Als ich aus dem Fahrstuhl trete, erwartet mich Erich auf einer Besucherbank auf dem Flur, der Krückstock lehnt neben ihm.

„Na, das ist ja was! So ein Wetter bringt nicht nur die Amseln zum Jubilieren."

Er sieht mich lange an. „Ach", sagt er, „unsereins muss ja in die Senkrechte. Schon der Lunge wegen." Nichts fürchtet er so sehr wie eine Lungenentzündung. Langsam gehen wir ins Zimmer zurück. Mir wird bewusst, wie klein er geworden ist – ein Vögelchen. Er setzt sich an den Tisch. Ich packe *LVZ* und *Süddeutsche*, die heutige Post und frisches Obst aus der Tasche – eine Mango in Stücke geschnitten, reif und ausnehmend schmackhaft. Wenn er auch sonst wenig isst, Obst immer.

Gute Tage, „helle" Tage, sind Gesprächs-, Erinnerungstage. Wir sind so viel gereist, haben die halbe Welt gesehen. Wenige Wochen nach der Operation, er konnte sich noch keine halbe Stunde auf den Beinen halten, bekundete er, es sei ihm ein Herzenswunsch, noch einmal nach Paris zu reisen. Paris! Warum nicht? Mit einem Rollstuhl könnte es klappen, doch diesen Vorschlag wagte ich nicht. Noch nicht. Abwarten. Für alles, auch für Paris, kommt noch die rechte Zeit.

Der Nachmittagstee wird gebracht, ein Muffin dazu, ein kleiner Bissen nur, er bleibt unberührt.

Professor Pfeiffer, Chef des Unifachbereichs Kardiologie, steht in der Tür. Er besucht Erich fast täglich, manchmal gemeinsam mit Professor Niederwieser, ich lerne ihn erst heute kennen. Trotz der grauen Haare strahlt er etwas Verschmitztes, Jungenhaftes aus.

„Schön, Sie hier sitzen zu sehen. Sitzen ist immer besser als Liegen, Gehen wäre noch optimaler." Er kommt mit einer guten Nachricht, auch mit einer weniger guten. Die schlechtere ist nicht neu: Die Herzklappe schließt nicht, müsste operiert werden. „Nun, das lehnen Sie ja ab. Darum gilt es, die Entzündung in den Griff zu kriegen. Das wird gelingen und ist die wirklich gute Nachricht. Denn der Bakterienstamm, der sie verursacht, ist erfolgreich behandelbar, ist nicht von der bösen Sorte, wie wir zunächst befürchteten. Das haben die Labortests nun definitiv ergeben." Und um Erich noch weiter aufzumuntern: Schon ab nächster Woche dürfe er zwei-, vielleicht dreimal die Woche für ein paar Stunden nach Hause. „Damit Ihr Schreibtisch Sie nicht vergisst." Die Nacht müsse er freilich wieder in der Klinik zubringen. In spätestens sechs Wochen werde man ihn vielleicht entlassen können.

„Oh, wir haben warten gelernt!", rufe ich. Es ist einer von Erichs meistgebrauchten Sätzen.

Seine Reaktion: „Morgen hätte ich Lust auf frisches Gehacktes." Da ist der Professor freilich schon aus dem Zimmer.

What a wonderful, wonderful day!

11. September

Wie vereinbart, besucht mich am Vormittag Roman Pliske, der Leiter des Mitteldeutschen Verlags. Erich schlägt für die Fortsetzung des Tagebuchs als Titel „Fünfundachtzig plus" vor. Fotos aus seinem Leben sollen in das Buch eingefügt werden. Nun blättert Herr Pliske in Alben, die Erich mich geheißen hat bereitzulegen. Nebenher erfahre ich eine Menge über die Arbeit eines Verlagsleiters, seinen Werdegang. Das muss einen Autor wie Erich Loest interessieren.

Auf den Weg zur Klinik besorge ich hundert Gramm Hackepeter und knusprige Brötchen, sehe schon, wie Erich das Wasser im Munde zusammenläuft: Und wo bleibt das Bier, *Baby*? In der *LVZ* hat der Vorabdruck des bisher letzten Teils seines Tagebuchs begonnen. Täglich eine kleine Freude. Heute sind's gleich zwei, umso besser.

Doch es geht ihm schlecht wie nie, seit er eingeliefert worden ist. Aus mehreren Flaschen blubbert es gleichzeitig in seine Adern, Sauerstoff wird ihm durch die Nase zugeführt. Er kann kaum sprechen, so geschwächt ist er, dennoch wiederholt er gebetsmühlenartig: „Alles ist gut, nichts tut weh." Als wollte er sich selber Mut zusprechen. Oder mir.

Was um Himmels willen ist geschehen? Ein Hustenanfall? „Es tut nichts weh, alles ist gut."

Wie schon den Tag zuvor steht das Mittagessen unberührt auf dem Tablett. Alle halbe Stunde wird sein Blutdruck gemessen, 146, die Pflegerin zeigt sich zufrieden.

Ich werde das Gefühl nicht los: Hinter diesem Nichtessen steckt Methode. Wie bei seinem Vater. Des Öfteren kam Erich auf ihn zu sprechen. Mit Respekt und voller Bewunderung erzählte er: Mit 82 aufs Krankenbett geworfen, habe er, als Genesung nicht mehr zu erwarten war, begonnen, jegliche Nahrungsaufnahme zu verweigern. Nach ein oder zwei Wochen sei alles vorüber gewesen. „So muss man es machen!"

Es wurde ihm nie bewusst, dass seine Phantasie ihm vorgaukelte, was so nie stattgefunden hatte. Oder verdrängte er es? Käthe widerspricht, als ich ihr davon erzähle: „So war das nicht. Der Vater aß nicht, weil er nicht mehr schlucken konnte. Er lag nach einem Schlaganfall im Koma."

Ich bitte um ein Gespräch mit dem Arzt; Minuten später kommt er, wir gehen nach draußen.

„Wir haben heute Morgen vier Stunden größte Mühe mit ihm gehabt. Geben Sie mir Ihre Einwilligung, wenn nötig, ihn wenigstens für Stunden in die Zwischenstation zu verlegen." Dort bliebe er unter ständiger Beobachtung, solange es nötig ist. „Leider verweigert ihr Mann die Intensivstation kategorisch." Er ist keiner, der um den heißen Brei herumredet. „Verstehen Sie, mein Dienst dauert acht Stunden, wir haben dreißig Patienten auf der Station, ich kann mich nicht vier Stunden nur um einen einzigen kümmern."

Er bekommt das geforderte Einverständnis.

Vier Stunden! Das kann nicht nur ein böser Hustenanfall, da *muss* mehr gewesen sein! Was hat sich wirklich zugetragen? Doch ich kriege dasselbe zu hören wie jedes Mal: Die nicht schließende Herzklappe, der zu hohe Blutdruck, der überschwappende Blutzustrom, Atemnot, Erstickungsangst – und schon eilt er weiter. Mehr erfahre ich jetzt nicht und später ebenso wenig.

Als ich ins Zimmer zurückkomme, fragt Erich mit ruhiger Stimme: „Muss ich schon sterben?"

„Das solltest du nicht einmal denken."

Ich ziehe den Stuhl neben das Bett, nehme seine Hand. Sie ist warm. Er schlummert, wacht auf, schabt mit seinem Finger in meiner Handfläche. „Du, meines Schlafes Hüterin", murmelt er und leiser, „du, meine Liebste, ich danke dir. Ich danke dir so sehr." Abermals gleitet er fort in den Schlaf. Eine Ahnung steigt hoch: Er lässt los. Erich lässt sein Leben los.

2013 war nicht unser bestes Jahr, überlege ich, den Blick nicht von seinem Gesicht wendend, aber es ging aufwärts nach seiner Operation, langsam zwar, aber aufwärts. Nach seinem Reha-Aufenthalt, ich verbrachte die ganze Zeit mit ihm in der Klinik, schien er geradezu getrieben von dem Wunsch, reihum seine Freunde wiederzusehen. Nie zuvor hatten wir so oft Gäste, mindestens einmal die Woche. Anfangs nur zu Kaffee und Kuchen, selten länger als eine Stunde, für mehr reichte seine Kraft noch nicht, nach jedem Besuch brauchte er zwei, drei Tage, um sich zu erholen. Später weiteten sich die Einladungen zu kleinen Abendessen. Mit Bonner Bekannten speisten wir in „Auerbachs Keller“ zu Mittag. Ein andermal begrüßten wir Syrings aus Weimar zusammen mit dem Ehepaar Rau aus Freiburg bei uns. An einem heißen Sommernachmittag saßen wir in Professor Hofmanns schönem Garten in Halle – so ging es Woche für Woche. Ein Besuch erfreute ihn über die Maßen: Aus Reinbek kam Carsten Mohr, Mohrle, mit seiner Frau, Erichs bester Kumpel aus Knasttagen. Anlässlich eines Berlinaufenthaltes kam ihnen die Idee, einen Abstecher nach Leipzig zu machen. Ein Anruf genügte, ja, kommt nur kommt, wir sind zu Hause. Seit Jahren hatten die Freunde einander nicht gesehen. Es gab ein ausgiebiges Abendessen, angeregte Gespräche – ein schöner Abend.

Die letzte aller Einladungen liegt noch keine drei Wochen zurück. Mit Prof. Klaus Eberhard und seiner Gefährtin fuhren wir nach Schloss Trebsen. Das Essen war gelungen, die Auswahl der Weine beschränkt; bei einem Proschwitzer Grauburgunder blieben wir den ganzen Abend die einzigen Gäste – schade, das Lokal verdiente besseren Zulauf.

Immer noch steht eine Reihe von Namen auf der Liste!

Als er aufwacht, wirkt er erfrischt und ist in der Lage sich anzuhören, wie der Vormittag verlaufen ist. Um ihn nicht mehr zu strapazieren als nötig, reduziere ich auf das Wesentliche. Er nickt zufrieden.

Kurz nach 17 Uhr muss ich mich auf den Heimweg machen. In einer Stunde erwarte ich Reinhard Minkewitz zum Gespräch. Voller Unruhe verlasse ich das Krankenhaus.

Von zu Hause aus rufe ich noch einmal die Station an und bitte dringlich darum, zusätzlich zur Festnetznummer meine Mobilnummer zu notieren. Für alle Fälle. Das Handy trage ich immer bei mir. Die Schwester schreibt, wiederholt die Zahlen.

Ich stelle das Gehackte in den Kühlschrank.

****

Reinhard Minkewitz scheint mir ein wenig verstimmt ob Erichs Forderung nach schriftlicher Bestätigung, sich von keiner Seite drängen zu lassen, die Personengruppe auf dem geplanten Bild „Aufrecht stehen" zu verändern. Erich Loest müsste doch wissen, dass er sich nicht verbiegen lasse.

Deutlich hatte die Universität zu verstehen gegeben, sie sei mit einer Darstellung von Hans Mayer und Ernst Bloch als „Opfer" nicht einverstanden. Nun fürchtet Erich, nur um sein Bild zu retten, könnte der Künstler irgendwann dem Druck nachgeben.

Reinhard Minkewitz legt mir einen vollständigen Vertrag auf den Tisch, in dem alle bisherigen mündlichen Vereinbarungen festgehalten sind. Obwohl zwei Vorentwürfe existieren – der erste hängt in Mittweida, der größere im Glasfoyer des Mediencampus –, ist es die erste schriftliche Abmachung zwischen Auftraggeber und Künstler. Schriftverkehr, Gespräche das geplante Bild betreffend, gibt es über die Jahre zur Genüge.

Ich erzähle R.M., welchen Kummer mir das heftige Auf und Ab von Erichs Gesundheitszustand bereitet. Er verabschiedet sich besorgt um E.L., besorgt auch wegen des Bildes – wie soll es weitergehen? Das Atelier ist angemietet, die geplante Großflächigkeit des Gemäldes verlangt entsprechenden Arbeitsraum, Licht. Das Material steht bereit, wartet auf den ersten Pinselstrich. Doch der Schenkungsvertrag mit der Universität ist weder abgefasst noch unterschrieben. Im Mai im Detail abgesprochen, hätte es damals lediglich der entsprechenden Formulierung seitens der Justiziare und der Unterschrift der Beteiligten bedurft, alles hätte innerhalb einer Woche über die Bühne gehen können. Doch im entscheidenden Augenblick ist die Justiziarin der Universität nicht erreichbar. Sie ist erkrankt oder im Urlaub oder aus irgend sonstigen Gründen unabdingbar. Das Vorhaben wird immer wieder verschoben. Vier kostbare Arbeitsmonate gehen verloren.

Reinhard Minkewitz hat Aufnahmen von der riesigen, noch jungfräulichen Leinwand mitgebracht.

Nachdem er sich verabschiedet hat, rufe ich Erichs Schwester Käthe an, wissend, dass ich damit gegen dessen ausdrücklichen Wunsch verstoße, und bitte sie, so bald wie möglich nach Leipzig zu kommen. Es rührt mich, mit welcher Innigkeit die beiden Geschwister aneinander hängen, in letzter Zeit und mit zunehmendem Alter mehr und mehr, außer unserer Hausärztin, Frau Bigalke, und mir, ist Käthe seit Langem die Einzige in der Familie, die sich um ihn sorgt und kümmert. Nur ein Jahr trennt die beiden, sie ist die Ältere. Gemeinsame Erinnerungen an eine glückliche Kindheit – sie sprechen voll Dankbarkeit darüber.

Sie sagt zu: Freitag, per Taxi. Die Bahnverbindungen sind für eine 88-Jährige unzumutbar, den Führerschein hat sie kürzlich abgegeben. Das Taxi muss einen Tag vorher bestellt werden. So ist Provinz.

An diesem Abend lege ich Telefon und Handy neben mein Bett. Zum ersten Mal seit vielen Jahren bete ich.

12. September

Kliniktag. Schon um zehn Uhr bin ich auf der Neurologie. In eigener Sache. Trotz Terminabsprache dehnt sich die Wartezeit auf mehr als zwei Stunden. Erst gegen eins klopfe ich endlich an Erichs Tür. Er sitzt am Tisch vor seinem Mittagessen, stochert auf dem Teller herum. Es geht ihm besser, er hängt an keinem Tropf.

„Was Neues?“, fragt er und deutet auf meinen Kopf.

„Nichts, was nicht schon Dr. Krause gesagt hat: Beobachten. Ich hätte mir das lange Herumsitzen da drüben ersparen können.“ Er sieht mich eindringlich an. Erinnert er sich an das „Was wäre wenn“ vor meiner ersten Operation? Ein bisschen aufgesetzt fröhlich sage ich: „Jetzt wird mir das Essen in der Kantine schmecken, hungrig wie ich bin. Für dich hab ich inzwischen Beschäftigung“, und lege ihm die Zeitungen neben das Tablett. Eine abwehrende Handbewegung ist seine Antwort.

Bekümmert sagt er: „Morgen soll wieder eine Ultraschalluntersuchung gemacht werden.“

Das Essen in der Kantine schmeckt nicht. Nach zwanzig Minuten bin ich zurück. Erichs Teller ist so voll wie vorhin. Wenigstens trinkt er.

„Nun schon mal los, was sagt Minke? Hat er bestätigt?“

„Erst ab ins Bett, nichts übertreiben, wir haben unsere Erfahrungen.“ Ich bin ihm behilflich. Nachdem ich das Bett nach seinen Wünschen hochgestellt habe, zeige ich ihm die Fotos aus dem Atelier. „Damit du dir eine Vorstellung machen kannst.“ Erich ist überrascht, beeindruckt. „Reinhard Minkewitz glaubt unerschütterlich daran, dass es mit der Universität doch noch klappt. Frau Schücking, behauptet er, zeige sich optimistisch zustimmend.“ Erich zieht skeptisch die Brauen hoch.

„Doch, doch. Übrigens hat er einen kompletten Vertrag ausgearbeitet. Und unterschrieben. Jetzt bist du dran.“

„Oh, das ist gut, das ist sogar sehr gut.“ Er verlangt nach seiner

Brille. Sorgsam studiert er Paragraph um Paragraph. Danach muss auch ich den gesamten Text noch einmal vorlesen, langsam und sehr deutlich.

„Ja, ich glaube, so geht es. Gib mir bitte den Stift." Der liegt auf dem Tisch, ein Kugelschreiber mit grüner Patrone. Grün prangt gleich darauf Erichs Unterschrift auf beiden Formularen. „So", sagt er und es ist, als fielen Zentnerlasten von ihm ab, „jetzt ist alles getan! Jetzt muss Minke allein weiterkämpfen. Ich bin raus aus der Sache, sie geht mich nichts mehr an."

Ich lache: „Wie, du bist raus? Das möchte ich sehen, dass dich das Bild nichts mehr anginge nach all den Jahren, den ständigen Kämpfen. Aber ehrlich, wenn es dir zu viel wird, werde *ich* mich dafür einsetzen, du wirst mich eben beraten."

Staunen, Freude, inniger Händedruck, in seinen rechten Augenwinkel stiehlt sich eine Träne. Ich tue, als sähe ich sie nicht, würde ich fragen, bekäme ich doch nur zur Antwort: Die Augen brennen.

Das alles hat ihn angestrengt. Er schlummert weg. Schläft ausnehmend ruhig und fest wie nach getaner Arbeit. Nach einer Stunde verwundert: „Hab ich lange geschlafen?"

Jetzt wage ich mein Geständnis: „Hab Käthe angerufen. Morgen besucht sie dich."

Er schreckt hoch: „Auf keinen Fall, nein, das geht nicht! Du musst das sofort rückgängig machen! Morgen ist ein schwerer Tag. Morgen ist Ultraschall."

„Das wusste ich doch gestern nicht."

„Hinterher lande ich wieder auf der Intensiven! Nein, morgen hätten wir beide nichts davon. Sag ... sag ihr, sie soll Samstag oder Sonntag kommen. Ja, Sonntag wäre gut."

„Am besten, du sagst es ihr selber."

Das Gespräch über mein Handy dauert zehn Minuten. Mit gewohnt herzlicher, wenn auch schwacher Stimme redet er seiner Schwester die Fahrt aus, versichert, es gehe ihm besser, viel, viel besser, vielleicht dürfe er nächste Woche sogar für ein paar Stunden nach Hause. Käthe ist beruhigt. Nachdem das Telefonat beendet ist, sprechen wir über Belanglosigkeiten. Genauer: Ich spreche, er bleibt wortkarg. Fragt nur einmal nach dem Abendprogramm im Fernsehen. Die Träne hängt wie festgeklebt.

Um 17 Uhr kommt das Abendbrot. „Wie immer, Herr Loest?"

„Wie immer."

Die Schwester legt eine Scheibe Mischbrot, Käse und Zungenwurst auf den Teller. „Tee dazu – Kräuter, Minze? Egal. Gut, dann Kräuter. Aber was ist denn das, da steht ja noch Ihr Mittagessen?" Sie nimmt das Tablett fort: „Na, guten Appetit", und schließt die Tür.

Er sagt: „Die ist noch von gutem sächsischen Schlag. Tüchtig, herzhaft. Sie hat etliches von mir gelesen, behauptet sie."

Er will nicht an den Tisch, nur von der Bettkante die Beine baumeln lassen. Ich schneide ihm das Brot in Stücke. Er isst ein paar Bissen, wohl eher mir zuliebe, keine halbe Scheibe. Wie gestern, wie vorgestern. Aufgegessen ist stets nur das frische Obst. Morgen muss ich mit dem Oberarzt sprechen, die Stationsärzte wechseln zu häufig.

Zwischen zwei Schluck Tee sagt er: „Heute wirst du viel zu schreiben haben."

„Ach ja, was denn? Außer dass du den Vertrag unterschrieben hast, hat sich so viel nicht ereignet. Soll ich etwa notieren, dass in der Kantine Pflegerinnen und Jungärzte beim Essen lümmeln wie die Cowboys? Null Tischmanieren? Oder sind das Studenten? Na ja, vielleicht. Entsprechend rüberbringen musst du es dann schon selber."

Ich helfe ihm, sich wieder hinzulegen, senke das Bett ab. „Ist es so recht?“ Er umfasst meine Hände: „Mein Herz, danke dir. Für alles. Wirklich für alles. Nur: Jetzt musst du gehen, bitte. Morgen ist ein harter Tag …“

Ich streichle sein Gesicht, gebe ihm einen Kuss: „Hab eine recht gute Nacht, Lieber. Dann also bis morgen.“

Die Träne hängt noch immer in seinem Augenwinkel. In der Türe drehe ich mich um, winke. Er hebt die Hand: „Bis die Tage“, unser westfälischer Scherzgruß seit Bonner Zeiten.

„Bis die Tage, Erich!“

Inhalt

Die Autorin

Linde Rotta wurde 1937 in Eisenstadt in Österreich geboren. Sie arbeitete als Journalistin, unter anderem für den Westdeutschen Rundfunk, den Deutschlandfunk und die Zeitschrift „Brigitte“. Sie schreibt Erzählungen, Essays, Gedichte, Hörspiele und Features und ist Mitglied des Verbandes Deutscher Schriftsteller. 1984 und 1985 erhielt sie den Hörspiel- bzw. Erzählerpreis des Ostdeutschen Kulturrates, 2007 den Alfred-Müller-Felsenburg-Preis. Sie war die Gefährtin des Schriftstellers Erich Loest und lebt heute in Leipzig. 2022 erschien im Morio Verlag ihr Erzählungsband „Disteln und Ginster“ (2022).

Linde Rotta

Disteln und Ginster

Erzählungen

Im Jahr 1987 erschienen Linde Rottas erste Erzählungen in dem Band: „Reserviert für zwei". Sie fielen durch die kapriziöse, geistreiche Darstellung der herrschenden Geschlechterambivalenz auf. Wie Linde Rotta das Thema Mann und Frau anging, das war eigenwillig, leicht und tiefgründig zugleich. Ihre Beziehung zu Wien und ihre Liebe zu Italien schlugen sich in Hörspielen, Features und Geschichten nieder: in „Wieder einmal Wien", einer Charakterisierung zwischen Bosheit und Charme, oder in „Treue auf Italienisch".

„Keine Sentimentalitäten, keine Sicherheiten: Ein Band mit schlüssig verstörenden Erzählungen."

Frankfurter Allgemeine Zeitung